La difficulté de vivre

Articles et conférences - 4

Collection Françoise Dolto
dirigée par
Catherine Dolto-Tolitch

FRANÇOISE DOLTO

La difficulté de vivre

ÉDITION REVUE ET PRÉSENTÉE
PAR GÉRARD GUILLERAULT

nrf

GALLIMARD

Préface

De tous les ouvrages de Françoise Dolto, celui-ci est de ceux qui manifestent la plus grande diversité, au moins apparente. Regroupant tout un ensemble de textes, il témoigne de ce que furent les multiples aspects de l'activité — sinon de l'activisme —, y compris de pensée, de Françoise Dolto, il rend compte des différents fronts sur lesquels elle a pu se trouver engagée, tant dans sa réflexion qu'en pratique.

Nous y retrouvons d'abord en bonne place, et l'on ne saurait certes en être surpris, la psychanalyste, notamment la praticienne de la psychanalyse d'enfants. Françoise Dolto expose ici, et de façon extensive, comment elle conçoit la psychanalyse avec les enfants, comment elle envisage alors la conduite de la cure; et elle en fournit un cadrage technique extrêmement précis et serré. Ce sont des développements d'autant plus précieux qu'ils ont valeur inaugurale. Ils correspondent en effet à ce qui fait de Françoise Dolto celle qui a introduit sinon inventé pour nous en France les éléments mêmes de la pratique analytique avec les enfants, de sorte que c'est grâce à son apport primordial que cette pratique a pu se maintenir, se transmettre et s'élaborer jusqu'à aujourd'hui. Françoise Dolto nous livre ici de ses écrits techniques fondateurs qui sont une base de réflexion et de formation qui demeure essentielle pour les psychanalystes (et pas seulement les débutants!). Pour n'en donner qu'une illustration, il est particulièrement significatif de la voir décrire la psychanalyse d'enfants tout pareillement à ce qui se produit dans l'analyse d'adultes, à savoir comme un travail d'exploration-explicitation du... passé. Ce n'est qu'une notation incidente mais elle est de nature à mobiliser notre réflexion.

En même temps, on découvre comment cette activité de clinicienne — livrant donc ici les fondements techniques de sa pratique — a pu (ou : n'a pu que) s'accompagner de tout un combat militant extrêmement actif et virulent en faveur de l'enfance. Cela apparaît constamment dans ce livre, manifestant ce qui a pu encore se formuler comme soutien direct à « la cause des enfants ». Mais ce que l'on perçoit davantage, c'est ce que le combat inlassable en faveur de cette cause a impliqué de réel engagement sur le terrain du champ social, là où cela conduit Françoise Dolto à une féroce dénonciation du fonctionnement de la société moderne occidentale — notamment quant à la façon dont l'enfant s'y trouve mal traité car négligé, méconnu dans ce qui fait sa richesse subjective. Cette critique (acerbe) du traitement social de l'enfant s'avère être une thématique qui parcourt tout l'ouvrage, à commencer par le commencement — c'est-à-dire la façon dont le petit humain se trouve accueilli à sa naissance —, puisque c'est l'enjeu du premier chapitre.

Dans ce qui caractérise, selon elle, l'inhumanité des conditions de vie dans la société urbanisée d'aujourd'hui — et en particulier donc de l'enfant dans la ville —, Françoise Dolto est tout spécialement critique — c'est peu dire — à l'égard du système scolaire dont elle instruit le procès sans complaisance ni ménagement. Cela la mène à stigmatiser plutôt ce qu'elle entend repérer et dénoncer comme les aberrations de l'école, tant dans son fonctionnement concret, ses modalités pratiques, que dans sa perspective même et sa visée, par rapport à ce que c'est qu'un enfant. La sévérité du ton employé à propos de cette question de l'école — qui lui tenait manifestement à cœur — permet de comprendre que Françoise Dolto se soit ralliée par contre avec ardeur à tout ce qui allait dans le sens d'expérimentations pédagogiques innovantes, en leur apportant alors l'élan de son soutien actif.

Ceci fournit d'ailleurs l'occasion de remarquer la sorte d'accord qui s'établit entre ce qui pourrait sinon sembler réflexion d'un côté, réalisation pratique de l'autre. Il n'était certes pas dans le style de Françoise Dolto de produire du discours pour du discours. Et l'on voit plutôt confirmé ici que son propos, en effet, ne prend sens qu'à s'avérer complémen-

taire de son actualisation concrète, de sa mise en pratique prenant valeur d'engagement. Ainsi ne s'est-elle pas contentée de vitupérer contre les ravages de « l'école digestive », broyeuse du sujet, ou de dénoncer l'abrutissement délétère de la vie dans les villes — même si ce peut être une surprise que de mesurer l'ampleur qu'elle y accorde dans tels de ses écrits. Elle s'est également efforcée d'en dégager des principes d'action, des propositions concrètes à faire passer dans les faits, quitte alors à parler prudemment d'une « Révolution des petits pas ». Ce fut par exemple, on l'a dit, à propos de pédagogie. Mais ce fut aussi, de façon plus significative encore, par la mise en place de la « Maison Verte », destinée à inscrire dans les faits le souci de toujours de Françoise Dolto d'œuvrer à une véritable prévention, à une prophylaxie mentale de l'enfant (et de la famille).

Sachant, par l'expérience analytique, ce qui provoque les troubles psychocorporels de l'enfant, comment ne pas songer, une fois qu'on sait en analyser les effets, à les prévenir en remontant préventivement aux causes ? C'est dans cette perspective que s'est inscrit le projet « Maison Verte », qui constitue l'un des points d'aboutissement essentiels de l'œuvre de Françoise Dolto quant à son ancrage dans le social. Et ce n'est pas un hasard si tout un texte lui est consacré en fin de recueil, comme pour parachever l'ensemble.

Ce que l'on découvre ainsi, c'est le caractère éminemment social de la pensée de Françoise Dolto, là où elle ne cesse pas pour autant d'être psychanalyste. C'est qu'il ne saurait y avoir pour elle aucun clivage entre le champ supposé délimité de la psychanalyse et la dimension du social, dès lors que l'enfant est enfant-citoyen, que son avènement de sujet le voue à son inscription sociale, dans et par la collectivité des humains.

Un autre point d'importance apparaît également dans cet ouvrage. C'est la part qu'occupe ce qu'il convient d'appeler la dimension spirituelle, la place que celle-ci tient dans le développement même de la réflexion, de l'élaboration de pensée de Françoise Dolto. Il y a de quoi en prendre ici la mesure — en contrepoint aux textes sur les Évangiles —, ne serait-ce que par l'ampleur même des articles de contribution à la revue des Études carmélitaines. *Mais là encore, il serait tout à fait spécieux d'en faire un registre séparé, le domaine réservé des convictions religieuses de Françoise Dolto. Car cela recoupe en fait l'expérience même de la praticienne, dans son action concrète : lorsque celle-ci est l'occasion pour Françoise Dolto de corriger si possible les orientations névrotisantes d'une jeune novice, de décrypter la signification du diable dans l'imaginaire enfantin ; ou lorsqu'il s'agit, plus généralement, de vilipender les dérives éducatives culpabilisantes d'une bondieuserie mal comprise.*

Cela n'évacue certes pas pour autant l'importance conceptuelle de cette thématique du spirituel. Laquelle contribue plutôt à faire apparaître l'unité de cet ensemble d'écrits, au-delà de la diversité manifeste des thèmes abordés. Leur juxtaposition et leur recouvrement laissent en effet émerger ce qui profondément les relie dans une unité de pensée (et d'action) dont l'orientation tient, fondamentalement, au respect de l'humain. Non pas un respect idéologique et pieux (comme les vœux) mais un respect qui se met en œuvre en pratique et s'exerce, et d'abord dans l'analyse.

*

C'est d'ailleurs à propos de pratique que l'on rencontre justement l'un de ces clichés qui sévissent parfois à propos de Françoise Dolto, lorsqu'on accorde à son œuvre d'avoir été celle d'une praticienne — fût-elle reconnue d'exception —, mais qui pâtirait précisément de cette exclusivité empirique, pragmatique, qu'on lui suppose, et c'est alors péjorativement. Elle n'aurait manifesté, laisse-t-on entendre, que l'efficacité concrète d'un maniement artisanal singulier de la psychanalyse auquel ferait (gravement) défaut l'armature d'une authentique réflexion, d'une véritable pensée théorique. C'est même, poursuit-on, ce qui rendrait cette expérience unique de Françoise Dolto proprement intransmissible, puisque réduite à ce qui n'aurait été que son inventivité inédite dans le cadre particulier de sa seule pratique. Au-delà, il n'y aurait rien qui fasse véritablement enseignement, qui soit susceptible d'être enjeu d'une transmission conceptuelle.

Pour aider à écarter pareil cliché, rien de mieux que le présent livre. Certes, la praticienne n'y est pas absente, nous l'avons suffisamment souligné. Mais tout ce qui est ainsi renvoi parfois direct, immédiat, à la pratique, se trouve toujours repris dans une perspective d'approfondissement et de réflexion d'ensemble. Au point de faire de ce livre un ouvrage particulièrement représentatif de ce qui constitue — c'en est la preuve — le corpus de pensée de Françoise Dolto. Sou-

cieuse d'action concrète disions-nous, mais toujours avec l'ambition manifestée de penser son action, d'en dégager la portée théorique, d'en produire le prolongement conceptuel. Au point — comme on s'en avise à la lecture — qu'il n'y a pas de notation technique ou pratique qui ne se trouve reprise et justifiée par une réflexion élaborée, visant à lui donner sens.

La mise en évidence de ce qui constitue ainsi l'unité d'une dynamique de pensée — qui paraît emprunter pourtant les voies les plus diverses — ce sera, bien sûr, à chaque lecteur de la réeffectuer pour son propre compte, avec les outils de décodage qui sont les siens. Mais nous nous permettrons toutefois de fournir à cet égard, à titre indicatif, un élément de repérage qui nous semble jouer ici un rôle caractéristique majeur, car on peut l'isoler comme une sorte de fil thématique conducteur, de leitmotiv « philosophique », à partir duquel s'oriente tout le déploiement de la conceptualisation. C'en est, disons, un motif architectural primordial.

Il consiste essentiellement à soutenir l'irréductibilité de l'humain au biologique, au registre du besoin, à faire valoir au contraire qu'il y a là nécessité principielle de prendre en compte un autre plan, une autre dimension que celle de la fonctionnalité organique. C'est que, outre le terrain de l'organicité du besoin, il faut considérer ce qui l'accompagne, et de façon irréductible chez l'humain, à savoir l'exercice désirant de la fonction symbolique. « Il n'y a pas chez l'être humain d'instinct, au sens où on l'entend chez les animaux; il y a désir sexué, c'est-à-dire relation imaginaire symbolique et créatrice de sens, qui informe et oriente le corps par la rencontre ou la non-rencontre du complément à ce désir, au-delà de la relation sensorielle des besoins satiables » (p. 100). Ceci constitue le principe de base à partir duquel toute la systématique conceptuelle de Françoise Dolto peut se reprendre, puisqu'elle en est le développement conséquent. C'est un donné élémentaire — mais fondamental — qui peut paraître quelque peu magistral et formel. Il a toutefois les implications les plus immédiates, non seulement pour la psychanalyse mais aussi, par exemple, pour ce qui en résulte d'une pédagogie au quotidien qui vaille pour le sujet enfant comme éducation du désir, éducation au désir.

Dès lors, nulle contradiction, disions-nous, entre la psychanalyse et tels autres aspects des avancées d'ensemble de Françoise Dolto, dont la spiritualité, en particulier. Pour autant qu'en effet, cela conduit à reconnaître dans le désir ce qui en est la portée sublimatoire, à partir de sa prise originelle dans le symbolique. De là aussi ce qui en fait un vecteur de « communication », soumis à la dimension du langage, dans l'exercice de la parole.

C'est bien ce qui explique enfin la proximité conceptuelle avec l'enseignement de Lacan. A ce titre, c'est une profonde communauté de pensée qui se confirme ici. A ceci près que Françoise Dolto sans doute ne dirait pas pour sa part que « le mot est le meurtre de la chose »; mais plutôt qu'il est ce qui l'anime en lui donnant vie, vie symbolique pour le sujet du désir. Ce qui certes ne va pas sans embûches. Et c'est aussi de cela dont traite justement Françoise Dolto dans ce recueil : de ce qui, en même temps que les voies pour y porter remède, tenter d'en apaiser et dépasser la souffrance obligée, constitue la difficulté de vivre.

Gérard Guillerault

Lettre au lecteur

Thérapie et prévention

Bien que je sois psychanalyste, je tiens à dire d'entrée de jeu au lecteur qu'il ne trouvera pas ici un ouvrage, à proprement parler, de psychanalyse. Il y lira plutôt nombre de réflexions qui l'éveilleront, je l'espère, à la compréhension de ce que tout un chacun peut entendre, sans préparation ni connaissance particulières, de l'existence en nous d'une énergie de caractère sexuel (libido) qui anime de façon inconsciente tout être humain.

La psychanalyse, tout le monde le sait aujourd'hui, est une pratique spécifique qui permet d'étudier la dynamique des échanges émotionnels qui accompagnent la relation d'un être humain à un autre. Ces processus, qui existent partout et depuis toujours, ne peuvent être étudiés que dans certaines conditions, celles que Freud a établies et organisées sous le nom de cure psychanalytique. Cela requiert la présence de deux sujets, l'un qui écoute, l'autre qui parle et, par contrat, accepte de tout dire de ce qu'il pense et ressent, répétitivement, pendant des séances de travail à rythme régulier.

Ceci étant dit, en dehors du cadre spécifique de la cure et des contrôles, le psychanalyste est un individu qui, malgré son métier et sa formation, n'en est pas moins, dans sa vie de tous les jours, tout aussi ignorant de son propre inconscient que les autres humains. Je crois qu'il faut le dire, car le grand public croit parfois que le psychanalyste est, lui, bien à l'abri des écueils dans lesquels tout un chacun se prend les pieds.

Freud a découvert, entre autres, le phénomène inconscient du « transfert » qui, pendant le temps de la cure, relie le patient à celui qui l'écoute et vice versa. Ce phénomène inconscient est par ailleurs un processus courant, qui se produit toujours entre deux interlocuteurs. Il est perpétuellement présent dans les relations humaines, à tous les niveaux de l'échange. Seulement, il n'est pas toujours décelable. Il faut la situation analytique, où l'analysant ne sait rien ou presque rien de la réalité concernant la personne et la vie du psychanalyste, pour que le phénomène de transfert soit étudiable et pour qu'il permette surtout l'efficace de la cure. Les émois conscients — ceux que produit l'association des idées concernant les rêves ou le décours des dires et des silences de l'analysant sur ses pensées et son ressenti, ici et maintenant — lui apparaissent comme des reviviscences de sentiments se rapportant à d'autres personnes, à d'autres temps et à d'autres lieux. De séance en séance, cela lui permet de retrouver l'origine des émois que suscite en lui son analyste qui, silencieusement, l'écoute.

Si la psychanalyse est une pratique, alors ce qui est à l'œuvre dans son travail c'est précisément la relation de transfert qui s'établit entre le patient et son analyste au cours de leurs rencontres répétitives, décidées par contrat. Le psychanalyste est tenu à la règle du secret professionnel. Le psychanalysant non, quoique toute parole concernant sa relation à son analyste gêne la bonne marche du travail. Cela lui est dit, mais il est bien difficile à nombre d'analysants de garder cette réserve et de freiner les affabulations concernant « leur » analyste. C'est là un phénomène constant d'analysant bavard hors séance, et ceci d'autant plus qu'il n'arrive pas à tout dire dans le cadre de sa cure.

Ainsi, par des voies différentes — les écrits des psychanalystes, le bavardage incontinent de ceux qui sont « en analyse », les mass media qui reprennent des thèmes et des concepts analytiques —, le vocabulaire de la psychanalyse est entré petit à petit dans le langage commun, et nombre d'attitudes se sont instaurées aussi dans les rapports quotidiens entre humains, que l'on pourrait qualifier de situations psychanalytiques « sauvages*[1] ».

Le grand public est poussé ainsi à s'intéresser aujourd'hui de plus en plus aux sciences de l'homme en général, et à la psychanalyse en particulier. Cette dernière — ni biologie, ni psychologie, ni science occulte, ni purement science du langage — suscite nombre d'interrogations, de méprises, de malentendus. Ses méthodes sont questionnées ou contestées, ses pouvoirs sont critiqués ou exagérés, son savoir est pétrifié en formules mathématiques ou rejeté en bloc.

À mon sens, depuis que Freud a nommé Inconscient cette source de la force désirante qui anime tout être humain, la psychanalyse s'est constituée en pratique, qui débouche non pas sur des conclusions ou des savoirs figés, mais sur un certain type de questionnements, de critiques et de protocoles.

On m'a souvent posé la question de savoir si la psychanalyse peut tout expliquer. Pour ma part, je crois qu'elle est là non pas pour « tout expliquer », mais pour aider ceux qui se sont enlisés dans la répétition par refoulement de leurs désirs : les aider à sortir du même sillon du disque de leur vie, qui est en train de tourner sur place. Elle est là pour que la vie reprenne ses droits. Si l'on va soi-même en analyse, ou que l'on conduit son enfant chez le psychanalyste, c'est parce qu'on souffre ou parce que l'enfant s'arrête dans son développement et n'est plus créatif. Quant à l'enfant, ce sont parfois seulement les adultes qui souffrent à cause de son état, état qui n'est en réalité qu'une étape intermédiaire qu'il faut respecter. Et, en ce sens, le psychanalyste n'est pas forcément un thérapeute des symptômes que présente l'enfant. Il y a des enfants, par exemple, qui présentent des signes d'inhibition, d'excitation, de non-communication, et qui aboutissent cependant aux résultats qu'enfants et parents souhaitent. Il faut respecter les stades que traverse l'enfant, car il s'y prépare au passage à une nouvelle étape.

Cela constitue une des difficultés de notre métier de psychanalyste : en recevant un enfant avec ses parents, nous devons comprendre d'emblée si cet enfant se défend d'une situation qu'il ne peut pas encore assumer mais qu'il se

* Les notes numérotées sont établies par Gérard Guillerault et sont regroupées en fin d'ouvrage, p. 459.

prépare à assumer, ou s'il est déjà dans une perte de confiance en lui telle qu'il est en passe de perdre pied par rapport à sa classe d'âge ou par rapport à la communication avec lui-même et avec les autres. Or, on a souvent tendance à mettre la psychanalyse à toutes les sauces aujourd'hui ; elle devient parfois un engouement, une mode, un snobisme. La psychanalyse est née à une époque de la civilisation où il était devenu urgent d'analyser en détail les angoisses des humains. Mais par ailleurs, l'homme ne peut vivre une heure sans angoisse : il y a donc des angoisses nécessaires, qui débouchent sur la créativité, et il y a des angoisses qui minent les forces vives d'un être humain. Ce sont seulement ces dernières qui relèvent d'une cure psychanalytique.

La psychanalyse permet de comprendre la dynamique qui se prépare dans l'inconscient et qui a ensuite des effets visibles, perceptibles, dans la relation avec les autres. Mais le patient qui veut sortir d'une difficulté et qui va voir un psychanalyste doit avoir, lui, un rôle actif. Celui qui fait le traitement, ce n'est pas le psychanalyste. Il n'est qu'un *médiateur* pour une vérité qui se fait jour par rapport à l'histoire du sujet. C'est tout.

Il peut y avoir parfois de mauvais médiateurs. Et cela est dit sans doute plus souvent en ce qui concerne la psychanalyse qu'à l'égard d'autres disciplines. Mais faut-il alors se méfier de la médecine parce qu'il existe de mauvais médecins ? Ou de la physique parce qu'il y a des physiciens qui se servent de leur science pour fabriquer des bombes ? Lors de mauvaises expériences que font certains, ce n'est pas cette art-science qu'est la psychanalyse qu'il faut incriminer, c'est la crédulité des gens par rapport à quelqu'un qui leur en flanque plein la vue, le manque d'information ! Quand quelqu'un est authentiquement psychanalysé, autrement dit « bien écouté », il s'en sortira s'il veut vraiment s'en sortir.

La cure analytique met au jour les motivations inconscientes : si, à cause de ce qui se passe dans son inconscient, un être humain souffre, c'est en « parlant » sa souffrance qu'il va sortir de sa difficulté. La parole, c'est cela la découverte de la psychanalyse ; la parole, comme médiatrice de tout ce qui se passe en nous de douloureux, à partir du moment où elle peut être dite et écoutée, parlée et assumée. On va chez le psychanalyste pour parler, et quand on en sort on est partiellement libre de soi-même. Le psychanalyste, lui, ne dirige aucune action, il écoute la souffrance, il travaille avec le transfert. Il ne faut pas confondre psychanalyse et psychothérapie. Le psychothérapeute est censé « faire du bien » de façon directe, le psychanalyste pas du tout. Il ne fait qu'écouter quelqu'un qui veut communiquer avec lui. L'analysant trouve son chemin lui-même, à partir du moment où il retrouve le sens de son histoire, le sens de ses désirs...

Dans les textes que j'ai réunis ici, il sera surtout question de l'enfant, de ses difficultés de développement et des manières de les vaincre. Il y sera question aussi de ses parents, de leurs angoisses, de leur façon de s'occuper de l'enfant, de le guider dans sa vie. Les parents se posent aujourd'hui nombre de problèmes, ils doutent d'eux-mêmes. C'est tout à fait normal, étant donné la rapidité de l'évolution de la vie sociale, le déclin des valeurs qui, pour les parents, étaient jadis des valeurs sûres et qui ne le sont plus du tout à l'époque actuelle. Alors, ils n'ont plus, comme autrefois, confiance en eux, parce qu'ils ne savent pas quel avenir ils préparent à leur enfant, puisque toutes les valeurs changent de dix ans en dix ans, et même encore plus vite. Cette période de transition a commencé peut-être à l'époque où a été faite la découverte de l'inconscient. J'aime croire que c'est pour cette raison que la psychanalyse est née à ce moment-là, pour que les humains puissent se ressourcer à leurs forces vives, pour qu'ils puissent faire face, au jour le jour, à des réalités nouvelles et changeantes, pour qu'ils se maintiennent en communication vivante avec le monde extérieur.

Les parents font, de nos jours, de plus en plus souvent état des difficultés qu'ils rencontrent pour élever leurs enfants. Le changement des conditions de vie y est certes pour beaucoup, mais élever un enfant est toujours difficile lorsque l'adulte n'a pas confiance dans l'être humain qui grandit, lorsqu'il veut à tout prix lui imposer un mode de vie rigide. Alors que s'il a confiance dans les potentialités de l'enfant, ainsi que dans son propre désir le concernant, l'adulte donnera l'exemple de quelqu'un qui assume pleinement ses désirs et ses contradictions, qui ne s'en cache pas. Le psychanalyste peut aider les parents, indirectement, par le travail qu'il fait avec eux en analyse; ils découvrent ainsi leurs propres contradictions qu'ils arrivent à assumer courageusement, et leurs enfants verront devant eux des adultes qui ne prétendent pas détenir la vérité. Assumer ses contradictions, c'est un travail quotidien : se remettre en question et, cependant, agir avec les autres, vivre avec la réalité d'aujourd'hui sans la référer constamment à l'imaginaire. Faire la différence entre l'imaginaire et la réalité, c'est peut-être là le travail le plus important que nous avons à faire, nous les humains ! Réaliser que la vérité de l'imaginaire et la vérité de la réalité ne sont pas toujours compatibles, que nous vivons simultanément à des niveaux différents.

Ceci se complique lorsqu'il s'agit des rapports entre parents et enfants. La question se pose : les adultes comprennent-ils vraiment les enfants ? Alors qu'ils n'ont plus le même langage, que les mots ne veulent pas dire la même chose pour les uns et pour les autres. Les mots qu'emploie un enfant recouvrent pour eux des expériences affectives, émotionnelles, physiques, d'espace et de temps, complètement différentes, ils représentent tout à fait autre chose. D'autre part, il y a un refoulement de l'enfance chez les adultes et nombre d'entre eux ont eu une enfance qu'ils n'ont pas encore terminée. Elle est terminée seulement en un sens superficiel, parce qu'ils ont grandi, mais ils continuent d'avoir une attitude d'enfants vis-à-vis d'autres personnes qui leur semblent des... adultes. Ainsi, dans ma longue expérience de psychanalyste, je me suis aperçue que les adultes qui m'écrivent pour me raconter leurs problèmes croient fermement que, moi, je suis une grande personne... Je dois leur dire que je ne suis pas plus une grande personne qu'eux ! Tous ceux qui m'écrivent savent ce qu'ils ont à faire avec leurs enfants, mais ils ne le savent que parce qu'ils m'écrivent longuement, et qu'en faisant cela, ils s'éclairent eux-mêmes. Combien de personnes ont fait, en m'écrivant, l'analyse de leur problème, en invitant, par une relation transférentielle si l'on veut, leur propre lucidité à leur venir en aide.

Nos enfants sont porteurs de nos dettes, dettes dans le sens de dynamique non résolue, de ce que nous avons mal vécu et qui est refoulé en nous ; nos enfants en héritent tout autant qu'ils héritent de nos dons et qualités dynamiques dans le sens positif. Peut-on cependant dire que, lorsqu'un enfant va mal, c'est du passé de ses parents qu'il est malade? Et qu'est-ce que la maladie? Car, en vérité, l'enfant n'en est pas « malade », il cherche tout simplement à nous dire, à nous parler avec son corps. Le corps est langage, les fonctionnements du corps sont langage, et l'enfant est le premier psychothérapeute de ses parents, parce qu'il est fusionnel. Il l'est par nature, d'abord biologiquement, ensuite émotionnellement et affectivement; et il exprime par des dysfonctionnements ou des troubles de santé ce qu'il en est de l'harmonie de sa mère et de son père, dans la mesure où ceux-ci se projettent en lui. Ce phénomène de projection des parents dans leur enfant se passe tout aussi bien avec un enfant de « sang » qu'avec un enfant adoptif; il s'agit là d'une relation symbolique, d'une relation de langage : l'enfant exprime ce que les parents ont en eux et qu'ils ne peuvent pas exprimer. Très souvent, c'est par un malaise qu'il l'exprime, mais il peut aussi l'exprimer par une magnifique santé. L'enfant met au jour ce qui se passe dans l'inconscient de ses parents, ce qu'ils ne savent pas, ce qu'ils ne connaissent pas d'eux-mêmes. C'est pourquoi l'arrivée d'un enfant est toujours une remise en question parfois douloureuse. L'enfantement humain n'est pas seulement enfantement de chair, il est aussi enfantement symbolique, enfantement langagier.

J'ai toujours pensé, pour ma part, que le rôle du psychanalyste ne se limite pas à la conduite des cures, ni à la capitalisation égoïste d'un savoir, mais s'étend, prenant racine dans son expérience de la souffrance humaine, au-delà de son cabinet et de ses concepts, à ses activités sociales et publiques, à ses interventions quotidiennes. La parole et l'écrit du psychanalyste doivent s'adresser surtout à ceux qui sont aux prises avec la vie réelle. Ses interventions doivent éveiller les adultes, les pousser à chercher la juste attitude à prendre vis-à-vis des difficultés de leurs enfants. Cette attitude — dynamique, flexible, vivante, toujours en éveil, à l'écoute, prête à réagir selon la vérité —, une fois mise en œuvre, peut prévenir les troubles, canaliser les échanges symboliques vers la créativité et le développement et non pas vers des impasses. Et mieux vaut prévenir que guérir.

Savoir ce que symboliquement leur enfant leur apporte, percevoir son fonctionnement dans le cadre de la famille ou de la société des autres enfants, ne peut que pousser les parents à lui donner la place qui lui convient selon sa dynamique propre, à respecter ses droits, sa liberté.

En un sens, les adultes représentent l'ordre, les enfants le désordre. Mais l'ordre, pour l'enfant, c'est ce qui change tous les jours ! Alors que le désordre c'est ce qui est toujours à la même place ! Pour l'enfant, l'ordre c'est le fait que la vie déplace toujours toutes les choses ; l'enfant met du désordre autour de lui, parce que tout change tout le temps. L'enfant est un peu comme les marées autour des rochers : des cailloux nouveaux, des coquillages nouveaux, tout change tous les jours grâce à la marée ! Alors que l'ordre des adultes est fait pour la commodité. Il y a des choses qui se répètent parce que notre organisme manifeste des fonctionnements répétitifs : nous mangeons tous les jours et nous éliminons, et notre corps reste, alternant veille et sommeil, et nous avons besoin de le vêtir tous les jours. Il y a donc un certain ordre qui sert les besoins du corps. Mais le jeu du désir vivant est, tel que l'enfant le perçoit, tout le temps nouveau, la vie se renouvelle perpétuellement. Et la vie est un jeu qui, un jour, en plein jeu, s'arrête par la mort.

PREMIÈRE PARTIE

Naissance

Heures et jours qui suivent l'accouchement[2]

Conférence à la maternité de l'hôpital
Saint-Vincent-de-Paul, Paris, 18 juin 1977

Je suis Françoise Dolto. Pour celles et ceux qui ne me connaissent pas, je suis psychanalyste et je me suis occupée, très tôt, des cas dont la psychanalyse ne s'occupait pas, puisque la psychanalyse, au début, ne s'occupait que des névroses dites œdipiennes, c'est-à-dire des enfants qui parlaient, vers quatre, cinq ans. Mme Morgenstern, la première psychanalyste que j'ai rencontrée chez Heuyer[3], quand j'étais externe des hôpitaux, a commencé à recevoir des enfants mutiques, pas encore des enfants autistes, mais des enfants mutiques, fortement phobiques et obsessionnels, qui avaient encore une expression gestuelle et une relation à la mère. À l'époque on ne s'occupait pas d'enfants qui n'avaient pas le langage du regard à la rencontre du regard de l'autre, mais depuis, la psychanalyse s'est occupée de névroses et de psychoses avec des enclaves plus archaïques, et nous avons maintenant l'expérience d'enfants qui semblent avoir hérité de tout le poids du refoulement des deux parents, et qui nous apportent dans leur analyse les problèmes de leurs parents quand ils étaient tout petits, avant d'apporter les leurs. Une des surprises du travail psychanalytique avec leurs enfants, c'est de voir les parents et les aînés se rétablir, en même temps que ce petit que nous soignons, nous ne voyons, sur lui, qu'une modification de sa dysharmonie physique, des proportions bizarres de son corps. C'est le physique, son aspect qui change, et s'harmonise à tel point que, dans la société, on le croit physiquement transformé. C'est ce que disent ceux qui ne l'ont pas vu depuis un an; mais il n'a pas encore changé quant à sa communication à lui. L'enfant se fait, dans son silence, *le psychanalyste des parents*; c'est-à-dire qu'il leur permet de venir parler au psychanalyste de leur histoire et de la sienne, ce dont ils étaient incapables au début de l'analyse de leur enfant; peut-être même parce qu'ils l'avaient totalement oublié. À l'occasion du travail de cet enfant, ils viennent, de temps en temps, communiquer, parfois parce qu'un souvenir leur est brusquement revenu, parfois à l'occasion d'un rêve qu'ils voudraient comprendre parce qu'il les a bouleversés; ils revivent, ils font leur propre psychanalyse, par la médiation de leur enfant, tandis que lui-même est dégagé du poids angoissant des non-dits familiaux.

C'est une des choses que je voulais vous dire, parce que ce n'est pas connu encore de beaucoup de gens. Nous n'avons pas encore non plus assez d'expériences d'analyses que nous pouvons communiquer de la sorte, et travailler avec ceux de notre métier. C'est difficile de communiquer des cas de gens qui sont actuellement vivants. Et le problème est très difficile, de camoufler, de changer noms et événements signifiants d'une observation. Du vivant de l'analysant et de l'analyste, ce truquage pour l'étude critique en commun d'un cas clinique est indispensable au respect du secret professionnel, mais il déforme la vérité et brouille l'entendement des effets des transferts. Avec la psychanalyse des enfants plus encore qu'avec celle des adultes, on observe le rôle particulier que joue inconsciemment, du fait de sa place, de son âge et de son sexe, chaque individu de cette famille sur les autres et le rôle des autres à son égard.

Ce sont des interactions dialectiques et dynamiques dans les familles. Certains enfants en sont marqués, non pas en leur propre nom mais au nom de ce qu'ils ont hérité le poids de l'interdit du dire antérieur à leur conception ou concomitant de leur naissance, et c'est alors leur corps (leur habitus) qui manifeste et signifie ce non-dicible.

Pourquoi vous dire cela? C'est parce qu'il y a, chez l'enfant qui naît (suivant la place qu'il a dans sa famille, suivant le rôle qu'il a eu, au moment de sa conception, dans les relations de ses parents, et par rapport aux difficultés des parents avec leurs parents et avec les aînés), un impact de l'inconscient des parents sur celui de l'embryon au moment de sa conception ou qui marque le fœtus au cours de sa gestation; il est comme le médicament de cette famille. Médicament, non parce qu'il les guérit mais parce qu'il se fait, pour ainsi dire, l'éponge de leurs problèmes, et cette éponge vivante peut rester marquée de l'interdit du désir en son propre nom, grâce à quoi les autres vivotent assez bien, au moins comme ils vivotaient, à partir du moment où cette conception a été la parole obturante entre les parents qui ont décidé tout de même de concevoir ce bébé ou, s'il est conçu, de le garder. Leur enfant est le lieu de rencontre des zones d'ombre et de non-dit de leur vécu émotionnel l'un par rapport à l'autre. Parfois même, il a été conçu dans la rencontre non exprimée des pulsions de haine réciproque — ceci n'est pas dit en péjoratif — ou des pulsions de haine de l'un de ses géniteurs et des pulsions de mort de l'autre. Non pas des pulsions de non-vie de chacun, mais des pulsions d'agressivité inconsciente qui étaient réveillées par le monde extérieur, autour d'eux, ou qu'ils subissaient de ce monde extérieur. Cet enfant a hérité de tout cela. (Enfants de viols, enfants subis d'étreintes dites légitimes.) Ça, il faut le savoir. Je ne peux pas actuellement vous donner des observations, ceci se fait à travers le travail des enfants marqués à la naissance par des difficultés auxquelles leurs psychanalyses nous permettent de remonter, et d'aider par le dire de la vérité des drames cachés toute la famille, qui croit qu'elle ne souffre que de l'anomalie de cet enfant.

C'est en faisant parler l'anomalie de cet enfant, en l'écoutant plutôt, puisqu'il ne parle pas encore, en l'écoutant, c'est-à-dire en comprenant ce qu'il donne à entendre par ses comportements, que l'anomalie de cet enfant cède. L'anomalie dynamique de cet enfant se révèle comme pouvant faire parler les parents de ce qu'ils n'avaient jamais pu dire, et c'est après, alors que ce soma s'étant rétabli dans ses proportions, dans son équilibre « bio-végétatif », que quelqu'un de la famille peut venir parler : à ce moment démarre la parole chez cet enfant. C'est un long travail... Malgré mon âge, je ne sais même pas si je pourrai assister jusqu'au bout de ces cas. Ce sont les jeunes qui reprendront et comprendront cette relation incroyable, dans l'inconscient, où chacun de nous, en naissant, est du désir de ses parents le langage. Il est parfois langage voué au silence, pour que le reste de la famille puisse continuer d'avoir langage et échanges les uns avec les autres, ou en tout cas avec la société. Un seul est sacrifié pour tous (mais, ne l'oublions pas, il n'y a pas de négatif pour l'inconscient).

Cette « névrose » — c'est un mauvais mot d'ailleurs, mais enfin au début on a commencé comme ça —, la « névrose familiale », a été une des recherches de Laforgue[4]. Au début, ça faisait hausser les épaules de la plupart des psychanalystes : la « névrose familiale », qu'est-ce que c'est que ça ? On ne croyait qu'à la névrose d'un individu, au moment du complexe d'Œdipe.

Je vais vous raconter quelques histoires, pour vous montrer la fragilité, en même temps que la fantastique richesse de la dynamique libidinale, au moment de la naissance, tant pour la mère que pour l'enfant ; vous verrez le travail qui peut être fait ou n'être pas fait à la naissance, par les personnes de l'entourage auxquelles la mère est si sensible, et, à travers la mère, le bébé, le nouveau-né.

Hier, This vous a parlé de cette femme qui reprochait à son enfant de l'avoir fait souffrir[5], alors que justement il ne l'avait pas fait souffrir, et qu'il s'agissait de sa propre naissance, où elle avait fait souffrir sa mère : elle reprochait à son enfant ce que... peut-être même, sa mère ne lui avait pas dit ; peut-être lui avait-elle dit... Qu'importe. Il fallait que son amour pour cet enfant, sa relation profonde à cet enfant reprenne la relation profonde qui s'était passée entre elle et sa mère et qui se faisait autour de la souffrance, alors qu'elle, elle n'avait pas souffert. Et c'était nécessaire à cet enfant d'entendre ça pour entendre l'authenticité de sa mère.

Je n'étais pas là hier, mais ma fille m'a raconté ce que This vous avait dit, et j'ai trouvé très intéressant que vous ayez entendu cela, parce que nous sommes tout le temps, justement, avec ce poids « apparent*[6] » que les enfants reçoivent en parole de leurs parents, et qu'il est nécessaire qu'ils reçoivent, parce que c'est la façon dont les parents

* Ce poids consciemment connu n'est pas celui dont je parle dans les effets dynamiques annulants pour l'enfant. [*Les notes signalées par un astérisque ont été établies par Françoise Dolto dans l'édition initiale. Elles figurent en bas de page dans le présent ouvrage. (N.d.E.)*]

ont avec eux une relation d'amour-haine, de haine-amour, relation libidinale vraie de communication d'énergie et de reconnaissance :

« Oui, il est bien génétiquement relié à moi comme moi j'ai été génétiquement reliée à ma mère. »

Et ce génétique passe à travers des affects qui doivent être dits, même s'ils sont faux, du moins faux pour les gens qui les écoutent, parce qu'ils ne correspondent pas à la réalité de ce qu'on a constaté, comme c'était le cas dans cet accouchement sans difficultés, qui réveillait chez cette femme, dans sa relation à son enfant, l'accouchement très difficile qu'elle avait fait subir, si l'on peut dire, et qu'elle avait subi en même temps vingt-cinq ans avant.

HISTOIRE D'UN ALLAITEMENT

Voilà une autre histoire, elle s'est passée au début de ma vie médicale. J'étais externe à Bretonneau, à l'époque, chez Pichon, c'est là que j'ai fait ma thèse, et j'allais en salle de garde deux fois par semaine[7].

Quelques personnes connaissent peut-être cette histoire, c'était pendant la guerre, et j'entends en salle de garde qu'une femme de la maternité a accouché d'un superbe enfant et qu'elle a eu une montée de lait formidable. Quelle veine ! C'était si difficile d'avoir du lait de femme ; la plupart des femmes, traumatisées par le départ de leur mari, par la guerre, par les restrictions, n'avaient pas de lait ! Voilà une femme qui va pouvoir nourrir deux ou trois enfants ; on est en train de voir avec la surveillante si on ne pourrait pas la garder, à la maternité, pour donner du lait de femme. Bref, la récupération d'une bonne laitière !...

On parle de ça... et je reviens, le lendemain ; on me dit : « Vous ne savez pas ce qui s'est passé ? Dès qu'elle a donné à téter à son bébé, plus de lait. Son lait s'est coupé. » Alors j'ai dit : « Je pense que c'est psychosomatique. » Vous voyez la rigolade d'une salle de garde : « C'est psychosomatique ! » Oui. Il y a quelque chose. Si cette femme pouvait parler ! Une telle montée de lait ! Une superbe créature ! Un bébé splendide ! Il s'est passé quelque chose, il faudrait qu'elle arrive à le dire ; c'est sûrement psychosomatique ; il ne faut pas mettre ce bébé au biberon, il faut qu'elle parle. Alors on me demande :

« Est-ce que vous pouvez venir ?

— Oui, dès aujourd'hui ou après-demain, mais vous qui êtes l'interne, essayez déjà de parler avec elle : qu'est-ce que c'est, pour elle, de nourrir, sa relation à sa mère... »

Je m'en vais là-dessus, avec la bonne rigolade de tout le monde. « Ah ! ces psychanalystes !... le lait qui serait psychosomatique... » Enfin !... nous sommes en 1941.

Le surlendemain, je reviens. Hurlements, avant même que j'arrive, j'entends que je suis annoncée. J'arrive, et tout le monde hurle (vous voyez ce qu'est le tonus d'une salle de garde)... Je me dis : ça y est, je ne pourrai plus revenir dans cette salle de garde, c'est trop fort, je leur en ai fait trop avaler, il y a trop de résistance. J'étais très, très embêtée parce que c'était bien agréable d'avoir un bon déjeuner, ils se débrouillaient très bien, dans les hôpitaux, pendant la guerre.

Mais ce n'était pas de l'agression, c'était une réception d'honneur ; on m'a raconté l'histoire suivante... Je dois dire que moi, j'ai trouvé ça impressionnant ; je n'aurais pas osé. Vous allez voir ce qui s'est passé.

L'interne était tellement embêté qu'il s'est dit : « Pourquoi pas, après tout ?... » Les autres ont discuté, paraît-il, jusqu'à cinq heures de l'après-midi, après ce déjeuner, de ce que j'avais raconté. Ce que c'est quand on parle de psychanalyse, dans un milieu qui a une forte résistance ; ça réveille !...

Quand il est revenu dans son service, il a parlé à la surveillante de la maternité et il lui a dit : « Voilà ce qu'une de nos consœurs psychanalyste nous suggère... » Et je leur avais déjà passé ma thèse ; ils savaient que j'étais farfelue et que j'avais écrit des choses qui étaient farfelues.

Alors, qu'est-ce qu'a fait la surveillante ? Ah ! c'est formidable ! Elle a tout fait elle-même, elle a fait la psychothérapie. Elle est allée voir cette jeune femme et elle lui a posé des questions, enfin, elle lui a parlé : « Mais voyons, votre maman..., ce si beau bébé... » ; enfin, elle l'a narcissisée pour commencer, et la jeune femme s'est mise à sangloter :

« Je ne peux pas, je ne peux pas le nourrir, je ne peux pas...

— Pourquoi donc, pourquoi donc ?

— Ma mère m'a abandonnée à la naissance, j'ai jamais rien su de ma mère.

— Comment ! une si belle petite fille que vous deviez être, comme votre petit garçon, mais c'est pas possible ! »

Et elle a sangloté dans les bras de la surveillante.

Ensuite la surveillante, et c'est là qu'elle fut extraordinaire, lui a mis le bébé dans les bras, et lui a dit : « Eh bien, moi, je vais vous donner le biberon qu'on aurait donné au bébé ; je ne veux pas donner le biberon au bébé, je veux le donner à sa petite maman chérie. »

Elle a materné cette femme, elle lui a donné le biberon, que la femme a su téter, tout en lui disant des mots de tendresse... Cette jeune femme pleurait, se mettait dans le giron de la surveillante : « Eh ! vous êtes ma maman, vous m'avez réconciliée avec mon bébé... »

Car, en même temps, depuis qu'elle n'avait pas voulu lui donner à téter, elle ne voulait pas de ce bébé ; elle n'osait pas, il a fallu la narcissisation de cette surveillante pour que, narcissisée, elle puisse reprendre son bébé dans ses bras et le réinvestir d'amour. Pendant les trois heures passées entre les deux tétées à donner au bébé, à qui on ne donnait que de l'eau avec la cuillère, le lait est remonté, et elle est devenue une des meilleures nourrices du service de maternité de cette pouponnière de Bretonneau.

Personnellement, je n'aurais jamais osé faire ce qu'a fait cette surveillante...

Les psychanalystes, on écoute, on écoute ; on penserait que si elle avait bien pleuré sa maman, ça aurait suffi. Eh bien, chapeau à cette surveillante qui a su « faire » ce qu'il fallait, psychologiquement, humainement, en ayant compris bien plus loin, et plus profondément que nous.

La communication était passée par la parole de cet interne qui avait transmis ce que j'avais dit, mais la surveillante, elle, a fait ce que nous appelons un véritable transfert sur cette jeune femme qui lui a confié sa douleur d'avoir été abandonnée par sa mère. Je ne sais rien de cette surveillante peut-être, elle aussi, avait-elle souffert d'un abandon ?

Quoi qu'il en soit, c'est une histoire qui fait penser que le lait appartient au bébé puisqu'il le fait surgir dans la poitrine de sa mère. Des modifications humorales se font en même temps que l'accouchement, mais le bébé est là pour entretenir la montée laiteuse, si la mère aime ce bébé, si le bébé n'est pas rejeté par elle. C'est tout un ensemble, ce n'est pas seulement le « non-biberon » donné à l'enfant, et la « maternance » de la surveillante sur cette jeune femme, c'est aussi l'idée que la surveillante a eue de mettre le bébé dans les bras de cette femme, cette femme qui, déjà préconsciemment, et avec culpabilité, ne pouvait pas aimer son bébé. Qu'est-ce qui se serait passé en elle, si elle avait aimé son bébé, dans le sens où nous disons aimer, c'est-à-dire positif ? Il se serait passé qu'à ce moment-là elle aurait reproché en gestes, encore plus à sa mère, de l'avoir abandonnée, c'est-à-dire qu'elle aurait détruit, en elle, ce qui avait construit la belle femme maternelle qu'elle était. Elle ne pouvait aimer cet enfant que si une femme, en lui permettant de dire sa douleur, recevait cette douleur, ne blâmait pas sa mère, lui disait qu'elle était belle et que sa mère devait être belle, et lui disait que le bébé était très beau, faisait ainsi le troisième terme de la situation triangulaire : le bébé entre deux adultes accordés. Elle se sentait de nouveau avec ce nouveau-né revivre son enfance ; mais voilà une femme qui pouvait entendre et admettre que sa mère ait agi comme elle avait agi avec elle, mais qui stoppait le processus d'identification, en lui permettant par transfert de retrouver une relation maternelle positive, rapidement, comme ça, et de pouvoir entendre, alors dans son corps, la demande de l'enfant et y répondre, au lieu d'abandonner cet enfant et de le détacher d'elle en ne lui donnant pas à téter.

Cette histoire, vous la garderez dans votre mémoire, et pourquoi pas, dans votre cœur, vous y penserez quand vous voudrez, c'est une histoire vraie.

J'ai rencontré dans des congrès, une ou deux fois, des gens qui étaient dans cette salle de garde, dont je ne me souvenais plus d'ailleurs, et qui, me reconnaissant, disaient : « Ah! vous ne vous rappelez pas l'histoire, la fameuse histoire du lait qui a remonté chez la femme abandonnée par sa mère ? » Je dois dire que la première fois qu'on me l'a rappelée, je l'avais oubliée. Il s'est passé tant d'histoires comme ça, au début de ma compréhension psychanalytique ! On en oublie toujours, mais les gens s'en souviennent. Depuis qu'on me l'a rappelée, je me suis dit : mais elle est à raconter, elle fait réfléchir aux processus de l'inconscient et aux médiations nécessaires pour qu'une souffrance, enfin, puisse porter ses fruits, en n'arrêtant pas la dynamique de la vie aux effets de la souffrance, mais à la compréhension corporelle du dépassement de cette souffrance. Le fruit de la souffrance, chez l'être humain, n'est pas que négatif. Encore faut-il, par-delà les processus de défense qu'il suscite chez ceux qui souffrent, que ce processus n'entraîne pas la répétition ni la justification des processus de défense devenus inutiles.

La vie entre les humains, c'est le dépassement de la souffrance que nos parents ont éprouvée à notre propos, ou que nous avons éprouvée à propos de nos parents ; un enfant tout neuf, nous devrions pouvoir agir pour qu'il soit tout neuf aujourd'hui et demain, et ceci grâce à l'entourage de la femme enceinte, pendant qu'elle est en fin de grossesse, au moment où elle accouche, et les jours suivants, période si sensible pour la femme, période de mutation et période d'intense réceptivité par le nouveau-né des relations d'autrui à sa personne.

HISTOIRE DU PETIT SCHIZOPHRÈNE

Une autre histoire qui, cette fois, est l'histoire d'un petit garçon, que j'ai vu à treize ans... Quand il est arrivé à Bichat où j'ai eu à faire sa psychothérapie, il était catalogué « schizophrène » depuis longtemps.

C'était un enfant tellement phobique qu'il ne pouvait pas voir un grattoir ou une paire de ciseaux sans être tremblant, en lui-même égaré ; cependant, comme parfois les schizophrènes, il ne se débrouillait pas mal dans l'espace : sans avoir l'air de rien regarder, il ne se faisait pas écraser par les voitures. Il était l'aîné de trois. Il venait à son rendez-vous régulier, hebdomadaire, avec moi, et les séances se passaient, dont je vous fais l'économie.

J'arrive à la fin, c'est-à-dire aux événements importants. Je savais qu'il était insomniaque, mais ça faisait partie de son ensemble d'hyper-instabilité et d'état phobique, douloureux à voir. Un bruit dans la rue, même dans un espace qu'il connaissait, et il sautait et regardait partout. Naturellement, non scolarisé.

Au cours d'une dernière séance précédant ce qui va se passer, lui montrant, avec du modelage, qu'on pouvait approcher le grattoir, j'ai réussi à ce qu'il essaie de toucher ma propre main avec le grattoir, ce qui lui faisait aussi peur que si c'était lui qui était touché par ce grattoir. En aidant sa main à piquer avec le grattoir sur le dos de ma main, il me regardait, je lui dis : « Mais oui, ce n'est pas à toi que ça fait du mal, et ça ne m'en fait même pas à moi. » Alors, il a essayé, et il a fait des petites marques, et puis il regardait...

tout va bien, tout va bien, et à un moment, rassuré, contemplant des petites marques tout à fait indolores que ce grattoir, par l'intermédiaire d'une main, qui n'osait pas, me faisait, je profite de ce moment d'inattention, et je fais la même chose à sa main... Il me regarde... il dit : « C'est ça ? » Je dis : « Oui, pas plus que ça. — Ah !... »

Un moment de silence, et se passe alors une scène que je n'oublierai jamais tellement elle m'a bouleversée : deux voix sont sorties de cet être humain, deux voix.

> *Françoise Dolto imite alors un dialogue sans paroles compréhensibles où se répondent deux voix : une voix jeune, aiguë et suppliante, à laquelle répond une voix plus grave, plus âgée, autoritaire, semblant interdire.*

Et les paroles c'était :

« Salope, non tu l'auras pas, salope, non, non, non !...

— Si maman, je veux le garder, maman, maman, maman, je veux le garder. »

Je n'y comprenais rien, et comme c'était un enfant de la guerre, qui était né en 41, je me suis dit : c'est un enfant qu'on a dû placer pendant la guerre, qu'on a dû reprendre, et la mère ne se souvient pas qu'il y a eu des scènes avec une vieille dame qui voulait garder son petit-fils ; et il s'est passé au-dessus de son berceau des choses épouvantables entre une voix jeune et une voix vieille. L'enfant est parti là-dessus, un peu égaré, l'heure était terminée. Je lui ai dit au revoir. Il est parti, un peu moins zombie peut-être, mais toujours zombie : « Dans huit jours !

— Dans huit jours ! »

Le lendemain, coup de téléphone de la mère :

« Ah ! madame, il faut que je vous parle, il s'est passé des choses, il s'est passé...

— Il s'est passé des choses graves ?

— Non, non, pas de choses graves, mais il faut que je vous voie...

— Bon, d'accord.

— Je ne peux pas attendre huit jours.

— Je préfère que vous ne veniez pas le jour de votre fils. »

Elle vient donc chez moi et me dit :

« Vous savez, il est rentré, il a mangé à toute allure, et il est allé se coucher; il a dormi de midi jusqu'au lendemain midi sans s'arrêter, et j'allais... j'étais étonnée... Je vous ai dit qu'il était insomniaque, mais il n'a jamais dormi plus d'une heure à la fois, jamais, et depuis que je le connais...

— Bébé aussi?

— Oui, bébé aussi, et puis grand garçon, toujours circulant, et de temps en temps tombant de sommeil pour une heure.

— Depuis?

— Mais depuis, il est très bien, il est très calme, il est tout différent. »

Alors je lui ai dit : « Écoutez, il y a quelque chose d'important qui s'est passé dans la dernière séance, il ne vous en a pas parlé? Il ne peut pas vous en parler sans doute. » Elle dit : « Non, il ne m'a rien dit du tout, quand je lui parle de vous, il dit le jour où il doit revenir, c'est tout. »

D'habitude, je ne romps pas le secret professionnel, mais là c'est trop important : « Il y a quelque chose que vous ne m'avez pas dit, vous m'avez caché quelque chose, volontairement ou involontairement, je n'en sais rien; ou vous ne vous êtes pas souvenue. » (C'est ce problème dont je vous parlais tout à l'heure, de l'enfant qui fait dire des choses qu'on ne veut pas dire.) Et je lui dis : « Voilà, on dirait qu'il a assisté à une dispute autour de son berceau; une voix jeune se dispute avec une voix vieille, la voix vieille refuse à l'enfant de retourner avec la voix jeune. Est-ce que, pendant qu'il était petit, vous l'avez confié à une nourrice, à votre mère, à votre grand-mère qui voulait garder cet enfant? Est-ce qu'il y a eu des disputes entre deux femmes? »

Je vois la femme qui se couche sur la table, comme ça...

« Ah! madame, ne me dites pas ça... » Grande crise d'hystérie chez une femme habituellement réservée.

« Il n'y a rien de tragique, souvenez-vous, peut-être...

— Ah! me dit-elle.

— Mais oui, on a des disputes avec ses parents, ça arrive.

— Ne me dites pas ça! »

Et elle se calme :

« Mais alors, il faut que je vous dise tout?

— Oui, il est temps...

— Eh bien, madame, c'est quelque chose que personne ne sait, il n'y a que moi qui l'ai entendu.

— C'est quoi? De quoi s'agit-il?

— Eh bien, je ne vous l'ai pas dit, nos trois enfants sont

des enfants adoptés, lui il est l'aîné ; et ce sont des adoptions clandestines, je suis allée dans la clinique, avec un coussin sous mes robes, et on devait inscrire le bébé à mon nom, pendant qu'une femme qui accouchait était soi-disant entrée pour curetage. »

(Elle a fait ça pour ses trois enfants, ce qui est illégal mais la meilleure manière d'adopter les enfants. Pour les enfants que j'ai vu adopter comme ça, ça marche très bien ; celui-là c'était un cas particulier, les deux autres étaient superbes. Il y a passation des pouvoirs ; la mère est d'accord, elle vient pour ça, et il n'y a pas d'histoire d'administration qui se met « entre » les intéressés.)

Quoi qu'il en soit, entrée pour adopter, on lui avait donné la chambre à côté de la femme qui venait d'avoir ce bébé. Et ce qui s'est passé, c'est que cette jeune femme qui avait seize ans au moment de la conception, dix-sept ans au moment de la naissance, cette jeune femme voulait garder le bébé. Elle était orpheline de père ; il était mort quand elle était toute petite, fille unique ; elle était élevée par une mère absolument draconienne, et avait eu ce bébé avec son professeur de français déjà père de cinq enfants, et qui aimait cette jeune fille. Il avait d'ailleurs dit à sa mère qu'il paierait devant notaire et il s'y engageait, qu'il voulait qu'elle garde ce petit parce que c'était un enfant de leur amour, qu'il ne pouvait pas le reconnaître, les lois du pays de langue française dans lequel il vivait n'autorisant pas, à cette époque, à reconnaître un enfant adultérin ; il voulait s'en occuper toujours car c'était authentique l'amour qu'il avait pour cette élève.

Mais la mère n'a rien voulu savoir, la clinique tout entière était bouleversée, essayant... On a laissé l'enfant plus longtemps avant de l'inscrire, on espérait que la jeune mère pourrait emmener son bébé, on proposait une maison maternelle pour qu'elle soit séparée de sa mère, mais il n'y avait rien à faire, et finalement on a inscrit l'enfant sur l'état civil, au nom de celle qui était la mère adoptive. Elle n'avait rien dit à son mari, en revenant, tellement elle était bouleversée, elle a gardé ce secret pour elle, jusqu'au jour où il est sorti, exprimé à son insu par l'enfant, ce qui a permis à sa mère de m'en parler.

La suite, c'est intéressant, qu'est-ce que ce garçon a fait comme métier ? Il est devenu tailleur et, naturellement, il n'était plus question pour lui de faire des études à présent.

Guéri de sa phobie des épingles, des choses piquantes et des couteaux, c'est ça qu'il a choisi.

C'est d'ailleurs curieux de voir par exemple que les bègues — j'en ai eu un certain nombre en analyse — choisissent, quand ils sont guéris, des métiers où la parole joue un très grand rôle, c'est très curieux[8]. Enfin lui, il avait la possibilité d'exercer plusieurs métiers manuels; il a dit à ses parents qu'il voulait être tailleur, c'est-à-dire couper, coudre, piquer.

Alors... ces engrammes, comme une bande magnétique? Quand il est revenu, huit jours après, j'ai essayé de lui parler; je n'avais fait aucune interprétation, j'avais reçu ce qu'il avait dit, bouleversée de ce psychodrame à deux voix où il était égaré, en racontant ça.

Il m'a dit : « Moi, mais... je t'ai rien dit, qu'est-ce que c'est que ça, qu'est-ce que c'est que ça? », quand je lui redisais les paroles qu'il avait dites. « Je sais pas, je sais pas. » Et c'était visible qu'il ne savait pas. Il s'est mis à faire des modelages, tout à fait tranquille, et les voitures pouvaient faire des embarras bruyants, il ne sautait plus, il n'était plus affolé, il ne croyait plus que ça allait défoncer la fenêtre, le bruit qui se faisait à l'extérieur, et que les piqûres allaient le faire mourir. Plus rien... C'était un enfant calme, et qui dormait. Il avait retrouvé son sommeil.

Je crois que c'est très important, d'ailleurs, l'insomnie, comme signe de... comment dire?... de « décohésion » précoce entre soi et soi, si je peux dire, ce qu'était l'angoisse de ce petit. Théoriquement, il y aurait énormément à dire. C'est une histoire qui montre à quel point quelque chose qui n'a pas été repris par la parole est là, jusqu'à ce que ça soit dit[9].

Il est vraisemblable que si la mère avait pu parler à ce bébé quand il était petit, et parler avec un psychanalyste des tout-petits (comme maintenant nous sommes plusieurs à voir des enfants de neuf, quatorze et quinze mois, qui veulent mourir, qui se laissent mourir), si ces paroles que la mère savait avaient pu être redites à cet enfant en lui racontant son histoire, je crois qu'on n'aurait pas eu un enfant schizophrène; il aurait eu ce début de sa vie partagé, par la parole, avec quelqu'un avec qui il aurait eu un transfert, et qui aurait eu un transfert avec sa mère. Cette situation à trois se serait rétablie dans une parole vraie qui aurait débarrassé l'enfant de cet interdit de vivre, apparu avec cet événement, quand il avait été arraché, entre une mère qui l'aimait et une autre qui l'aimait aussi. Elle l'aimait d'ailleurs tellement, authentiquement, cette femme qui l'avait adopté, et qui avait été tellement bouleversée par ce qui s'était passé, qu'elle lui avait laissé le prénom que la jeune maman voulait lui donner, ce qui certainement est quelque chose qui a dû aider l'enfant à rester en vie.

Naturellement, c'était le prénom du fils d'un personnage important de ce pays. Il devait porter le prénom prestigieux, parce que cette jeune femme, n'ayant pas eu de père, avait, vis-à-vis de l'amant dont elle avait eu cet enfant, une relation qui était tout autant une relation de fille à père qu'une relation d'amante à amant.

Dans un cas pareil, l'adoption est indiquée, mais comment la faire ?... Elle est indiquée parce que c'est l'enfant « incestueux » d'une fille en tutelle non libérable de sa mère, et qui s'est mise dans une situation barrée au départ, doublement barrée, barrée du côté de cet amant marié, père de famille et d'âge à être son père, et barrée du côté de sa mère aussi, rigide, frustrée.

On pourrait dire que cet enfant portait le problème de sa mère. Eh oui, il le portait ; on ne l'en avait pas libéré en lui racontant son histoire dès qu'il était petit.

LES EFFETS DE LA PAROLE

Si nous racontons aux tout petits enfants leur histoire vraie, nous les en guérissons. J'en ai pour preuve les enfants tout petits, les enfants de l'A.P.[10], qui viennent à Trousseau, enfants du centre d'adoption, qui sont abandonnés : le peu qu'on sait de leur histoire, et surtout le fait de leur abandon, le fait qu'ils ont vu à telle date, pour la dernière fois, leur mère, pour la dernière fois, leur père, leur est dit en les remettant dans l'ensemble des mots qui recouvrent l'espace, le lieu, la saison, l'époque, tout ce qui peut faire vérité dans ce qui leur est dit.

Et cet enfant, qui refuse de manger, qui est lové sur lui-même et qui veut mourir, retrouve le regard qui plonge dans votre regard pendant que vous lui parlez de son désir de mourir ; et il regarde sa berceuse qu'il n'avait pas regardée pendant je ne sais plus combien de temps. Il rentre à la pouponnière, et il mange. Il mange une nourriture régressive, par rapport à son âge, mais, en quelques jours, il redémarre son développement depuis l'âge de son épreuve jusqu'à son âge d'aujourd'hui.

Ce qui bouleverse d'ailleurs tellement les berceuses! L'une m'a dit: « Moi, je ne peux pas venir, je vomis tout l'après-midi de vous avoir entendue parler comme ça; on n'a pas idée de parler comme ça à un tout-petit, on ne lui dit pas des choses comme ça; lui dire des choses sur son père, sur sa mère qu'il a eus, qu'il a connus, sur son désespoir d'avoir été abandonné par eux, et qu'ils ne reviendront jamais, et parler de la mort à un enfant! » D'ailleurs, ce désespoir n'arrive pas quand ils perdent le dernier lien à la visite de leur mère, mais quand la berceuse qui a vu leur mère les quitte. Elle change de groupe, il la perd, et il perd quelquefois plus encore; c'est arrivé, quand il y a rencontre de pertes : en même temps qu'il perd cette berceuse (qui a parlé avec sa mère lorsqu'elle était venue et donc faisait situation triangulaire avec lui), il perd un ou deux des petits qui l'entouraient dans le groupe où il était. Son espace humain en est transformé. Tout ça réuni, il ne peut pas... Il ne peut pas survivre à ce rester tout seul. S'il y a encore un lien médiateur, un relais, il peut supporter l'absence. Je crois qu'il y en a beaucoup qui sont touchés, comme ça, du changement de berceuse, surtout du changement de berceuse dont on ne les prévient pas : un beau jour, sans avoir parlé à leur personne, quel que soit leur âge, la berceuse change, on ne leur dit pas pourquoi. Et puis, si en même temps il se trouve que le lit d'à côté et un autre lit sont vides, et qu'on met n'importe quel nouveau bébé (sans les avoir prévenus, d'ailleurs), et qu'il faut continuer à appeler tout le monde du même nom, ça n'est pas possible. Ces enfants tombent dans un « incognito » par rapport à eux-mêmes. C'est la perte du sentiment d'exister en croisement d'espace-temps, relié à son image du corps[11]. Ils entrent dans la psychose, la psychose où domine ce qu'on appelle, en psychanalyse, la pulsion de mort, ce qui ne veut pas du tout dire une libido qui se retourne sur l'individu pour le détruire; non, c'est une libido sans objet et sans sujet, qui s'éparpille comme ça, par manque de désir et d'amarre pour lui, le sujet, perdu[12]. Finalement, il s'épuise de n'avoir pas de rencontre faisant écho à ce qu'il éprouve, et qui lui rende cohérence — sens à vivre. Ce qui ne se peut que par un dire vrai par un être crédible pour lui sur ce qu'il éprouve.

Les pulsions de mort, c'est l'individu qui est sans relation avec le monde extérieur : le sujet meurt de n'avoir pas de relation. Le corps vivrait bien, mais il ne peut plus rien, quand c'est trop précoce dans la vie; il ne peut plus vivre parce qu'il n'a pas été construit « complet*[13] ».

Les pulsions de mort, chez quelqu'un de six ou sept ans, ça peut très bien se vivre avec, au maximum, de la narcolepsie[14]; mais chez un bébé, ça ne peut pas se vivre, parce qu'il n'existe pas encore, si l'autre, qui le connaît, ne le fait pas se reconnaître jusqu'au moment où il est structuré œdipien, c'est-à-dire dans ses pulsions génitales; les pulsions de mort, chez un bébé, c'est comme s'il se détruisait. S'il ne se détruit pas, il est détruit par l'absence de possibilité de s'incarner davantage. Il est déraciné, et il meurt, par perte d'appétit, de péristaltisme. L'angoisse en augmentant le rend insomniaque, puis anorexique, dépressif.

Mais la parole, c'est ça qui est incroyable, c'est la « parole vraie » qui peut, par l'imaginaire probablement, restituer sa structure symbolique, dans la vérité de la relation à qui lui parle de lui, de ce qu'il souffre, de son histoire.

Bien sûr, ça ne pourrait pas être une bande magnétique qui lui dirait son histoire, il faut que ça soit dans une relation et pas seulement dans une relation à lui, mais dans une relation triangulaire, c'est-à-dire une relation à lui en même temps qu'à une autre personne, celle qui actuellement donne des soins à son corps et écoute; que ce soit cette personne ou que ce soit une autre de son entourage nourricier, par exemple si sa berceuse dit : « Moi je peux pas écouter Mme Dolto, ça me fait vomir tout l'après-midi. Alors, j'envoie la petite stagiaire. » Pourquoi pas la petite stagiaire? Je dis à l'enfant : « Elle remplace Taty Truc, parce que Taty Truc, ça la rend malade ce que je te dis, mais elle est très contente que je te soigne puisque tu vas mieux, et la petite stagiaire, tu vois, elle, ça ne la rend pas malade, et elle est très contente que je te dise tout ça... »

Toutes les personnes sont les médiatrices d'une autre plus importante : celle qui l'aimait tellement (mais dans son estomac), que lorsqu'on parle à son « nourrisson », en lui parlant vrai, ce qu'elle n'aurait pas pu faire, elle en vomit (elle renvoie le bébé avec l'eau du bain), ce qui ne l'empêche pas d'être très gentille avec lui pour les soins

* Complément d'un couple dont le désir et l'amour en cet enfant se complaît.

maternels. Une fois qu'elle a vomi, elle va d'ailleurs beaucoup mieux. Il y a beaucoup de façons d'être maternelle.

C'est très bien que les berceuses aiment avec leur estomac, et qu'elles avalent leurs enfants, puisque les enfants sont en âge d'avaler la personne. Pourquoi pas, quand ils vont bien ? Ils en verront d'autres, et puis, il faudra bien qu'ils se détachent d'elles, et qu'elles s'attachent à d'autres. C'est ça la vie des bébés, qui passent de main en main, mais ça ne fait pas toujours des enfants autistes ; ça ne fait pas toujours des enfants qui veulent mourir. Il y a tout un système de signifiants qui se passe : ils n'ont plus de quoi vivre, alors que cette personne donne de plus en plus de quoi vivre ; mais bien qu'elle donne de plus en plus de quoi vivre, comme en même temps elle ne donne pas des paroles, ça ne peut pas les soutenir en cas de grande épreuve.

Bien sûr, il y a des enfants qui sont plus sensibles que d'autres ; je crois que, dès l'origine, le capital humain est ainsi fait qu'il y a des enfants qui vont pouvoir supporter des épreuves psychiques en se rattrapant sur la bouffe, qui pour eux est signifiante de la relation, corps à corps, avec cette personne ; mais il y a des êtres humains déjà différenciés mentalement. Ils ont tous besoin de relation émotionnelle et de paroles, mais il y en a qui y sont plus sensibles ; nous voyons cela chez les bébés très tôt. C'est cela que je voulais vous dire en vous racontant l'histoire de ce petit schizophrène, que j'ai vu longiligne et fin, une peau d'une sensibilité formidable.

Bien sûr, ça n'arrive pas à n'importe qui ; son frère adopté, que j'ai vu, était un bon pycnique* brun, avec une bonne peau très solide, pas du tout fine. Et simplement, il avait fait pipi au lit jusqu'à cinq ou six ans — ça arrive aussi dans les familles où les enfants ne sont pas adoptés — et puis il réussissait bien. C'est pour vous dire que chaque enfant a son capital spécifique, dont le psychisme est certainement la métaphore de ce que nous voyons de physiologique, ce que nous pouvons appréhender par sa typologie première. La sensibilité de sa peau, les réactions du regard, la rapidité de perception, la discrimination sensorielle, olfactive, auditive, gustative, tactile, enfin toutes ces choses qu'on peut observer, extrêmement tôt chez les bébés et qui sont constitutives de leur personnalité potentielle. Voilà ces deux histoires : la dernière pour vous montrer ce qu'un

* Morphologie ramassée, courte.

garçon avait porté toute sa vie, parce que l'on n'avait pas dit ce qui s'était passé au début.

Dans ce qui suit, F. Dolto répond désormais aux questions qui lui sont adressées par son auditoire.

MARIE-MADELEINE CHATEL : *Peut-on vous demander de préciser ce qui vous donne la conviction qu'on peut parler de cette façon à l'enfant?*

FRANÇOISE DOLTO : Ce qui me donne cette conviction, c'est l'effet de cette parole, l'expérience des effets de cette parole. Au début, c'est d'ailleurs comme ça que je suis venue à la psychanalyse des enfants; à l'époque on n'enseignait que la psychanalyse d'adultes, et nous nous comportions avec les enfants exactement comme avec les adultes. Au début, il n'y avait pas de « play-thérapie [15] », il n'y avait rien du tout. C'était une table, et non pas un divan pour l'enfant : il n'était pas allongé. Et voilà : « Si tu es embêté et si tu veux parler, tout ce que tu veux dire, tu peux le dire avec des mots, avec un dessin, avec un modelage, et même en te taisant. Si ça parle dans toi, moi j'écouterai, en me taisant aussi. » C'est tout.

Et puis, les enfants faisaient de la psychanalyse, ils se sortaient de leurs affaires, c'est comme ça que j'ai écrit ma thèse*, stupéfiée, vraiment stupéfiée que cette méthode fût si opérationnelle. Comment se fait-il qu'ils guérissent? Qu'est-ce qui s'est passé? Je prenais des notes de ce qui se passait, de ce que j'en percevais, et alors c'est peu à peu qu'ils se transformaient. Après coup je relisais mes notes pour essayer de comprendre le processus de ces transformations.

Avec les petits, c'est pareil; mais il faut *dire*, aux petits, c'est la différence; il faut du déclaratif, pour les petits, du déclaratif de ce que les parents nous disent. C'est une chose étonnante, qu'une « bande magnétique » remonte, comme ça, chez un enfant; il ne l'avait pas intégré avec son intellect mais il a pu le verbaliser; et il a fallu tout ce travail préalable avant de comprendre de quoi il s'agissait.

MARIE-CLAIRE BUSNEL : *Je voudrais vous demander une précision. Quand vous dites : « Il faut leur parler de... », c'est à des enfants de quel âge?*

* *Psychanalyse et pédiatrie*, 1939. Le Seuil, 1971.

F.D : Je ne sais pas... huit jours... quinze jours... à la naissance... Par exemple, l'enfant qui ne peut plus téter sa mère, la soi-disant anorexie du nouveau-né...

Bien sûr, c'est dans les bras de sa mère, c'est dans une situation triangulaire, mais tout ce que la mère dit, je le redis à la personne de l'enfant. La mère disant : « Mais, vous pensez bien, il ne comprend pas, pourquoi lui parlez-vous ?... »

J'ai parlé avec des pédiatres, qui travaillent maintenant avec moi, et qui ont essayé ce qu'ils ont cru au début être un truc, en se disant : « Elle est complètement farfelue, mais on va essayer... pourquoi pas ?... »

Et alors, surprise, chaque fois qu'ils parlent à la personne de l'enfant, lui disant ce que la mère vient de dire, au lieu de parler *de* l'enfant, avec la mère, sans s'adresser à lui personnellement, il y a une transformation complète des rapports de ces médecins à ces bébés. Il n'est jamais trop tôt pour parler à un être humain. C'est un être de parole, dès la vie fœtale, et moi, je comprendrais très bien qu'une mère et un père parlent à la personne du fœtus qui est dans l'utérus de la mère. Peut-être, c'est un fantasme chez eux, peut-être... En tout cas, l'effet de cette parole est tel que c'est nécessairement une parole de psychanalyste... c'est-à-dire véridique.

Enfin, maintenant qu'à France-Inter, vous le savez, je fais ces émissions[16], combien de lettres sont venues confirmer la stupéfaction des parents qui se sont dit : « On va tout de même essayer. » Par exemple : l'insomnie d'un enfant, c'est grave[17]. Tout un immeuble en résonne. On le berce, on le secoue, on le tape, on le drogue... Oui, il faut voir les complications de la vie, ce que ça peut faire un enfant qui crie toute la nuit, le père qui travaille, la mère qui travaille, ils sont obligés de le bercer toute la nuit pour que les voisins ne les flanquent pas à la porte. Quelle fatigue ! Alors, ils disent : « On peut toujours essayer de faire ce qu'elle dit : ça ne peut pas faire de mal. » Et résultat : l'enfant se met à dormir tranquillement parce que la vérité lui est dite ; on lui a dit de quoi il souffrait, il voulait dire quelque chose en criant et en dérangeant ses parents, on a su reconnaître son désir, il est sécurisé.

Qui que nous soyons, je crois qu'à notre naissance nous sommes dix fois plus intelligents qu'à l'âge où nous croyons l'être, à vingt ans... Nous avons tous en nous l'intelligence; après, elle se distribue sur de multiples désirs, intérêts. Enfin, c'est comme une partie d'échecs, tout est possible au départ, et puis en cours de partie, il n'y a déjà plus beaucoup de pions : il faut vraiment veiller au grain pour qu'on aille un peu plus loin, et gagner la partie, surtout si l'adversaire, en face, est malin.

C'est ça, cette parole : jamais trop tôt pour « parler *vrai* ». Ce qui est arrivé à cet enfant, ou ce que quelqu'un nous dit de lui. On vous dit quelque chose devant l'enfant, il faut reprendre : « Tu entends, ton père dit ça, mais toi peut-être as-tu vécu cet événement autrement que lui le dit. » Parler à sa personne, en lui laissant la place pour une réponse que nous n'entendons pas puisqu'il n'a pas la parole pour parler, mais qu'en désir il émettra, en réponse non audible, mais le désir et le sujet sont là. Appelé à l'être, il se structure, se construit, conscient — enfin, comment dire : *cohésif*; je voudrais dire plutôt cohésif avec lui-même, et accueilli humain, accueilli « être de parole », en filigrane, parole qui ne peut pas encore être dite puisqu'il n'a pas l'appareil émetteur de parole, larynx et muscles coordonnés de la bouche; mais il s'exprime, et d'ailleurs beaucoup de choses que nous disent les mères sont des choses que des enfants sentent, et les choses que les enfants sentent et signifient sont des choses que la mère sent. Il y a une communication, mais on oublie que l'enfant a aussi son mot à dire, en tout cas à penser, et qu'il est un interlocuteur silencieux mais réceptif, aussi valable que nous-mêmes.

On sait déjà que l'enfant est « dans le désir de ses parents », c'est presque devenu la tarte à la crème. Mais ce que l'on ne sait pas, c'est que l'enfant a lui-même son désir propre qu'il veut nous manifester, et que la seule manière de le reconnaître sujet c'est de parler à sa personne, et de lui laisser un temps de réponse que nous écoutons avec notre cœur, avec notre peau, avec... et puis : « Oui, ben oui, tu as raison. Tu es malheureux, nous ne pouvons pas faire autrement, ta maman est obligée de travailler, moi je suis obligé de dormir, et tu es très, très malheureux, mais nous ne te reprendrons pas dans notre lit, ta mère ne te reprendra pas dans ses bras. Il faut que tu dormes. » Cela dit, en même temps qu'on reconnaît la souffrance de l'enfant, il « se retrouve »; voilà comment je peux vous répondre...

De même, quand un enfant est devenu complètement

patraque depuis quelque temps après la mort de la grand-mère maternelle, ou du grand frère... tout ça, ce sont des réponses, des témoignages que je reçois, à France-Inter. Je le savais déjà, mais pas sur une si grande échelle, et avec des gens qui ne sont pas du tout en psychanalyse, avec le « tout-venant » de la vie quotidienne. Et les témoignages : « Cet enfant qui était complètement patraque va beaucoup mieux depuis que je lui ai dit la vérité, que sa grand-mère était morte et que j'avais eu beaucoup de peine, et que j'avais cru qu'il était trop petit. » (Il faut toujours réparer comme ça : « J'avais pensé que tu étais trop petit pour qu'on te le dise, mais je vois maintenant que tu es assez grand. ») Il faut parler de la peine que toute la famille a eue, de sa peine à lui, et aussi parler de cette mort[18]. Si l'enfant en parle, on lui dit la vérité et puis, quinze jours, trois semaines après, l'enfant qui a paru ne rien entendre parle de la mort de sa grand-mère, demande des explications... et les parents répondent ce qu'ils savent, ou disent qu'ils ne savent pas. Et quand ils ne savent pas, ils disent :

« Je ne sais pas.

— Et alors, moi j'ai peur de mourir...

— Tout le monde a peur de mourir, pas seulement toi. »

On dit la vérité, au lieu de s'angoisser de ce que dit l'enfant, et la patraquerie disparaît, tout rentre dans l'ordre. Il est un interlocuteur à qui on a dit la vérité, à des questions que lui se posait sur des choses et qu'on évitait de lui faire savoir, pour soi-disant ne pas le traumatiser. Mais on traumatise par le silence, on traumatise par le non-dit beaucoup plus que par le dit. Entre le non-dit et le dit, même d'une chose gravissime, il vaut mieux dire la chose gravissime. Et la chose qui va peut-être faire énormément de peine à l'enfant, il faut la dire... Quand les parents s'en vont, sans rien dire, ça laisse des séquelles dans la vie de l'enfant et, dans l'avenir, l'abandonnisme, alors qu'ils n'ont jamais été abandonnés, l'abondonnisme grave, comme névrose, chez des enfants dont les parents, très attentifs pourtant, partaient toujours pendant qu'ils dormaient pour qu'ils ne pleurent pas de leur départ, quand ils étaient obligés de les laisser à quelqu'un. Ça fait des névroses gravissimes d'abandon, beaucoup plus que chez l'enfant qui sait qu'il a été abandonné, réellement, légalement.

La névrose d'abandon vient du « non-dit » de ce qui est fantasmé par les parents comme abandon, et qu'ils supposent trop pénible à supporter, qu'il faut lui éviter. Vous voyez, là, c'est difficile à penser pour des gens qui se disent : « Mais non, l'abandon, c'est une mère qui a lâché son enfant, qui a été adopté, ou qui est dans une maison de l'Assistance publique toute sa vie. » Pas du tout. Ceux-là ne font pas de l'abandonnisme. Ils font parfois des réactions paranoïaques, ils ont parfois des impossibilités à être parents de leurs enfants, mais ils ne font pas de l'abandonnisme.

L'abandonnisme, c'est le fantasme d'abandon, qui n'a pas été dit. Au nom de ce fantasme, les parents ne peuvent pas dire à leur enfant : « Nous te laissons », pour telle ou telle raison, et le laisser brailler, en disant : « Nous ne pouvons pas faire autrement, nous t'aimons beaucoup, mais c'est comme ça, mais nous reviendrons à telle heure ! » Et alors des mots étant dits sur la souffrance, ces mots font que cette souffrance est humanisée puisque les parents peuvent la dire et qu'eux n'en souffrent pas trop, puisqu'ils la disent. C'est viable dans la relation d'amour toujours ambivalente des parents et des enfants ; le résultat en est du positif, au service de la vie de leur enfant. Et ça, ça doit se passer dans les paroles. Voilà.

GÉRARD HARDOUIN : *Je vous demande une petite précision concernant l'abandon dans la deuxième histoire : c'est quelques jours après la naissance ?*

F.D. : C'est quarante-huit heures ; à la quarante-huitième heure c'était « engrammé ». Cette femme, je lui ai dit : « Mais vous êtes sûre que vous vous n'en avez parlé à personne ? » Elle m'a répondu : « Jamais ce n'est sorti, vous pensez, je n'aurais jamais pu raconter ça, c'était tellement épouvantable. »

Elle avait été tellement bouleversée, c'était la chambre à côté, toute cette clinique avait été bouleversée, et même... elle disait : « Ce petit, je vais lui laisser, je voudrais le lui rendre, une fois... » Cette femme, c'était son premier enfant adopté, elle avait une anomalie anatomique, elle était sans vagin, c'était une femme extrêmement maternelle, au point de vue affectif.

Aussi, il n'y avait pas du tout chez elle — c'est très intéressant d'ailleurs pour la question de l'adoption —, il n'y avait pas du tout chez elle cette revendication de maternité comme chez certaines femmes adoptantes. Elle n'était que reconnaissante aux mères qui n'avaient pu élever leur enfant, et c'était vraiment comme si elle prenait un relais; c'est très rare de voir une mère, à l'évocation du changement de prénom, dire : « Puisque cette petite maman voulait lui donner ce prénom-là, il aura ce prénom-là. »

Et aussi, c'est très rare qu'une femme ait gardé ça pour elle. Et je crois, en effet, ayant connu son mari, qu'il aurait été, lui, le mari, terriblement troublé par une histoire pareille, car, comme elle disait : « Mon mari est un grand sensible. Moi, je n'aurais pas pu lui raconter, c'était trop épouvantable. »

C'est ça que pose comme problème cette « bande enregistrée », enregistrée mais non comprise, puisqu'il ne s'en est pas souvenu du tout. L'ayant dit, c'était fini! Mais fini aussi tout ce qui, avec ces paroles, s'inscrivait d'interdit de pacification de l'individu. On dirait que, quand les choses sont parlées, il ne reste que la paix du corps. Sinon le corps parle, à la place de ce qui ne peut se dire, ce qui aurait à être dit, et qui est anti-vie. Or, il y avait de l'anti-vie symbolique dans ce qui s'est passé : la grand-mère... Mais, il s'est passé aussi, comme nous l'avons vu dans la conception, une histoire, qui était une histoire œdipienne transférée. L'enfant « incestueux », même par fantasme, est marqué d'interdit dans une civilisation comme la nôtre, comme dans toutes les civilisations. Mais dans une civilisation où les pulsions sont l'objet de tant de rebondissements (après leur refoulement, et leur symbolisation après refoulement), ce n'est pas possible qu'un enfant fantasmé incestueux au départ, et qui se fantasme lui-même comme incestueux, puisse s'en sortir, si ça ne lui est pas dit, pour que le fantasme, étant mis en paroles et partagé avec une autre personne, soit de ce fait rédimé, par rapport à cette culpabilité inconsciente profonde. « Puisque ça peut se dire en paroles, mon corps n'a plus besoin de jouer l'interdit d'être vivant. »

BERNARD THIS : *C'est quand même très difficile à comprendre cette relation entre ce que vivent les parents et ce que l'enfant incarne dans son existence. Je prends un exemple qui me vient à l'esprit.*

Une petite fille, pendant la guerre, est cachée dans un trou, au fond d'une cave. Bombardement : ceux qui l'hébergeaient sont tués. Elle sera sauvée. Vingt ans plus tard, elle se marie;

un enfant naît, qui ne pensera qu'à se cacher. Et ne parle que de trous, dans les murs, dans la terre, dans sa tête. Sa mère, en psychothérapie, retrouve le souvenir de cette période cauchemardesque; elle se cogne la tête contre les murs, en hurlant :

« Non, non, non! » Séances terribles, angoisse intense. Comment avait-elle pu oublier? L'enfant, qui paraissait débile, en sera transformée : « Je suis en train de sortir du tunnel. » Elle interroge sa mère : « Comment naissent les bébés... et moi... comment je suis née?... »

Ce qui me sidère, ce n'est pas que cette mère ait pu oublier ce qui s'est passé quand elle avait cinq ans, c'est que le refoulé ait pu agir sur l'enfant! Et quand la mère élabore l'angoisse de cet âge, sa fille se libère de ses angoisses à son tour.

PHALLISME ET RÉCEPTIVITÉ

MICHEL TOURNAIRE : *Est-ce que ce n'est pas une caractéristique des schizophrènes d'être enfermés... ?*

F.D. : Question intéressante... Les schizophrènes ne sont pas toujours enfermés dans des trous. Ils sont ou bien trou, ou bien uniquement phallisme. Et c'est justement parce que ça n'est pas croisé au temps de leur histoire dans un espace qu'ils deviennent schizophrènes.

Nous sommes tous à la fois des trous et des protrusions, grâce auxquels nous prenons contact. Les hommes, davantage phalliques, et les femmes davantage trous. À cause de la vie, à partir du moment de la connaissance de la vie génitale. Mais ceci, c'est fonctionnel, du fait des formes de notre corps, et il y a métaphore dans notre psychologie de ces données du corps propre, et du sexe, dans la forme qu'il a, chez l'homme et chez la femme.

Mais le schizophrène, qu'il soit homme ou femme, n'est pas plus l'un que l'autre. Il y a des schizophrènes qui ne sont qu'attaque. Leur corps dans son désir n'est qu'agression , c'est d'ailleurs ceux qu'on est obligé de mettre à l'abri car ils agresseraient, sans sentiment de responsabilité, leur désir irresponsable n'étant que de prendre contact en violence. Finalement, c'est la manière de prendre contact tout d'un coup, d'être un « éjaculant de mort »..., de force, d'énergie s'en allant sur autrui, qui se trouve focaliser leur désir.

Et puis, il y en a d'autres qui désirent attirer ou qui par autrui ne sont qu'attirés. C'est pourquoi on parle de cette homosexualité profonde, passive ou active, des homosexuels des deux sexes.

Mais c'est aussi pour ça que les psychoses puerpérales maternelles peuvent éclore, du fait qu'une femme est réceptrice, devrait n'être que réceptrice. Elle ne devrait rien émettre; le fait d'émettre un enfant, garçon ou fille, est un acte inconsciemment phallique. Le phallus de la femme, c'est son enfant, au moment où il sort de son corps. Certaines ne peuvent le supporter. C'est un tel problème de contradiction profonde avec leur structure, dans l'affectivité de leur Œdipe, et après, dans leurs relations aux hommes et aux femmes, que le fait de se montrer phallique leur est impossible transgression. Ça les rend « folles ».

J'ai fait l'analyse d'une femme qui ne pouvait pas, absolument pas gester au-delà de trois mois. Elle avait fait plusieurs avortements spontanés au troisième mois sans aucune raison biologique aux dires des médecins qui lui conseillèrent une psychothérapie. C'était une enfant adoptée, ce qu'elle n'avait appris qu'à dix-huit ans dans des circonstances dramatiques. Tout ce qui est ressorti dans sa psychanalyse, c'est, en effet, que sa mère de naissance n'avait pas pu « la montrer », parce qu'elle était adultérine. Elle avait été cachée jusqu'au moment d'être adoptée à trois mois. Si sa mère n'avait pas pu la montrer, elle ne pouvait pas « montrer » qu'elle était mère. Et tout le problème était là : elle avait beau être une femme féminine, belle, intelligente, elle ne pouvait pas mettre au monde un enfant. De plus, sa mère adoptive, qu'elle ne savait pas être sa mère adoptive jusqu'à dix-huit ans, lui avait toujours raconté qu'elle avait fait beaucoup de fausses couches avant de l'avoir enfin! Elle ne lui avait pas dit qu'elle l'avait adoptée. Et sa vraie mère, dont elle était le quatrième enfant, mais enfant adultérine, conçue alors que son mari officier était prisonnier, l'avait elle-même confiée au couple adoptant. Ne pas mettre au monde un enfant déjà conçu. Pourquoi? Était-ce trop phallique pour une fille, entièrement construite en réceptivité féminine?

Vous voyez. C'est intéressant cette question de trou et de phallus dans la dynamique relationnelle, réceptivité et émissivité [19].

PARTICIPANT : *Je voudrais savoir si ce n'est pas un fantasme d'homme, cet enfant phallus.*

F.D. : Eh bien, c'était un des fantasmes de cette femme que j'ai analysée.

Je crois que c'est souvent un fantasme d'homme. Est-ce souvent un fantasme de femme aussi ?... Ce n'est pas seulement un fantasme d'homme.

La conservation du fœtus et sa mise au monde, vivant, c'est certainement quelque chose qui ressort du domaine imaginaire émissif, disons du phallisme féminin bien accepté pour son narcissisme. Le corps de la femme est réceptif par son sexe, mais c'est son phallisme féminin que la femme doit assumer pour assumer sa maternité, sans quoi il n'y aurait pas d'être humain sur terre.

HISTOIRE D'UN COMA EN ITALIE

P. : *Comment, d'après ce que vous avez dit, comment peut-on comprendre que le langage « passe », alors qu'il n'y a pas eu apprentissage du langage ?*

F.D. : Je ne sais pas ! Je ne sais pas, mais je vais vous raconter une histoire : un monsieur très âgé vient me voir pour son petit-fils de seize ans, qui est à orienter, et qui a eu un accident abominable quand il avait huit ans.

Ce monsieur avait une fille, mariée, deux enfants. Partis en vacances en Yougoslavie, dans un village de vacances. Ils reviennent la nuit, en traversant l'Italie. Et c'est l'accident d'auto, épouvantable. La mère est tuée sur le coup, le père ne sort pas du coma et meurt huit jours après. La petite fille qui était couchée sur la banquette arrière n'a rien du tout. Elle est secouée en dormant et on la ramène tout de suite en France. Les grands-parents sont appelés d'urgence et viennent tout de suite à l'hôpital italien où le garçon de huit ans est hospitalisé : multiples fractures, défoncement de la boîte crânienne, énucléation d'un œil et perte de matière grise. Il est naturellement dans le grand coma, et il y restera, au dire du grand-père, de six semaines à deux mois.

Là-bas, les grands-parents disent combien ils ont été bien reçus : on a installé un lit et le grand-père ou la grand-mère ont pu rester auprès de ce petit garçon, seul survivant avec sa sœur. La grand-mère et le grand-père, ne parlant pas l'italien, se relaient auprès de ce petit garçon en lisant des revues, des journaux. Dans cet hôpital de Novare le personnel soignant était très désireux de faire tout le possible.

On voit les Italiens, affectueux, affectifs... (Les grands-parents ont vu la différence avec les grands hôpitaux de Paris ! L'enfant, après sortie du coma, a été hospitalisé un an et demi aux Enfants-Malades pour des plasties. Ils n'ont même pas eu le droit d'entrer dans la chambre. Il a eu beaucoup d'opérations de la face, et il est d'ailleurs magnifiquement arrangé ; ils m'ont montré la photo de leur petit-fils.)

L'enfant se réveille de son coma au bout de deux mois... : on lui parle, il répond en italien ! Il ne sait plus parler français. Il parle italien, mais pas du tout comme un bébé ! Il parle italien comme un Italien, j'allais dire comme vous et moi. Quand la grand-mère lui parle français, et qu'il répond quelques mots, il répond avec un langage bébé français : lolo, tata, pipi..., enfin des mots tout à fait archaïques. Il comprend ce qu'elle veut dire, mais il répond en italien. En même temps, il nie l'accident. C'est curieux les réactions qu'il a eues. Huit ans : très intelligent en classe, c'était un enfant tout à fait doué.

Il regardait les revues qui se trouvaient là : il les prenait et montrait en parlant italien. « Tu vois : papa est là, maman est là, l'auto est là, elle n'est pas démolie. » À toute allusion à l'accident, il prenait les images en disant : « C'est pas vrai : papa est là, maman est là, la petite sœur... » sur les images publicitaires ou photos de magazines.

Avec le personnel, il parlait l'italien comme un Italien. Quand il est revenu aux Enfants-Malades, il a perdu le peu de mots français qu'il avait gardés, et tout son italien. Il a fallu lui réapprendre à parler, un an après. Il a subi des anesthésies coup sur coup. Il est possible que les anesthésies aient joué pour lui faire perdre ses acquisitions... Alors que, quand il était sorti du coma, c'était un enfant intelligent italien, qui ne parlait plus le français, un an et demi après, dans un hôpital français, c'était un enfant arriéré, qui ne savait plus ni marcher, ni parler sa propre langue, à peine la comprendre.

Il a fallu tout recommencer.

Les grands-parents venaient me voir pour que je leur

conseille une orientation pour ce garçon qui avait maintenant seize ou dix-sept ans. Il était, en effet, bien arrangé, assez bien de sa personne, mais ne pouvant pas dépasser scolairement une espèce de septième ou sixième. Y avait-il intérêt à continuer les études? Comment l'orienter?

Cet homme, seul à pouvoir élever cet enfant, était très âgé, quatre-vingts ans, avec une femme un peu moins âgée; il était venu parler de ce problème d'orientation pour un enfant qui ne posait aucun problème caractériel et se développait très bien, tant du point de vue social qu'affectif et sexuel, étant donné son âge, sans aucune timidité, ni traumatisme d'abandon de parents. Il avait de bons amis, une jeune fille « petite amie » et s'intéressait aux choses de son âge. Pas de conflit avec sa sœur.

Enfin, c'était tout de même intéressant à savoir, voilà un garçon parfaitement sain sur le plan de la relation humaine. Quant aux grands-parents, je pense que ça a dû les renouveler, parce qu'ils ne m'ont pas du tout paru des gens tassés ni rétros.

Mais revenons à la parole, puisque c'était votre question.

Je voyais un réanimateur le soir même où j'avais vu ces grands-parents, et je lui ai demandé des explications. Il m'a expliqué qu'il y a des protéines; on perfuse des protéines au cours des comas, et comme toutes les perceptions se fixent sur des protéines, il y avait des tas de perceptions qui s'étaient fixées sur les protéines de perfusion.

Pourquoi pas, mais pourquoi alors n'était-ce pas de l'italien de « bande magnétique »? « Ce pauvre petit, faut lui mettre sa sonde », je ne sais pas, tout ce qu'on peut dire en italien autour d'un enfant qu'on réanime... « Ah! voilà le tracé qui s'aplatit. Ah! le tracé devient régulier, etc. » Après tout, pourquoi n'était-ce pas du mot à mot qu'il aurait mémorisé et redit, comme le nouveau-né devenu schizophrène dont je vous ai parlé, qui a redit une « bande magnétique » sans y rien comprendre? Non, c'était un langage construit, en italien, comme si l'italien eût été sa langue maternelle.

Cet enfant de huit ans parlait une langue, apprise en deux mois de coma. Alors qu'avant il n'en savait pas un mot; il était allé en Yougoslavie, il n'y avait pas d'Italiens, la petite fille qui, elle, avait passé les vacances avec son frère, et qui n'a rien eu, ne savait pas un mot d'italien. C'est tout de même extraordinaire ce document! non?

B.T. : *Mais d'habitude, ces choses extraordinaires on veut les oublier.*

F.D. : On ne les raconte pas; il faut que ça tombe, que ce soit oublié. Cet homme, il l'a certainement raconté aux Enfants-Malades quand il est arrivé... si on l'a laissé parler. Mais peut-être qu'on ne l'a même pas laissé parler. Cet enfant, comment s'est-il réveillé? Que s'est-il passé?

DENISE TEYSSANDIER : *Qui me prouve que c'est vrai? Que le grand-père a vraiment entendu cela? Il n'y a pas de vraies preuves.*

F.D. : Vous avez raison. Mais j'ai vu les deux grands-parents, la grand-mère et le grand-père, qui dans leur récit se relayaient. Il n'y a pas de vraie preuve, mais vous savez il ne m'a pas raconté ça pour faire le malin. Non. Il m'a raconté ce qui s'était passé parce que je demandais ce qu'avait été l'accident qui avait traumatisé le garçon pour lequel ils consultaient.

D.T. : *Je trouve cela sujet à caution.*

F.D. : C'est possible. Vous avez raison, il faut toujours mettre en doute ce qu'on entend.

D.T. : *Si vous aviez entendu vous-même, je le croirais.*

F.D. : Eh oui... *(Rires dans l'assistance.)*

B.T. : *Elle pourrait délirer...*

F.D. : Et pourtant, je pourrais délirer. Oui, voilà comme il dit!

D.T. : *Bien sûr, mais on s'en serait déjà aperçu.*

F.D. : Mais ce monsieur ne délirait pas du tout, et sa femme qui n'est pas âgée, elle a quinze ans de moins que lui, cette femme qui m'avait raconté ça (Dieu sait que ça avait été pour elle une épreuve), elle le racontait comme une épreuve, de ne pas pouvoir communiquer avec son petit-fils.

D.T. : *Je crois que les choses qui passent par plusieurs bouches et plusieurs oreilles, il faut s'en méfier.*

F.D. : Mais là, c'est direct; cette femme était présente. Je crois qu'une histoire comme ça est difficile à inventer. Je ne vois pas pourquoi ces gens-là m'auraient raconté ça, et m'auraient raconté leur épreuve, de ne pas pouvoir parler avec lui qui parlait italien, leur épreuve de n'avoir rien compris.

D.T. : *Eh bien, moi, je n'y crois pas.*

F.D. : Oui. Bon, eh bien c'est possible! Enfin, moi je vous raconte ça comme un document qui, moi, m'a frappée.

M.-M.C. : *On ne s'étonne jamais assez qu'un enfant apprenne à parler, qu'un beau jour il parle.*

F.D. : Et il est parfaitement déjà dans le langage; même s'il ne dit qu'un mot, le langage qui est en dessous, le langage implicite, est parfait.

DANIELLE RAPOPORT : *Le langage ne commence pas comme ça quand un enfant se met à parler. On a parlé hier de la marche. Ce n'est pas parce qu'un enfant à quinze mois se met à marcher qu'il n'y a pas eu la station debout avant, et puis tout ce qu'il y a eu avant, dans l'imaginaire du corps marchant, les racines dynamogènes de la marche. Quand le langage apparaît, tout s'est déjà préparé avant. Il y a en place des possibilités de réception, de compréhension et d'une façon extraordinairement riche et indifférenciée : un jour elles s'expriment. Exactement comme pour le développement biologique.*

F.D. : Oui, sûrement. Et la psychologie est une métaphore de physiologie, justement.

D.T. : *Ce qui est étonnant, dans cette affaire, à mon humble avis, c'est que cet enfant ait parlé un langage qu'en principe il n'a pas entendu : il a entendu un langage technique, des tracés plats, des tracés anormaux, etc.*

F.D. : Il aurait pu, en effet, se faire l'écho de l'italien entendu. Il n'a pas du tout parlé ce langage-là. Moi c'est ça qui m'étonnait, c'est qu'il n'ait pas du tout parlé de choses médicales.

P. *Vous parlez à un enfant de quelques jours, par exemple. On pourrait lui parler dans n'importe quelle langue?*

F.D. : Sûrement. À condition de lui parler la langue qui sort de soi, au point qu'on ne pense pas à ses mots; on dit ce qu'on a à dire, sans penser à la façon dont on les dit. À un être qui est au moins son égal, et peut-être supérieur à celui qui lui parle.

D.R. : *On ne sort pas du coma comme ça. Moi qui passe en réanimation, je peux vous dire ce qu'il en est; quand un enfant sort du coma, il ne sort pas tout de suite de l'hôpital. Il se passe encore huit, dix, quinze jours, ce qui fait que tout ce qu'il avait entendu dans son coma a pris son sens à ce moment-là.*

F.D. : Oui, c'est sans doute cela : il a entendu parler autour de lui, des gens, une petite infirmière qui dit : « Cet après-midi je vais chez ma mère, je vais voir mes neveux »; enfin, n'importe quoi... Il a entendu parler un peu de tout pendant son coma et pendant les jours où il a retrouvé ses esprits, comme on dit.

M.T. : *Ces Italiens parlent tellement qu'ils ne laissent la place de parler à personne d'autre!...* (Rires.)

F.D. : Je connais une autre histoire de coma. C'est une histoire qui s'est passée récemment...

Pour des raisons de secret professionnel, F. Dolto avait demandé aux Cahiers du nouveau-né *de ne pas publier ce récit dans son intégralité. Il avait été ainsi résumé par la rédaction.*

Une femme ayant accouché tombe dans un coma profond. Transportée en réanimation, son électro-encéphalogramme est plat. Son mari, ayant appris, à ce moment, des événements dramatiques survenus lors de la naissance de son épouse, les lui révèle dans son coma. Elle sort peu à peu de ce coma et sans aucune séquelle. Et cependant, l'aplatissement du tracé avait duré plusieurs fois dix minutes. Le réanimateur avait averti la famille que si, à ce stade, elle sortait de son coma, elle resterait certainement paraplégique[20].

RELATIONS MÈRE-ENFANT PENDANT LA GROSSESSE

G.H. : *Peut-on parler d'un autre sujet, et savoir ce que vous pensez des relations mère-enfant pendant la grossesse?*

F.D. : Ce que je pense... Ce que je pense des miennes?

J'ai eu des relations avec mes enfants avant leur naissance; j'étais très étonnée des deux moments : cinq mois et sept mois. Pour le premier surtout, parce qu'une femme est très surprise pour le premier. Le deuxième on reconnaît qu'on a déjà éprouvé ça. Je ne sais pas si les mères qui ont eu des bébés peuvent le dire... ?

JEAN BIENAYMÉ : *Nous parlons de relations mère-enfant pendant la grossesse. J'ai eu l'occasion d'écouter des bandes sonores réalisées par des acousticiens de l'équipe de Tomatis, qui ont réalisé un modèle physique, reproduisant l'oreille fœtale dans son milieu liquide*[21].

Ce modèle physique reproduit, scrupuleusement, ce qu'entend le fœtus : une quantité de choses. Il entend la musique de l'électrophone, des voix extérieures : la voix de la mère, la voix du père et de personnes de l'environnement, il entend les bruits digestifs, il entend très bien le cœur; ces bruits organiques sont d'ailleurs assez peu transposés. Il entend les bruits respiratoires qui, eux, sont totalement transposés. Et le bruit respiratoire de la mère, et ça a frappé tous ceux qui ont entendu cette bande sonore, reproduit exactement le bruit de la mer sur la grève...

Et, assurément, dans cet attrait particulier qu'ont certains individus pour le bruit de la mer sur la grève, se retrouve probablement cet engramme du bruit de la respiration maternelle, gravé pendant des mois.

F.D. : Ceci est intéressant car cela nous indique ce que tout enfant, quelle que soit sa relation à telle mère, dans telle situation, perçoit du fait qu'il est *in utero* ; mais si nous parlons de la relation pensée et parlée de la mère avec son enfant, cela dépend de chaque mère.

Alors, vous dire comment les mères l'établissent, je n'en sais rien; je ne peux vous dire que mon expérience personnelle. Pour moi ce fut à cinq mois, et ceci n'est pas lié au fait que j'ai su vers quatre mois, par mon accoucheur futur, que le cœur battait; la première chose qui m'a beaucoup frappée, c'était vers cinq mois. Je me promenais au jardin du Luxembourg, quand tout d'un coup j'eus le sentiment d'une présence proche, très attentive, et comme égale à la mienne.

Je me dis, mais enfin... je me retourne à droite, à gauche, mais il n'y avait personne, je marchais et ce sentiment de présence demeure... Et puis, je suis arrivée à la maison, j'en ai parlé à mon mari, et je lui ait dit : « Tu sais, c'est peut-être le bébé qui est là. C'est tout de même étrange que je ne puisse pas savoir si c'est une fille ou un garçon. » Bon, voilà ! À partir de ce moment, cette présence ne m'a pas quittée ; il y avait une présence en moi.

Et je l'ai retrouvée dans mes deux autres grossesses et chaque fois vers cinq mois, et sans notion de personne sexuée mais de présence indubitable, agréable.

Et puis, à sept mois, cela c'est très, très manifeste, il y eut une lutte. J'ai eu des grossesses absolument sans aucun problème, mais il y avait une lutte psychique ; c'est : « J'en ai marre de ce que tu fais... repose-toi », quelque chose comme ça... parce que je travaille, je travaille, je suis très active, mais le bébé demandait du repos. Et puis moi, j'aurais bien continué, mais je sentais (ce n'est pas une parole), je sentais : « Il faut que tu te reposes. » Ce n'était pas mon corps qui parlait, parce que mon corps... j'ai beaucoup de réserves ! Mais il y avait quelqu'un qui n'avait pas les mêmes réserves que moi et qui voulait que je me repose. Et je me suis dit que, certainement, des menaces d'accouchement prématuré vers sept mois pouvaient être liées à la « non-écoute » des besoins de cet enfant.

Je peux vous dire que c'était pendant la guerre ; j'ai eu mes deux premiers pendant la guerre, pour le premier je circulais à vélo, et j'ai fait de la moto pour le deuxième jusqu'à la veille de l'accouchement. De la petite moto ; je posais mon ventre sur le réservoir, et vogue la galère ! Ce n'était pas une fatigue physique, c'était une fatigue d'ordre général ; je le sentais dans moi, et moi je n'étais fatiguée ni de ma tête ni de mon corps.

C'est peut-être pour cela que mon fils, le second, aime tant les moteurs. Ça m'a beaucoup arrangée de faire de la moto parce que, pour le premier, je faisais de la bicyclette, alors là, qu'est-ce qu'il pouvait s'agiter, à partir de sept mois ! C'était étonnant dans la montée de la rue Saint-Jacques. (J'habite rue Saint-Jacques et vraiment c'est une montée, la rue Saint-Jacques !)

Je peinais, et ça rouspétait dans mon ventre, et plus ça gesticulait, plus ça me fatiguait... Alors, je lui parlais, et je lui disais : « Écoute, je t'en prie, nous n'y arriverons pas... (*Rires dans la salle.*) Tiens-toi tranquille, ne gesticule pas, et je vais y arriver, sinon je n'y arriverai pas... je suis fatiguée, et tu as besoin, comme moi, de te reposer. »

Bon, immédiatement, ça s'arrêtait. Quand je descendais de mon vélo, arrivant à la porte, je disais : « Maintenant tu peux y aller »... et ça se mettait à gesticuler... la rumba là-dedans... la rumba c'est l'aîné d'ailleurs[22]. Mais il s'était arrêté à ma parole. Quant à la voix du père, pour tous les bébés, étonnante la réceptivité ! La voix du père, immédiatement, arrêtait le mouvement, et le mettait à l'écoute.

C'est très étonnant ces expériences. Mais je ne peux vous parler que des miennes qui sont tout à fait sujettes à caution, comme toutes les choses où il y a projection... toujours de l'hystérie... toutes les femmes ne le sont-elles pas ? Alors, je ne sais pas la valeur de mon témoignage. Je ne peux pas vous parler des relations mère-enfant avant la naissance. Il y a des gens qui peuvent les entendre, de quelqu'un qui les dirait, mais qui ?

Réfléchissez tous, vous pères, quand vous et votre femme attendez des bébés, à l'impact de votre voix et de votre dire à vos enfants, je crois que c'est très important qu'on multiplie ces témoignages.

L'ÉCOUTE DE L'ACCOUCHEUR

ROGER LE LIRZIN : *Je voudrais simplement ajouter quelques remarques à ce que vous avez dit.*

On a l'impression qu'il y a pendant la grossesse une sorte de processus d'incubation. Ce processus est nécessaire. La femme ne peut en faire l'économie. Il m'a semblé qu'un certain nombre de menaces d'accouchements prématurés pouvaient se produire parce que cette incubation manquait. Ce qui m'a beaucoup frappé, c'est qu'en écoutant ces femmes, chose que je me suis attaché à faire, il y a ainsi beaucoup de fantasmes qui ressortent. Elles parlent d'une façon extrêmement importante de leur père, de leur mère, mais surtout de leur père. Elles ont d'autre part des tas de fantasmes d'enfants morts ou malformés, etc. On est surpris de voir la facilité avec laquelle ces fantasmes sortent pendant la grossesse puis s'évaporent à partir du moment où elles en ont parlé. C'est vraiment extrêmement fréquent.

Quand je m'étais un peu aventuré dans ce domaine, j'en ai parlé devant des personnes versées dans la psychanalyse et la psychologie, et je m'étais fait agresser. C'était du style : « Jeune imprudent, vous ne savez pas dans quoi vous vous embarquez, la grossesse, c'est quelque chose de très particulier; la femme n'a pas de défense, elle est très vulnérable. » En réalité, on est frappé de voir que par cette approche et cette écoute, un certain nombre de menaces d'avortements, de menaces d'accouchements prématurés « s'évaporent ». C'est la même chose pour bien des problèmes de dépassement de terme qui peuvent ainsi se résoudre. J'ai à ce sujet une histoire très significative :

Il s'agit d'une enseignante qui attendait son deuxième enfant. La première grossesse s'était bien passée. Sa mère était là, m'a-t-elle dit. Pour la deuxième elle dépasse son terme. Je la vois arriver un peu fatiguée, un peu déprimée. Je me dis que quelque chose ne va pas. Je l'examine, je l'amnioscope, tout allait bien. Puis je l'écoute un peu. Manifestement ce n'était pas comme l'autre fois. D'habitude elle était pleine de tonus, elle m'explique : « Je ne sais pas pourquoi, actuellement je suis fatiguée, déprimée. Ma mère n'est pas là et puis, je veux vous le dire, je fais des rêves idiots : je passe mon temps à rêver que par exemple je suis sur les genoux de mon inspecteur d'académie, un peu comme si c'était mon père. » Puis elle ajoute : « Bon, pendant que j'y suis, je vais vous raconter un rêve que j'ai fait où j'étais ici en salle de travail, je ne voulais pas accoucher, il n'y avait rien à faire, et vous étiez là en train de m'engueuler, excusez-moi l'expression qui n'est pas très académique. » Je n'ai rien dit.

Quarante-huit heures après je l'ai revue pour une autre amnioscopie. Elle reparle encore un peu de ses autres rêves, de ses fantasmes. La troisième fois je la vois revenir avec un œil totalement différent. Manifestement, quelque chose s'était passé. Elle me dit en s'excusant : « Je suis très gênée de vous avoir raconté tout ça. Mais, après tout, je vais vous dire aussi que cette nuit-là j'ai encore fait un autre rêve. Il était aussi extraordinaire, mais c'était l'inverse. J'étais ici en salle de travail. C'était merveilleux, tout se passait merveilleusement bien, l'accouchement allait très vite, et puis vous étiez là aussi, en train de sortir l'enfant; tout était calme, tout était serein. J'avais l'impression que l'enfant sortait de l'eau et de moi-même en même temps. Vraiment c'était extraordinaire. »

Je dois dire que ça n'a pas tardé. La nuit suivante elle s'est dilatée en une heure et demie et a accouché « comme une fleur ». Ce qui me frappe en outre dans l'affaire, c'est que depuis elle a beaucoup changé dans son comportement. Elle a métabolisé, très vite, un certain nombre de problèmes personnels. Quand je l'ai revue, plus tard, en suites de couches puis à l'examen postnatal, elle me l'a confirmé : « Maintenant je ne suis plus du tout la même, je suis différente. » Puis, avec un demi-clin d'œil, avec quelque chose d'un peu complice, elle ajoute : « Ce qui a tout changé, c'est l'eau. »

Ce qui m'a frappé dans l'affaire, c'est de voir comment cette femme avait liquidé une fixation à son père par une démarche qui s'est déroulée à une allure étonnante. J'en ai été absolument abasourdi. Elle disait au passage : « Dans ce rêve, c'est un peu comme si vous étiez mon père. » Ce qui pose la question de savoir comment est perçu l'accoucheur. Mais une autre question peut se poser. Au début de cette matinée, vous avez évoqué le problème des enfants perturbés. Ce sont des enfants qui souffrent, et qui souffrent d'une façon effroyable. Alors comment prévenir? Comment arriver à empêcher cela? Je me demande dans quelle mesure on peut arriver à prévenir un certain nombre de ces troubles, en donnant à la femme la possibilité de verbaliser. Il ne s'agit pas ici de petites recettes stupides, dont on nous abreuve un peu trop en ce moment. Il s'agit de lui donner droit à la parole. Je suis frappé constamment, quotidiennement, parce que j'ai été amené à m'orienter de plus en plus vers ces problèmes, de voir combien de situations extrêmement angoissantes se débloquaient, tout simplement parce que les femmes en parlaient. Je pense qu'actuellement le besoin de tout ça se ressent énormément à travers toutes ces histoires Leboyer[23]. Mais j'ai bien peur que cette intuition sous-jacente qui est profon-

dément juste, cette relation mère-enfant, malheureusement à travers tout ce qui se dit et se fait maintenant, ne se ramène encore à une vague série de petits trucs qui vont malheureusement tout faire déconsidérer.

F.D. : Vous avez absolument raison et c'est pour ça qu'il faut que, en même temps que nous donnons l'information, en même temps nous sachions que c'est chaque fois autre, et que ce n'est que par l'écoute que nous pouvons aider quelqu'un. Seulement, pour pouvoir écouter, il faut savoir que ce n'est pas dangereux, alors que même des psychanalystes vous disaient que c'était dangereux.

Eh bien non, cela ne l'est pas pour la patiente. Cela peut l'être pour le médecin s'il prend ce qui lui est dit pour lui, alors qu'il s'agit de fantasmes où son image sert de support à des émois concernant une relation passée de la patiente.

R. LE L. : *Et en plus de ça, il y avait peut-être quelque chose qui intervenait, c'est qu'ils avaient l'air de dire que je m'avançais dans un domaine qui n'était absolument pas le mien.*

F.D. : Mais aucun psychanalyste n'aurait entendu ce que vous avez entendu, parce que vous n'étiez pas dans la même situation. Il s'agissait du corps, vous aviez affaire à l'« académie » de cette femme en effet, et vous étiez l'inspecteur de l'état de son académie, par rapport à l'académie d'un nouveau, qui allait naître. C'est sûrement important ce mot qu'elle vous a dit, pour une femme qui avait eu des maîtres dans la parole, car dans l'enseignement c'est la parole qui est porteuse du savoir; ce ne sont pas des comportements physiques, c'est la parole. Et alors elle était là dans quelque chose que jamais, à l'école, on ne lui avait enseigné.

On ne lui avait jamais appris ce que son corps était, ce que je trouve dommage. On n'enseigne pas à l'école la connaissance et l'hygiène du corps aux enfants.

R. LE L. : *Vous avez énormément insisté ce matin sur le problème de la parole, du « dire », et de l'écoute : donner à la femme la possibilité de « dire ». Ce qui m'inquiète un peu c'est qu'actuellement, dans la « naissance nouvelle vague », telle qu'on nous la présente, il n'y a pas le « dire », et ça, c'est grave ! Il n'y a pas temps ni espace pour se parler.*

F.D. : Oui, c'est vrai, vous avez tout à fait raison.

B.T. : *Ce que nous découvrons dans ces journées, c'est ce « dire », cette écoute; ce n'est pas le problème du seul spécialiste, c'est le problème de tout être humain présent, avec son cœur, et ses oreilles, et sa technicité. Sages-femmes ou obstétriciens, ce sont essentiellement des êtres humains, dans une relation vivante. Pendant sa grossesse, la femme est parachutée au cœur de tous ses conflits, parce que, en elle, résonne toute son enfance. Elle ne viendra peut-être jamais sur nos divans, mais il est extraordinairement important que des êtres humains l'écoutent. Qu'ils ne puissent peut-être pas rendre compte, rationnellement, de tout ce qui s'est passé, ce n'est pas ce qui importe. L'essentiel n'est pas de théoriser mais de vivre... C'est pourquoi je m'étonne que des psychanalystes s'offusquent de votre écoute. J'ai, pendant des années, écouté des femmes enceintes et cette écoute me paraissait indispensable. Dans toutes les maternités, l'accueil des femmes enceintes devrait aller de pair avec celui des nouveau-nés : il n'y a rien là d'inconciliable.*

PULSION DE MORT — PULSION DE MEURTRE

R. LE L. : *Un autre exemple encore dans ce domaine : une femme qu'on avait hospitalisée dans le service et qui avait une vague menace d'accouchement prématuré. Elle n'allait pas bien : elle pleurait, et puis, ce gosse elle n'en voulait pas. Je lui ai donné un peu l'occasion de parler : elle me dit qu'auparavant, pour ses autres enfants ça allait très bien, elle avait été très maternelle. Puis, tout d'un coup, cet enfant elle ne pouvait plus le supporter. Et les autres non plus, en général, y compris son mari. Et petit à petit, à travers trois entretiens qui ont eu lieu cette semaine, elle était en train de découvrir, en elle, une espèce de pulsion qu'elle ne comprenait absolument pas, une force disait-elle. Elle ne savait pas d'où ça venait. Elle ne comprenait pas du tout ce qu'il y avait et qui faisait qu'elle haïssait cet enfant. Il me semblait très important de lui donner l'occasion de le dire. On avait l'impression qu'elle était en train de découvrir la pulsion de mort.*

F.D. : Il s'agissait de pulsion de *meurtre* : ce n'est pas la pulsion de mort; il ne faut pas confondre, ce n'est pas du tout la même chose.

La pulsion de mort, nous avons tous à nous y livrer, pour entrer dans le sommeil. Ce qui fait la plupart des insomnies, la peur de se livrer à la sécurité de la pulsion de mort. Libération du sujet du désir qui s'absentéise du conditionnement du Moi, et qui de ce fait, laisse le corps vivre végétativement ce qu'il a à vivre, sans qu'il y ait participation de la conscience[24].

D'ailleurs, au cours des insomnies, les préoccupations de désirs fantasmatiques subjuguent l'imaginaire et angoissent l'insomniaque.

La pulsion de « meurtre », c'est tout à fait différent, c'est une pulsion active émissive, offensive, qui vise parfois jusqu'à la destruction de l'autre : « il me prend mon air », « je ne peux pas le sentir », « rien qu'à le voir je me sens retourné »... Ça n'est pas assez connu; on confond tout le temps. Quand Freud l'a découverte, il a lui aussi confondu la pulsion de mort et la pulsion de meurtre. La pulsion de mort peut d'ailleurs, par l'angoisse qu'elle provoque, réveiller des pulsions de meurtre allant jusqu'à l'autodestruction, le suicide.

Il y a des gens qui se suicident, par exemple, qui, à défaut de cible, se retournent sur le corps, lieu du Moi, ce qui mène le sujet au suicide pour ne pas tomber dans la pulsion de mort, ressentie faiblesse. Par haine de ce corps qui, pour eux, leur échapperait; ils veulent le garder, narcissiquement dans le non-échange avec les autres et, pour le garder, comme c'est ambivalent, en même temps, ils se le gardent imaginairement et agissent pour le détruire dans un désir de se refuser au désir. Ce n'est donc pas la même chose, je me permets d'insister sur ce point[25].

Accepter de céder aux pulsions de mort est très salutaire à la santé, alors que nos pulsions de meurtre, si elles ne sont pas destructrices de l'autre, sont tellement condamnées, par nos pensées surmoïques pré-conscientes et conscientes, que nous nous interdisons de les dire, parfois de les penser. Nous les refoulons et c'est alors que s'installe la dépression mortifère passive et parfois impulsivement suicidaire. La haine est une des choses que nous arrivons difficilement à dire; nous vivons avec des émois indicibles qui de ce fait prennent une partie de notre image du corps comme cible à la place de quelqu'un d'autre. D'où les spasmes, les crises de foie, et toutes ces autodestructions psychosomatiques qui sont, à l'origine, une défense contre les pulsions de mort qui, nécessaires et saines, apportent le repos du sujet, un temps d'oubli du temps et des objets de la réalité.

Cette haine, dont vous parliez, est apparue chez cette femme, peut-être plus fatigable parce qu'elle avait d'autres enfants. Les enfants aînés jouent un grand rôle dans la façon dont une grossesse se passe : eux ne veulent pas de cet enfant, le plus souvent. Quand vous êtes à l'écoute, comme ça, d'une femme enceinte, faites-lui aussi parler des réactions de ses aînés, des aînés œdipiens surtout qui sont en difficulté. La mère boit cette angoisse qui ne peut pas se dire, l'angoisse d'un enfant qui se sent coupable de haïr. Si on peut lui dire, à cet enfant — on le met en paroles : « Mais tu n'as aucun besoin d'aimer cet enfant, tu peux tout à fait le détester, toi, tu n'es pas son père, tu n'es pas sa mère. Il a son père et sa mère », immédiatement, on soulage la réaction de haine de cet aîné contre le fruit que porte sa mère, parce que ça a été dit en mots et qu'il a été soulagé de sa culpabilité de détester ce futur qui n'est pas de lui et n'a aucun besoin de lui, et c'est vrai. Mais à cause d'une des composantes de l'Œdipe qui est de s'identifier à l'adulte, l'enfant croit qu'il doit lui aussi attendre avec joie ce nouveau rival.

D.R. : *À propos de l'écoute, hier on a un petit peu escamoté un problème, et vous le reprenez là. Je crois que c'est important en effet de dire que ce n'est pas dangereux d'écouter les futures mères. Ce n'est pas dangereux pour elles, mais il y a beaucoup de médecins qui le perçoivent comme dangereux pour eux-mêmes, et qui n'y arrivent pas. Peut-être faut-il le respecter, mais peut-être faut-il en parler ?*

M.-M.C. : *Il faut souligner, dans ce cas, que c'était la « bonne personne ». Elle parlait à « son » accoucheur qui acceptait de recevoir cette parole, plutôt que de parler à quelqu'un d'autre, à un « spécialiste psy ». Ça aussi c'est important.*

F.D. : La personne adéquate, vous voulez dire, la personne idoine. La personne idoine à ce moment, c'est l'accoucheur, certainement.

R. LE L. : *Ce qui est frappant, c'est qu'on dirait que nous avons une place un petit peu à part; on dirait qu'il y a quelque chose qui ne peut s'adresser qu'à nous, et d'ailleurs très transitoirement. Ces femmes nous parlent, c'est un processus souvent assez intense, mais momentané, transitoire.*

Nous n'avons pas un rôle de psychanalyste; que nous puissions utiliser certains aspects de l'approche psychanalytique, d'accord, mais ce n'est pas la même chose. Il y a quelque chose de spécifique qui demande à être creusé.

B.T. : *En ce cas, on est choisi. Ce n'est pas simplement l'obstétricien qui dit : « Je l'écoute »; c'est cette femme qui parle et dit : « Tiens, après tout, j'ai encore quelque chose à vous dire... et puis pourquoi ne vous dirais-je pas encore ça... » Elle aurait pu choisir une sage-femme. Certaines femmes ont besoin de parler à une femme, certaines à un homme.*

L'« inspecteur d'académie », cela devrait représenter quelque chose pour elle...

F.D. : Oui, et elle s'excuse après d'avoir prononcé le mot « engueuler », « ce n'est pas très académique ».

IMPORTANCE DES PAROLES AUTOUR DU BERCEAU

F.D. : Ce que je voulais vous dire, surtout aux sages-femmes qui sont ici, puisque je sais qu'il y en a, c'est l'impact qu'ont les paroles sur les mères tout à fait au début, l'importance de la personne qui s'occupe du bébé, surtout si c'est une femme, l'importance de la façon dont elle s'en occupe et parle, la *première fois*, du bébé.

J'ai vu beaucoup de femmes, ayant des enfants avec des problèmes graves, qui me disaient : « Mais... la sage-femme, quand j'ai accouché, elle me l'avait bien dit. » C'est extraordinaire cet impact des premières paroles! Comme si, à ce moment-là, l'être humain vivait une telle intensité archaïque de la relation à l'Autre qu'une parole, dite en péjoratif, va agir dans la relation de la mère à son enfant d'une façon qui va obérer, chez cet enfant, la réaction de défense, pour entrer dans une relation sociale à la mère, qui serait[26]... Par exemple, une mère me parle de son enfant « insupportable » (ces enfants insupportables comme nous en voyons, insupportables à partir surtout de l'âge de la marche confirmée, à partir du *non* à la mère).

Vous savez qu'il y a un âge du *non* à la mère, qui est un « non » dans le faire ou la mimique, et qui est un « dire oui » du sujet qui advient à lui-même, et qui pour advenir à lui-même doit dire « non » à cette fatale dépendance à la mère qui fait qu'un être humain s'aliène dans l'autre de façon hystérique. Si l'enfant dit « non », que la mère répond : « J'ai dit », et ne fait pas un drame de cette opposition, quelques minutes après, l'enfant obéit parfaitement. Il lui faut le temps « d'être oui », personnellement, à la suggestion de sa mère. C'est une époque connue qui survient entre dix-huit mois et deux ans et demi. Eh bien, c'est à ce moment que certains enfants deviennent « pervers » par une espèce d'angoisse de la mère devant l'opposition verbale de l'enfant. Et c'est toujours des mères qui disent : « Ah ! mais la sage-femme me l'avait bien dit, qu'il serait terrible ! » Ou : « Mon amie Unetelle qui a vu beaucoup de bébés me l'a bien dit, elle est venue près du berceau et m'a dit : "Ah ! celle-là, qu'est-ce qu'elle vous en fera voir. Ah ! vous n'en avez pas fini avec celle-là !" »

Souvent c'est une mère qui jusque-là avait élevé ses enfants sans problème. Il a suffi d'une seule femme qui lui a prédit que celui-là, « il lui en ferait voir », pour qu'elle en attende... du mal. Et puis, dès que cet enfant, comme on dit, « lui en fait voir », ça y est, c'est ça ! Et ensuite, ça fait boule de neige. Ça fait une relation qui se perturbe.

Jusqu'au jour où elles peuvent arriver à dire ça, cet enfant est marqué, comme si son destin était de n'être qu'agressif avec sa mère, de l'en faire souffrir comme si ça avait été écrit.

Les paroles qui ont été dites au-dessus d'un berceau de nouveau-né s'écrivent comme un destin.

B.T. : *C'est comme les fées qui parlent, et décident d'une vie !*

F.D. : Mais absolument — ça me fait penser à ce qu'on raconte dans les contes, avec les fées ou les sorcières au-dessus des berceaux.

ÉTIENNE JALENQUES : *On pourrait peut-être généraliser et dire que, justement, dans tous les cas où le sujet est dans une période émotionnelle intense, il est particulièrement réceptif. Ainsi, toute situation exceptionnelle, de par les circonstances et les réactions affectives immédiates qu'elle implique, provoque un état, un « éveil » particulièrement propice à l'acquisition définitive par la mémoire des différents aspects de la situation que le sujet perçoit.*

Alors, au moment de l'accouchement, il y a une forte charge affective, et chaque fois qu'il y a une forte charge affective en cause, tout ce que vous dites rentre très fortement. Donc, essayez absolument de parler de manière positive avec vos patientes.

J'ai comme cas l'inverse de ce que vous disiez (cette personne sortie du coma par des « bonnes paroles »).

Je me suis occupé, par hasard, quand j'étais en Algérie, de deux noyés, deux soldats qui étaient tous les deux dans le coma. Au premier j'ai fait du bouche-à-bouche et je l'en ai tiré. Bien. Le deuxième, j'étais en train de lui faire du bouche-à-bouche et il y avait des gens autour de moi, et le cœur était en train de reprendre et il commençait à avoir quelques hoquets respiratoires, quand tout à coup, à côté de moi, une femme a dit : « De toute manière, ça ne sert à rien, il est noyé, voyez comme il est bleu. » Ça a été fini. Il y a eu « hop », et terminé ! Je n'ai pas pu le rattraper : seul, je l'aurais certainement sauvé. J'avais rattrapé le premier... À ce moment fatidique, la certitude de la femme qui disait : « Il est tout bleu, c'est fini, regardez... », déterminait l'issue fatale. C'était fini !

L'enfant perçoit parfaitement ce que dit la mère de manière répétitive, ce qui implique une certaine constance à l'égard d'une situation donnée. J'ai le cas d'un enfant, enfin d'un adolescent, qui avait des difficultés dans ses études, et avait peur des livres. « Ça allait le tuer. » Il avait l'impression qu'avec la lecture, il y avait quelqu'un qui allait le tuer. Je n'arrivais absolument pas à trouver d'où ça venait...

Finalement, il est apparu, au cours d'une sortie émotionnelle, qu'il avait peur que ce soit sa mère qui le tue.

J'avais analysé sa mère ; j'ai revu la mère : elle avait eu des difficultés pendant la guerre avec cet enfant et elle voulait le tuer. Pour éviter de tuer l'enfant et de penser à tuer l'enfant, elle le prenait sur ses genoux, en lisant... Elle ne lui en avait jamais parlé et l'enfant l'avait pris intégralement et il avait eu ces difficultés ensuite. Et à partir du moment où c'était trouvé, c'était fini...

Donc, ils perçoivent bien les choses, directement, et l'inconscient est extrêmement sensible.

M.-C. B. : *Tout ce que vous nous avez raconté ce matin et ce que vient de dire Jalenques est très important sur le plan de cette écoute et de cette entente prénatale, à une époque où, physiologiquement, on serait tenté de dire que c'est impossible, que le système nerveux auditif n'est pas terminé. On a dit tout à l'heure que, dans le fond, un enfant très jeune, de huit jours, on peut lui parler de n'importe quoi... Je crois qu'on ne peut lui parler n'importe quelle langue. Jacques Mehler a montré qu'au bout d'un mois, et probablement bien avant, si on parle la langue maternelle d'un enfant, son rythme cardiaque se transforme d'une manière tout à fait autre que si on parle une langue étrangère. Donc il reconnaît la langue maternelle. À plus forte raison, la voix maternelle.*

On pourrait dire qu'il reconnaît la voix maternelle... à la suite de son expérience intra-utérine, mais en tout cas il reconnaît la langue. On commence à penser, notamment après les travaux de Feijoo sur la reconnaissance de certains mots dits par le père, qu'il engramme même des mots[27].

B.T. : *In utero?*

M.-C.B. : *In utero. Oui.*

« MA PETITE CHÉRIE DONT LES YEUX SONT PLUS BEAUX QUE LES ÉTOILES »

F.D. : Oui, je vais vous raconter une chose qui a l'air d'être une histoire et qui confirme ce que vous dites. Mais c'est pour un enfant de neuf mois.

Il s'agit d'une psychanalyste de grande valeur, qui est morte d'une maladie de Hodgkin; une psychanalyste que j'estimais et appréciais beaucoup, quand sa maladie s'est déclarée, maladie dont elle n'a pas su d'ailleurs le diagnostic, et moi non plus (je savais qu'elle était très malade). Elle m'a demandé de la recevoir, étant sous cortisone, avec ces forces pulsionnelles que donne la cortisone quand c'est limite. Elle avait besoin pour continuer son métier d'avoir quelqu'un qui accepterait de l'écouter en analyste. Son propre analyste qu'elle est allée retrouver ne s'en est pas senti le courage... Il a dit : « Non, non, ça ne sert à rien... ça n'est pas de l'analyse », etc. Bon, alors elle est venue me voir. J'ai dit : « Pourquoi pas ? », et une fois par semaine je l'écoutais.

C'était de temps en temps interrompu par des séjours à la Salpêtrière. Elle en revenait en disant : « On m'a examinée, on me donne tel traitement, on a changé le traitement, la dose de cortisone. » Jamais, jamais, et jusqu'à trois jours avant sa mort, elle n'a parlé de sa mort ; elle ne parlait que de la vie, et de résistance au mal, et même d'une façon qui inquiétait sa famille, en ce sens qu'elle faisait des économies... Elle ne voulait pas dépenser trop, puisque probablement il lui faudrait quatre ou cinq ans pour guérir, lui disait-on... À la fin, elle était paraplégique, mais elle tenait comme ça, dans l'espoir de sa guérison. Elle n'a jamais pensé qu'elle pourrait y rester et elle a eu des relations sexuelles jusqu'à deux jours avant sa mort. C'est dire comment on peut vivre aussi gravement malade en étant pleinement dans la vie, et avec les autres.

Un jour elle vient chez moi, c'est la dernière fois qu'elle est venue à mon domicile puisque après (il se préparait une métastase médullaire), dans la semaine qui a suivi, elle a été paraplégique, et elle n'a plus pu venir ; la dernière fois qu'elle est venue chez moi, elle me raconte un rêve en me disant : « J'ai éprouvé cette nuit par un rêve un bonheur qui ne peut pas exister sur terre, un bonheur que je n'ai jamais connu ; vous ne pouvez pas savoir, c'était extraordinaire », enfin, s'étalant sur l'émoi, la spiritualité, le confort, la merveille. « Pour vivre, revivre un émoi pareil, qu'est-ce qu'on donnerait dans le monde pour connaître ça ! » Et c'était accompagné de paroles qui n'avaient pas de sens, de syllabes qui n'avaient pas de sens. Pendant qu'elle les parlait sur le divan, j'ai noté ces syllabes. « Quand je les redis ces syllabes, c'est extraordinaire, c'est merveilleux. »

Elle se lève du divan et je lui dis : « Et si ces paroles étaient de l'hindou ? », parce que c'était une femme qui, à un mois, avait été emmenée en Inde, son père, anglais, ayant été nommé là-bas ; à neuf mois son père est revenu en Angleterre. De un mois à neuf mois, ses parents ayant un peu de représentation à faire, sa mère a pris une personne de service, comme cela se faisait là-bas, une petite de quatorze ans qui était la fille de gens qui faisaient la cuisine et le jardin de leur bungalow de fonction. Et la fille de quatorze ans s'est entièrement occupée d'elle, elle l'avait dans les bras toute la journée. La mère s'en occupait bien sûr aussi ; elle a été au biberon dès qu'elle a été là-bas. Il y avait, déjà à cette époque, du lait sec ; sa mère ne la nourrissait pas, et elle a donc été entièrement avec cette petite indigène. Elle le savait, il y avait des photos... Elle me dit alors : « Oh ! ça serait trop drôle... » Je dis :

« Pourquoi pas ?

— Mais comment le savoir ?

— Allez à la Cité universitaire, il y a une maison indienne. »

Elle est allée à la maison indienne, et elle y a d'abord rencontré un étudiant qui lui a dit : « Oh ! vous savez, il y a tellement de langues, moi, je ne sais pas, ça ne me dit rien du tout... De quel côté étiez-vous, en Inde, quand vous étiez petite ?... Ah ! eh bien un tel est de ce côté-là, allez-y, vous savez il y a soixante-dix langues aux Indes. » Bon, elle va chez ce type-là, qui se met à rire, et dit : « Ben oui, c'est ce que toutes nos nounous disent aux bébés, ça veut dire : "Ma petite chérie dont les yeux sont plus beaux que les étoiles." » Elle avait quitté sa petite nounou indienne à neuf mois ! Les parents avaient hésité à ramener la jeune fille qui avait tellement de chagrin de quitter le bébé dont elle s'était occupée pendant huit mois, et puis, finalement, cet isolement dans lequel elle serait... ils ne pouvaient pas emmener toute la famille. Enfin, ils ont résolu de laisser la jeune Indienne aux Indes et ils ont ramené leur bébé.

Avant cette épreuve qui la guettait, dont elle avait sans doute l'intuition, l'épreuve de cette tumeur médullaire qui allait lui donner une image du corps coupée en deux — elle ne pourrait plus jamais marcher avec ses propres jambes —, elle retournait donc au « porté » comme image du corps inconsciente, au « porté par une personne », et elle fait ce rêve nirvânique et merveilleux, avec ces paroles : « Ma petite chérie dont les yeux sont plus beaux que les étoiles[28]. »

Voilà qui vous fait comprendre en effet que la langue dont vous parliez n'est pas n'importe quelle langue, et que l'engramme était l'engramme de l'amour maternel inscrit dans l'image du corps d'un enfant qui ne se porte pas sur ses propres jambes, mais qui est porté par les jambes du corps de qui elle est l'objet partiel, aimé. Cette parole qui lui était parlée en rêve, c'était une parole d'elle parlant hindou à elle-même, « allant-devenant » femme. Si elle « allait dé-devenant» un corps adulte intègre, elle restait une femme dans la relation d'amour avec une autre. C'est ça qui peut nous faire comprendre ce rêve qui, malade comme elle était ensuite — puisque après elle était grabataire —, a été tellement impressionnant pour nous deux, analystes, elle autant que moi; et elle peut-être même meilleure analyste que moi; c'était une femme de très grande valeur. Et elle me dit: « C'est tout de même extraordinaire d'avoir des choses comme ça... à neuf mois. » Nous en étions, à ce moment-là, il y a de ça une vingtaine d'années, nous en étions encore tout à fait aux balbutiements de la compréhension du langage qui s'incarnait dans les bébés, et qui, dans l'image du corps, marquait une certaine époque charnalisante autant qu'introjectée de la relation du bébé à l'adulte nourricier et tutélaire auxiliaire à nos besoins et, s'il est aimé et aimant, initiateur aux modalités de nos désirs, complice de nos émois.

P. : *Si tu permets qu'on revienne sur les relations mère-enfant; l'enfant, le fœtus humain, a une relation avec l'environnement, pas seulement avec la mère. Certaines personnes ont prétendu que les rêves de la mère avaient un effet sur l'enfant. Je ne voudrais pas être mécaniciste, mais on peut se demander où ça passerait. Et, à mon avis la seule relation qu'il peut y avoir entre la mère et l'enfant, c'est le discours qui précède l'enfant, et ça n'est pas seulement le discours de la mère mais celui du père également.*

F.D. : Mais c'est ce que je disais tout à l'heure en parlant de la fratrie...

P. : *Tu insistes beaucoup sur l'importance de la mère...*

F.D. : Mais c'est tout de même par son intermédiaire que c'est transmis à l'enfant. Il n'est pas tout seul, il n'est pas *in vitro*...

Je vais te dire tu, puisque tu me tutoies...

P. : *Mais est-ce par l'intermédiaire de la pensée de la mère, ou par un langage exprimé?*

F.D. : Est-ce que la pensée existe toute seule? Est-ce qu'une femme a une pensée? Non, elle est tout un être; il se trouve que ça se traduit par un dire, son dire est l'expérience de son être. Si nous répétons à notre enfant une bande magnétique sans la penser, eh bien, nous ne sommes pas un être vivant avec lui. Le vivant n'est pas une pensée seulement, c'est tout un ensemble affectif, intellectuel, corporéisé, qui se manifeste à l'enfant, mais il se manifeste à travers une langue qui est celle dont nous avons l'usage. Il y a une langue parlée, la langue parlée qui atteint les pulsions auditives de l'enfant est un moyen, quand elle est retrouvée ensuite, de réveiller l'ensemble des sensations de l'époque, dans la relation interhumaine et interpsychique qu'il y avait à ce moment-là.

Alors, c'est à travers la mère tout de même : tu ne peux pas dire que l'enfant entend tout seul.

P. : *Bien sûr qu'il n'entend pas tout seul, mais disons que c'est une relation — comment dire ? — d'ordre organique.*

B.T. : *Non, pas seulement.*

Les rêves de la mère sont en relation avec le vécu de l'enfant. Je prends l'exemple d'une de mes amies, en analyse, et qui, à partir de sept mois, raconte à son analyste des rêves étonnants du genre : « C'était un tout petit bonhomme enfermé dans la cuisine; il ouvre la porte du réfrigérateur, c'était vide, il n'y avait rien à manger... » Et puis le lendemain, ce rêve revenait : « C'était un tout petit bonhomme, il était enfermé dans une boîte d'allumettes, il était tout petit, petit. » Je ne sais pas ce que l'analyste pouvait en dire ou penser ! Toujours est-il que cette femme arrive, le jour de l'accouchement, voit l'interne de service, et lui dit :

« Faites préparer l'isolette, ça sera un tout petit bébé.

— Pourquoi ? votre hauteur utérine est satisfaisante. Ah ! ces femmes de médecin ! Elles ont toujours de ces histoires !... »

Cette femme accouche d'un bébé qui ne faisait pas le poids et qu'on a dû mettre en isolette. Il y avait un nœud sur le cordon. Les obstétriciens ont dit : « Ça n'est pas un nœud qui s'est serré dans les derniers jours, il y a longtemps que ce nœud s'est constitué. »

Comment cette femme pouvait-elle savoir ? Il n'y a pas de transmission par des fibres nerveuses passant du corps de l'enfant au cortex cérébral de la mère. Est-ce qu'elle percevait un petit poids ? Est-ce que son cortex cérébral, sa machine à calculer, à penser, à rêver, la nuit, fonctionnait en disant : « C'est bien petit, c'est bien petit » ? Je ne sais pas.

P. : *... Ça n'est pas évident que ça soit elle qui l'ait perçu.*

B.T. : *C'est elle qui rêvait tout de même, et qui racontait ses rêves.*

P. : *Est-ce que c'est quelque chose qu'elle avait perçu ou qui est arrivé du fait d'un désir...*

B.T. : *Je ne dis pas que le cordon s'était noué parce qu'elle avait ces rêves. Je dis plutôt que ces rêves venaient parce que... Ça me semble plus raisonnable de penser ça. Toi, tu as l'air de penser que ça serait dans l'autre sens... Je ne sais pas. Posons la question. Mais moi, je ne peux pas oublier cette histoire.*

F.D. : Nous ne pouvons pas le savoir. C'est une question qui reste posée, mais c'est certainement une relation fusionnelle, où les fantasmes, les rêves qui sont les fantasmes nocturnes de la mère qui lui restent en mémoire, traduisent autant sa relation au bébé, venue de ses fantasmes archaïques antérieurs à elle, que celle actuelle du bébé qui transmet à sa mère une sensation d'être. Et ça ressemble, en souffrance, en négatif pourrait-on dire, concernant sa conscience, à ce que je vous ai dit avoir éprouvé moi, à cinq mois, puis à sept mois de mes grossesses, mais en positif... Il y avait là un autre être qui m'accompagnait, à partir de cinq mois, pour les trois enfants que j'ai eus ; et à sept mois, il y avait un autre être qui défendait sa propre vie et qui me faisait ressentir... C'était pas dans les rêves... C'est pour ça que je dis : c'était peut-être un fantasme, mais la première fois que c'est arrivé, je ne m'y attendais pas du tout, et les autres fois pas davantage ; mais je me rappelais : ah oui, c'est comme le premier, et je calculais : oui, c'est bien ça, cinq mois, c'est bien là que c'est arrivé, parce que l'on ne calcule pas tous les jours à combien on en est, quand on est enceinte.

P. : *Mais ce n'est pas un problème de relation entre la mère et l'enfant.*

F.D. : Mais si, c'est un problème de l'enfant qui se développe. Dans mon cas, c'est un problème d'enfant qui se développe et qui arrive à cinq mois. Dans celui-là, c'est le problème d'un enfant qui souffrait de ne pas être alimenté comme il aurait dû l'être par son cordon ombilical, et qui le faisait « ressentir » à sa mère, qui de ce fait en rêvait.

On ne peut pas savoir duquel ça vient... je crois que l'être humain a son désir, l'« epsilon de désir » comme tu l'as très bien dit, hier[29].

Mais je dis : il faut être trois pour qu'un enfant vienne au monde. Il faut un désir inconscient *et* conscient du père, pour qu'il soit conçu : il faut le feu vert du père, le feu vert ou orange ou clignotant de la mère et le feu de Dieu de l'enfant, qui désire vraiment, lui, s'incarner[30]. Il a son mot à dire... à quel jour va-t-il commencer à manifester son désir ?... Il le manifeste depuis le début en développant son corps, en prenant sa masse, et quand il ne prend pas sa masse il ne correspond pas au génie de l'éthique, de l'éthique que nous pouvons supposer au fœtus, et que nous retrouvons chez tous les enfants psychotiques : l'éthique du vampire. L'éthique du vampire, c'est l'éthique du fœtus ! S'il pouvait dire son éthique, ce serait : se nourrir de sang pour augmenter sa masse ; c'est cette éthique biologique qui aura sa répercussion fantasmatique plus tard, quand, resté un enfant qui n'est pas entré dans la communication, comme les enfants habituels, il nous traduira par cette éthique qu'il est en train de revivre sa vie fœtale, en peignant du rouge envahissant l'espace de la page, en buvant et urinant constamment, comme le fait tout fœtus.

P. : *La question que je pose, c'est que certaines personnes prétendent qu'il y a une relation de pensée à pensée, entre la mère et son enfant.*

F.D. : Elles le prétendent ; mais nous n'en savons rien, nous sommes en train d'étudier les effets organiques et les effets psychiques de cette relation, dans ce qu'il en reste après coup dans leur comportement aberrant mais signifiant.

Suit une discussion intéressante, mais confuse,

malheureusement en majeure partie inaudible sur l'enregistrement. Cette discussion concernait des hypothèses sur certains modes de transmission humoraux d'information. Il y était question d'hormones et d'expériences animales sur les planaires, mettant en évidence la transmission de « mémoire », d'apprentissage par l'intermédiaire d'A.D.N.

M.T. : *Je voudrais changer un peu le ton de la réunion puisque c'est mon rôle; quitte à dire quelques choses désagréables. Je crois qu'il faut arriver à un peu plus de modestie. Depuis deux jours, on entend une série d'historiettes, d'histoires, qui sont certainement très intéressantes, mais il ne faut pas croire pour autant qu'une histoire, qui est bien choisie, forcément, puisqu'elle est faite pour illustrer une pensée, a une valeur de démonstration. Ceci me rappelle une histoire très triste, celle de la médecine en France qui, pendant des dizaines d'années, n'a pas fait de progrès parce que les gens raisonnaient sur un cas qu'ils avaient vu : ils en tiraient des conclusions et allaient enseigner qu'il fallait faire comme eux parce qu'ils avaient vu un cas, ils l'avaient traité comme ça, avaient eu raison.*

Je crois qu'il faut essayer de voir les choses d'une autre façon : j'ai été très frappé, hier, quand Michel Odent, je regrette d'en parler alors qu'il est parti, a décrit son histoire d'ictères qui avaient diminué[31]*. Un autre avait trouvé qu'ils avaient augmenté. Je trouve qu'une simple courtoisie de sa part aurait été de compter les ictères qui sont survenus et de comparer aux années antérieures. À partir de ce moment-là, on peut discuter et, éventuellement, émettre des hypothèses.*

Je crois qu'il est difficile de raconter des histoires; de broder, à partir de ces histoires, comme on le fait depuis ce matin, et d'en tirer des conclusions définitives.

F.D. : Mais est-ce que vous croyez que nous tirons des conclusions, ou que nous évoquons de quoi faire réfléchir tout le monde, et travailler, chacun au point où il se trouve, par rapport aux enfants?

M.T. : *C'est une première étape, on émet une hypothèse, et on essaie de la soutenir, de la démontrer ou de l'infirmer, ce qui n'est pas fait : les gens émettent des idées et concluent.*

F.D. : Mais bien sûr, il faut travailler, et quand on travaille, on croit à ce qu'on fait, cela n'empêche pas qu'il faut garder l'esprit critique.

D.R. : *Mais enfin, les gens, quand ils guérissent, on s'en rend compte...*

M.T. : *Non... tu trouves que les enfants sont souriants, mais* tu *trouves ça.*

D.R. : *Non, je ne trouve pas que les enfants sont souriants, il ne s'agit pas de ça. Je veux dire que quand Mme Dolto et certaines personnes ici parlent d'un cas, nous en avons beaucoup en psychothérapie, nous voyons bien ce qui se passe.*

M.T. : *Mais les histoires, c'est comme les proverbes, on leur fait dire ce qu'on veut, on trouve toujours...*

D.R. : *Mais tu le vois bien quand un enfant va mieux en médecine; nous le voyons bien, nous aussi, sur le plan psychologique, quand la souffrance cesse.*

M.T. : *Mais le « mauvais médecin » dont je parlais tout à l'heure, lui aussi considérait qu'il avait guéri son enfant. Un exemple fâcheux, en obstétrique, a été le traitement par le Diéthylstilbœstrol. Les médecins ont cru bien faire à l'époque, à partir d'une hypothèse non démontrée, en donnant des œstrogènes d'une certaine forme aux femmes enceintes. Vous connaissez la suite de l'histoire, pas tous sans doute. La première suite, c'est qu'il y a des filles qui sont mortes d'un cancer du vagin, vingt ans après, alors que leur mère pendant leur gestation avait eu un tel traitement. La deuxième suite qui apparaît seulement maintenant, c'est que les garçons qui sont nés de ces mères traitées ont une hypofertilité très importante, et qu'un bon nombre ont des azoospermies, et n'auront jamais d'enfants. L'efficacité de ce traitement s'est secondairement avérée nulle, mais son danger s'est avéré effroyable.*

Heureusement, je ne pense pas que vous soyez très dangereux. (Rires.) *Mais il faudrait essayer de savoir si vous êtes efficaces.*

M.-M.C. : *Mais, Michel, dans notre clinique il y a énormément de choses, sur le plan médical, qui sont très énigmatiques, sur lesquelles on ne tire aucune conclusion; on travaille, on fait ce qu'on peut sur le plan médical. En voulant maîtriser, vaincre, avoir des résultats immédiats, on finit par avoir des effets nocifs à long terme. Le plus difficile est de ne pas extrapoler le savoir maigre dont on dispose, de maintenir cette immense part d'énigme...*

M.T. : *Il est important d'avoir des idées, bien sûr, mais il faut aller plus loin...*

M.-M.C. : *Laisse-moi finir...*

D.R. : *Nous te remercions de ton encouragement, nous irons plus loin.*

F.D. : Mais ce qui est important aussi, c'est quand la relation se rétablit entre un nourrisson et son entourage; à partir de ce moment-là, quel que soit ce qui se passe dans son corps, il y fait face beaucoup mieux. Et cette relation, on n'y avait pas pensé, quand on ne pensait qu'à la médecine du corps et aux tests du corps. Et c'est ça que nous apportons : la relation de « sentiments exprimés dans des paroles » est une relation que ne remplacera jamais aucun traitement organique. Ça ne veut pas dire qu'il ne faut pas faire les traitements organiques, que l'on pense devoir faire, avec toutes les erreurs que l'on fait. Mais ne pas oublier que *la relation symbolique, c'est la source de la vie pour un humain*, être parlant.

La vie du corps qui se porte bien, c'est celle d'un mammifère, sans sujet de désir[32]. Le sujet ne survit que du fait d'une dialectique exprimée, pour les êtres parlants, par la parole et par les fantasmes sous-jacents à la parole, qui ne s'expriment clairement par la parole que dans la langue maternelle que l'enfant a connue depuis l'origine. Nous insistons ici sur cette relation symbolique, depuis l'origine. Ceci n'infirme pas du tout la valeur des critiques sur les erreurs que l'on pourrait faire, mais je ne crois pas que la relation, quand elle rétablit la communication d'un être humain avec son entourage, puisse être nocive, vingt ans après!

M.T. : *Je parle de méthodologie, si vous voulez, la psychologie est une science...*

F.D. : Ce n'est pas une science au même titre que les autres.

M.T. : *Je crois qu'il faut choisir son genre : ou bien on fait de bons mots, de la poésie, ou bien on essaie d'aborder un sujet avec une certaine rigueur.*

B.T. : *Oui, mais ta « fonction », hier, te faisait déjà dire : « Vous allez systématiquement préconiser l'accouchement à domicile » — ce que nous ne voulons pas faire ! Dans ton imaginaire, nous sommes des dangers publics. Pourquoi ?*

M.T. : *Ne me fais pas dire ce que je n'ai pas dit. J'ai dit que nous allons avoir demain la demande d'accouchement à domicile.*

B.T. : *Aujourd'hui, tu dis que nous ne faisons pas de statistiques et tu n'imagines que des catastrophes. En ce moment, tu « m'emmerdes », tu n'imagines que des calamités, systématiquement.*

F.D. : Mais il était là pour ça... chacun son rôle...

B.T. : *Drôle de rôle ! Moi ça m'énerve, ça bloque tout...*

D.R. : *C'est dégueulasse...*

F.D. : Eh bien, moi, je ne trouve pas. Parce que, écoutez, il y a vingt ans, c'est tout le monde qui aurait été « dégueulasse ». Moi, j'ai connu ça, quand en 1940, dans les salles de garde, je parlais de la psychanalyse et de ces relations précoces. Et maintenant, regardez, tout le monde écoute avec attention, chacun en fera ce qu'il pourra, mais on écoute des témoignages au lieu de mettre tout de suite la personne dehors. C'est tout de même un changement, non ?

ETIENNE HERBINET : *Je voudrais répondre à Michel Tournaire : pour l'histoire du Diéthylstilbœstrol, on est d'accord. Là, tu soulignes un danger : il faut faire attention à ce qu'on fait. Mais par analogie dans le domaine relationnel, je crois que c'est en empêchant les gens de parler qu'on peut faire du tort.*

On peut faire la catastrophe que tu soulignes, en empêchant la parole qui a un besoin d'être dite.

E.J. : *Bon, pour dédramatiser les choses : je crois que ce qui est en train de se passer avec votre question, c'est que vous parlez sur un double niveau, et que peut-être nous ne faisons pas attention au fait que nous parlons à un double niveau. Vous êtes en train de dire que, finalement, nous racontons des anecdotes.*

Nous sommes ici pour essayer de transmettre et de communiquer. Ce qui se passe, c'est que le premier niveau est celui du fond de notre pratique, c'est la philosophie générale que nous dégageons de notre pratique. Maintenant, le deuxième niveau, c'est la manière que nous avons d'essayer de vous le communiquer : au niveau de ces anecdotes, c'est tout. Mais ces anecdotes représentent, en fait, le point le plus frappant de notre pratique.

M.T. : *C'est tout à fait comparable à la médecine somatique...*

E.J. : *Par rapport à Michel Odent, vous parliez tout à l'heure des ictères qui arrivent plus ou moins en fonction du moment de clampage du cordon. Apparemment, les expériences ne sont pas comparables : tout l'environnement est différent.*

M.T. : *Oui, mais il aurait été facile pour lui de compter combien il avait d'ictères...*

E.J. : *Oui, mais les expériences ne sont pas comparables.*

M.T. : *On dit : « J'ai l'impression que... » Un autre dit : « J'ai l'impression nette que... »*

Il est très facile de compter.

B.T. furieux[33] : *On a autre chose à faire que des statistiques ! La vie ne se répète pas... jamais je ne ferai de statistiques.*

M.-M.C. : *Il faudrait peut-être préciser certains points : hier, on nous a beaucoup parlé du bien-être. Aujourd'hui, Mme Dolto nous a dit que c'était plutôt du côté du dire que ça faisait être. Elle nous a donné quand même des cas spectaculaires, et c'est ça qui nous fait réfléchir. Mais il ne faudrait tout de même pas risquer de tomber dans l'idée qu'il faut « faire parler », qu'il faut « cuisiner » les femmes, qu'il faut de la relation pour la relation. Je crois qu'il faut quand même avancer pour préciser ce qui est ce « dire juste ».*

F.D. : Il faut être prêt à écouter...

On s'est tellement lancé, et à juste titre, dans l'hygiène du corps et le soin au corps des humains, comme *in vitro*, comme si c'était des petits mammifères, qu'on a oublié tout le reste; c'est pour ça qu'on a une telle quantité d'enfants psychotiques, ça ne s'est jamais vu, autant d'enfants psychotiques, superbes au point de vue physique, physiologique, mais qui ont des ruptures de communication.

Tous les enfants psychotiques que nous voyons sont des enfants qui ont eu des ruptures de communication avec la personne humaine qui devait leur être médiatrice du monde. Ce ne sont plus du tout des enfants qui ont souffert d'une pauvreté du milieu. Ce sont très souvent des enfants de milieu aisé, instruit et même très cultivé, qui ont eu des personnes mercenaires se succédant auprès d'eux. Ce n'est pas une question de milieu social, cette « reconnaissance » de l'enfant à respecter dans sa personne. Ce n'est pas du tout lié à un milieu social. C'est ça qui est intéressant. C'est toujours lié à la rupture de communication de l'être dont l'enfant est dépendant, et qui disparaît à un moment, sans que rien ne lui en soit dit, en même temps que son corps continue d'être parfaitement bien portant, et c'est ça qui oblige à penser à la relation interpsychique de l'élevage humain.

M.T. : *Il faudrait encourager les gens à la tolérance.*

Je suis très frappé : il y a eu essentiellement un son de cloche émis, et j'ai eu beaucoup de plaisir à l'entendre. J'ai été frappé de voir que, quand j'émets un autre son de cloche, je suis insulté : « Tu m'emmerdes », par Bernard This. Je trouve cela très décevant.

D.R. : *Mais tu as commencé à nous dire qu'il fallait qu'on soit modeste et des choses comme ça.*

F.D. : On l'est, et c'est vrai.

D.R. : *On l'est, Michel; et il faut voir sur quel ton tu as dit ça : « Je vous demanderai un petit peu de modestie messieurs-dames. »*

Moi, je doute tout le temps, tout le temps, de ce que je fais. Je croyais l'avoir laissé comprendre. Je ne donne pas de chiffres. La psychométrie : non. On parle un petit peu de changer la vie. On est des gens très modestes.

M.T. : *On me demande mon cheminement : je peux vous le dire. J'ai étudié en France la médecine traditionnelle, dans laquelle le patron disait : « J'ai vu un tel cas, et il faut faire comme ça. » Et il avait raison puisque c'était le patron. On ne discutait pas. Et j'ai été frappé, en allant aux États-Unis, de voir des choses différentes : il y avait une recherche de vérité, et avant de dire : « Moi, je fais ça, donc j'ai raison », on étudiait quelques centaines de cas et on en tirait des déductions avec une certaine rigueur. C'est ce qui doit pouvoir se transposer tout aussi bien dans votre domaine. Si la médecine suédoise a également progressé, c'est qu'elle aussi a une méthode et une rigueur alors qu'on reste toujours, ici, à raconter : « J'ai vu un cas comme ça, je l'ai traité comme ça, j'ai gagné; je suis le patron, donc il faut faire comme ça. »*

F.D. : Mais ici, il n'y a pas de patron. Moi, je n'ai jamais été patron de rien.

CATHERINE DOLTO : *Mais, Michel, une femme qui va accoucher et qui va raconter ce qu'elle a raconté à la personne qui était là (Le Lirzin), c'est important! Alors, parle-nous, toi, de la conception que tu as, de ce que tu aurais fait, et de ce que ça prouve, ou de ce que ça ne prouve pas.*

Mais parle-nous de la même chose, ne nous dis pas : « Donnez-moi des preuves de quelque chose dont moi je me dégage complètement. »

B.T. : *C'est quand même la première fois que, dans un service hospitalier, nous pouvons nous exprimer à ce niveau. Et je remercie tous ceux qui nous ont invités et nous ont permis de parler ainsi ! Bien sûr, Michel Tournaire, dans la mesure où tu as des exigences de rigueur, je te comprends. Je m'excuse même d'avoir eu des paroles... qui me débordaient !*

M.T. : *Mais il n'est pas normal que, brutalement, il n'y ait plus que la partie qui ne pouvait pas se faire entendre qui parle.*

F.D. : Mais il faut que l'autre continue de parler... certainement !

G.H. : *Ça rend compte de la difficulté qu'il y a à parler entre obstétriciens et psychologues.*

Même avec de la bonne volonté, il y a certainement des choses que l'on n'accepte pas très volontiers. On ne ressent pas les choses de la même façon...

E.H. : *Mais il faut tout de même réaliser qu'on soigne, nous spécialistes différents, le même individu. On a tous, les accoucheurs, un souci de sécurité à la naissance, c'est-à-dire, comme boutade, que pour qu'un enfant puisse devenir « dingue », il faut quand même qu'il ait un cerveau intact...*

G.H. : *Et c'est notre obsession.*

F.D. : Oui, un psychotique est intact sur le plan anatomo-pathologique.

E.H. : *Notre obsession, c'est d'avoir un enfant né avec un bon cerveau, intact. Mais il n'y a pas que ça, il y a ce qui va lui arriver ensuite.*

C'est pour ça qu'on ne s'oppose pas, psychologues, pédiatres et accoucheurs... Mais peut-on se compléter ?

M.T. : *Dans une hiérarchie des urgences, je mettrai d'abord le cerveau intact. Après coup, on sait qu'une grande majorité de naissances se sont passées sans problèmes, mais on ne peut pas prévoir avant l'accouchement lesquelles. C'est le problème du risque de l'accouchement à domicile.*

Nous sommes en train, dans le service, de faire un travail pour essayer d'évaluer dans quels cas les gens auraient pu très bien accoucher à la maison, et surtout dans quel cas le risque était vraiment prévisible. Il apparaît que certains acci-

dents sont imparables et, quels que soient les moyens de transport pour amener les gens à l'hôpital, on n'évitera pas un certain nombre d'accidents.

C.D. : *Mais tu ne peux pas utiliser ces problèmes techniques comme instrument pour masquer un certain nombre de problèmes. Tu mets toujours ces problèmes techniques en avant pour éviter d'avoir à parler, toi, en tant qu'obstétricien, mais aussi en tant qu'homme, face à des femmes qui accouchent. Qu'est-ce que tu fais en dehors de la technique ?*

M.T. : *J'ai l'impression de ne pas être un sauvage, d'avoir un contact avec mes patientes et de les écouter. Je crois qu'il y a quelques personnes dans cette salle qui pourraient en témoigner.*

G.H. : *Mais c'est justement là la difficulté, c'est que les gens qui font le travail, les accoucheurs et les sages-femmes, sachent faire la synthèse.*

Et c'est la seule chose qui n'a pas été abordée en ces deux jours. Comment faire la synthèse ?

F.D. : Je crois que ça sera plus facile au niveau des sages-femmes que des techniciens accoucheurs.

Dans un domaine différent, il y a une chose qui pourrait jouer beaucoup pour les enfants en couveuse : nous qui voyons les enfants psychotiques, le séjour prolongé de certains enfants en couveuse est vraiment patent, et ça, d'après ce que j'ai lu, dans tous les pays.

Aux États-Unis, Salk a essayé d'améliorer les choses en émettant dans la couveuse le bruit du cœur, adulte, substitut du cœur de leur mère. J'ai une consœur qui est allée dans une clinique en Amérique, où ils ont fait cette transmission du son du cœur adulte chez les prématurés, dans les couveuses, jusqu'au moment présumé des neuf mois où on arrêtait cette audition du cœur. Et ils ont assisté statistiquement à une vitalité bien meilleure de ces enfants dans ces couveuses[34].

Mais ça ne faisait pas la parole. Pourquoi n'y ajouterait-on pas la possibilité offerte à la mère, trois ou quatre fois par jour, de venir apporter sa parole à l'enfant, dans la couveuse ? Je suis convaincue que si on faisait cette expérience, on n'aurait plus d'enfants autistes comme nous en avons à la suite de six semaines de couveuse.

M.-C.B. : *Elle a été faite. Non seulement il y a moins d'enfants autistes, mais il y a aussi moins d'infection et moins de mortalité.*

F.D. : C'est très bien d'avoir commencé par le corps, on ne pouvait pas faire autrement, surtout à la fin du XIXe siècle, avec cette découverte scientifique du traitement du corps de l'enfant. Mais il faut y ajouter la parole parce que cette parole est essentielle ; elle est consubstantielle au corps de l'enfant et lui est aussi nécessaire que ce qui lui est nécessaire pour les métabolismes du corps. Il y a un métabolisme du psychisme qui commence dès la vie fœtale[35].

DEUXIÈME PARTIE

Famille

Aujourd'hui, en famille[36]

Nous vivons une période de la pensée et de la recherche psychanalytiques où se relâche, dans le cas de la plupart des théoriciens, le lien à la pratique journalière auprès de ceux qui souffrent (et particulièrement les enfants). D'une part, on se livre à des exégèses abondantes des textes de Freud, d'autre part on remet en question les principaux concepts freudiens; on conteste ainsi la découverte faite par Freud du rôle majeur du complexe d'Œdipe dans le fonctionnement de l'inconscient des personnes saines ou névrosées.

La psychologie actuelle — pourtant tout entière marquée par la psychanalyse — s'est orientée vers l'influence majeure du social sur l'individuel. Anti-Œdipe et socio-analyse sont à la mode[37]; on prend pour négligeable, à tort, le rôle inconscient de la première organisation pulsionnelle résultant du complexe d'Œdipe. On la néglige sous prétexte que les familles ne sont plus aussi solidement constituées que du temps de Freud. C'est là peut-être le fait d'une démographie en expansion, qui conduit à comparer les interactions entre individus humains à celles des animaux vivant en groupes! On néglige ainsi la spécificité de l'être humain : le désir. Sa fonction symbolique et sa puissance imaginaire entraînent chez chacun une affectivité particulière. Celle-ci colore tout fait réel de façon subjective et personnalisée.

Freud a découvert le rôle des pulsions de vie et de mort. Elles sont organisées autour de la survie de l'individu charnel. Celui-ci est croisé — comme la trame et la chaîne — au sujet inconscient du langage. Freud a montré que, dans la communication psychique, c'est le désir dans son lien au signifiant qui prévaut, chez un sujet advenu à la conscience réflexive (de lui-même et des autres), au sentiment de son existence au monde et de sa propre liberté. Ce sentiment de liberté va jusque et au-delà des conditionnements de l'individu dans le temps et l'espace. Ceux-ci marquent sa chair d'une dépendance aux lois de la réalité, au plaisir et au déplaisir de son corps mortel. Cette dépendance, le sujet la dépasse par la fonction symbolique. Car la communication interpsychique, à laquelle les humains adviennent entre eux, est toute marquée par leur désir. C'est ce dont témoigne la persistance de ce désir, dans les œuvres conservées des siècles après la disparition des civilisations où ces individus ont vécu. C'est bien pourquoi rien ne permet de comparer l'être humain — être de langage — aux autres créatures vivantes réunies en sociétés historiquement immuables, réglées par l'instinct. Tout système psychologique qui ne veut considérer l'individu humain qu'en tant qu'objet d'un milieu socio-économique néglige ce qui fait l'originalité de chaque être humain à l'intérieur de sa classe sociale, de chaque enfant dans sa famille. Cette méconnaissance subsiste même chez ceux qui font la part des premiers éducateurs et qui considèrent l'enfant comme le reflet de l'ambiance émotionnelle du milieu familial. Car l'originalité du sujet humain provient de la place qu'il occupe dans le désir des autres, désir qu'il interprète à travers les fantasmes de satisfaction par lui connus. En effet, les intercomportements de l'enfant et de son entourage familier proviennent de ce qu'on croit que l'enfant veut dire ou demander, et de ce qu'il perçoit de ce que les autres veulent lui dire ou provoquer chez lui. Chaque personne de son entourage agit selon son désir inconscient et conscient, mais réagit aux expressions spontanées qu'on lui voit manifester. Dans ses actes, l'enfant s'accorde ou se dérobe au désir des autres, en fonction des pulsions orales ou anales qui l'animent et cherchent à s'apaiser. L'enfant est comme l'objet des désirs de ses parents et de ses aînés, ainsi que de leur angoisse et de leur amour. Et cela, parce qu'ils sont différemment soucieux de sa personne en devenir. Toutefois, il n'est jamais totalement conditionnable. L'enfant est doué de la fonction symbolique, il est aussi le sujet inconscient de son désir qui, en tant que tel, est présent dès la conception.

D'autre part, l'enfant a un organisme soumis à des fonctionnements physiologiques semblables, dans la réalité, à ceux des autres de son âge. Ils sont prévisibles parce que répétitifs et rythmés végétativement : ce sont les besoins. Mais son désir de communication interpsychique, lui, est toujours à la recherche de son accomplissement. L'enfant opte inconsciemment pour des comportements — toujours langagiers — afin de réaliser son désir propre, continuellement en activité, en dehors des moments de sommeil profond.

L'enfant est guidé en cela par ce que Freud a appelé le principe de plaisir (inconscient). Il réside dans l'apaisement des tensions internes, en même temps que dans l'élaboration subtile d'un réseau imaginaire de communication. Ce dernier va constituer pour chacun — de façon originale — l'inconscient et l'image du corps. Celle-ci est en même temps symbolique de son schéma corporel, comme une sorte de poésie vivante[38]. Elle devient un langage existentiel croisé au langage du désir qu'il perçoit des autres. Aussi il y répond et il le provoque, il le reprend et le module pour le plaisir de s'en faire comprendre.

Freud a découvert et décrit le complexe d'Œdipe comme l'achèvement de la première organisation libidinale complète, incluant toutes les pulsions partielles précédemment découvertes s'accomplissant pour leur plaisir, à leur lieu corporel d'émergence ou bien en symbolisation langagière, quand les pulsions génitales sont devenues prévalentes. Ces dernières — confusément associées aux autres dans la petite enfance —, sont découvertes par le plaisir que l'enfant éprouve aux génitoires et sont associées à des émois subtils qu'aucun fonctionnement répétitif obligatoire des besoins ne vient provoquer.

Les pulsions génitales sont mises en tension — chez les enfants des deux sexes — par les émois contradictoires qu'ils éprouvent entre rivalité et amour, vis-à-vis du parent du même sexe, et par les options de possession, maîtresse et procréante, du désir génital avec le parent de l'autre sexe.

Depuis Freud, jamais cette découverte n'a été contredite

dans l'observation des enfants sains et capables de s'exprimer à l'âge de trois ans. Cependant, depuis Freud, les psychanalystes ont eu la possibilité d'étudier les années qui précèdent l'Œdipe et de confirmer ce qu'il n'avait qu'ébauché, ce qui concerne les stades préœdipiens de la libido infantile[39]. Freud les avait nommés stades oral et anal. Ces dénominations proviennent de la prévalence des pulsions partielles liées à l'apaisement des tensions organiques qui s'expriment aux lieux de communication substantielle, les trous du corps : la bouche, l'anus et le méat urinaire. Ces trous cutanéo-muqueux sont des zones érogènes. Les soins nourriciers et d'entretien — répétés du fait des besoins — lient à ces zones une valeur signifiante d'échange et de survie, grâce à l'attention de ceux qui désirent cette survie et s'en estiment responsables : la mère, le père ou leurs substituts. En plus, la dénomination de ces stades d'organisation libidinale ne doit pas faire oublier que c'est par les sens subtils que le sujet organise le réseau des échanges langagiers avec ses adultes tutélaires. Par sens subtils, je désigne l'olfaction, la vue, l'audition, le toucher, mais aussi les caresses à toute la surface de son corps, les sensations internes de plénitude ou de vide dans les variations modulées au jour le jour[40].

Freud a découvert qu'au plus fort du premier désir génital, l'interdit de l'inceste stoppe l'option incestueuse et permet la symbolisation du désir physique en amour[41]. De même — dans l'étude des stades prégénitaux —, la fonction séparatrice du corps à corps dans le sevrage révèle la puissance de la fonction symbolique. C'est elle qui fait tendre le désir (barré quant au corps à corps avec la mère) vers les sublimations phonatoires (par la langue maternelle au pôle oral). La séparation d'avec la déambulation portée et d'avec les soins du siège devenus inutiles (grâce au développement physiologique neuro-musculaire) est contemporaine de l'apparition de la marche et de la continence spontanée, chez l'homme comme chez tous les mammifères. Elle permet au jeune humain le déplacement des pulsions anales sur la communication langagière, à travers les manipulations ludiques, industrieuses et créatrices, dont ses mains sont capables pour le plaisir et à travers l'expression corporelle, les jeux et l'habileté acrobatique, et aussi sur l'émission de cris, de sons modulés à but de contact à distance vis-à-vis des autres.

Le développement de l'être humain jusqu'à l'entrée dans le complexe d'Œdipe est, en effet, une longue évolution libidinale d'origine endogène. Elle découle de la prématuration de l'imaginaire du désir. Elle découle aussi de la mémoire anticipatrice des petits hommes au contact de ceux qui — dans la réalité — leur permettent de survivre ; avec eux ils établissent — en tant que sujet de leur désir de communication — un réseau langagier comportemental et gestuel.

C'est la fonction symbolique, caractéristique majeure de l'espèce humaine, qui fait qu'un petit homme, élevé par une créature d'une autre espèce, peut devenir enfant-loup, enfant-biche et devenir à tout jamais inadaptable à la vie d'échanges avec les êtres de son espèce. Toute autre créature vivante — même domestiquée — conserve ses potentialités d'échanges avec ceux de son espèce et son incitation instinctuelle à la procréation. Les êtres tutélaires et nourriciers sont — pour les petits nés d'homme et de femme — des images anticipées (au féminin ou au masculin, mais cette différence devient tardivement claire à leur conscience) de l'intuition qu'ils ont de leur être à venir quand leur organisme aura achevé sa croissance. Cette image de lui-même, ou d'elle-même, que sont les êtres tutélaires, modèle le désir de l'enfant. Il veut tout absorber et faire sien. Il tire plaisir des besoins de son corps. Pendant les échanges qui entretiennent et soutiennent son organisme à se développer, fonctionnent en même temps les échanges de ses sens subtils. Son désir est avide de conquérir les modalités perçues de l'être, de l'avoir et du faire comme ses modèles familiers : il y exerce, jour après jour, les pouvoirs qui sont les siens et qui, chaque jour aussi, se perfectionnent jusqu'à la maturité de son système nerveux central (entre vingt-cinq et vingt-huit mois), des terminaisons nerveuses perceptrices discriminatoires fines et des innervations musculaires périphériques (siège et membres inférieurs en dernier). Vers trois ans, une parfaite coordination motrice lui est possible.

L'enfant brigue d'imiter ses modèles. Tout ce qui l'entoure (objets inanimés et animés), tout ce qu'il observe comme être individué peut lui paraître image à s'y conformer, grâce à ce formidable don d'imitation qui est le sien et grâce à la richesse incroyable des modulations vocales que possèdent le larynx et les muscles phonatoires humains.

Tout l'appelle et à tout il répond. Il est charmé de se découvrir en communication avec le monde qui l'entoure, lorsqu'il s'y sent en sécurité. Ce sont les adultes tutélaires qui le font se connaître dans le miroir vivant de leur habitus et de leurs visages familiers. D'eux lui parviennent leur odeur, leurs rythmes et les phonèmes de son prénom, toujours répétés par leurs voix. Et jusqu'à ce qu'il découvre son propre visage dans le miroir, ils lui servent de visage et d'image de lui-même dans l'espace. Lorsqu'il les voit, ils le font les reconnaître siens et se reconnaître leur[42].

Il apprend le langage jour après jour; il ajuste ses rythmes, ses sonorités vocales, à l'imitation de ceux de la langue que lui parle sa nourrice. Il brigue d'entrer en échange avec elle, comme il l'observe dans les échanges qu'elle entretient avec les autres. Son désir se fait complice et rival, déjà bien avant la prévalence des pulsions génitales. Et cela, pour la satisfaction de ses pulsions partielles et pour faire prévaloir sur autrui la communication interpsychique qu'il désire établir avec sa nourrice. Depuis sa conception, on dirait que c'est le jeu du désir dans cette triangulation existentielle qui est dynamogène et stimulant de tous les progrès. L'enfant, sensible aux différences, prend peu à peu conscience de la réalité imparfaite de ses performances, au regard de celles qu'il observe chez les autres et qu'il brigue d'égaler.

Lorsqu'il assiste aux attentions de ses élus tutélaires (parents ou familiers) vis-à-vis d'un enfant moins développé que lui, son désir de développement est comme sidéré. Car, toute sa valeur inconsciente consistait à dépasser ses impuissances pour satisfaire au désir de ces élus, jusqu'alors toujours plus évolués que lui et, à ses yeux, attirés par des objets achevés.

Voilà qu'un puîné, apparu dans le cadre familial, semble un étrange privilégié. Ce troisième lui paraît l'élu du désir de chacun de ses modèles. À lui, mère, père et aînés accordent leurs privautés. Son désir est alors en conflit. Était-ce en évoluant vers l'image adulte, jusque-là son modèle, ou en involuant vers une image rétrograde qu'il triomphera de ce rival insolite? Nous le savons par l'observation. La naissance d'un puîné est une épreuve symboligène[43] infirmatrice que tout enfant doit assumer. Certains — mal compris dans leurs réactions d'amour associé au mode de désir involutif — en restent marqués pour la vie.

Mais nous savons aussi que l'enfant unique, ou le dernier-né d'une famille qui n'a pas eu cette épreuve à surmonter, la rencontrera tôt ou tard, dans une rivalité amoureuse ou sociale*. Il devra alors la négocier. Et cela, quel que soit son statut économico-social, quel que soit le style des institutions politiques et familiales[44].

Devant toutes les épreuves rencontrées par un sujet désirant, ce n'est que par le langage, la complicité d'amour et la confiance qu'il garde en lui (par-delà les différences qui le distinguent des autres) que son évolution libidinale peut continuer. Mais, par contre, si un enfant — quelle qu'en soit la raison — ne reçoit pas d'un autrui connu des éléments langagiers sur ce qu'il perçoit, sa fonction symbolique innée s'exercera continûment dans la solitude. Si cette solitude survient trop souvent ou dure trop longtemps, l'enfant utilise des repères langagiers fantasmatiques archaïques, articulés à des perceptions digestives motrices, associées au souvenir de la présence tutélaire de sa mère ou à des perceptions étrangères aux vocables et aux mimiques signifiants actuels. Apparemment, l'enfant est peu présent à ses familiers; il ne retrouve pas les résonances signifiantes de son passé avec eux. Peu à peu, ils lui deviennent étrangers. La communication interpsychique n'est plus entretenue. Cela provient autant de l'enfant que de la réaction non adéquate de son entourage. En effet, l'enfant y guette une retrouvaille de lui-même et des autres, qui le fasse s'y reconnaître (et eux aussi) comme avant l'expérience d'isolement[45].

C'est dans de tels événements, dans de telles expériences d'étrangeté que l'évolution libidinale d'un enfant d'avant trois ans peut subir un arrêt. Les pulsions ne sont plus symbolisées qu'en fantasmes incommunicables et symptômes physiques. L'autisme s'installe après une trop longue absence de l'un ou l'autre des parents. Cela peut survenir aussi du fait de souffrances physiques sans le réconfort de la présence connue, ou encore de traumatismes familiaux ou sociaux qui bouleversent l'entourage et dont l'enfant subit le contrecoup, sans que rien ne lui en soit explicité par des paroles. Car c'est également une découverte de la

* Ayant constitué un couple, le dernier ou la dernière de famille comme le fils ou la fille unique peuvent découvrir ce danger de son enfant premier-né, rival à ses yeux dans son amour conjugal, comme l'eût été dans son enfance la rivalité vis-à-vis d'un puîné.

psychanalyse des enfants que, chez le nourrisson — dès le plus jeune âge — existe déjà un sujet sensible à la présence, à la parole et à la voix.

Il comprend le langage de qui vient à son secours, en lui verbalisant ce qu'il éprouve. Cette personne (nourrice, infirmière, substitut parental) lui rend en paroles, présentes à son désir, les moments signifiants de son existence. En prononçant les noms de ses parents et leur souffrance d'être, eux comme lui, dans une peine à distance partagée, elle les lui fait retrouver.

Les épreuves majeures traversées par certains dans les stades infantiles de leur développement laissent leurs traces, alors même que le cours de la libido a repris selon la façon dont ils ont défendu leur intégrité de sujet par la fonction symbolique. Ce sont ces traces qui traduisent de nos jours tant de retards du langage et de la psychomotricité. Or, ces difficultés ne se rencontrent pas seulement dans les familles dont le niveau économique est faible. On les trouve fréquemment aussi dans les familles aisées lorsque, pour des raisons diverses, les parents ont recours à des nourrices mercenaires. Les changements intempestifs de la personne nourricière sont traumatisants. Celle qui part emporte avec elle les repères humains de communication langagière (verbale et gestuelle)[46]. Elle laisse l'enfant dans le désert de sa solitude. Et celui-ci est obligé, à chaque relation nourricière et tutélaire successive, de construire un réseau nouveau mais précaire de communications interhumaines que chaque nouveau départ infirme, en réduisant tout ce qu'il y a de signifiant de l'autre en lui.

Tout enfant prend confiance en soi et en les autres quand il est soutenu par les attentions tutélaires de personnes qui l'entourent, qui l'aiment et qui désirent son développement vers l'affirmation de son être de langage. Le mouvement et la complicité ludique des échanges renforcent ce sentiment de confiance. Les familiers connus et aimants stimulent son désir (par-delà les épreuves de ses expériences, toujours entreprises pour en tirer plaisir et qui sont souvent source d'échecs et de déconvenues). La voix et les paroles des familiers, le renidage câlin près d'eux, dans les moments de découragement, ressourcent ses énergies.

L'enfant observe les gestes et les actes des adultes. Il écoute leurs paroles. Il garde tous ces comportements en mémoire. Il les imite quand il est seul. Il s'exerce ainsi à maîtriser l'espace et le temps qui, momentanément, séparent les adultes de lui. Mais il reste aussi à guetter leur retour. Il les aime et craint de leur déplaire. Il désire conquérir leur assentiment, atteindre à leur puissance et à leur maîtrise des choses. Il s'exerce imaginairement à sa propre maîtrise des choses et des personnes, seul et auprès d'eux. Parallèlement, sa croissance réelle lui permet d'atteindre plus aisément les objets de ses désirs. Il peut aussi étendre son aire de sécurité tant dans l'espace, où il sait devenir autonome pour ses besoins, que dans l'environnement social et humain, où il sait se conduire. Il devient fier de son identité, fier d'appartenir par son nom à telle famille, d'être garçon devenant homme ou d'être fille devenant femme. Son nom, son prénom et toutes autres caractéristiques individualisantes s'enracinent en lui par le langage. Ses expériences agréables et désagréables, ses comportements s'enracinent dans sa chair, qui est tout entière langage de son vécu, pour lui et pour les autres.

C'est ainsi que tout enfant — mû par son désir de communication psychique — peut accéder, avant le complexe d'Œdipe, à la justesse du dire dans sa langue maternelle et à l'adéquation habile de ses actes. Il est heureux de parler de ses fantasmes, ses pensées, ses vouloirs et ses actes, lorsqu'il est certain d'être aussi nécessaire aux autres que les autres lui sont nécessaires à lui.

Dès sa naissance, le nourrisson est déjà récepteur des désirs de sa mère, qu'il comprend, et émetteur de désirs, qu'il fait comprendre. Ainsi s'établit une intercomplicité relationnelle, qui va de lui à la mère et de la mère à lui, mais qui va aussi vers son père ainsi que vers les familiers les plus proches. Il est totalement faux de dire — comme on l'entend si souvent — que le nourrisson n'est qu'un tube digestif. Ce qui est vrai cependant, c'est que des perturbations dans la relation symbolique peuvent être aussi graves que des atteintes physiques et entraîner des dérèglements digestifs ou fonctionnels. Des excès de sensations, un dérythmage imposé à ses fonctions vitales, peuvent entraîner des troubles aussi graves que des carences alimentaires.

Toute la période de l'enfance est donc marquée de réactions globales (autant physiques et fonctionnelles qu'émotionnelles et psychiques), grâce auxquelles les pulsions trouvent à s'exprimer.

Le garçon ou la fille s'ignorent en tant que tels dans leurs relations aux autres. La jouissance ou la tension de ses pulsions sexuelles n'est visible, chez le garçon, que par les érections. Les sensations en sont plus ou moins confondues par lui avec les pulsions de désir liées à ses besoins urétraux. Chez la fille, les pulsions sexuelles clitoridiennes et vaginales sont invisibles. Elles sont confondues par elle avec les pulsions orales et anales passives.

L'enfant n'accède à la symbolisation de ses pulsions que lorsque l'apaisement direct par le corps à corps (ce qu'on peut appeler un circuit court) n'est pas possible. C'est alors qu'il peut inventer un circuit long qui passe par des expressions vocales, mimiques et gestuelles. Le plaisir qu'il éprouve, de la rencontre du plaisir de l'autre, l'introduit au code du langage. Celui-ci n'est pas que verbal, mais communication pleine.

Tout atermoiement de satisfaction par circuit court, tout interdit (comme le sevrage par exemple), n'est symboligène que si l'enfant est capable d'atteindre à la communication interpsychique de son désir, par des moyens qui lui apportent avec la personne de sa nourrice un plaisir plus grand qu'auparavant et surtout qui promotionnent une image d'un lui-même plus évolué.

Il faut donc que des pulsions partielles nouvelles soient en cours d'organisation et trouvent aussi à s'y satisfaire. D'où le danger des interdits prématurés; ainsi la continence exigée trop précocement a pour effet une déréliction du sexe qui sera pris — lorsqu'il sera perceptible à l'enfant —, comme synonyme d'un excrément, ou encore d'un organe « pas beau ».

Il faut aussi que l'éducateur adulte soit un exemple vivant de ce qu'il incite l'enfant à conquérir. C'est dire qu'il doit être prêt à abandonner les plaisirs du corps à corps et qu'il doit être castré de ses jouissances archaïques vis-à-vis de l'enfant[47]. Combien de mères sont en rivalité avec le père, ou les grands-parents, pour obtenir l'exclusivité des baisers, des câlins et de l'amour de l'enfant. Combien de mères, à l'âge où l'enfant dispose d'une autonomie potentielle pour les soins de son corps, ne peuvent se priver de le manipuler, de le torcher, de savoir mieux que lui ce qu'il doit manger ou faire! Ces mères abusives du petit âge le seront tout autant plus tard et gêneront le développement de la sexualité adolescente.

Ces mères (parfois les grands-parents ou le père) sont, au sens propre, pédérastes. Et pourtant, la société témoin s'en fait complice, reprochant aux enfants, qui essaient de sauver en eux le sujet du désir, de faire de la peine à des parents si aimants (en fait, parents peloteurs), en se dérobant à leurs exigences.

En réalité, ce sont là des adultes dont la relation préœdipienne et œdipienne à leurs parents n'a pas été dépassée et dont les pulsions archaïques refoulées se sont réveillées au contact de leur progéniture. Ils interdisent verbalement à l'enfant le plaisir qu'eux continuent à se procurer à ses dépens.

Or, l'enfant n'est jamais la possession des parents, même s'ils sont, de sa personne, en tant que géniteurs, responsables. Tout parent et tout éducateur — que l'enfant impubère prend fatalement comme modèle —, ne donnant pas l'exemple de ce qu'il impose, ne disant pas ce qu'il fait et ne faisant pas ce qu'il dit, est un maître pervertissant. Et cela, bien avant l'Œdipe. Ces parents font tout pour éviter ou retarder la résolution de l'Œdipe de l'enfant, en lui interdisant le clair savoir de ses droits au plaisir sexuel génital, dès lors qu'il n'est pas incestueux.

La découverte de la naissance des bébés, le désir qu'a l'enfant de savoir comment il est venu au monde et le désir d'atteindre à l'image valeureuse, virile ou féminine, que représente à ses yeux son père et sa mère, lui font naturellement désirer prendre au foyer la place de l'adulte de son sexe vis-à-vis de l'autre, puisque ensemble ils sont nécessaires pour enfanter. Il brigue maintenant ces privautés génitales prometteuses de procréation incestueuse.

Il les fantasme toujours à travers une imagination marquée de l'expérience connue de la satisfaction morcelante des pulsions partielles, orales, anales et urétrales. Il fantasme aussi l'enfantement, en fonction de l'effet magique de ces pulsions. Les thèmes de ces parturitions fantaisistes demeurent dans les contes et dans les mythes.

Les enfants rêvent ainsi la possession de l'objet incestueux et l'arrivée de la progéniture magique. Le petit garçon et la petite fille voient, dans ce couplage valeureux et fécond, la prémonition de leur avenir de citoyen valeureux et respecté, de leur toute-puissance future à accomplir tout ce qui leur plaît. Ils supposent, en effet, que leurs parents ont tous les droits, parce qu'ils les ont toujours cru investis de tous les pouvoirs sur leur enfant. Tout enfant croit que son père et sa mère font la loi. Il ne sait pas qu'ils y sont soumis autant que lui. C'est à cet âge que l'enfant entre (ou est capable d'entrer avec profit) à l'école.

S'il n'a pas atteint l'autonomie du langage et des gestes, ni la connaissance claire de son sexe, l'école (dite maternelle) peut alors relayer la famille et aider l'enfant à symboliser ses pulsions oro-anales, encore trop enfouies dans les satisfactions du corps à corps avec la mère ou, au contraire, trop interdites si la mère est anxieuse. Le rôle de ce premier contact avec la société des petits de son âge doit se faire sous la tutelle attentive, permissive et dialogante des éducateurs maîtres, maîtresses. Le résultat peut être immense. Il est malheureusement souvent altéré par l'impossibilité de la venue dans la classe d'un parent ou d'un familier de l'enfant. Et ceci, du fait d'une impossibilité matérielle ou d'une interdiction institutionnelle.

L'entrée à l'école maternelle d'enfants pas encore autonomes peut entraîner des difficultés. On peut assister à une régression. L'enfant jugé immature (bien qu'il ne le soit pas potentiellement) est renvoyé à la crèche ou dans sa famille. Parfois s'instaure une dichotomie dans la personnalité de l'enfant. Elle correspond à une régression libidinale camouflée. L'enfant paraît s'adapter à l'école. Mais c'est le groupe des enfants qui hérite de sa dépendance à la mère, en même temps que la maîtresse prend la place du père. L'évolution vers l'Œdipe est en panne. Personne ne comprend ce comportement qui paraît adapté à la collectivité, alors qu'en famille l'enfant régresse, perd ses facultés de communication, son inventivité, son autonomie débutante.

Cet écartèlement entre deux climats de développement peut provoquer des troubles psychosomatiques. Ils entraînent parfois l'hospitalisation de l'enfant. Mais la guérison du corps n'aide pas pour autant l'évolution libidinale.

Les systèmes psychologiques qui invoquent l'influence sur l'individu du statut économique des parents n'ont raison qu'à partir de ce moment de l'évolution de l'enfant : à l'entrée à l'école qui interfère avec l'évolution œdipienne. Le fossé entre la famille et l'institution scolaire impose à l'enfant un statut d'objet. Il intensifie son éclipse en tant que sujet, à cause du traumatisme de l'entrée à l'école, fermée aux parents comme s'ils avaient moindre valeur que la maîtresse ou le maître. La libido est livrée à plus de pulsions de mort que de vie.

Le bon moment pour verbaliser l'interdit de l'inceste est celui où l'enfant est déjà capable d'établir avec les autres des relations interpersonnelles sans la présence de ses familiers. Cependant, il a encore besoin de l'amour et du soutien de ses parents dans les difficultés d'adaptation sociale qu'il doit résoudre jusqu'à huit-neuf ans. Ce n'est qu'après cet âge et son insertion complète dans sa classe d'âge qu'un enfant peut supporter sans risque grave la séparation du milieu familial.

L'entrée à l'école primaire d'un enfant dont le complexe d'Œdipe bat son plein est un grand bienfait, parce qu'il est alors capable de nombreuses sublimations pulsionnelles. Il les réalise dans l'apprentissage des signes (de la langue parlée et écrite), dans l'agir industrieux, dans la découverte des relations sociales et dans la connaissance du monde qui excite sa curiosité et y répond.

Il serait très souhaitable que les maîtres de l'école primaire — ils en sont si souvent l'occasion ! — puissent, avant d'enseigner les disciplines du programme ou à leur occasion, permettre aux enfants de les interroger franchement sur toutes les questions qu'ils se posent : la vie et la mort, le corps, la reproduction, la maternité et la paternité, les relations familiales. L'interdit de l'inceste dont nous parlions plus haut devrait être clairement verbalisé à l'école, comme la loi majeure qui régit l'espèce humaine.

Il serait d'un grand bienfait que soient données, à l'école, des informations véridiques aux enfants de six à huit ans sur l'innocuité de la masturbation, sur l'hygiène corporelle et sexuelle. En effet, les enfants — quand ils ne reçoivent aucune réponse au problème œdipien et aux questions sexuelles — débouchent toujours sur des fantasmes archaïques oraux, passifs ou actifs. Des passages à l'acte sadiques-anaux peuvent aussi se produire. Les enfants pensent ainsi faire comme les adultes.

Car chaque enfant se croit seul aux prises avec ses problèmes émotionnels et sensuels. Savoir que son secret est un secret de polichinelle le soulagerait d'angoisses inutiles.

Il saurait mieux également se dérober au désir des adultes (parents ou éducateurs y compris), s'il savait que ses parents et ses aînés sont soumis par la loi à l'obligation de la chasteté à son égard.

On parle d'information sexuelle à l'école, mais on la réserve aux enfants prépubères ou même pubères. On les informe sur les organes génitaux, alors que souvent les enfants ignorent tout de leur corps.

Dans les cours qui ont déjà été faits, il semble que jamais les professeurs n'aient abordé la question de l'interdit de l'inceste homo- ou hétérosexuel dans la fratrie, ni celle de l'interdiction des privautés sexuelles des pères et oncles avec des filles et nièces, ni celle de la séduction des frères et sœurs plus jeunes. Ils ne semblent pas avoir parlé non plus de la masturbation et de son rôle leurrant et décevant, mais non dangereux.

Pourtant, les enfants devraient le savoir bien avant la poussée pubertaire, en même temps qu'ils font le deuil définitif de leurs désirs incestueux. Car c'est alors qu'ils peuvent les sublimer, c'est-à-dire les muter en amour chaste pour leurs parents et ouvrir leur désir au monde des échanges et des réalisations sociales.

Si j'insiste sur le rôle de l'école c'est que nous, psychanalystes, voyons des enfants et des adolescents qui pensent que parents et éducateurs ont sur eux tous les droits de jouissance. Certains pensent que leurs parents pourraient les abandonner ou les faire emprisonner pour des peccadilles. De tels enfants sont dans une insécurité angoissante qui, pour certains, est menace de folie. Tout enfant doit être informé des droits et des devoirs des parents, des droits et des devoirs des enfants. Ils doivent savoir que lorsqu'ils seront majeurs, ils seront les égaux de leurs parents et libres à leur égard, si ce n'est de les assister matériellement dans leur vieillesse.

L'impossible résolution de l'Œdipe, souvent due à ces manques d'informations venues à temps, laissent dans l'inconscient des menaces sur le désir et le plaisir génital. L'attraction amoureuse pour un objet extra-familial peut être rendue coupable, conduisant le sujet à l'échec et à des troubles psychiques. Cela par l'effet d'une castration menaçante, héritière des fantasmes œdipiens non décodés et non dédramatisés.

Quant aux jeunes pubères, c'est l'information sur la libre responsabilité et sur le sens de la réciproque dans les sentiments amoureux et dans l'acte sexuel qui donne signification à tout ce qui peut leur parvenir par les mass media. Peut-être alors, dans quelques décennies, la sexualité de la population adulte deviendra-t-elle moins infantile qu'elle ne l'est aujourd'hui, avec ses souffrances inutiles, ratés de couple (divorces par immaturité), ratés de gestation procréatrice (IVG), symptômes d'infantilisme et de son irresponsabilité d'action[48].

La mère et l'enfant[49]

Depuis le début du siècle, ce qui s'ébauchait concernant l'hygiène et la protection légale des femmes enceintes, des mères et des jeunes enfants, des nourrissons et des enfants mal maternés, et dont Havelock Ellis relatait les premières tentatives, s'est largement développé. Des lois sociales ont été votées dans tous les pays civilisés et la mortalité infantile est tombée dans des proportions inimaginables. Parallèlement à cette promotion valorielle de la mère enceinte et de la fonction maternante dans la compréhension intellectuelle et affective de l'opinion publique, la situation socio-économique s'est transformée elle aussi. Le travail des femmes s'est généralisé. Pendant les deux grandes guerres qui ont marqué ce siècle, les hommes manquant, les femmes ont pris leur place à l'usine et à l'atelier, elles ont acquis des droits — les droits syndicaux, le droit de vote — et, presque partout, l'égalité civique avec les hommes. Par ailleurs, le renouvellement fréquent de l'équipement ménager, les moyens de transport, la disparition progressive des travaux « durs », les modalités de logement devenu exigu, à quoi on peut ajouter l'inutilité économique des travaux de couture vestimentaire face à la confection bon marché, laissent aux femmes non chargées d'enfants loisir ou temps pour travailler au-dehors. Le problème du travail à temps partiel est encore le gros point qui, paraît-il, est refusé par la majorité des femmes elles-mêmes, ou plutôt par les représentantes syndicales des femmes : elles craignent que le travail à temps partiel, à part cas exceptionnel, ne soit moins bien rémunéré ou que le patronat le recrute aux dépens du travail de main-d'œuvre masculine. C'est cependant la seule solution humaine du travail des femmes, celle qui leur permettrait de remplir auprès de leurs enfants le rôle de soutien formateur, nécessaire et suffisant à les élever à domicile, aidées en cela, à temps partiel aussi, par des crèches, des parents ou des salariées[50].

Le travail à plein temps oblige les femmes à confier leurs enfants à des étrangères, à des institutions ou à des placements familiaux; il les oblige aussi à cette vie de femmes traquées par l'heure si elles veulent élever, en partie au moins, leur premier enfant et se faire aider à temps partiel seulement par une crèche, souvent éloignée de leur domicile ou de leur travail.

Pour peu que la jeune fille n'ait pas été formée aux travaux domestiques pendant sa grande enfance, par exemple d'une femme éducatrice et par une vie familiale — car les formations ménagères et puéricultrices professionnelles font de ces activités un métier, mais n'initient nullement des jeunes filles à l'activité quotidienne, qui réclame plus d'intelligence du cœur que de savoir —, les moindres problèmes courants sont insolubles, tout est à apprendre, le compagnon de vie est frustré, les enfants culpabilisés, la femme épuisée et anxieuse. La moindre défaillance de santé ou incident matériel, provenant des jeux et maladresses de l'enfant, peut tourner au drame psychologique. Les tensions psychologiques entraînent, par autodéfense, l'agressivité caractérielle ou la dépression et, dans le groupe familial, des réactions caractérielles en chaîne. C'est indubitablement le travail à mi-temps, obligatoire pour les femmes, quel que soit le type de ce mi-temps (mi-journée ou mi-semaine), qui serait compatible avec la vie sociale nécessaire à une femme et avec le rôle qui est le sien, celui du travail à domicile, et surtout avec le rôle stabilisateur et stabilisant pour l'homme, et pour les enfants, d'un foyer accueillant où la femme est présente au sens vrai du terme.

En France, le problème maternel n'a intéressé le législateur que relativement tard. Les femmes ne votaient pas, et les dernières vagues de la loi salique (tout citoyen mâle s'identifiant plus ou moins au roi passé, du seul fait de ses droits politiques) empêchaient de considérer le sort des femmes, fussent-elles mères, comme un noble souci. Cependant, malgré des injustices et des situations particulières pénibles, malgré cette absence de droits légaux, lorsque le travail était artisanal et à type pseudo-familial, au sens large du terme, dans les agglomérations urbaines ou rurales, où tout le monde se connaissait, des aménagements particuliers à chaque cas intervenaient presque toujours. Peu à peu, la situation des mères célibataires ou mariées est devenue, malgré l'aide légale et financière, de plus en plus dramatique, à cause du travail en usine, des horaires et du rendement cotés, de l'éloignement du travail, de l'anonymat des agglomérations urbaines artificielles, de la solitude morale. Ajoutons la fragilité des unions dans ce climat d'adultes déracinés, l'irresponsabilité justifiée des géniteurs qui ne créent plus de lien régulateur d'amour, ni entre eux ni à l'enfant, lui-même conséquence non souhaitée de fécondation aux prémices absentes. Le langage, depuis l'ère pastorienne, associe souvent la maternité (« elle a attrapé un gosse ») aux contaminations par des microbes ; les spermatozoïdes, dans leur matérialité apparente, n'y ressemblent-ils pas ?

Que dire des femmes multipares, traditionnellement soumises au service conjugal par dépendance matérielle réciproque des époux et immaturité affective, manque d'information sexuelle et hygiénique, et cela dans tous les milieux, quels que soient le niveau social et le lien légal entre les parents ? Je ne fais qu'effleurer le problème complexe de la subordination totale de la procréation aux exigences du désir le moins élaboré, élevé par les « créateurs du sacré » au grade de destin maître, comme la peste et le choléra dans une civilisation où le sens du corps et de sa culture, le sens du corps à corps et de son esthétique, le sens de la rencontre humaine (où le corps aussi a son importance), relevait et relève encore trop d'interdits majeurs. Il semble qu'à part les engloutissements de repas ou d'alcool, traduisant la liesse et le droit à la sensualité de bonne réputation, le corps de l'homme, dans le secret d'émois où l'honneur de son propriétaire était en jeu, se devait de pourfendre et de confondre l'adversaire, au lit comme à la guerre. L'orientation sensuelle actuelle — je parle pour les célibataires des deux sexes — prend le style sportif. C'est plus sain.

Dans les siècles passés, où noblesse et roture ne culpabilisaient guère les rapports amoureux et leur fécondité, le tiers état — la classe moyenne, dirions-nous — observait seul les principes de continence sexuelle, y mettant sa vertu; mais l'honneur de réserve vertueuse des femmes n'était pas synonyme de niaiserie sexuelle ou amoureuse, ni de nullité instinctuelle, féminine ou maternelle, comme on l'a vu devenir à la fin du XIXe siècle et au début du nôtre, dans presque toutes les classes de la société, sauf peut-être chez les propriétaires et journaliers des campagnes, continuateurs républicains de la noblesse et de la roture.

À l'époque de Freud et de Havelock Ellis, c'était en cachant leur désir (présent ou absent) pour un homme, et en subordonnant leur conduite à la sécurité économique que leur assurait un mâle, que les femmes gagnaient leur réputation dans la société, qu'elles assuraient aussi l'avenir de leurs enfants, conçus et presque toujours élevés au milieu de ces compromissions légitimantes. J'oserai presque dire que la femme était, dès l'enfance, vouée à la prostitution légale ou illégale. Oserais-je dire que maintenant, avec l'évolution des mœurs, ce sont les hommes qui, dans la légalité du lien matrimonial, souffrent dans certains pays des mêmes conditions émotionnelles et sexuelles que celles des femmes à la fin du siècle dernier, surtout à partir du moment où ils deviennent pères? Pour eux, maintenant, l'attraction sexuelle et l'amour sont des pièges, l'argent à fournir pour faire vivre femme et enfants est le prix à payer pour gagner le droit contesté d'avoir à peine un tout petit coin chez lui, non plus près du feu mais devant l'appareil de télévision. L'amour lié aux désirs sexuels, sauf dans le cas de très gros capitalistes, est interdit ou alors dans des conditions d'irresponsabilité adolescente des conséquences et des charges morales engagées.

Revenons à cette poussée socialiste mondiale qui a caractérisé la charnière des années 1900 et sur l'incidence qu'elle a eue sur le respect de la natalité, la considération de la femme pourvoyeuse d'humanité saine, le soutien pécuniaire de la mère célibataire, mariée, divorcée ou abandonnée. Notons au passage que les critères de santé semblaient alors, et semblent encore, pour le législateur (toujours en retard d'un quart de siècle), concerner l'organicité jugée sur le poids du nouveau-né, la qualité laitière de la femme, les tailles et les poids des enfants. Bref, la santé humaine recherchée, qui malheureusement n'a pas apporté ce qu'on espérait, répondait à des critères, à proprement parler, vétérinaires. Les progrès de la thérapeutique aidant, la sélection naturelle ne s'est plus faite et la morbidité mentale et sociale des tout-petits est devenue un fléau. Les psychologues, les pédagogues spécialisés, les sociothérapeutes, les criminologues des pays civilisés se révèlent incapables de parer à l'inadaptabilité de cette humanité, physiquement robuste mais sans autonomie créatrice, atteinte dès le berceau par la détresse émotionnelle qu'une hygiène généralisée et une nourriture adéquate ont su conserver, à travers les ruptures et les absences de liens symboliques interpersonnels au cours des années préscolaires : détresse de la solitude morale précoce, de la méconnaissance ou du rejet émotionnel aux séquelles interminables. Devant ce danger de dégénérescence socio-affective de l'enfance, des mouvements sociaux se sont passionnés pour la limitation des naissances, tandis que le législateur continue à donner des primes aux fécondations nombreuses et irresponsables. L'ébranlement émotionnel que ces mesures à but de prophylaxie mentale entraînent dans l'équilibre des couples surprend leurs promoteurs autant que les couples, eux-mêmes logiquement convaincus, qui s'engagent innocemment et d'un commun accord dans cette voie du contrôle des naissances. Mais, alors, que faire ?

Les découvertes de la psychanalyse, après avoir révolutionné les consciences par cette lumière nouvelle jetée sur la sexualité, manifestant le désir présent chez l'être humain dès son premier battement de cœur, apportent jour après jour la preuve clinique de la prévalence du lien symbolique sur le lien charnel, de la prévalence de l'intention sur les actes et les comportements, de la prévalence de la parole vraie, qui est donnée et non pas arrachée ni contestée, sur les paroles dictées par le prétendu bon sens. Elles soulignent aussi la prévalence créatrice du geste vrai d'amour — non pas fétichiste et conservateur pour les 3,500 kg d'être humain qui va prenant taille, poids et conscience —, du geste vrai, qu'il soit ou non d'entraide visible à un autre être humain, du geste juste qui n'impose pas la sécurité mais l'instaure au cœur d'autrui, laissé libre de prendre des risques (fût-ce celui de la mort), s'ils sont ceux de son essentiel désir. Les paroles et les gestes d'amour, pour être créatifs (s'ils s'adressent à l'humanité en formation) ne sont pas seulement soins et gestes de provende mercenaires, de gardiennage techniquement parfait : ils ne peuvent être donnés par l'humanité adulte que dans la perspective d'un sens qui dépasse en amour le sujet auquel il s'adresse, tout en l'enveloppant tout entier de ses paroles et de ses gestes. C'est un sens qui va au-delà de lui, de ces paroles et de ces gestes maternants apportant aide, ressource et des frustrations qu'ils imposent en même temps, non pas au nom de barèmes ou de règlements de sécurité, mais au nom d'un amour porté plus loin que lui, à un adulte ainsi proposé en modèle que l'enfant se construit, bien plus que par la « matérielle » qui lui est distribuée.

S'il est vrai que le lien mère-enfant est l'expérience fondamentale qui initie le petit d'homme à son existence, il faut dire aussi que la *dyade* mère-enfant (selon le mot du Dr André Berge[51]) n'a de sens structurant pour l'enfant que si la mère, ou la femme qui le materne, est une femme, je veux dire si elle conserve et continue de développer des intérêts majeurs pour la société des adultes et, plus particulièrement, l'attrait physique et émotionnel pour son conjoint et pour ses autres enfants. Si la mère ne vit que pour son ou ses enfants, et si c'est la fonction maternante (paternante, de même) qui devient la motivation des actes et des pensées des adultes, cet enfant ou ces enfants sont pervertis par cette relation exclusivement duelle qui fait d'eux, à son insu, des fétiches érotisés substitutifs du conjoint. Conformément à cette relation mutilante, ils sont dépossédés de leurs forces vives. Si rien ne se voit sur l'instant, l'importance névrosante plus ou moins grave se fera sentir dans le développement psycho-social de cet enfant. Il n'y a pas chez l'être humain d'instinct, au sens où on l'entend chez les animaux ; il y a désir sexué, c'est-à-dire relation imaginaire symbolique et créatrice de sens, qui informe et oriente le corps par la rencontre ou la non-rencontre du complément à ce désir, au-delà de la relation sensorielle des besoins satiables. Si, par son corps, l'être humain est le siège de besoins d'apports et de déports qui relient au monde, et dont la nourrice est la médiatrice, c'est par le désir d'une image de lui-même, grâce à l'expérience d'incomplétude sexuelle dans sa relation à l'autre, qu'il structure sa vérité et entretient son désir. Cette image d'incomplétude expérimentée s'élabore en lui d'après l'appel qu'il entend de sa mère, mais surtout la non-réponse de sa mère à ses appels, occupée qu'elle est à répondre à son conjoint. Si l'enfant est le centre exclusif d'intérêt, il est inclus, emprisonné dans le désir que sa mère a qu'il manifeste ses besoins. Cela peut tout autant arriver avec une mère dont il est le petit-dieu, que s'il est en compagnie de cinquante autres nourrissons petits-dieux d'une institution où les adultes semblent totalement soumis à ceux-ci, aux seuls impératifs de leur entretien corporel. Son propre confort devient pour l'enfant, dans une telle situation pervertissante, le sens et le but de sa relation à lui-même et à l'autre. Tout objet nommé, tout mouvement perçu, toute sonorité émise ou entendue, toute perception accompagnant le maternage est pour lui référence à sa masse en état de besoin-maître.

L'enfant élabore inconsciemment alors une image fantasmatique de son corps à la semblance-maîtresse. Toute communication inter-masses est ressentie et imaginée comme appétit pulsionnel brut à effet de dévoration ou de déjection, de biberon, d'excréments, de vêtements, bref de « choses-valeurs ». La relation duelle du bébé-centre à sa mère (ou plutôt employée mercenaire), frigide ou célibataire, constitue une prison vivante périphérique refermée sur lui, les émois qui s'y échangent sont dénués de valeur humanisante. L'enfant désire ce qu'il voit l'adulte désirer. S'il focalise le désir de l'adulte, la source du désir en lui se tarit et ce qu'il en reste de vivant s'infléchit sur sa propre personne matérielle végétative, entraînant l'autisme, c'est-à-dire des troubles de sa référence spatio-temporelle et de la communication. Cette maladie mentale, entraînant au maximum la démence infantile chez un bébé préalablement ouvert et intelligent, s'instaure chez le nourrisson séparé brusquement de toutes ses références. On l'a aussi appelée l'*hospitalisme* qui, à tous ses degrés, selon le temps de la souffrance, est en fait une maladie du désir[52]. Alors que les besoins sont conservés, le désir perd chez cet enfant son vecteur aimanté d'appel à la communication. Mais l'hospitalisme peut aussi se voir en milieu familial, chez le nourrisson que la mère ou plutôt la salariée névrosée isole de façon obsessionnelle par possessivité exclusive, ou qui est l'objet de soins parfaits, techniquement parlant, donnés sans joie par un adulte dépressif. L'enfant ne peut vivre psychiquement que dans une relation émotionnelle triangulairement humaine. C'est parce que la personne maternante dérobe à son enfant des valences énergétiques et émotionnelles, pour les donner à l'être humain qui l'attire génitalement et qui est complémentaire de sa féminité, que le désir du nourrisson et de l'enfant trouve une issue initiatique humanisante à « l'aimance », soutien formateur du désir au-delà des satisfactions de ses besoins corporels[53]. Le bébé humain se mimétise, pourrait-on dire, à l'adulte maternant; il s'agit là d'un processus d'identification corporéisée des comportements du nourrisson. Le dynamisme, l'éclairement du visage, les sonorités vocales qui s'adressent à cet autre adulte qui, lui aussi, aime l'enfant et la mère, font partie d'un climat de communication interhumaine qui est pour l'enfant le modèle du langage. Le langage sonore ou gestuel joue alors dans la vie psychique et émotionnelle de ce nourrisson, pendant l'absence de l'adulte-provende-chérie, le souvenir mémorisé de sa présence. C'est dans ces perceptions précoces de variations émotives de l'ambiance que les éléments du sens social s'organisent. Le petit d'homme naît encore embryonnaire dans sa corporéité, mais il est représentant symbolique d'une rencontre qui a aussi sens de langage entre deux géniteurs. Ce punctiforme sujet, organisateur, lancé dans le temps et l'espace, ce fœtus puis ce nourrisson qui, peu à peu, va corporellement s'autonomisant, n'est jamais sans représenter, pour un autre, autre chose qu'il ne se sent pour lui-même. La rencontre de ce qu'il perçoit et des effets en retour de ce qu'il donne à percevoir vont faire de lui le symbole vivant de la rencontre interhumaine, à la fois extérieure et immanente[54]. Tout ce qui précède nous introduit à une compréhension de la « mère », qui n'est donc pas nécessairement celle qui a mis l'enfant au monde. Si, en effet, cette parturiente est incapable d'aimer son bébé autrement qu'elle le ferait d'un animal domestique ou d'une poupée, si elle ne le materne pas en le référant à son géniteur réel, elle est nuisible.

C'est dire aussi que l'éducation du nourrisson en institution, avec un personnel mercenaire, si parfait soit-il, est une aberration. Le nourrisson a besoin, répétons-le, d'un père et d'une mère, chacun ressenti comme son ami et aussi comme son rival auprès de l'autre; il a besoin des mêmes père et mère, couple humain de référence stable bien connu de lui. Ce dont peuvent témoigner tous les psychiatres et psychanalystes, c'est que l'enfant qui a construit les prémisses de sa personne jusqu'à cinq ans dans un groupe humain mixte, où des relations sexuelles valables liaient entre eux les adultes co-responsables de sa personne, quelles qu'aient été les conditions matérielles et quels que soient les traumatismes ultérieurs, est presque toujours rapidement guérissable. La prophylaxie de la santé mentale n'est pas dans le seul soutien pécuniaire du lien mère-enfant; quelle que soit la mère, elle doit être de nos jours pensée en termes de couple parental valable, ou de placement familial, même imparfait, mais prolongé jusqu'à cinq ans au moins.

La science a découvert la fission de l'atome et ses réactions en chaîne ouvrant des perspectives de puissance matérielle illimitée à l'homme sur l'univers. La psychanalyse, elle aussi, découvre depuis Freud les pouvoirs immenses de destructivité en chaîne, ou de créativité en chaîne, liés au désir humain, rencontrant ou ne rencontrant pas écho ou autre appel, en réponse à son désir. L'humanité vit de ses appels et de ses réponses, porteurs d'un sens d'amour qui est créatif de dynamisme biologique. Le désir humain se bloque si la raison logique ou ses fonctionnements organiques eux-mêmes sont pris comme fin à sa fonction de communication. L'humanité s'est lancée dans la course à l'évitement de la mort corporelle des individus. Quel humain n'y souscrirait? Mais l'heure est venue où c'est d'une autre mort dont l'homme civilisé est menacé : celle du sens de sa vie *et* de sa mort, du sens de son désir qui est communion créatrice, source de joie vivante. Sans joie, qui est jaillissement sourcé au cœur à cœur par les échanges langagiers subtils de la communication, la communion créatrice n'est que mortel fonctionnement de corps à corps, devenu chose contre chose. L'incarnation humaine, aussi bien au moment de l'instant fécondateur que de sa survivance quotidienne, a plus besoin d'être entourée d'expressions émotionnelles échangées que de confort matériel ou de plaisir physique, plus besoin de certitude d'amour que de rations équilibrées, plus besoin de courir des risques et des peines et d'en assumer l'angoisse liée nécessairement à l'épreuve formatrice que d'être préservée de celle-ci par une sécurité dépersonnalisée, qui assure la conservation de bonnes conditions à la survivance de son métabolisme organique.

Puisque les conditions de santé mentale d'un nourrisson vont marquer toute sa vie, et que les meilleures conditions de structure mentale s'élaborent, chez un nourrisson, à partir de son appartenance à deux adultes animés d'un désir réciproque et durable entre eux, souhaitons que les conditions sociales favorisent l'éducation émotionnelle, civique et sexuelle des jeunes. Donnons aux jeunes des moyens d'éviter de concevoir un autre être humain avant que leur nid ne soit préparé, avant que le couple ne soit à la fois solide et prêt, elle pour la maternité, lui pour la paternité. De sages personnes s'inquiètent de ce que l'érotisme génital se déchaînerait sans la « menace » de la fécondité. Je ne le pense pas, ou tout au moins ce qui se déchaînerait ne serait que ce qui se déchaîne en effet, mais invisible, et plus dangereux d'être invisible, dans les relations libidinales de parents encore adolescents de cœur, immatures, à leurs enfants nés trop tôt pour la relation d'eux à lui, ou encore, à contretemps de leur union brisée.

Il n'y a pas de slogan fétichisant du lien mère-enfant, pas plus que d'appât ou d'aide financière qui puissent compenser les cris agressifs et les gémissements des persécutés que la plupart des nourrissons et des enfants entendent aujourd'hui à longueur de journée, venant de parents écrasés et acculés à jouer un rôle éducatif dont ils sont incapables. Mais le démographe va dire que le nombre des naissances est plus important que la qualité des personnes... Psychosés, névrosés, malades, tout cela ne fait-il pas des citoyens ? Et les soins et la rééducation ne font-ils pas avancer la science ? L'ère de « l'enfant au poids » est en cours. Consommateur et consommé, l'enfant-fétiche est le nouveau produit de notre civilisation.

Dépendance de l'enfant vis-à-vis de ses parents

Études carmélitaines, « Structures et liberté », 1958

DÉPENDANCE INITIALE DE L'ENFANT PAR RAPPORT À LA STRUCTURE DU COUPLE PARENTAL

Pierre avait été conçu, pour ainsi dire, de force. Son père était alors fiancé depuis trois ans, mais la jeune fille reculait toujours devant le mariage. Elle aimait effectivement ce garçon, mais désirait conserver entre eux un amour de frère et sœur, sans contacts charnels — elle voulait le garder comme un ami de cœur, non comme un époux.

Après de nombreuses réflexions et tergiversations avec lui-même, le père de Pierre, voyant que les deux familles approuvaient le projet de mariage, décida de rendre sa fiancée enceinte pour provoquer son acceptation. Une fois enceinte, la jeune fille fut prise de désespoir. Elle demanda même à ses parents de l'aider à se débarrasser de l'enfant, chose inouïe dans un milieu comme le sien, tellement lui répugnait, non pas le fait d'être enceinte, mais le procédé utilisé pour lui forcer la main. Elle n'accepta de conduire sa grossesse jusqu'au bout que lorsque ses parents lui eurent promis de l'aider à divorcer. En même temps que par cet enfant, elle était habitée par l'idée : « Mon mari est un salaud et, cet enfant, je n'en veux pas. Je ne voudrai jamais d'un enfant qui m'a été imposé pour servir un chantage. »

L'enfant naît. À la stupéfaction de la jeune femme, dans l'heure même qui suit son bonheur d'être mère, elle se sent un très vif amour pour son mari, amour de cœur et de corps qui ne changea plus. Il semble que le traumatisme de l'accouchement ait enlevé d'un coup toutes les conséquences des traumatismes qui se trouvaient à l'origine de son affolement devant le mariage. Elle s'est sentie immédiatement très mère pour ce petit mais, à sa surprise, le bébé n'aimait pas qu'elle le prît dans ses bras.

Quatre ans plus tard, à la suite d'une gestation particulièrement heureuse, naissait un autre fils. Comme la plupart des nourrissons, celui-ci n'avait qu'un plaisir : être dorloté par sa mère. À la naissance du petit frère, l'aîné, Pierre, ne semble pas avoir des réactions de jalousie. Extrêmement intelligent et déluré, il s'est fait beaucoup de camarades dans le square. Toujours chef de file, toujours le maître, il est aimé de tous mais ne semble faire cas d'aucun en particulier. C'est un caractère spécial, qui ne se montre méchant envers personne mais garde toujours une attitude très personnelle. Pas agressif vis-à-vis de son frère, il est plutôt négligent pour sa mère, ni gentil ni méchant, obéissant quand elle lui demande quelque chose, mais l'oubliant dès qu'il se trouve en dehors du milieu familial. Seul existe alors le groupe. Sa mère lui disait quelquefois : « Ne voudrais-tu pas que je t'embrasse comme ton petit frère ? » Il répondait : « Ça ne m'intéresse pas. » À peine commençait-il à parler que ses premiers mots étaient déjà, quand sa mère voulait l'embrasser : « Tu m'étouffes. »

Cette maman m'amena son enfant quand il eut l'âge de six ans. Elle s'inquiétait de ce qu'elle appelait son manque de cœur et, d'autre part, désirait le faire tester parce qu'il était question de lui faire sauter une classe après quelques mois d'école.

Les tests montrent que Pierre a une intelligence nettement supérieure à celle de son âge et qu'il n'a de conflits ni vis-à-vis de l'image du père ni vis-à-vis de l'image de la mère. Il a un père tout à fait prévalent dans ses recherches d'identification. J'apprends aussi que ce père a un sens social très affirmé et qu'il a beaucoup de camarades. En se conduisant comme un petit chef, Pierre s'identifie en fait à son père. Socialement, affectivement, symboliquement, cet enfant de six ans a la maturité d'un enfant de huit. Mais, chose curieuse et qui ne correspond à rien de ce que j'ai pu voir jusqu'ici, il fait un dessin très complet représentant un paysage, avec un homme dans ce cadre, selon des proportions normales, rationnelles; tout y est très vivant, sauf que cela ressemble au négatif d'une photographie : le soleil est noir, le visage est noir, les vêtements sont blancs. Devant cette surprenante représentation graphique, la mère affirme que Pierre n'a jamais vu de cliché photographique. C'est d'ailleurs la première fois qu'elle le voit faire un tel dessin. L'enfant avait donné ainsi de lui-même cette vérité qu'il avait reçu le monde en négatif, et ce monde reçu en négatif provoquait une attitude *a priori* affectivement négative, qui était en fait son type d'amour. On pourrait presque dire qu'en naissant il avait fait le deuil de sa mère, sans être pour autant le moins du monde un enfant abandonnique. Ce qui se comprend, étant donné que sa mère l'a gesté dans un style effectivement négatif pour sa conscience, mais positif réellement. C'était un beau bébé. Sa mère a eu du lait, alors que nous savons que les mères négatives n'en ont pas; elle l'a nourri avec joie et elle adora son mari dès que l'enfant fut né.

Je pense que ce garçon n'aura aucun trouble. Peut-être sera-t-il plus tard un peu indifférent vis-à-vis des femmes, mais il n'aura aucun trouble d'adaptation sociale. L'attitude affective vis-à-vis du père se précisera en grandissant. Quant à son intelligence et à sa sensibilité, elles n'avaient pas l'air d'être atteintes, sauf par rapport à ce besoin ordinaire, chez les jeunes enfants, d'être câlinés par leur mère. Bien qu'ayant besoin d'être le chef, il ne débordait pas du désir narcissique qu'on s'occupe de lui et n'exploitait pas les autres.

Nous sommes donc là devant un cas de dépendance émotionnelle très précoce, qui porta ses fruits plus tard. L'enfant gesté de façon négative fut cependant presque plus positif dans son adaptation sociale qu'un enfant aimé pour lui-même. C'est qu'il fut porté et qu'il naquit dans une situation à trois, son père étant le personnage central, détesté d'abord, adoré ensuite. Ainsi ne fut-il pas enfermé dans cette situation duelle, où beaucoup de mères entraînent trop facilement leurs enfants.

Mais le plus important dans l'histoire de la période fœtale de Pierre est peut-être que son père n'a jamais douté de son amour pour sa femme, ni de l'avenir de leur couple, malgré l'inquiétude des deux familles. N'ayant pas analysé la mère (qui n'en éprouvait nul besoin), je n'ai aucune idée sur ce qui avait chez elle entraîné la phobie d'enfanter[55].

DÉPENDANCE DE LA STRUCTURATION DE L'ENFANT PAR RAPPORT À LA MÈRE

Mon fils Jean avait deux ans et demi[56]. Nous sommes invités à dîner chez des amis, j'oublie d'inscrire cette invitation, nous n'y allons pas. Le lendemain, ces amis me téléphonent. Jean voit ma figure déconfite quand je m'aperçois de l'oubli. Il est inquiet, il tourne autour de moi d'un air très ennuyé et me dit : « Maman, tu fais une figure "un peu, un peu". » C'était l'expression dont il se servait quand il voyait que le visage de la mère, représentant l'Olympe, était voilé... Cela voulait dire : « Que se passe-t-il ? » Moi : « Tu le vois, je ne suis pas contente de moi ! » Lui : « Et Papa qu'est-ce qu'il va dire ? » Moi : « Il dira : "je ne peux pas compter sur ma femme. C'est elle qui doit se souvenir des visites et des dîners..." et il aura raison. Là ! tu sais maintenant ! » et j'étais vraiment fâchée. Jean s'en va et, très marrie, je continue de ruminer notre dîner manqué. Bientôt je vois revenir Jean, un casque sur la tête et armé jusqu'aux dents d'un simili-fusil, de faux arcs à flèches, de ceinturons, d'une fausse épée, bref de tout ce qu'il avait pu trouver comme attirail représentatif d'autorité et de gloire victorieuse. Il vient devant moi et me dit agressivement : « Bon, eh bien, si tu n'es pas contente de toi, voilà », et il flanque par terre casque, ceinturon, épée..., « et maintenant je serai toujours méchant, je serai toujours un méchant garçon toute ma vie », et, avec une voix forte il lance : « Et je serai un rien ! voilà ! » Furieuse de cette réaction et toujours aussi ennuyée de moi-même, je donne des coups de pied dans tout cet attirail de panoplie et dis : « Eh bien, ce n'est pas pour te faire plaisir que je ferai une autre tête, laisse-moi tranquille ! » Jean ramasse tout dans le plus grand silence et s'en va. Je continue ce dimanche matin les menues besognes familiales et, peu à peu, dans mon cœur tout rentre dans la paix. Jean revient une heure après, tourne autour de moi et me dit : « Tu n'es pas beaucoup contente de toi un peu... mais tout à l'heure, ce soir, quand papa t'aura grondée un peu, tu seras encore contente de toi. » Je lui dis : « Mais bien sûr ! — Et papa dira que tu es une bonne femme ? — Mais oui ! — Alors qu'est-ce que vous allez faire ? — Eh bien, on va porter des fleurs. — Et après, ça sera fini, tu seras encore contente de toi ? — Oui. — Alors tu es une bonne maman, je peux remettre mon fusil et mon casque. »

Quand la personne de laquelle l'enfant est entièrement dépendant pour sa structure, à la fois idéale et morale, devient dépressive, l'enfant est comme dépendant de cette dépression qui joue globalement sur son envie de se mettre du côté du négatif. Il se dévalorise à tel point qu'il commence à valoriser la dévalorisation.

Identifié avec sa-mère-en-paix-avec-son-père, deux choses étaient angoissantes pour mon fils : d'une part, que je sois coupable d'une faute sociale, d'autre part que je lui aie répondu : « Papa me grondera et dira : "Je n'ai pas la femme qui me convient." » Cependant, si j'avais cherché à le rassurer en mentant, ou si je lui avais répondu que cela ne le regardait pas, il se serait trouvé seul, sans moyen de réagir en face de ma dépression momentanée. Au contraire, quand il a vu que je continuais d'être hiérarchisée devant sa dé-hiérarchisation personnelle et que cela ne me contaminait pas, il s'est dit qu'il y avait peut-être une solution, alors il a ramassé ses armes. Ce qui pouvait être un traumatisme est devenu pour lui une expérience d'adaptation sociale et d'adaptation à supporter une diminution momentanée de valeur, de puissance, de la personne sur laquelle il prenait appui.

DÉPENDANCE DE LA STRUCTURATION DE L'ENFANT PAR RAPPORT AU PÈRE

Paul a quatorze ans. Ses parents me l'amènent pour un comportement « dans la lune », qui porte psychiatriquement le nom de « schizoïdie » et pourrait mener ce sujet vers une démence précoce. C'est un garçon qui sourit perpétuellement, qui rend ses devoirs en retard, n'écoute pas et se trouve cependant en troisième à quatorze ans. Je parle avec ses parents et m'aperçois qu'il vit dans un milieu où il n'y a pas de contact entre les humains. Le père est médecin de campagne, accablé par son travail. Pour avoir le courage de vivre, il s'est mis plus ou moins à boire. Chaque fois qu'il est chez un client, il boit un petit verre pour se donner le courage d'aller voir le suivant. Quand il rentre chez lui, il crie, réclame du silence, se plaint que personne ne l'aide et fait des scènes pour un plat trop salé ou pas assez chaud. Il faudrait que sa maison lui soit un refuge. Il est incapable de faire face à ses obligations paternelles, d'écouter le récit des difficultés quotidiennes, d'aider sa femme. Voilà l'image que Paul reçoit de son père, tout en sachant par la voix publique qu'il est un médecin très apprécié et très aimé de ses malades. Il y a d'autres enfants. Trois filles qui s'arrangent pour être le moins possible à la maison et s'étayent mutuellement, en vivant dans la même chambre. Un petit frère de cinq ans, cas grave d'autisme infantile. Très précoce jusqu'à l'âge de huit ou neuf mois, ce bébé subit-il tout à coup les conséquences du drame de ses parents ? La mère, ne pouvant plus supporter la vie au foyer, s'était remise alors à travailler en ville. Ainsi Paul a vécu, quand il avait onze ans, le désarroi du couple parental et la naissance d'un frère apparemment bien portant mais qui, resté muet et sans échanges, était devenu un être humain complètement aberrant, vivant à la maison ou fuguant dans la campagne comme un petit animal. Paul est donc seul, sans intimité ni avec son père ni avec sa mère, parfois grondé par le père et le reste du temps face à une mère anxieuse qui entre dans sa chambre pour lui dire : « Tu ne devrais pas te coucher sur ton lit — et tu ne devrais pas écouter ce disque — tu devrais travailler. » Il est incapable de se mettre à sa table : immédiatement le vide s'installe dans son esprit.

Dans ses entretiens avec moi, cet enfant se montre très positif, très heureux de me parler, mais ne trouvant en fait comme terrain de conversation que ses devoirs de français. Quand il me parle de la maison, il a immédiatement les larmes aux yeux, à tel point qu'il ne peut plus continuer parce que « c'est trop triste ». Un jour, je reçois un coup de téléphone du commissariat de police. On a pris Paul en train de voler des livres à la devanture d'une librairie du Quartier latin. Qu'a-t-il volé ? Deux livres de conseils généraux pour la dissertation. « Que dois-je faire, demande le commissaire ? Il dit avoir rendez-vous avec vous. C'est un petit très gentil, très poli. C'est la première fois que cela lui arrive. Je garde sa carte d'identité pour qu'il revienne la chercher chez moi après la séance qu'il doit avoir avec vous et, si c'est votre avis, j'arrêterai toute procédure. Mais la librairie veut qu'on continue la procédure. — La librairie a raison, continuez la procédure, je m'arrangerai avec les parents pour que cela aide l'enfant au lieu de lui nuire. Ce sera peut-être la première fois qu'il aura un contact avec la réalité. »

Le garçon arrive chez moi et, rayonnant de joie, me dit : « Vous savez, je viens de chez le commissaire de police. — Que s'est-il passé? — Oh, il s'est passé quelque chose de bête, j'ai volé deux livres. Je n'osais pas les acheter. J'avais peur d'être grondé par maman. Alors, je les ai volés parce que je les trouvais formidables, ça explique toute la littérature. — Croyez-vous vraiment que votre mère vous aurait grondé si vous les aviez achetés? » Il réfléchit et dit : « Oh non, sûrement pas, elle ne m'aurait pas grondé vraiment, mais elle m'aurait demandé des explications et je n'aurais pas su lui dire pourquoi j'en avais envie. Vous savez, avec maman, je ne peux pas parler. Quand elle me fait une réflexion, je crois toujours que c'est mal, alors je me sens en faute. Je ne peux plus rien dire. — Alors, vous ne trouvez pas plus mal d'avoir volé? — Oh non, moi vous savez, je suis tellement content d'avoir vu le commissaire de police. Croyez-vous que ce serait bête si je retournais le voir chaque fois que je viens chez vous? » (Rappelons que ce garçon suivait, à quatorze ans, la classe de troisième et qu'il était d'un niveau intellectuel élevé.)

À la séance suivante, je vois venir le père. Il aime son fils; il juge cette délinquance comme une perte de contact avec la réalité. Il a vu le commissaire de police. C'est vrai que son fils est un petit gars sérieux. Il parle de son idée de faire lui-même un traitement psychanalytique. Cet homme me révèle alors que sa vie est un enfer. Préparant l'internat, il a été obligé d'abandonner du jour au lendemain, parce que son père « lui a fait le coup » de mourir subitement. D'une semaine à l'autre, il a dû reprendre la clientèle de médecin de village de son père, pour aider sa mère à nourrir les cinq frères et sœurs après lui. Comme il fallait qu'il ait très rapidement sa thèse, elle lui a été faite par une de ses amies qui préparait elle-même l'internat. En reconnaissance et en souvenir de leur camaraderie d'étudiants, il épousa cette jeune fille. Mais, en fait, il ne lui a jamais pardonné d'être devenue elle-même interne, et surtout de l'avoir aidé à faire face à une situation qu'il aurait voulu refuser. En effet, il en voulait encore à son père et disait : « Mon père m'a fait ce coup de mourir et de m'obliger à reprendre sa clientèle, car il ne voulait pas que je fasse l'internat, il ne l'avait pas fait lui-même et trouvait cela ridicule. » Voilà un homme qui était depuis sa jeunesse en guerre contre son père, et qui était devenu lui-même époux et père par un sentiment de devoir et non par une option libre. Quoi qu'il en soit, devant la délinquance de son fils et comprenant qu'il y était peut-être pour quelque chose, il commença une psychothérapie psychanalytique.

Deux jours après le début du traitement de son père, Paul qui ignore ce fait arrive et me dit : « Ah, je ne sais pas ce qui se passe, il y a quelque chose de formidable depuis deux jours, c'est comme une révolution dans ma vie, j'ai les pieds sur la terre, je ne sais vraiment pas ce que c'est. Si je croyais qu'il y a des miracles, je dirais : c'est un miracle. Mais, comme je ne sais pas comment c'est arrivé, j'ai très peur que ça s'en aille. Depuis deux jours tout va bien, l'école, ça marche bien, je n'ai plus envie de me coucher. Je me sens heureux quand je me réveille. »

Quinze jours plus tard, le garçon revient et me dit : « Ça y est, le miracle à l'envers s'est produit, je suis de nouveau dans la lune, je ne sais pas ce qui se passe. » Je lui fais faire alors un travail par le rêve éveillé, technique que j'emploie dans ces psychothérapies à séances éloignées[57], et je lui dis : « Vous allez essayer de me raconter où vous vous trouvez. Puisque vous n'avez plus les pieds sur la terre, où êtes-vous ? » Alors il décrit son rêve extemporané. Il est un homme, moitié caillou moitié végétal, mais qui a encore la forme d'un homme très pâle. Il est figé dans une île sous-marine et voudrait que tout le monde vienne le sortir de cette situation d'impasse. Il est un vivant enlisé dans un rocher sous-marin, il entend du bruit, voit au loin un paquebot qui s'approche et se dit : « Est-ce que ce paquebot vient pour moi ou est-ce qu'il va passer à côté de moi sans savoir que je suis un être humain enlisé là, sous l'eau, et qui attend d'être sauvé ? » Il s'arrête, incapable d'aller plus loin, oppressé d'angoisse.

Quelques jours plus tard, j'apprends que le père avait décidé de ne pas continuer sa psychothérapie, en disant : « Je sens que si je commence à approfondir ma situation, je n'aurai plus le courage de vivre et j'ai quatre enfants à nourrir. Je n'aurais jamais dû reprendre la situation de mon père. Il n'y a qu'une solution : oublier, oublier. »

Le jour même où le père avait pris en main sa propre récupération, l'enfant s'était trouvé allégé du poids qu'il portait, et était retombé dans son marasme le jour où le père avait pris la décision de ne pas continuer sa psychothérapie. C'est une des réactions entre parent et enfant les plus poignantes que j'aie pu voir. Le fils exprimait l'enlisement de la virilité en lui, mais c'était en fait l'enlisement de la virilité chez son père. Chez ce dernier, l'échec de l'affirmation dans la vie avait été ressenti comme un signe de piété filiale, mais couvrait en réalité un sentiment profond de rancœur contre son propre père, qu'il voyait à l'origine de sa vie ratée. Il aurait voulu se détruire en tant que père, comme pour dédouaner son père qui lui avait passé un fardeau trop lourd. Il luttait contre l'angoisse par l'alcoolisme et la vitesse sur la route.

DÉPENDANCE À DISTANCE

C'est au début de ma carrière que se situe une des observations les plus stupéfiantes qu'il m'a été donné de faire. On amène, au moment de sa première communion, une fillette qui avait un tic. Elle secouait la tête comme en signe de dénégation. Les parents disaient : « Quand elle aura son voile, au milieu des autres petites filles, ce sera tellement laid que nous sommes venus à l'hôpital pour essayer qu'on lui donne quelque chose. » Ils y étaient déjà venus un an auparavant, quand le tic était apparu, mais il était alors beaucoup moins fort et on leur avait dit de ne pas s'inquiéter. Récemment et de façon subite, le tic ayant beaucoup augmenté, la mère en avait parlé à l'abbé qui préparait les enfants à la communion. Celui-ci lui avait conseillé d'aller consulter, en disant : « La petite a vécu des chocs émotionnels assez forts et il faudra qu'elle soit aidée. » Un exhibitionniste avait opéré en effet aux abords de l'école et la petite avait été, disait-on, sa proie. Il paraît que l'aggravation du tic datait de la période qui suivait le début de l'histoire de l'exhibitionniste.

Je vois la petite Christiane et elle me fait un premier dessin. Quand je lui demande ce qu'il représente, elle répond : « C'est le chemin qui mène à la mairie. — Pourquoi dessines-tu ce chemin ? — Parce que c'est là qu'il y a la foire avec la balançoire. » Or nous étions alors en pleine guerre. Il n'y avait plus de foire depuis trois ans au moins et elle avait l'air de me dire que cela se passait quinze jours avant. Elle ajoute : « La balançoire avec ma grande sœur. — Ta sœur? mais quelle sœur? » Dans le dossier, on notait une sœur et un frère plus jeunes. « Mais, ma sœur aînée. » L'enfant est très troublée de prononcer ces mots. « Tu as une sœur aînée? — Non, je ne sais pas. » Je ne voyais pas du tout de rapport entre ce dessin, la prétendue foire, la balançoire, et je lui dis : « Ta maman m'a dit qu'il y avait eu une histoire aussi avec un bonhomme. — Oui. — Mais pourquoi n'en avais-tu pas parlé à maman? — Parce qu'elle m'aurait encore dit : "Tu es toujours avec les garçons." — C'est curieux : "encore" et "toujours", tu es déjà allée avec des garçons? — Non. — Pourquoi penses-tu que ta maman te dirait cela? — Je ne sais pas. Mais sûrement j'aurais été très grondée, elle m'aurait chassée. — Chassée d'où? — Je ne sais pas. »

Devant cette énigme de la première séance, je fais revenir la mère en remettant l'enfant à son père et lui dis : « La petite m'a l'air de vivre à moitié dans un rêve, elle me parle d'une foire où elle aurait été en balançoire avec sa sœur aux dernières vacances. Est-ce qu'il y a une sœur aînée? » Je vois la mère qui devient rouge. « Il n'y a rien de mal, vous ne m'avez pas parlé de sœur aînée, c'est peut-être une petite fille qui est morte? — Cela n'a rien à voir, il n'y a pas de raison d'en parler. — Mais, enfin, y a-t-il une sœur, une foire, quelque chose? — Oui, il y a eu la foire avant la guerre. Il y a très longtemps, c'est quand Christiane avait quatre ans. — Quelle sœur, alors? — La fille de mon mari. Mais, il n'y a aucune hérédité en commun, il n'y a pas d'hérédité. — Qu'est devenue la fille de votre mari? — Oh, c'est une petite garce. Voilà ce qui est arrivé. » Elle me raconte alors l'histoire suivante. Elle s'est mariée avec un homme veuf depuis deux ans qui avait une fille alors âgée de trois ans environ. Elle était décidée à aimer cette enfant. Mais une tante maternelle qui espérait beaucoup, paraît-il, épouser son beau-frère veuf, avait pris la petite Janine chez elle et, après le mariage, elle demanda et obtint de la garder. Jusqu'au jour où, se mariant elle-même, la petite revint habiter chez son père. Janine avait dans les sept ans et Christiane, la première enfant du second lit, avait alors dans les trois ans. Les deux filles avaient la même chambre. Un soir, Christiane avait alors quatre ans, la mère voit de la lumière sous la porte de leur chambre. Elle entre et voit sa propre fille toute rouge, se cachant sous les draps tandis que l'autre se lavait les mains. Étonnée, elle demande ce qui se passe et la petite de lui répondre : « Oh rien, Janine me faisait des drôles de choses de mari et de femme. » Complètement affolée, la mère prend l'aînée, qu'elle connaissait depuis un an seulement, et lui dit : « Mais qu'est-ce que c'est que cette histoire, qui donc t'a appris cela ? » Dressée sur ses ergots, la petite fille de neuf ans jette à la figure de sa belle-mère : « Mais on n'avait pas besoin de toi avec papa. Papa faisait ça avec moi avant que tu ne te maries avec lui. » En pleine nuit, la mère revient avec l'aînée vers son mari. « Qu'est-ce que cela veut dire, qu'est-ce que raconte ta fille ? » Le pauvre homme ne comprend absolument rien à ces hurlements entre sa fille et sa femme. Il secoue sa fille et la renvoie. Mais, dès le lendemain, Janine se montre insupportable en classe, se masturbe en public. Renvoyée pour prosélytisme masturbatoire dans une autre école, puis pensionnaire... et d'école en école, elle aboutit au *Bon Pasteur*[58] vers l'âge de douze ans. Là on ne peut rien en faire. C'est une paresseuse fieffée, perverse ; abrutie non scolarisable. Elle n'est plus qu'un déchet humain et tout le monde en prend son parti. On ne parle plus jamais d'elle à la maison. La mère ne comprend pas que Christiane ait parlé d'elle.

Très fâchée d'avoir dû ouvrir le chapitre de sa belle-fille, la mère s'en va. Huit jours après, elle me ramène cependant Christiane dont le tic s'était déjà beaucoup atténué. Je demande alors à l'enfant : « Pourquoi t'étais-tu confessée à monsieur l'abbé de l'histoire du bonhomme ? Si on se confesse, c'est qu'on a fait quelque chose de mal. As-tu pensé que tu faisais quelque chose de mal ? C'est pour ça que tu dis non avec la tête ? » J'apprends alors qu'elle retrouvait cet homme deux fois par semaine, et qu'après avoir eu peur la première fois, elle trouvait très agréable ce qu'il lui faisait. Mais elle vivait cela sur le thème passé des histoires avec la grande sœur, comme l'indiquait son premier dessin et les commentaires qu'elle en avait donnés. De plus, à partir du jour où elle avait avoué seulement à moitié à son abbé que l'homme la recherchait, le tic s'était développé. Je lui dis donc, puisqu'il s'agissait d'une fillette ayant un fort sentiment religieux : « Va confesser le vrai que c'est toi qui allais retrouver le bonhomme. Ton geste de la tête, c'était pour dire que tu ne pourrais pas faire ta première communion. » Elle pleure à chaudes larmes et dit oui... Nous décidons d'écrire ensemble une lettre qu'elle portera elle-même à l'abbé. C'est lui qui a conseillé une psychothérapie pour la nervosité de cette enfant.

La semaine suivante, Christiane revient rayonnante. Le tic a complètement disparu. Mais, quelques semaines après, elle commence à faire des crises de somnambulisme. Elle se contente d'abord de venir toute nue dans la chambre de ses parents. Sa mère la rhabille sans la réveiller et la remet au lit. Puis, une nuit, sa mère la retrouve habillée, remuant la serrure de la porte pour essayer de sortir. Interrogée, elle répond endormie les yeux brillants : « Je m'en vais. Papa m'a chassée, c'est comme Janine. » Or elle ne se rappelait rien de ce qui était arrivé à sa sœur aînée et les conversations de la mère avec moi au sujet de la sœur aînée étaient restées ignorées de Christiane. Cependant, se sentant coupable, elle jouait le sort qu'avait subi sa sœur, en utilisant maintenant le somnambulisme comme moyen d'identification.

Au moment de la première communion, la famille reçoit une lettre du *Bon Pasteur*. « Depuis quelques semaines, votre fille se transforme. Notre médecin psychiatre nous redonne espoir d'en faire quelqu'un de très bien. » Janine avait alors seize ans. Depuis huit ans elle était perverse, purement passive. Que s'était-il passé ? Cette enfant avait vécu, même par-delà la séparation, la dépendance par rapport à son père. Orpheline d'abord de sa mère, arrachée à sa tante, jalouse de sa belle-mère, elle avait vécu avec sa petite sœur ce qu'elle croyait que son père faisait avec sa femme. Le traitement de Christiane avait permis aux parents de modifier leur attitude émotionnelle vis-à-vis de Janine. La belle-mère, qui l'avait considérée comme morte, en parlait à nouveau. Le père, qui s'était réhabilité aux yeux de sa femme, en traitant Janine de folle et en l'abandonnant à son sort d'enfant vicieuse et rejetée, comprenait maintenant le problème sexuel de sa fille aînée. Au loin, sans lettre, sans aucune communication, elle en avait subi le contrecoup libérateur. Elle pouvait reprendre son évolution stoppée. Quelle incroyable dépendance inconsciente entre deux fillettes liées par un événement sexuel non explicité qui avait arrêté l'humanisation du désir féminin.

Acquisition de l'autonomie

Études carmélitaines, « Limites de l'humain », 1953

L'acte d'un animal diffère de l'acte humain par l'impossibilité dans laquelle se trouve l'animal d'intégrer la valeur symbolique de son acte. Cependant, l'utilisation du processus symbolique, dans l'acte humain, se développe et s'acquiert assez progressivement, au cours de la maturation de l'individu. La possibilité de l'utilisation du symbole, qui marque l'apparition de l'activité spécifiquement humaine, apparaît vers la sixième ou septième année. Néanmoins, bien avant de se connaître lui-même en tant que tel, le petit d'homme agit et réagit en être humain, tout en ignorant consciemment qu'il l'est, en ignorant ainsi la liberté qu'il a d'utiliser des processus symboliques.

Il semble que la fonction symbolique accompagne toujours tous les processus vitaux humains et qu'ainsi, par-delà nos actes en tant que matériels, se trame, s'élabore dans un plan psychique intemporel, que l'on peut nommer transcendant, une transcription symbolique, non sensorielle, non mentale, non émotionnelle, et pourtant reliée aux événements vécus par un être humain, qu'il les ait oubliés ou non[59]. La fonction symbolique est la base même des relations de l'être humain à lui-même en tant que tel.

Si je dis « en tant que tel », c'est que pour se savoir humain, il faut d'abord se connaître dépendant des conditions sensorielles, et se connaître libre dans les relations symboliques, alors même que les conditionnements sensoriels nous rendent dépendants dans nos pensées et dans nos affects des perceptions sensorielles de notre corps.

Parallèlement à sa vie corporelle et dès la gestation, l'être humain reçoit, au rythme des échanges, dont les apports vont constituer son être charnel, la marque des processus symboliques qui accompagnent la matérialité de ces rapports interhumains. L'importance de la fonction symbolique réside sans nul doute dans le fait qu'elle échappe à toute délimitation dans le temps et dans l'espace.

Tout fait peut être pour l'homme un signal. De tout signal répété, l'homme peut faire un symbole. De tout symbole, l'homme peut se servir comme d'un moyen d'action sur un autre homme par le fait de l'articulation sensori-mentale mémorisée du signal accompagnant le fait originel.

Tout homme a donc, par la fonction symbolique, le moyen d'agir sur d'autres hommes, en éveillant chez les autres une résonance sensorielle réceptrice accordée à la sienne. Cette simultanéité d'émotion, éveillée dans plusieurs consciences par un signal médiateur, apporte entre elles la reconnaissance interhumaine, la fraternité d'espèce : une communion émotionnelle.

Cette expression, nouveau signal mémorisé, rappelle la communion émotionnelle éprouvée par chacun des participants de l'événement vécu, permet à chacun d'eux de réévoquer cet événement, et, par l'émission de ce signal symbolique, de provoquer chez un semblable une émotion de résonance qui sera de nouveau pour lui un symbole de reconnaissance de son semblable. Le fait que plusieurs êtres humains éprouvent des états sensori-émotifs de même intensité, de même qualité et de même expressivité, apporte à tous le sentiment d'une conformité d'espèce, lié à celui de validité émotionnelle de son expression, qui est hiérarchisée par la puissance de la sensation d'exaltation vitale éprouvée.

Pour quelques-uns, tout symbole qui n'éveille aucune résonance chez un autre met celui-ci devant un fait nouveau, auquel il réagit selon l'éprouvé sensori-affectif qui l'accompagne. Cet éprouvé, s'il est suffisamment différencié, laisse une trace mnésique en rapport avec la sensation qu'il a éveillée. Il n'y a aucune hiérarchisation de valeur dans une première sensation sans référence. Elle est banale, plus ou moins consciente et ressentie comme neutre, ni bonne ni mauvaise, si elle a permis ou accompagné de bons échanges vitaux. Pour qu'elle prenne une place hiérarchique valorisée, il faut qu'il y ait reviviscence d'une sensation antérieurement éprouvée et reliée à une relation reconnue comme inter-humaine et semblable.

La fonction symbolique implique donc la notion de similitude reconnue, donc la notion de sensation autonome; elle implique la notion du déjà vu, c'est-à-dire du temps. L'utilisation volontaire de la fonction symbolique implique la discrimination de l'autrui et de soi-même, c'est-à-dire la notion d'espace et de corps propre, dans cet espace, avec la notion du médiateur commun (mimique, son, signal), intermédiaire entre deux corps propres et valorisés semblablement par les deux êtres vivants. L'utilisation de la fonction symbolique implique donc la notion de perdurabilité de la séparation des corps, par-delà la résonance sensori-affective, fonction commune qui les a momentanément réunis dans l'espace; elle implique l'épreuve surmontée de la séparation.

— Tout ce qui émane de l'homme est affirmation de son existence. Tout ce que ressent l'homme, agréable, indifférent ou désagréable, est confirmation de son existence.

— Tout ce que ressent l'homme, mais qu'il ignore être ressenti par un semblable, lui reste inutilisable comme expérience vécue, parce que non intégré dans le temps et dans l'espace.

— Tout ce qui émane de l'homme en tant qu'affirmation de son existence et qui, reçu par un autre n'éveille aucune similitude d'émoi ressenti, aucune résonance, ne le confirme pas dans le sentiment de son existence; il se sent seul.

— Tout ce qui émane de lui et qui, chez un autre, produit une réaction avec laquelle il ne peut pas entrer en résonance sans infirmer ou annuler l'expression qui venait d'émaner de lui, l'infirme tout entier dans le sentiment de la validité de son existence, il se désavoue ou se coupe de son moment d'expression, il ne se connaît plus.

Il semble que, très précocement, la fonction symbolique existe chez l'être humain, comme la fonction de ressentir et de se souvenir. L'expression de cette fonction apparaît avec le premier langage de reconnaissance inter-humaine qui est l'accord de mimique avec la mère et surtout des mimiques intentionnelles; il s'épanouit visiblement dans le langage verbal, c'est-à-dire vers seize ou dix-huit mois[60].

Mais, parallèlement au langage parlé, tout peut être langage pour l'enfant et surtout les mimiques et les sonorités vocales, de paisibilité ou de tension sensorielle.

— Tout éprouvé, agréable ou désagréable à l'organisme physique du nourrisson, qui s'accompagne de paisibilité nerveuse de la mère, est symboliquement sécurisant.

— Tout éprouvé, agréable ou désagréable à l'organisme physique du nourrisson, qui s'accompagne de tension nerveuse de la mère, est signal d'insécurité.

C'est ainsi que les relations les plus étroites qu'on puisse imaginer au monde, celles de la mère et de son enfant encore fœtus, sont déjà, dans l'histoire d'un être humain, riches d'expériences symboliques de sécurité et de danger, expériences fondamentales des notions de vie et de mort. Il peut sembler paradoxal de parler d'expériences symboliques là où la conscience ne s'est pas encore vraiment éveillée. Pourtant, le fait que le traitement psychanalytique puisse guérir des troubles entraînés par de telles expériences dysharmoniques invite à dépasser le domaine du pur héréditaire. Peut-être faut-il rechercher l'explication de ce fait dans l'inscription profonde en l'être de la matérialité des signes symboliques, matérialité qui n'attend que l'éveil de la conscience pour apparaître, au moins confusément, dans sa valeur même de symbole. La participation totale qui existe à l'époque fœtale de son évolution, entre l'enfant et sa mère, partie constituante de son existence, n'est pas seulement une dépendance organique et animale, pourrait-on dire. C'est déjà une interrelation humaine, de type symbolique. Des enfants peuvent naître, physiquement bien constitués, mais déterminés par des états d'angoisse ressentis par leur mère à répondre par la négative à toute sollicitation de la vie, c'est-à-dire des échanges constructifs avec le monde extérieur.

On fait actuellement des traitements psychanalytiques d'enfants en bas âge, traumatisés par des mères névrosées, destructrices, ou traumatisés par l'abandon précédé ou non de tentatives de meurtre *in utero*. Ces enfants aliénés peuvent, dans certains cas (en exprimant sans le savoir consciemment, en se jouant symboliquement et en revivant avec un autre être humain qui les comprend, les émois qui les ont perturbés, qui les ont mutilés), retrouver l'intégrité de leurs processus de régulation vitaux, la santé mentale et affective.

Le vécu perturbant peut perdre sa valeur perturbante, et l'intégrité fonctionnelle de « l'échantillon » humain peut être retrouvée par l'épreuve surmontée, parce que revécue avec lui et symboliquement communiquée à lui.

Ainsi la valeur de la fonction, créatrice de troubles et abréactive de troubles, semble-t-elle, avoir chez l'être humain une grande importance, et cela dès sa création. Mais l'utilisation sociale de cette fonction, la hiérarchisation des divers effets qu'apporte son utilisation d'abord spontanée, puis orientée volontairement, fait toute l'originalité des actes spécifiquement humains.

La psychanalyse — et particulièrement la psychanalyse d'enfants — permet à celui qui la pratique de couvrir un champ d'observation tout à fait nouveau et aussi une expérience humaine unique; je vais essayer d'en apporter le témoignage. À travers les interrelations humaines, je vais vous conduire vers une vue nouvelle de l'acquisition de la liberté chez l'être humain, ou plutôt et plus exactement, de l'acquisition de l'autonomie dans le comportement des individus.

Nous assisterons à l'avènement progressif de l'autonomie ressentie par le sujet, certitude indispensable pour qu'un représentant de l'espèce humaine éprouve le sentiment de sa responsabilité. Nous serons stupéfaits de voir que cette autonomie est encore toute relative, vue par l'observateur psychanalytique, alors que le sujet est ignorant de cette relativité et qu'il se croit pleinement libre. Cette responsabilité ressentie lui permet d'éprouver le sentiment de la moralité et de la hiérarchisation spécifiquement humaine de la valeur de ses actes, hiérarchie morale dans laquelle les valeurs sont déliées de leur support sensoriel, pourtant nécessaire à leur élaboration. À tous ceux qui pensent que l'étude de l'acte humain doit se centrer sur l'acte libre, les lignes qui suivent fourniront matière à réflexion.

La vie intra-utérine est marquée par une participation totale de la mère et du fœtus. Cependant, il y a encore des gens pour penser que rien ne marque le fœtus, petite masse de chair non encore animée. La clinique psychanalytique infantile nous oblige à considérer ce problème tout autrement.

Le vœu des parents de contribuer volontairement ou de se refuser au mystère de la naissance d'un nouvel être humain, dans l'accomplissement charnel, marque celui qui est conçu de la façon la plus profonde. Là, déjà, des nuances sont à apporter que la suite de l'étude justifiera. L'enfant conçu sans le don total des géniteurs l'un à l'autre — même si l'enfant est désiré comme preuve extériorisée de leur fécondité, ou pour toute autre raison intéressée de confirmation d'eux-mêmes —, cet être humain paraît marqué dans sa psychologie inconsciente d'un sceau particulier. Celui qui n'est pas aimé parce qu'il est, mais parce qu'il rapporte, ou l'enfant qui n'est pas désiré mais subi, du fait de la pression morale du milieu sur ses géniteurs, croît sans joie *in utero* et, pendant neuf mois, ne rencontre pas, lié à ses processus vitaux, la complaisance consciente de ses parents.

Il nous est possible actuellement de discriminer chez un enfant, amené pour certains troubles névrotiques, qu'au plus profond de lui-même, il a subi le refus émotionnel de sa mère avant sa naissance, alors qu'il n'a subi aucune manœuvre abortive matérielle, et qu'il a été accepté et aimé après sa naissance. Cela se traduit par un sentiment d'insécurité angoissante qui freine les élans dynamiques les plus basaux.

Je citerai ici, à nouveau (cf. p. 105), le cas d'un garçon de six ans qui était tout à fait triste, inaffectif, atone à la maison, parlant à peine, comme porteur d'un deuil latent. Il n'embrassait jamais sa mère. La mère venait de prendre conscience que l'état de son fils en famille était peut-être pathologique, par la constatation d'un comportement complètement différent à l'école, où il venait d'entrer.

La mère n'avait pas désiré cet enfant. L'homme qu'elle fréquentait alors, et qui voulait l'épouser, le lui avait imposé contre son gré et l'avait obligée — par chantage, disait-elle — à garder l'enfant. Elle avait alors préféré l'épouser, en les haïssant lui et son enfant, bien décidée après la naissance à fuir en laissant le petit à son père. Elle avait vécu sa grossesse dans les larmes et la révolte contre son « victimat ». Mais à la naissance de son fils, dit-elle, et sans qu'elle en connût la raison, son mari se transforma à ses yeux : elle en devint amoureuse et, du jour de sa maternité, elle fut la plus heureuse des épouses. Elle ne s'étonna jamais du comportement froid de l'enfant, qu'elle croyait aimer d'ailleurs, jusqu'au jour où, enceinte une seconde fois et le désirant, elle eut une grossesse rayonnante. Un second fils leur était né pour lequel elle se sentit des sentiments qu'elle avait toujours ignorés pour le premier. Alors qu'elle avait plaisir à embrasser le second et que ce petit se laissait faire avec satisfaction, elle se rappelait que son premier bébé pleurait chaque fois qu'elle l'embrassait et, depuis qu'il était en âge de parler, lui disait en se dérobant : « Tu m'étouffes. » Cet enfant, apathique et absent des relations humaines dans le milieu familial, se montrait extrêmement précoce dans ses contacts sensoriels et intellectuels avec les choses, les animaux, les étrangers, n'étant jamais vexé par personne. Au jardin et à l'école, il menait en chef, craint et obéi, tous les enfants de son âge et même plus âgés, subjugués qu'ils étaient par son autorité, par son indifférence à tous les obstacles et sa prudence sans passion. On peut dire que, dans ce cas, le fœtus avait appris pour survivre à ne point avoir d'échanges affectifs avec la mère, car tout ce qui venait d'elle vers lui n'était que vœu d'étouffement. Il a survécu, grâce à la négation du besoin affectif de sécurité. Son père l'avait désiré au mépris du refus de sa femme et l'enfant s'imposait par sa présence, à six ans, dans la ligne de son père. Contents ou pas, les autres lui obéissaient. Le dessin que fit cet enfant avait comme caractéristique inoubliable d'être la réplique d'un négatif de photo : un paysage noir, avec un soleil noir, un personnage noir aux yeux et bouche clairs. Il n'avait, je le rappelle, jamais vu de clichés photographiques.

Voici un autre cas. Pierre est un enfant désiré, d'un couple uni, qui a subi la dure épreuve de perdre subitement un premier fils à l'âge de deux ans. Il a été porté par sa mère qui ne voulait qu'une fille, avec la conviction magique que si le malheur faisait que ce fût un garçon, il mourrait à deux ans, comme l'aîné. À huit ans, quand j'ai pris Pierre en traitement, c'était un enfant d'une instabilité extraordinaire, complètement inadaptable à tout groupe social, incapable de sourire, anxieux, haineux, dangereux tant pour lui que pour d'autres, par ses actes impulsifs et imprévisibles. Outre cela, l'enfant était attaché charnellement et agressivement à sa mère, comme aurait pu l'être un petit animal sauvage. Le travail psychanalytique mit au jour des fantasmes d'inversion sexuelle ressentie, ainsi que des états pseudo-hallucinatoires de persécution castrative d'une violence inouïe. Au cours du traitement, il se mit à mimer, roulé en posture fœtale, la conversation d'un bébé dans le ventre de sa mère, traduisant toutes les angoisses de mort et d'abandon liées à la condition humaine de la naissance redoutée. Ce même jour, il parla à sa mère en ces termes : « Est-ce que je suis moi ? Je croyais que j'étais le frère mort qui était revenu et qui devait remourir... Je croyais que, quand j'étais bébé, j'étais une fille avant d'être le frère revenu. » Tous ces propos étaient absolument neufs dans sa bouche, il n'en avait pas soufflé mot à la psychanalyste. « Ce jour-là seulement, me déclara la mère qui vint, bouleversée, me dire ce qu'elle avait éprouvé, j'ai senti que je n'avais jamais fait le deuil de mon fils aîné, que je n'avais jamais pensé que Pierre avait en effet toute une vie à lui. » Ce jour-là, elle se permettait de regarder son enfant, sans le négativer dans son sexe ni dans sa vie.

Après la période de participation totale, structurante, qu'est la période fœtale, suit la période post-natale d'identification subie au climat affectif, électif, de la mère ou de son substitut. Cette période tient une place aussi importante que la période fœtale dans la formation du caractère fondamental de l'être humain, non pas directement, mais par l'influence en miroir que l'enfant reçoit des états émotionnels de la mère, interférant avec ses propres expériences sensorielles digestives.

Les enfants, tout petits, sont totalement sous la dépendance de l'identification au climat de la personne qui s'occupe de la satisfaction de leurs besoins. Je cite souvent le cas de cette pouponnière, où les bébés sont gardés de la naissance à seize mois. Les enfants sont confiés par groupe de six à une élève interne qui reste trois ans dans l'institution. De quatre mois en quatre mois, les jeunes filles prennent un autre lot de bébés. C'est devenu un jeu à la consultation du médecin, qui a lieu deux fois par semaine, d'aligner tous les bébés, côte à côte, groupe après groupe, et de deviner à quelle jeune fille appartient chaque groupe. L'élève qui me racontait cela me disait qu'au bout de deux semaines de contact, les enfants « ressemblaient » à la jeune fille qui en avait la charge, et qu'on ne s'y trompait pas. Il s'agissait d'un climat affectif commun à tous et qu'on reconnaissait comme émanant de la gardienne. Sa mimique fondamentale était imitée par les enfants. On reconnaissait toujours en premier les enfants d'une élève extravertie et en dernier les enfants d'une autre élève, marquée de signes rétractants... Les jours qui suivaient le changement, les bébés ne ressemblaient plus à personne; on aurait pu les attribuer à n'importe laquelle.

Cette dépendance affective vis-à-vis de la mère est toujours vérifiable, alors même qu'elle n'est source d'aucun conflit psychologique. Je peux citer le cas de mon aîné : il avait trois ans. Nous étions séparés de son père, c'était l'été, par une très chaude journée. Je me reposais au jardin et l'enfant jouait non loin de moi. Je n'étais pas tout à fait consciente de mes pensées qui allaient vers mon mari, travaillant dans ces désagréables conditions d'été éprouvant, quand tout à coup Jean dit tout haut exactement ce que je pensais : « Pauvre papa. Tout seul à Paris, il fait chaud et nous, on est ici et il fait agréable. » Cet accord exact de la pensée de l'enfant à la mienne était troublant. Il s'agissait là du cas particulier d'une pensée formulée, mais il reste néanmoins que l'influence globale du climat affectif de la mère est la caractéristique essentielle de la formation intellectuelle et morale de l'enfant avant deux ans. L'influence particulière des réactions maternelles à l'occasion des manifestations de ses besoins, de ses satisfactions, de ses malaises et de ses initiatives ludiques, marquera l'enfant de sécurité heureuse ou d'insécurité anxieuse, suivant la résonance émotionnelle qu'il aura reçue d'elle.

Voici un exemple :

Gérard a sept ans, et est très bébé, dans une famille de plusieurs enfants. Il reste fixé à sa mère, présente des symptômes de plus en plus nombreux de régression affective, tout en disposant d'une intelligence normale. Il porte le même nom qu'un frère aîné décédé à sept ans, peu avant sa naissance.

La mère dit qu'à quatre ans il était moins bébé que maintenant. La particularité de son prénom, semblable à celui du frère décédé, me fait en approfondir la raison. « Je ne pouvais pas m'y faire, dit la mère, et quand il est né, il lui ressemblait tellement que j'ai voulu l'appeler comme l'autre, cela me consolait un peu. Et c'est surtout depuis qu'il a quatre ans que la ressemblance devint frappante. Je ne peux me lasser de le regarder dormir, c'est plus fort que moi, on dirait son frère sur son pauvre petit lit (de mort) et je me dis : "C'est pas possible, c'est pas possible"... Je le vois mort et vivant à la fois. »

La prise de conscience de la dépersonnalisation à laquelle cette mère soumettait son fils pour nier le deuil de l'aîné permit à l'enfant de se rétablir et à la mère de s'éveiller à la réalité, de rendre son enfant à un idéal dynamique, au lieu de l'aimer endormi, quasi mort, seul moment où il lui donnait l'illusion qu'elle n'avait pas souffert.

Tous les enfants, heureusement, ne sont pas soumis à des projections aussi difficiles à supporter et aussi spectaculairement dévitalisantes; si j'ai cité ces cas, c'est pour aider le lecteur à mieux comprendre les observations moins dramatiques.

Au moins aussi importante que la période fœtale est la période des dix à douze premiers mois, où la constitution première de l'être humain s'achève. Il semble actuellement que cette période post-natale ait une très large place dans ce qu'on appelait les facteurs héréditaires.

L'abandon de la mère, ou de la première nourrice maternelle, au cours des cinq premiers mois de la vie, frappe le bébé qui en est atteint d'une infirmité psycho-affective plus ou moins importante, qui peut aller depuis l'état de choc — qui, quoique récupérable par un substitut maternel de choix, laissera des traces indélébiles dans les profondeurs du caractère — jusqu'à l'arriération profonde et la stupidité. À nul âge de la vie, la parole : « un seul être vous manque et tout est dépeuplé » n'est plus tragiquement vraie.

Tous les échanges affectifs constructifs se situent autour des expériences de satisfactions digestives. Et pourtant, la façon dont la nourriture est donnée, les gazouillis et cajoleries maternelles qui accompagnent la matérialité des satisfactions corporelles du bébé sont plus importants à son épanouissement et à sa croissance psychologique et affective que la rigueur des doses et de l'hygiène. « L'homme ne se nourrit pas seulement de pain[61] », tout ce qu'il reçoit de sa mère avec ce pain contribue également à sa nourriture, c'est de sa mère tout entière, c'est de son âme qu'il se nourrit.

Si l'enfant est élevé par une personne anxieuse, il se

développe en lui un climat d'interdits constants à la liberté des manifestations de ses besoins, de ses plaisirs, de ses gestes et de ses initiatives. S'il est doué de possibilités mentales, de par sa typologie, il peut devenir un enfant dit précoce, c'est-à-dire un enfant maniant rapidement les mots, en apparence comme un adulte, et cherchant à s'identifier le plus possible à des êtres achevés, qui ne risquent plus rien de fâcheux, de moteur ou de sensoriel. C'est ainsi que cette précocité s'accompagne d'une composante névrotique, la dépendance motrice à l'égard de la mère, l'insécurité hors de son cercle. La mère inquiète a donné à l'enfant la conviction du danger. Il se sent coupable *a priori* de le risquer. Il se peut que, dans les années qui suivent, il développe une névrose obsessionnelle, c'est-à-dire que, pour se limiter dans les incitations motrices que son imagination lui donnerait et que sa mère, absente, ne peut plus empêcher, apparaissent des symptômes, des phobies, des rites destinés à ralentir le dynamisme ou à réprimer les tentations de faire ses propres expériences. Aucun conseil ne peut alors l'influencer; il se croit en faute à tout moment. C'est le cas de l'enfant scrupuleux. Il faut le travail psychanalytique pour récupérer les forces dynamiques bloquées.

Il peut arriver que, favorisé par une typologie caractéristique de dominance des besoins sensoriels sur les besoins affectifs, l'enfant ne puisse pas composer avec l'angoisse castratrice (inhibitrice de toute liberté spontanée) de l'éducatrice. C'est un être humain qui, pour survivre, va nier ses besoins affectifs de bonne harmonie et d'identification avec autrui. Il peut alors développer un caractère dur, opposant, destructif, révolté, que la grossièreté, la cruauté, la malpropreté agressive traduiront. Si ce comportement pervers est sous-tendu par une intention revendicatrice à l'égard de l'entourage éducatif, cet être emmuré est soignable, mais si ce même comportement ne vise plus à atteindre personne, c'est qu'il est devenu un être qui ne se sait plus humain, qui n'a plus de semblables. Certains comportements masochistes ou pervers prennent leurs racines dans les rapports interhumains, entre mères ou éducatrices inaffectives et trop exigeantes et des enfants trop richement doués sensoriellement.

Dès douze mois et jusqu'à trois ans, on reconnaît l'enfant qui est élevé par une mère ou une éducatrice libérale et non anxieuse : il est toujours en mouvement, occupé, absorbé dans ce qu'il fait, bruitant et bavardant pour lui-même ; sa mimique est variée, il ne s'ennuie jamais. Cet enfant laissé libre trotte, grimpe, fait des culbutes, des acrobaties qui le passionnent. Il aime en tout conformer ses actes à ce qu'il voit faire par l'adulte.

La tempérance alimentaire lui vient d'elle-même, sans aucun conflit, ainsi que la continence excrémentielle, à son heure, c'est-à-dire de vingt-cinq à trente mois au plus tard. (Sait-on que, dans les sociétés où l'enfant n'est pas dressé à la propreté, jamais il n'est sale au-delà de trente mois et qu'il est toujours d'un abord gai et confiant ?) Les soins corporels de propreté dont l'enfant a besoin jusqu'à cette propreté spontanée, s'ils sont donnés avec bonté secourable et patiente, indépendamment de tout appel à des sentiments de honte ou d'amour-propre déplacé, laisseraient les relations adulte-enfant être des relations interhumaines sereines et d'intercompréhension de deux semblables, l'un grand, l'autre petit mais d'égale valeur, le petit étant vis-à-vis du grand dans une condition infantile d'impuissance.

Ainsi élevés dans le premier âge, nos enfants n'auraient rien qui les entraverait dans leur développement moral, car ils éviteraient ces culpabilités troubles liées à la faiblesse de leur condition sexuée.

La nécessité pour le jeune enfant de recevoir cet amour maternel indulgent et sécurisant, à l'époque du dénuement de tout pouvoir, provoque dans la grande enfance, chez celui qui en a été frustré, des comportements compensateurs (rapteurs, voleurs, dissimulateurs) ; c'est le type d'« amour » de leur mère qui les a rendus défectueux. Là encore, il n'est pas d'appel à la morale qui puisse changer vraiment en profondeur ces consciences perverties si tôt, paranoïaques ou autres. Celui qui, avant trois ans, a reçu de sa mère la conviction qu'elle était toujours satisfaite de lui, s'est senti aimable et valeureux par lui-même, indépendamment de ce qu'il prenait (mangeait) ou faisait (excrémentait). Celui-là ne se trouvera jamais dans le dénuement dépressif, anxieux, que connaît l'aimé sous condition. Celui-là ne connaîtra jamais, à l'âge des épreuves sociales, le désespoir revendicateur ou vaincu d'avance des mal-aimés de la petite enfance. L'enfant aimé, assisté par sa mère dans ses premières acquisitions d'autonomie de comportement, laissé libre par elle de toutes les manifestations de son activité qui ne lui sont pas nuisibles, non blâmé pour ses initiatives et ses curiosités, aidé à supporter les épreuves de la réalité sans les lui faire prendre pour des punitions — cet enfant atteint vers trois ans l'autonomie complète au point de vue digestif et moteur. Mais la dernière étape avant l'acquisition et la maîtrise de cette autonomie, c'est la période du « non », période de l'opposition caractérielle. Refus d'accéder à un désir de l'adulte, ou refus d'imiter ce que précédemment il n'avait jamais pensé à refuser.

Les jeux d'opposition à lui-même — refus sporadique de manger, jeu de retenir ses excréments — ont précédé de plusieurs mois et, s'ils ont été respectés par l'adulte sans aucune intervention de chantage, de gronderies ou de forçage, ils auront donné à l'enfant le premier savoir de maîtrise de son corps et de ses limites, dans ses besoins internes, comme les jeux acrobatiques spontanés lui donnent le début de la maîtrise du monde extérieur et la notion de ses limitations de force et d'adresse corporelles.

Il se sent le sujet actif et parle de lui-même à la troisième personne, mais ce sujet est encore tout à fait soumis à l'imitation des adultes. Et on peut se demander si la phase d'opposition n'est pas en grande partie une imitation des adultes, s'opposant à la volonté de cette petite troisième personne et, de ce fait, étant une attitude ressentie par l'enfant tout aussi positive que l'attitude d'acquiescement à la volonté de l'adulte.

Cette période du « non » et de la soi-disant désobéissance de l'enfant d'avant trois ans est des plus importantes pour le développement de la personnalité. L'attitude oppositionnelle est surtout verbale et on étonne beaucoup les mamans en leur disant que lorsque l'enfant dit « non », c'est fréquemment qu'il voudrait faire « oui », et qu'elles empêchent un processus d'adaptation, en se fâchant de ce « non » ou en discutant avec l'enfant.

Si cette phase est respectée et ressentie par la mère comme l'avènement d'une étape d'autonomie, elle passe rapidement, suivie d'une période constructive, verbale et coopérative, avec la mère et les autres enfants. Le « je » apparaît alors dans le langage.

C'est par l'opposition à l'autre — et l'autre est d'abord la mère — que l'enfant prend conscience de sa dépendance et de sa façon de s'en libérer. Il prend, par ses expériences où le « non » l'amène à s'ennuyer ou à se sentir frustré par lui-même, la mesure qu'il ne peut pas se soustraire à cette dépendance sans en souffrir. Tant que l'enfant ne savait pas dire non, il n'avait jamais dit oui, tant qu'il ne savait pas faire « non » devant un ordre de l'adulte, il ne savait pas faire « oui » non plus; il subissait tout simplement l'identification à l'adulte ou toute incitation instinctuelle qui demandait à se satisfaire; il n'avait encore rien maîtrisé. À partir du moment où l'enfant peut affirmer qu'il ne veut pas aller dans telle direction, agir dans tel sens, manger de tel plat, satisfaire tel besoin, faire amitié avec telle personne, il devient conscient d'une source cohésive de ses émois, source stable, indépendante de la présence ou de la non-présence de la mère. C'est à partir de là que peut se construire l'idée de sa personne, dont le « je » dans le langage devient le symbole.

Je me rappelle avec amusement un de mes enfants, vers vingt mois, qui commençait à son réveil chaque matin la litanie des personnes à qui il ne dirait pas bonjour. « Pas dire bonjour un tel... Pas dire bonjour un tel », avec une personne élective à laquelle la litanie aboutissait par « Dire bonjour une telle »; et, en effet, chaque fois qu'il voyait une de ces personnes, il lui déclarait : « A pas dit bonjour. » Si par mégarde il se trompait et qu'il disait « Bonjour une telle », il était alors furieux contre lui-même, et il fallait l'assurer qu'il n'avait pas dit bonjour pour qu'il retrouve sa sérénité.

Je me rappelle à ce même âge — environ dix-huit mois — un autre de mes enfants qui passa une période de deux semaines environ à s'arrêter sans plus vouloir avancer dans la rue, où qu'il fût, bloqué et même assis par terre[62]. C'était arrivé la première fois avec une promeneuse, en compagnie de laquelle il était parti fort joyeusement. Le récit de ces séances d'arrêt, suivi de conflit et de scène, m'en fut fait au retour. L'enfant, en quelques sorties, était devenu insupportable et cet état de tension continuait à la maison. Il m'est difficile de dire exactement ce qui s'était passé, mais je pense que les arrêts spontanés de l'enfant devant le moindre objet attirant son attention — arrêts nécessaires aux enfants comme aux vieillards — n'avaient pas dû être respectés par cette promeneuse et que son rythme en avait été contrarié. Quoi qu'il en soit, l'attitude de l'adulte, ressentie opposante, arrivant à la période même de la phase d'opposition créatrice spontanée de l'enfant, avait rendu le petit encore plus déterminé dans ses oppositions.

Je décidai donc de sortir avec lui et, en effet, ce qui n'était jamais arrivé auparavant se passa comme l'avait décrit la promeneuse. Mon garçon s'arrêta, s'assit par terre en disant : « Il veut plus marcher. » Au lieu de me fâcher, je répondis : « Maman attendra qu'il veuille » et je me mis à regarder une vitrine. Dix minutes se passèrent, après quoi, joyeusement (pas une minute il n'avait d'ailleurs présenté une mimique négative), il courut vers moi et la promenade reprit. Une seconde tentative de refus se manifesta lors de cette même promenade. Offensive d'opposition nette, celle-là, et négative de caractère, que je mis en rapport avec la vue d'un infirme qui passait en boitant, avec des béquilles. Vision qui avait sans doute, par le malaise éprouvé, rendu l'enfant négatif et fâché contre tous les adultes et toute adaptation sociale. « Il veut pas marcher », et comme j'essayais de l'encourager, un caprice s'amorça, selon le schéma des dernières sorties avec la promeneuse : il se roula à dessein par terre, dans l'humidité et la boue. Je ne me fâchai pas et, le laissant crier, j'attendis à quelques pas de là. L'enfant regardait constamment de mon côté, et si je faisais mine de le regarder, il recommençait son caprice. Je patientai donc sans le regarder et, montre en main, il y en eut encore pour un quart d'heure. Quand, tout à coup, joyeux et courant, il revint vers moi, je ne dis mot. Au retour, il alla raconter à son père tout l'incident en disant : « Il voulait plus marcher, il se roulait par terre, il était bête, alors il était bien ennuyé, et pis après il a voulu et c'était fini. » En effet, ce caprice de promenade — le plus éprouvant pour la patience de la grande personne — fut le dernier de sa vie. À quelque temps de là, l'enfant se remémora la promeneuse qu'il relia immédiatement à ses caprices, en disant d'elle : « Quand il voulait pas marcher, elle se fâchait et elle disait (il imitait le ton plaintif de la promeneuse) : "Titi, pas de tapice." C'était drôle. — Pourquoi ne voulait-il pas marcher ? — Je sais pas, Titi avait plus de jambes et après il avait encore des jambes. » L'enfant allait vers ses deux ans. Mais on voit dans ce cas l'ébauche d'une attitude névrotisante de l'adulte, venant fausser caractériellement un enfant en période d'opposition gestuelle sporadique.

Je me rappelle un enfant de trois ans, qu'on avait amené à ma consultation parce que la vie à la maison était devenue impossible par le fait de son emmurement dans une attitude d'opposition. Paul, amené par ruse chez moi, était figé au milieu du salon d'attente, refusant de s'asseoir, d'avancer ou de reculer, et sa mère n'en obtenait quelque chose que par des coups de force ou des chantages à l'abandon, qui le terrorisaient en le rendant plus négatif encore contre lui-même, du fait de se sentir obligé de céder. La situation semblait grave. Plus personne ne voulait s'occuper de l'enfant. La mère y consacrait des journées toujours tendues et, avec cela, Paul avait le visage d'un enfant malheureux. « Il ne voudra pas ni vous voir, ni vous suivre, ni vous parler. Vous aurez un mur ! » me dit la mère.

J'entre au salon, après avoir pour cet entretien laissé l'enfant libre de nous suivre, ce qu'il n'avait pas fait. En effet, telle une statue, il était resté figé à la place où nous l'avions laissé. Je demande à la mère de revenir au salon et je m'adresse à Paul : « Bonjour, Paul... Non, Paul ne veut pas dire bonjour. » Je lui prends sa main qu'il me laisse dans la main. « Viens avec moi parler des choses qui font que ça ne va pas à la maison. — Non. » Paul semble rivé au sol. « Tes jambes ne veulent pas venir, elles ne veulent pas que Paul parle avec la dame, les drôles de jambes, c'est des coquines », dis-je en riant. Et le sentant encore obligé à un statisme obsédant, je lui dis : « C'est pas drôle pour le Paul qui veut bouger, que l'autre Paul l'empêche. » À ce moment, je sens le corps de l'enfant s'alléger, se déraidir : « Alors, est-ce que tu peux venir maintenant ? — Non. — Alors, je vais t'aider », et je lui prends la main. L'enfant suit, tout étonné lui-même, tandis que je lui dis : « Non, il ne veut pas venir parce qu'il y a deux Paul. Un dit : “Non, je ne veux pas voir la dame”, et l'autre dit : “Non, mes jambes peuvent pas marcher.” » Nous sommes dans mon bureau. « On va ôter le manteau. — Non. » Même jeu. « Non, on ne va pas ôter le manteau » — tout en l'y préparant. « S'il gêne pour jouer au dessin, on l'ôtera. » Je l'amène à la table : « Non. — Paul ne veut pas dessiner, mais la main de Paul a si envie », et je lui fais amorcer un dessin avec sa main dans la mienne, il le continue avec joie. « On ôte le manteau, on fait du modelage ! » Même « non », *a priori*, suivi immédiatement du « oui », en fait, après que le geste de pétrissage a été amorcé, avec l'aide de la main de l'adulte.

L'enfant heureux me regardait d'un air enfin délivré et s'activait sans parler. La maman était ébahie de ce véritable déblocage de frein, car cela durait depuis trois mois. Je donnai à la mère les conseils de ne pas croire aux « non » et d'aider l'enfant, pris dans un cercle vicieux dont il ne pouvait pas sortir seul, mais de ne le faire que pour des choses absolument nécessaires et qu'elle savait devoir être agréables à l'enfant. Et je dis, en partant, à Paul : « Tu pourras continuer à dire toujours non avec la bouche, et quand ça te fera plaisir ou que tu auras besoin, même quand la bouche dira non, les pieds et les mains feront oui. Mais si c'est des choses qui ennuient et qui servent à rien, alors il faut dire non et faire non. Maman comprendra et t'aidera. »

Dans ce cas particulier, le statisme de l'enfant s'était développé par réaction à une mère qui traitait un enfant intelligent comme un objet. Elle l'eût voulu parasite, obéissant passivement. Plus elle s'était montrée autoritaire, plus à ses trois ans son fils devait vivre une phase oppositionnelle, par le jeu même de l'identification à l'adulte. Il y a, en pareil cas, à passer une quinzaine de jours un peu difficiles. Ce n'est pas commode dans une journée où la mère a fort à faire. Mais si l'on sait que la personnalité libre et coopératrice se construit à ce prix, la patience et la compréhension ne sont-elles pas plus faciles ? Avant trois ans, l'enfant — qu'il soit fille ou garçon — ne sait encore pas l'exclusive qui le frappe. La puissante personne maternelle a marqué ses rêves d'identification ; tout enfant imagine les autres, y compris les adultes, semblables à lui-même ; tout enfant veut devenir semblable à maman, « faire comme maman ». Cette identification désirée l'amène à l'autonomie digestive et motrice, à l'apprentissage du langage et des habitudes en usage dans son milieu familial. Cette identification, teintée d'une opposition verbale plus que gestuelle, est au service de la maîtrise des incitations. La vie en vase clos avec la mère est exceptionnelle, aussi l'enfant centré sur la toute-puissante image maternelle (parfois très frêlement représentée) entre en contact — pour faire comme elle — avec le père, les frères, les sœurs, la société.

À trois ans, la notion précise des papas distincts des mamans, des filles distinctes des garçons, est élaborée et il sait qu'il est garçon ou fille, sans savoir encore de quoi est faite la différence. Il est spontanément fier d'être ce qu'il est, à moins de réactions névropathiques venant de sa mère. C'est à partir de trois ans seulement que l'enfant est capable de remarquer la différenciation sexuelle de la région génitale. Jusque-là, la vue de la nudité d'un bébé de l'autre sexe n'éveille en lui aucune comparaison : il le voit tel qu'il se ressent.

Si le milieu familial est vivant et surtout si la mère n'a pas de restrictions névropathiques personnelles vis-à-vis de sa propre condition sexuelle, les remarques de l'enfant de trois ans, touchant sa curiosité sur les différences sexuelles entre filles et garçons, pourront s'exprimer librement.

Cette découverte prendra une haute valeur éducatrice, si la mère aide immédiatement son enfant à exprimer toutes ses suppositions dont la plupart touchent à l'angoisse de la castration primitive ou de la favorisation préférentielle des garçons pour leur maman[63]. La notion donnée par l'adulte de la conformité du corps des filles à celui de leur mère et de toutes les femmes, et du corps du garçon à celui de leur père et de tous les hommes, situe socialement l'enfant dans une direction que, spontanément, il prend dans une famille saine. L'étape décrite sous le nom de complexe d'Œdipe commence avec cette découverte et celle de ses conséquences.

Dès ce moment, la dépendance morale sera double : dépendance d'identification à l'égard du parent du même sexe que l'enfant; dépendance de complaisance vis-à-vis du parent du sexe opposé. Enfin, inscrit dans ce jeu instinctuel, l'inéluctabilité d'entrer en rivalité amoureuse avec le parent du même sexe que soi, celui-là même auquel on veut devenir semblable.

Pour les filles, apparaît un attachement pour les poupées qui nous semble de plus en plus objet symbolique de la puissance maternelle féminine[64].

Pour les garçons, apparaît le goût prédominant des armes, objets symboliques de la puissance phallique.

Chez tous deux, apparaît le jeu du couple, centré autour des berceaux de poupée.

Cette période de coopération familiale et d'apprentissage scolaire doit être centrée par l'amour du personnage parental de sexe complémentaire et les conflits internes vis-à-vis de l'image de l'autre. Lorsqu'un des deux pôles manque à l'être humain, il ne peut jamais se libérer pleinement de ses instincts en les assumant, parce qu'il n'a pas les moyens ni de se construire sexué consciemment, ni de se sentir à l'aise dans la société mixte ; à l'aise, c'est-à-dire capable d'échanges, sans le sentiment de l'imminence du danger d'attraction ou du sentiment paralysant d'infériorité.

En effet, filles comme garçons sont soumis, dès l'âge de trois ans et jusqu'à sept ou huit ans (âge où la sexualité subit une phase d'éclipse jusqu'à la puberté), à des sensations précises et émouvantes dans la région génitale. L'attitude parentale — et surtout celle de la mère, pour le fils, et du père, pour la fille —, qui tend à réprimer comme si elle était coupable la découverte innocente et spontanée de ces émois naturels, peut entraver pour la vie entière le développement de la sexualité des enfants. Les menaces et descriptions castratrices sont hautement destructrices, car elles tombent sur un terrain sensible et sans défense. Entendons-nous. Il ne s'agit évidemment pas de provoquer chez l'enfant les émois en question, ni de laisser l'enfant les rechercher. Il s'agit de l'amener à intégrer harmonieusement l'élément fondamental qu'il découvre en sa nature, c'est-à-dire de lui apprendre à articuler cette force vive aux lois de développement, dont il porte en lui-même l'exigence. Laisser sans recours positif l'être humain aux prises avec une question si vitale, c'est risquer de lui faire perdre confiance en lui-même et dans la bonté radicale de sa nature, pour longtemps et parfois pour toujours. Le lien secret de ces émois avec l'amour électif qu'il éprouve pour la personne œdipienne — ou son substitut, un oncle ou une tante ou un personnage tout proche du personnage œdipien — fait que tout ce qui atteint l'image de cet être touche aux forces vives de l'enfant, et tout ce qui dévalorise ces émois, la plupart du temps gardés secrets, donne à ce personnage œdipien un masque de laideur maléfique.

Vers sept ans, arrive l'âge de la résolution du complexe d'Œdipe, c'est-à-dire du renoncement à l'objet œdipien en tant qu'objet sexuel charnellement désiré, et la mise des parents sur un plan particulier, exempt du jeu sexuel. L'amour pour eux, décharnalisé, devient tendresse.

Cependant, pour que ce travail d'évolution puisse se faire de façon vraiment formatrice, et qu'à la puberté le problème des coquetteries de fille à père et de rivalité d'instincts avec la mère ne se réveille pas — et que pour le fils les éclats de volonté dominatrice vis-à-vis de la mère et de révolte vis-à-vis du père ne se réveillent pas non plus, traduisant un complexe d'Œdipe encore non résolu —, il faut que le renoncement sensuel de l'enfant se soit fait sur un terrain clair. Il serait souhaitable qu'il ne demeurât plus aucun doute pour les enfants des deux sexes, après l'âge de sept ans, sur le double fait de la complémentarité des sexes et du caractère axial de cette complémentarité pour la vie sociale. Si l'éducatrice a laissé progressivement les yeux de l'enfant s'ouvrir sur le livre de la nature, ce double fait apparaîtra comme une intégration normale dans les grandes lois de la vie. Le caractère futur de la maturité, requise pour une telle intégration, prendra du coup son sens. En renonçant à l'affection sensuelle pour la personne parentale complémentaire, l'enfant comprend et admet cet attrait réciproque entre ses adultes parentaux indélogeables de leur place et qui se donnent l'un à l'autre plaisir et attachement. Et il se fantasme adulte avec sa femme à lui (ou son homme à elle). L'exigence du renoncement dont est lourd le complexe d'Œdipe ne se présente plus alors sous sa face purement négative et infériorisante, mais sous son aspect d'intégration dans un tout, assuré de promesse d'épanouissement.

Combien de parents infantilisent leurs enfants, en ne leur donnant pas la clef de leurs émois préfiguratifs de la vie d'adulte, ou en les terrorisant d'avance sur les dangers de cette vie ultérieure, pour eux désirable et rêvée encore à travers le personnage magique du père ou de la mère idéalisés.

Si, pour les filles, l'époque du complexe d'Œdipe peut être très étendue, et si des filles mal construites émotionnellement et mal conscientes de leurs émois physiques peuvent néanmoins s'intégrer à la société mixte (avec plus ou moins de troubles névrotiques, il faut le dire), les garçons, eux, ne peuvent pas passer l'âge de neuf ans sans renoncer à l'amour sensuel pour leur mère. La continuation d'émois physiques pour sa personne provoquerait en effet des troubles profonds du caractère, incompatibles avec la continuation de l'adaptation sociale. Cela ne veut pas dire que tous les garçons résolvent le complexe d'Œdipe de façon favorable, c'est-à-dire en sauvant l'avenir de leur sexualité, en ne renonçant qu'à la mère et non à la sexualité. Mais le garçon, s'il continue à conserver sa mère, seule image exclusive au centre de son affection, sans qu'une image paternelle lui soit unie dans une même tendresse, et si le coude à coude avec des garçons ne lui semble pas plus important que le besoin des câlineries maternelles, il ne pourra pas, avec la puberté, développer une sexualité saine.

C'est de cette période, de huit à dix ans, que dépendra en grande partie sa liberté de choix et de maîtrise sexuelle à quinze ans.

Nous ne dirons jamais trop que la phase de six à huit ans est capitale pour la formation sexuelle et sociale du garçon. Il ne peut libérer ses forces d'adaptation sociale qu'en renonçant à l'objet maternel en tant qu'objet de conquête masculine, et en renonçant à la rivalité frondeuse vis-à-vis du père ou de son substitut.

Des troubles du caractère passager, des cauchemars anxieux de castration imaginaire, toujours indépendante de toute menace réelle, marquent l'apogée du complexe d'Œdipe au moment de sa résolution, c'est-à-dire du renoncement définitif à jouer un rôle que la virilité non évoluée ne peut assumer génitalement, d'une façon qui satisferait une femme adulte.

Échec bientôt compensé par un épanouissement des facultés d'adaptation sociale et de fraternité humaine avec les apprentis-hommes. À cet âge seulement, âge de raison classique qui survient avec le deuil des rêves infantiles, l'être humain est capable d'accéder au sens de la responsabilité de ses actes.

Cependant, bien qu'il en soit capable en principe, n'oublions pas qu'il vient de naître à la conscience de lui-même, en perdant le rêve de son triomphe sur le parent rival et que ce parent — sortant vainqueur — lui paraît facilement inaccessible. Il se sent faible et a besoin, outre de la fraternité d'un groupe humain d'enfants de son âge pour ne pas se sentir perdu, de la direction paternelle, car il est influençable par toute valorisation sociale. C'est elle qui, momentanément, va lui permettre de se retrouver parmi ses semblables, de se construire citoyen dans la légalité, s'il n'a pas trop de sentiments d'infériorité parmi les autres garçons, en attendant l'âge de la puberté, où l'élan de la vie sexuelle renaissante lui permettra de choisir parfois une direction tout indépendante de celle valorisée par son groupe, et cela en accord avec ses dons naturels et leurs aspirations impérieuses.

Pendant la période de latence — cette période dite d'homosexualité inconsciemment latente, à cause du rôle dominant des admirations amoureuses pour des plus grands ou des professeurs, indépendamment de leur situation civile (mariés ou non) pourvu qu'ils s'intéressent à eux —, le jeune garçon et la jeune fille ont besoin d'être soutenus par l'estime de leurs parents et surtout par l'estime du père.

C'est l'époque de dépendance à l'égard de l'image civilement valeureuse de l'adulte aimé et de la dominance de l'importance de l'image paternelle pour les deux sexes.

À l'âge où l'enfant a renoncé à l'amour sexuel, il l'a fait au nom des valeurs sociales hautement éducatives, mais si la personne dominante du couple parental perd sa valeur sociale, l'enfant réagit comme s'il était brisé dans sa structure même. Je me rappelle un enfant à la personnalité démolie par divers événements vécus dans la petite enfance, dont un des plus éprouvants avait été la disparition du père et sans doute sa mort depuis trois ans. L'enfant s'était reconstruit autour de la personne de sa psychanalyste. Tout à coup, le travail de plus de six mois sembla démoli, l'enfant était comme au premier jour. Il avait reperdu son adaptation intellectuelle et sociale, à son désespoir, et des angoisses, insurmontables, à assumer sa virilité s'exprimait.

On apprit par la mère que le père avait reparu. Ce qu'elle n'avait pas osé dire d'abord, ce que les enfants soi-disant n'avaient pas su, c'était que le père — officier de gendarmerie sous Vichy — avait disparu parce que condamné pour avoir épargné des gens visés par les Allemands. Plus tard, condamné à mort à la libération non plus par les Allemands mais par les Français à cause des arrestations commandées par lui, il n'était pas revenu. Sa femme savait où il se cachait, mais les enfants ne l'avaient pas revu depuis trois ans. Effondrée de l'effet de sa réapparition sur son fils, la mère vint mettre la psychanalyste au courant de la situation.

Le traitement continua et l'enfant semblait complètement rétabli quand, un beau jour, même effet effondrant, consécutif à une visite du père. Que se passait-il donc? L'enfant semblait aimer son père. (L'image du père était bonne.) La mère valorisait son mari, qu'elle aimait. S'agissait-il seulement du secret à garder d'avoir vu le père? S'agissait-il du danger que celui-ci courait, l'enfant sachant qu'une trahison pourrait le faire arrêter? Il ne le semblait pas; les sentiments œdipiens avaient été analysés. L'idée nous vint de parler de la certitude du père d'avoir eu raison dans ses agissements professionnels. Il ne reniait rien de son attitude de confiance préalable au gouvernement de Vichy. Ni son refus d'obéissance, suivi de sa condamnation à mort par les Allemands, ni les arrestations antérieures qu'il avait opérées et que, depuis la Libération, lui reprochait le gouvernement actuel. Nous redonnions à cet enfant un père cohésif, en accord de conscience avec ses actes, mais essayant d'attendre, caché, le temps de l'apaisement des passions, afin (si c'était possible) de ne pas se faire tuer. Et nous ajoutions : « Si ton père était trouvé, il subirait la peine d'être tué tout comme à la guerre. Il serait fier d'avoir fait son devoir et tu pourrais rester fier de lui. »

Cette récupération d'un père qui conserve sa conscience pour lui, malgré la condamnation double et contradictoire du monde social, fut le point central de stabilisation de l'enfant. Il n'y eut plus aucune angoisse aux visites du père, et ses progrès se firent de plus en plus rapides. Nous apprîmes, par la mère, qu'un grand frère à l'âge de bachelier qui n'arrivait à prendre goût à rien ni à se construire non plus au point de vue caractériel, et qui ne pouvait aborder en famille le sujet de son père, se transforma après la séance décisive du petit. Le grand avait vécu le blâme social du père à l'âge de douze ans, le petit à l'âge de quatre ans.

Cet exemple me parut un des plus typiques du rôle axial que joue l'image d'un père cohésif et valeureux sur la stabilité du caractère du garçon par rapport à son adaptation tant sexuée que sociale[65]. Il avait été frappant que l'argument clef qui avait redonné à l'enfant un père solide était celui-ci : les agissements de son père, qu'ils aient été condamnés ou exaltés, par un groupe social ou par un autre, sont à ses yeux valables et il est prêt à en répondre comme un responsable qui ne se sent pas coupable, même si cette responsabilité doit entraîner la mort.

Ce n'est qu'à l'apogée de l'adolescence, vraiment vécue avec toute la diversité successive de ses exaltations contradictoires pour des héros divers, avec l'apprentissage acquis de la vie en groupe social actif, que l'être humain est capable d'assumer même le risque de la défaveur du groupe. Quant à la défaveur de son héros ou de celui qui, à ses yeux, lui ressemble, il ne peut s'en libérer qu'après avoir connu ou éprouvé un grand amour sincère et s'être senti apte à y répondre, sans que cet avènement de la sexualité, s'imposant dans sa liaison avec les difficultés des réalités sociales, ait réveillé d'angoisses névrotiques. Le rôle des conditions familiales, et surtout sociales, est à cette époque déterminant dans la réalisation ou non de cet amour valable. De l'acceptation de ces épreuves de la réalité, sans réaction de frustration à type névrotique, naît un être humain, adulte et libre, dont les décisions sauront n'être dépendantes que de lui-même et de son sens personnel des responsabilités.

La maturité, chez l'homme comme chez la femme, appelle le besoin de fécondité avec l'objet sexuel, choisi librement, et cette nouvelle incitation ramène souvent avec elle le cortège des identifications parentales et ses dangers de régression.

Dans l'espace comme dans le temps, l'être humain n'est jamais absolument autonome pour l'observateur psychologue, et il n'est jamais non plus complètement déterminé.

Au terme de cette étude, se dessinent quelques conclusions. Celui qui n'a pas résolu le complexe d'Œdipe en conservant de la tendresse pour les auteurs de ses jours, par-delà des difficultés rencontrées dans le milieu familial, est incapable d'élever des enfants sans projeter sur eux sa propre situation œdipienne non résolue.

Toute étape de développement affectif doit être saisie dans sa valeur positive et être acceptée comme telle, sans, pour autant, requérir dans tous les cas, ni le fait, ni le désir de l'expérience concrète.

Tant qu'un être humain n'a pas résolu une épreuve, il redoutera l'écueil de cette épreuve pour un autre auquel il servirait éventuellement de guide; car un guide doit posséder, inscrit dans son être propre, la solution du problème que l'autre doit résoudre à sa façon.

L'interdépendance d'identification, qui est au début de la vie humaine la formatrice de l'enfant, peut à partir de l'adolescence en être la déformatrice, car elle est plus alors recherche de sécurité régressive que vraiment éducative. L'adulte non libéré du complexe d'Œdipe appréhende la solitude relative de cœur que doit entraîner la résolution de ce complexe, et la ressent comme un malaise de culpabilité. La libération ne peut plus, dès lors, se réaliser que si le sujet prend conscience de l'impossibilité d'une solution par des voies semblables à celles qui eussent été normales dans l'enfance et, simultanément, du caractère normal de la solitude qu'il doit affronter.

C'est le mérite de la psychanalyse d'avoir découvert que les relations de dépendance infantile, non surmontées dans l'enfance, cherchent à se reformer sur des objets dits de transfert, autres personnes parées pour l'occasion de la plus-value parentale. C'est alors qu'interviennent au maximum les relations de transfert internévrotiques dans les groupes humains, car ce qui n'a pas été résolu dans l'enfance exige d'être satisfait et veut rejouer le conflit, en le résolvant à peu de frais. Ainsi, pour des filles, des fixations de transfert œdipien à des hommes choisis à l'image d'un père idéal, dont elles ne doivent évidemment obtenir qu'échec amoureux ou infécondité. La non-résolution du complexe d'Œdipe les obligera à régresser aux étapes antérieures de dépendance totale. De telles femmes-enfants exercent une influence néfaste sur la formation réactionnelle de leur descendance ou des enfants qu'elles côtoient.

C'est encore un mérite de la psychanalyse d'avoir montré que l'être humain pouvait vivre symboliquement des étapes manquées de son développement dans une relation de transfert imaginaire mais contrôlée. Cette relation affective devient riche, émotionnellement, des épreuves éducatives qu'elle permet de revivre et, de ce fait, permet au sujet d'atteindre à l'autonomie d'un comportement jusque-là déterminé par la répétition de l'échec qui avait stoppé son évolution dans ses premières identifications familiales.

Si la psychanalyse libère ainsi des adultes jeunes de troubles psychologiques d'infantilisme affectif, son grand terrain de travail est de plus en plus l'étude et la découverte des facteurs spontanés et provocateurs de névrose dans l'enfance. Le champ des recherches sur les interrelations de dépendance humaine est ainsi largement ouvert.

La santé « collective »

Le Coq-Héron, n° 68, 1978

L'enfant, sa mère et l'entourage humain proche de la famille adaptent les uns aux autres leurs désirs, s'adaptent symboliquement les uns aux autres à plaisir, déplaisir ou dans l'indifférence — selon les variantes de leurs désirs réciproques dont ils peuvent se tolérer les expressions, dont ils peuvent se donner les satisfactions narcissiques, ressenties comme accordées par les autres.

Cette co-vivance se charnalise au jour le jour, en réactions réciproques inconscientes à effet symbolique fonctionnel qui s'exprime en santé organique et psychique, quand chacun des sujets trouve assez de liberté d'être, d'agir et d'aimer.

Le dynamisme des désirs inconscients (de l'enfant, de sa fratrie, de ses parents) s'inscrit pour chacun selon le jeu de son désir croisé à celui de l'autre, au niveau exigible de satisfaction de leurs pulsions, de leurs interactions narcissiques réciproques.

Chacun joue ainsi pour l'autre un rôle de représentant symbolique référé à son passé, à son présent ou à son avenir, quant au désir qui l'anime, et focalise son narcissisme dans l'espace muet de son corps, pour chaque individu, et dans leur espace commun, lieu de leur langage comportemental, gestuel et verbal.

RÉSOLUTION DE L'ŒDIPE

L'angoisse de castration jumelée aux poussées du désir incestueux s'apaise du savoir de l'interdit, de par la loi sociale, du désir incestueux (c'est-à-dire du fantasme). Ce que l'enfant a espéré, attendu, supposé réalisable de la séduction et du « corps à corps » génital, fécond ou non, avec le parent proche de sexe complémentaire ou avec la fratrie, est non seulement actuellement, mais à jamais impossible. Cet interdit de l'inceste l'insère dans la communauté des humains, tous marqués de cette prohibition.

Ses pulsions sexuelles sont reconnues, dévoilées, et sont en même temps valorisées en tant qu'humaines et barrées par rapport aux premiers objets qui les ont focalisées.

La libido de l'enfant subit alors une mutation due à l'introjection de cette loi. Il s'ensuit un refoulement momentané des pulsions sexuelles génitales, du fait de l'abandon de leur but incestueux, parfois accompagné d'une ébauche d'investissement régressif homosexuel latent du parent de sexe homologue, parce qu'il est l'image de l'adulte modèle et culturellement honorable; mais c'est un amour chaste qui pousse alors l'enfant à s'identifier socialement à lui. Toutes ses pulsions sexuelles s'orientent vers l'élaboration, par introjection de cette image sociale, d'un Surmoi œdipien, gardien de cet interdit et lié à un Idéal du Moi attractif pour le narcissisme de l'enfant[66]. Cet Idéal du Moi soutient ses pulsions vers des réalisations passives et actives à tous les niveaux (oral, anal, prégénital), dont les effets de sublimation sont remaniés et revalorisés par cette ultime castration qui favorise son insertion sociale dans des activités et des sublimations compétitives avec ceux de son âge.

Pour le dire autrement, l'amour pour ses parents, que le désir compliquait de fantasmes de consommation, se dégage du registre charnel pour, dans la chasteté, de personne à personne, à distance de corps à corps, devenir symbolique d'oralité, d'analité, de génitalité. Le temps et l'espace eux-mêmes remanient leur interdépendance fantasmatique et narcissique, pour prendre une mesure objective, celle des pendules et du calcul métrique. L'ordre génétique de ses deux familles, maternelle et paternelle, peut devenir clair pour l'enfant, jusque dans les cousinages éloignés. Dans le dessin, apparaît la recherche de perspective. Les lois qui régissent le maniement de l'argent, pouvoir différé articulé à des services rendus, s'ordonnent à leur tour, ainsi que celles qui régissent la parole donnée ; le dire, le faire, le penser s'organisent spontanément, par rapport à l'imaginaire comme tel, à la réalité comme telle.

Une éthique nouvelle éclôt, celle de la dignité humaine, éthique fragile encore jusqu'à l'adolescence, et pour la sauvegarde de laquelle l'exemple, plus encore que le soutien tutélaire de ses parents, des paroles riches de sens pour lui venues de compagnons aînés et d'adultes estimés, lui est encore nécessaire. Il leur adjoint des héros historiques ou des personnages-vedettes de l'actualité, parce que ceux-ci sont des modèles de rôles ; et, ne les connaissant pas dans sa réalité quotidienne, il est à l'abri des déceptions que l'observation des adultes parentaux et éducateurs lui infligent chaque jour, par la distance qu'il y a entre l'image qu'il voudrait les voir donner et leur réalité humaine, toujours faite de contradictions. La distance entre la réalité et le fantasme, tant chez les autres que chez lui-même, reste pour tout humain une blessure narcissique inguérissable. Le « je désire le bien et j'agis le mal », le « tu causes, tu causes » de Zazie[67], est une vérité pour laquelle les plus sensibles ont à être soutenus par la compréhension de leur révolte et l'éclairement de leur jugement. Le sentiment de culpabilité doit se muter en sentiment de responsabilité. Il s'agit d'arriver à une morale d'adulte qui s'éclaire de la distinction, tant dans le comportement des autres que de soi-même, distinction dénarcissisante qui est le prix de la maturité, entre la responsabilité d'actes coupables devant la loi réelle et la culpabilité imaginaire et sa jouissance morbide, face à une loi individuelle, enracinée dans les fantasmes liés au spectacle de soi-même se désirant en miroir.

LA FAUSSE DÉBILITÉ

Certains enfants, par exemple, se structurent en fausse débilité, du fait d'un maternage obsessionnel et phobique à la fois, où leurs besoins et leurs satisfactions accaparent toute la libido fétichique d'une mère qui craint les microbes, vouée qu'elle est à protéger les enfants de tout contact avec d'autres, souvent même avec le père qui part au travail avant leur lever et rentre après leur coucher.

Ces enfants, apparemment débiles, phobiques de toute communication, sont en réalité pervertis; leur angoisse transparaît sous la forme de troubles organiques constants, qui en font d'abord des objets captés par les médecins et les hôpitaux, puis des objets rejetés de l'école, et envoyés finalement au psychanalyste.

Si le père et la mère acceptent de s'impliquer, l'analyse porte sur cette relation pervertie du désir de la mère, inconsciemment retenue par son enfant pour effacer le traumatisme de son propre sevrage, son enfant ayant rétabli son lien homosexuel archaïque au sein maternel — objet à tripoter, surprotéger et garder pour elle. Mais il peut s'agir aussi du refus de sa féminité symbolique, depuis l'âge de trois ans; c'est alors un Œdipe non dépassé, avec frigidité totale dans un coït écœurant subi par elle, par devoir ou dépendance, l'enfant étant investi fétichiquement, comme substitut d'excrément, à conserver jalousement, octroyé par la grossesse qu'elle eût préférée parthénogénétique. Le nouveau-né, quel que soit son sexe, est reçu par elle en fétiche vivant, otage dans la guerre qu'elle a déclarée au pénis.

Incapables d'aimer homme ou femme, de telles femmes exercent un pouvoir sadique, manipulateur, voyeur, à bénéfices narcissiques de petite fille de trois ans qui, enfin, possèdent un substitut pénien valable, son sexe féminin ayant été dénié jusque-là comme signe de castration primaire trop injuste. L'enfant aliéné à son destin de sujet leur sert à prendre une revanche sur leur passé de douloureuse impuissance.

AMYGDALES ET APPENDICE[68]

Pour donner un relief concret à ces propos sur la santé en famille, sur son caractère psychosomatique, je prendrai ici un cas qui m'a été rapporté, dans mon séminaire « Étude comparée de la clinique et du dessin libre », par une psychologue d'enfants.

Il s'agissait d'une petite fille de neuf ans, Isabelle, amenée en consultation parce qu'elle refusait de dormir dans sa chambre : elle voulait toujours coucher dans le lit de sa maman. Cela avait commencé à un moment précis, à la suite d'une opération d'amygdales subie par sa sœur de dix ans. Lorsque celle-ci a été opérée, la maman est allée pendant deux jours coucher dans la chambre des filles et Isabelle est allée coucher dans le salon, sur un canapé. À la suite de ce changement provisoire dans ses habitudes, elle a commencé à se plaindre de douleurs abdominales; et, depuis ce jour, elle hurle, crie, autrement dit fait du scandale. Pour éviter des histoires avec les voisins, le père va coucher dans la chambre des enfants, dans le lit d'Isabelle, et celle-ci couche avec sa maman, dans le lit conjugal.

Au cours de l'entretien qu'elle a eu avec la psychologue, elle lui a raconté que son père l'aurait caressée quand elle couchait sur le canapé et se serait fait caresser par elle. La psychologue pensait, elle, que ces dires d'enfant n'étaient que des fantasmes, avec une toute petite part de réalité. En discutant avec la mère, la psychologue apprit par ailleurs que celle-ci se considérait comme frigide et qu'elle évitait toute relation sexuelle avec son mari qui, d'ailleurs, lui non plus, ne la supporterait pas. À partir de ces faits, ainsi que des quelques dessins de la petite fille, j'ai essayé de voir plus clair dans leur histoire.

Quant aux propos de la petite, il est bien probable qu'il s'agisse là de fantasmes. D'autant qu'un des dessins est une histoire de mariée. À cet âge, toute enfant fantasme de se marier avec son père. Et les pulsions en cause sont des pulsions qui prennent des représentations sadiques. L'opération des amygdales de la sœur, qui a entraîné des changements de coucher de la mère, a libéré ces imaginations. Mais c'est une enfant qui ne demandait que ça. En fait, tout le groupe d'enfants (il y a aussi un frère de quinze ans, dans cette famille) est à tranquilliser à cause de l'impact sur le coucher de la mère auprès de sa fille, objet d'intérêt tel que le couple parental semble, aux yeux des enfants, avoir été modifié par l'angoisse due à cette épreuve chirurgicale.

Je crois que ce sont les idées que la mère se fait d'elle-même, de sa frigidité, qui expliquent ce charivari familial, à point de départ apparent d'une opération d'amygdalectomie.

Les enfants savent inconsciemment et expriment le désir de la mère; que ce soit par le corps, de façon fonctionnelle, psychosomatique chez la fille aînée, ou que ce soit par la névrose caractérielle de la seconde. Il faut couper quelque chose à quelqu'un dans la zone érogène. L'inflammation des amygdales, de l'appendice, ce sont des troubles psychosomatiques quatre-vingts fois sur cent, pour ne pas dire plus. C'est une façon pour l'enfant de provoquer un face-à-face avec l'angoisse de castration sans en être émotionnellement atteint. Il est très rare que l'opération de l'appendicite puisse résoudre le conflit, étant donné le trop grand bénéfice secondaire que l'enfant tire d'une régression et de l'intérêt à son corps que les soins infirmiers et la compassion parentale rendent gratifiants.

Une opération de l'appendice devrait être préparée avec l'enfant dans ce sens. L'enfant ne recevrait pas de visites à l'hôpital pour qu'il n'en tire pas de bénéfices secondaires. Il profiterait ainsi de la castration « magique » d'un enfant imaginaire digestif, fantasme incestueux. D'ailleurs, si on faisait seulement un simulacre d'opération avec cicatrice épidermique, et qu'on lui montre un petit riquiqui, un petit zizi, qu'on aurait soi-disant retiré, il serait tout aussi guéri et il n'y aurait, la plupart du temps, pas eu besoin d'opérer une appendicite.

Le plus souvent, les enfants qui font une appendicite à l'âge de la période de latence et à la puberté, sont des enfants qui somatisent un enfant anal du père, un enfant digestif, sans avoir affronté clairement la rivalité œdipienne. Cela provient de la croyance que les mères reçoivent quelque chose de magique par la bouche, quelquefois par l'anus ou l'ombilic, et que c'est ça qui leur fait grossir le ventre. Cette croyance les a clairement habités, entre trois et six ans, sans avoir été verbalisée. Et le symptôme est le résultat d'un refoulement de ce désir d'avoir un enfant de papa, et en même temps la terreur inconsciente du désir de l'inceste magique fécond, pour un trouble banal (quelque chose dans le ventre qui fait mal).

Quand on a la chance de parler avec des enfants qui ont soi-disant mal au ventre et qu'on les fait dessiner, on s'aperçoit que c'est de cela qu'il s'agit.

Bien sûr, parfois, le chirurgien, en retirant l'objet du litige, retire la croyance magique, mais cela entraîne immédiatement une régression. L'Œdipe est refoulé mais non assumé. D'ailleurs, le plus souvent, le psychothérapeute revoit ces enfants à fausse appendicite, opérés entre neuf et treize ans, vers dix-huit, dix-neuf ans, pour d'autres phénomènes : de refus de virilité pour les garçons, de refus de féminité pour les filles. On avait fait régresser l'enfant qui était entré en phase de latence sans résoudre l'Œdipe, du fait que l'enfant du désir oral ou anal imaginaire avait été soustrait, mais non l'enfant du désir urétral imaginaire.

Alors on voit les filles, entre quinze et dix-huit ans, manifester des cystites par exemple, c'est-à-dire avoir des sensations dans la vessie en rapport avec ces pulsions non castrées d'un phallisme imaginaire infantile, qui se manifeste sous forme psychosomatique à ce moment-là. Les règles douloureuses, ou tous ces symptômes qui sont très fonctionnels, relèvent d'une croyance magique infantile en rapport aux dangers de fantasmes incestueux de l'enfant.

Il ne faudrait jamais faire l'opération de l'appendicite avant d'avoir contrôlé la vitesse de sédimentation et fait un examen hématologique prouvant l'existence d'une infection en cours, imputable à une appendicite trop avancée pour qu'on puisse éviter une opération de sécurité vitale. Ce qui d'ailleurs ne résout que le danger physique, mais pas la question de l'origine psychosomatique tout aussi probable pour les vraies que pour les fausses appendicites.

Les amygdales sont du même tissu lymphoïde que l'appendice, et ce tissu est particulièrement sensible aux réactions psychosomatiques. Les deux zones érogènes de la fille sont évidemment la zone orale, avec le fond de la gorge, et la zone digestive dont le « ventre » est pour les enfants le lieu où la grossesse se manifeste.

Dans l'exemple ci-dessus, les deux filles étaient en réaction au conflit parental ; évidemment elles auraient « bien mieux aimé leur papa » que ne le faisait leur maman. C'était ça le problème : leur amour était d'ordre affectif imaginaire érotique, ce qui n'a rien à voir avec un amour génital vrai. Seulement, ces enfants étaient « paumées », tout le monde était « paumé », et cela faisait une diversion dans la famille, avec tout ce jeu de chat perché dans les lits. Il aurait fallu évidemment parler au père et à la mère séparément.

Quand les enfants aînés arrivent à maturité, le parent du même sexe que l'enfant fait une régression sur son propre Œdipe dans ce qu'il a de non liquidé, et peut entrer en rivalité avec cet enfant adolescent, ou en être jaloux.

Ces considérations sur les appendicites viennent de beaucoup d'observations et d'écoutes d'enfants de trois ou quatre ans qui, lorsqu'ils entendent qu'on opère de l'appendicite, disent :

« Alors on lui a enlevé son bébé qu'elle va avoir...

— Qu'elle va avoir quand ?

— Quand elle sera grande.

— Le bébé de qui ?

— Le bébé de papa. »

D'autres enfants, ayant demandé ce qu'était l'appendicite, ont eu cette réponse : « On lui a enlevé un petit machin qu'elle avait dans le ventre. » Le « petit machin qu'on a dans le ventre », c'est évidemment le pénis intériorisé, la future poupée vivante de papa, son pénis puisque c'est ainsi que l'enfant fantasme ses poupées dans son amour pseudo-maternel à leur égard.

Quant aux amygdales, une petite fille de trois ans, alors qu'il était question d'enlever les amygdales de ses deux frères, m'a dit :

« Moi, j'aime mieux mourre (alors qu'elle savait dire le mot mourir) mais pas qu'on m'enlève dans le fond toute ma voix pour chanter à papa.

— Vraiment, tu aimerais mieux mourir ?

— Oh oui, parce que je chanterai tout de même avec tout moi, et puis avec toute ma gorge, et j'aime mieux qu'on me la coupe pas. »

Voyez l'âge de l'enfant ! C'est dans le fond de la gorge qu'elle situe le lieu de son charme pour son père !

Alors, cette opération des amygdales, pour les gens qui ont des enfants à opérer, cela se fait tout de même, et pourquoi pas... Il faut savoir que c'est une opération sensationnelle pour guérir toutes les névroses, parce que c'est une opération lors de laquelle l'enfant fait une régression massive et totale à son premier âge. Si bien que si on a l'occasion de voir un enfant névrosé, gravement malade, par exemple un enfant qui a été traumatisé par une mauvaise nourrice ou par des choses très difficiles qui se sont passées dans son jeune âge, il faut préparer la mère à refaire un nidage maternant de l'enfant. Cette opération des amygdales peut ainsi refaire complètement[69] la personnalité de l'enfant, à condition bien sûr de ne pas lui faire prendre la place de conjoint nocturne, parce que l'enfant revient absolument au désir oral, du fait de l'impossibilité d'avaler. À ce moment-là, il est à un âge symbolique où ce sont les paroles de la mère qui restituent jusqu'*ab ovo* son être en sécurité. La mère qui ne peut donner ni à boire ni à manger n'est que la mère symbolique. L'enfant nourrisson n'a pas besoin seulement de boire eau et lait. Il a besoin aussi de boire des paroles[70] adressées à sa personne, indépendamment de gratifications substantielles. Quand il était petit, il avait besoin de boire du lait avec des paroles vraies d'amour attentif.

Les enfants psychotiques ne font pas d'angines; mais pour les enfants névrosés qui ont eu la malchance d'avoir dans leur petit âge des personnes un peu névrosées auprès d'eux, sadiques ou trop obsessionnelles, au moment du biberon, du pipi-caca et toutes ces choses-là, on peut, à l'occasion d'une opération d'amygdales, tout laisser reperdre pendant quelques heures. Cela n'a aucune importance : pendant vingt-quatre heures, on peut le laisser régresser.

À cette occasion, le plus important ce sont les paroles de la mère, qui comprend la souffrance de son enfant. Si elle lui parle sans faire d'angoisse, préparée au fait normal qu'il ne peut pas boire, qu'elle reste près de lui, rassurante et compatissante, qu'elle recrée un lien symbolique en lui donnant la main, en étant présente, l'extraordinaire, c'est que l'enfant en sort complètement rénové.

Bien sûr, on peut dire que l'opération est nécessaire et aide beaucoup l'enfant, habitué qu'il était à avoir une infection chronique, porte d'entrée aux rhinopharyngites. Mais quand on voit le chemin qui s'est fait au point de vue de la relation symbolique restructurée depuis la base, ce n'est pas là simplement le fait mécanique de l'opération d'amygdales. Sur le plan psychosomatique, il est clair que cette ablation joue un autre rôle. Le changement est immédiat après la grosse régression avec pipi au lit, et parfois encoprésie durant la première journée, parce que les sphincters sont touchés d'emblée, puisqu'on a touché le fond de la cavité orale, digestive et aérienne, commandant toutes les sensations du cavum et du tube digestif supérieur. Si l'enfant a le droit de s'abandonner à sa souffrance, si on lui dit : « Oh oui, tu as très mal », « tu as très mal, c'est pour guérir et grandir mieux encore après », si on lui chante des chansons, qu'on lui permette de se plaindre, même de dire des choses fort agressives sur le chirurgien sans lui faire de reproches, on assiste à une véritable catharsis orale et anale restructurante. C'est chose utile à savoir pour les pédiatres. C'est comme un choc, grâce auquel on liquide tous les autres troubles.

La mère doit, à ce moment-là (si elle travaille, par exemple, et de ce fait n'a pu élever elle-même l'enfant), prendre deux jours entiers et ne pas quitter son enfant, restant à côté de son lit, lui parlant, tricotant à côté de lui, de temps en temps lui tenant la main et lui disant : « Maman est là », comme on dirait à un bébé, et lui chantant ses chansons d'enfant, de quand il était petit.

Cependant, on ne peut pas espérer le même résultat avec une autre personne. Ce bénéfice n'est tel que si c'est la mère (ou l'épouse du père en cas de décès de la première mère). Il est nécessaire que ce soit la personne avec laquelle l'Œdipe est en cours jusqu'à six ans, sept ans, jusqu'avant l'âge de la formation de la deuxième dentition. Par exemple, un enfant qui, ayant perdu sa mère à quatre ans, aurait une belle-mère depuis un an et serait insupportable, ou qui aurait des troubles d'adaptation à cette femme. À l'occasion de cette opération anergisante, c'est-à-dire qui ôte toute énergie à l'enfant et le remet dans des pulsions de ne plus avoir envie de vivre (parce que la gorge est le lieu érogène nodal de la vie jusqu'à trois ans et c'est là qu'il est blessé), la belle-mère pourrait alors agir comme l'aurait fait la mère qu'elle remplace ; la présence d'une autre personne familiale n'aurait pas la même valeur restructurante. Cet enfant qui ne peut pas rétablir le circuit oral puisqu'il souffre et ne peut pas avaler, est absolument tout oreille à une voix de style maternant qui lui reparle de quand il était petit et de quand, « dans trois jours, il va être tout à fait rétabli ».

Ceci est valable pour les amygdales. L'opération des végétations n'est en rien traumatisante, et on danse une demi-heure après. Il est important que les mères le sachent, parce qu'elles font un traumatisme d'avoir vu beaucoup de sang. Cela n'a aucune importance, et les végétations ne causent aucun choc à l'enfant. Parce que, justement, il peut avaler tout ce qu'il veut, ça ne lui fait pas mal. L'opération des végétations n'est traumatisante que pour les parents, mais n'est rien du tout pour l'enfant, si les parents ne sont pas anxieux. Il respire comme il veut, encore mieux une demi-heure après. On lui dit de se reposer parce qu'il ne faut pas risquer une hémorragie. La maman est à côté, lui lit des histoires, le petit opéré a très faim, il mange, il avale, etc., il est ravi de faire une légère régression, comme tout enfant bien portant qui reste à la maison et à qui on peut raconter des histoires ; mais il n'y a aucune anergie[71], c'est-à-dire qu'il n'est absolument pas touché, mais au contraire revalorisé dans ses forces vives. L'enfant se met alors à respirer et ne fait plus aucun cauchemar puisqu'il n'étouffe plus la nuit. Les enfants qui ont des végétations font des cauchemars en rapport avec une menace d'asphyxie, qui est menace de mort puisqu'elle réveille l'angoisse de la naissance. C'est pour cela qu'il faut opérer absolument des végétations, sans scrupule, et même s'il le faut, plusieurs fois dans la vie. On dit que les végétations repoussent. Ce n'est pas du tout la même chose pour les amygdales. Pourquoi n'opère-t-on pas les végétations des enfants petits qui sont vraiment gênés pour respirer et vont de ce fait développer une angoisse à origine physique dans le sommeil ? Il y a eu une époque où beaucoup de pédiatres disaient qu'il valait mieux attendre et enlever en même temps végétations et amygdales. Or, ça n'a aucun rapport comme épreuve pour l'enfant et si, déjà, il n'y a plus de végétations, il respire beaucoup mieux ; ensuite, s'il est nécessaire encore d'enlever les amygdales, il faudra le faire mais pas, à mon avis, avant qu'il n'ait largement dépassé l'âge oral.

J'ai vu des opérations d'amygdales qui avaient vraiment terrassé des enfants pour très longtemps, au moins jusqu'à la puberté. Avec retards, complications familiales, régressions en chaîne, du fait de l'état de pâleur anorexique qui s'ensuit et qui vient des pulsions de mort. La régression n'ayant pas été utilisée par une mère bien renseignée, ces pulsions sont restées à l'état de pulsions de mort sans la contrepartie des pulsions de vie (comme chez les bien-portants). Et cette exagération des pulsions de mort mène à la dépression[72].

TROISIÈME PARTIE

Sentiments

L'expression des sentiments

Parents et maîtres, n° 95, novembre 1976

C'est par la parole, par la création, que l'être humain arrive à dépasser son sentiment d'impuissance; il est voué à la souffrance, à cause de la disparité entre ses désirs, qui sont incommensurables, et l'impossibilité de les satisfaire. Il y a donc une souffrance fondamentale et nécessaire, que nous n'éviterons jamais. Toutefois, ce que nous autres psychanalystes et psychothérapeutes pouvons promouvoir, c'est l'évitement des souffrances inutiles. Nous qui sommes les témoins privilégiés de tant de malheur, nous pouvons, si nous ne restons pas dans notre tour d'ivoire, aider par la parole, par la symbolisation, par la création, à ce que la disparité entre le désir et la réalité soit moins douloureuse, et que les souffrances inévitables trouvent à s'exprimer afin que la solitude n'ajoute pas l'angoisse à la souffrance.

Parents et maîtres ont sollicité mon avis sur le problème des sentiments et des émotions. La question était formulée ainsi : « Bien des adultes ont derrière eux toute une éducation répressive du sentiment : "on ne crie pas", "on ne pleure pas", "sois un homme", "pas de sentiment", et l'on constate que leur cœur se révolte fort souvent à leur insu, et de façon alors très irrationnelle. Qu'auriez-vous envie de dire, avant tout, à des parents de petits enfants, sur tout ce qui concerne l'expression des sentiments ? » Ce qui suit est ma réponse.

SENTIMENTS ET SENSATIONS, DÉSIRS ET BESOINS

Le tout petit enfant traduit constamment des émois, des affects. Il exprime par des cris sa sécurité, sa joie, son inquiétude, son désagrément. Mais il exprime alors des sentiments qu'on peut difficilement dissocier des sensations. Ainsi des mères s'imaginent-elles qu'un petit enfant, parce qu'il crie, a besoin de quelque chose dans son corps : d'être changé, de manger, d'être secoué. Comme il se calme si on s'occupe de lui, on croit qu'il ne s'agit que de cela. Si bien que beaucoup de parents réduisent à des sensations les sentiments des enfants. Ils ne pensent qu'au corps et pas au cœur à cœur, à la nécessité d'une communication interpsychique avec la mère.

C'est aussi erroné de réduire les sensations à des sentiments, comme on le voit faire par des gens au crâne bourré de psychanalyse, qui pensent que l'enfant leur fait des tas de discours sentimentaux, alors qu'il en a simplement marre d'être assis de la même façon et qu'il voudrait bouger un peu!... Mais ce que l'enfant « désire » — je ne parle pas de besoin —, c'est une communication continue à travers les absences de corps à corps. Ce qui ne se fait pas si la mère, lorsqu'elle s'occupe de lui, s'occupe seulement de son corps : sans lui parler, sans lui dire par des modulations de la voix ce qu'elle ressent, ou ce qu'il ressent lui-même, en le lui traduisant.

UN ENSEMBLE À LA FOIS SENSORIEL ET ÉMOTIONNEL

Pendant les neuf mois de la vie intra-utérine, l'enfant est au contact constant des émois de la mère, qu'il partage d'une certaine manière par les variations perceptibles circulatoires, neurophysiologiques. Son oreille, dans les derniers mois de la grossesse, est très développée. À travers une paroi qui le met en sécurité, il entend les sons, les paroles de sa mère à son entourage, il entend le monde des échanges. Et puis, il y a tout d'un coup la naissance, l'entrée dans un autre monde. Et il faudrait alors imaginer, parce qu'il naît, qu'il n'est qu'un tube digestif qui ne pense et ne perçoit rien et doit rester immobile dans son berceau! Il entend, d'une tout autre manière maintenant! Et quelle force ont alors les sons...

Père et mère dont il discrimine l'odeur et la voix, déjà il les aime, il trouve avec eux reconnus sa sécurité. Ce dont il a besoin, c'est d'être compris d'eux, en tant qu'un ensemble à la fois sensoriel et émotionnel. Quand la mère s'occupe de son bébé, celui-ci a besoin que ce soit toujours modulé de paroles : « Est-ce que tu as besoin de quelque chose ? », « Ah, mais oui, tiens, ton oreiller n'était pas très bien placé », « Maman est là », « Je suis là »... Lorsqu'elle s'éloigne, et qu'elle a parlé d'elle-même ainsi, le bébé est rassuré parce qu'il a senti qu'il « comptait » pour sa maman : que celle-ci soit présente ou absente, elle est par la remémoration des sons de sa voix au bout de ses sentiments, en communication imaginaire avec lui.

CRIS DE « BESOIN » OU DE « DÉSIR » DE COMMUNICATION

C'est cela qui fait que le désir, mué en sentiment, se met à communiquer avec la mère. Une mère attentive fait très vite la différence entre une demande d'assistance physique et une demande de présence, autrement dit entre les cris de besoin et les cris de désir de communication. Et les cris de désir, ça ne veut pas dire qu'elle n'y va pas. Non, elle y va et lui parle : « Ah, le petit coquin, il veut m'empêcher de, etc. »; « Tu sais que je suis occupée : mais je ne t'oublie pas, je pense à toi... »

C'est alors que se fait chez l'enfant, très précocement, une discrimination entre des sensations qui demandent une proximité accompagnée de corps manipulé et ce qui se satisfait en lui de la communication interpsychique par la voix, à distance des corps, par des modulations qui prennent sens[73]. C'est très important que les mères — les pères aussi — apprennent que l'enfant a besoin de leur présence, de leur vue, de leur audition, sans corps à corps. Mais c'est difficile, parce que les sentiments des enfants se déguisent souvent en besoins, du fait que leur mère n'a traduit leur affection pour eux que par des soins du corps.

ÉMOIS, SENSATIONS, SENTIMENTS, MONDE EXTÉRIEUR

C'est le langage qui est la symbolique du croisement[74] entre les sensations et les émois dans une rencontre interhumaine : langage auditif, mimique, visuel, gestuel, d'un être qui est en communication interpsychique de désir avec cet enfant. Car un émoi tout seul, c'est une sensation, et une sensation toute seule, un faux émoi. Pour qu'il y ait « émoi », il faut qu'un autre être soit en résonance avec nous. Durant neuf mois, je le redis, des sensations et des émois se sont entrecroisés, dans la co-vivance de l'enfant avec sa mère, elle-même représentant du couple géniteur.

Après la naissance, les sensations de l'enfant se réduisent à lui-même. Et ses émois, s'il n'y a pas la communication avec un autre être proche de lui, restent alors à l'état de sensations. Il ne peut vivre que du souvenir hallucinatoire de l'époque antérieure, où il y avait des émois et des sensations médiatisés par des paroles autour; il n'y a aucune prise de code de communication avec des êtres humains du monde extérieur. Pour que ce code s'installe dans un être humain, il faut qu'un être du monde extérieur, désirant la communication avec cet enfant, vienne à lui et donne sens aux mimiques qui révèlent son désir de communiquer inter-psychiquement, en traduisant ses émois par des paroles[75].

ÉMOIS, « MOI », TIERCE PERSONNE

Si le mot « émoi » veut dire quelque chose, c'est: il est sorti de son moi. Et pour le retrouver, il lui faut maman. Mais il ne faut pas toujours la maman du corps à corps : il lui faut « maman », ou la voix du substitut maternel et de tout l'entourage de la maman, c'est-à-dire la vie tout autour, à laquelle il s'associe par des attitudes passives, qui sont l'écoute, et par des attitudes actives modulées, qui sont les cris et les lallations de bébé. Mais on ne peut rien dire de cela dans l'absolu. Tout dépend en effet de la façon dont la mère a été elle-même maternée : sans le savoir, une mère vit comme elle a vu faire sa mère ou en faisant le contraire de ce qu'elle a vu faire par sa mère.

Elle ne se doute pas de ce dont a besoin « cet enfant-là ». C'est une question tout à fait individualisée. Ce ne peut être pensé par elle que si une troisième personne en parle avec elle autour de cet enfant. Cette tierce personne, ce peut être la concierge, une bonne d'enfants, une autre mère rencontrée dans la rue. C'est l'intervention de ce tiers qui peut faire qu'une mère pense à son enfant comme à un être « particulier », qui n'est pas une réplique d'elle-même, ni un enfant imaginaire, « son œuvre » au possessif. Il est une création nouvelle de la nature, qui n'est pas à élever comme un animal, qui n'est pas à « dresser », qui désire un cœur à cœur... Né impuissant physiquement, le petit d'homme attend en effet de l'adulte qu'il l'initie à la vie du cœur et de l'esprit, et non pas seulement aux échanges ritualisés du commerce social, comme aux échanges digestifs bien réglés.

« DRESSAGE » ET RYTHMES NATURELS

« Dresser les enfants » : quel mot inhumain ! Hélas : la rencontre des tiers va trop souvent dans ce sens... « Ah, moi, Madame, le mien il était propre à huit mois, parce que chaque fois que j'ai trouvé ses couches sales, je lui ai flanqué une fessée et maintenant il se le tient pour dit ! » Et pourtant, l'enfant a besoin d'avoir ses propres rythmes d'excrétion. Il n'a pas le système nerveux terminé : il ne peut pas retenir ses excréments avant au moins dix-neuf mois pour les filles et vingt-deux mois pour les garçons... S'il le fait, ce n'est qu'en se greffant sur l'humeur de sa mère, en déniant son être de nature.

Les petits d'hommes sont tellement désireux d'avoir avec leur mère une communication interpsychique harmonieuse qu'ils peuvent modifier ou inhiber l'expression de leurs besoins : l'enfant est tellement adaptable au psychisme de l'adulte maternant qu'il arrive à aliéner ses propres rythmes au désir de robotisation que l'adulte lui impose. Cet ordre est bien pire que celui que nous imposons aux animaux domestiques, qui eux naissent « continents », presque achevés dans leur système nerveux : nous les dressons à satisfaire leurs excrétions dans des lieux (espace) qui leur sont destinés, nous ne contrarions pas leurs rythmes (temps).

DÉSIR DE ROBOTISATION ET DÉPENDANCE DU GROUPE

L'enfant ainsi contrarié — dérythmé — n'aura jamais, comme nous le disons dans notre jargon, des « pulsions anales », c'est-à-dire des pulsions utilisables pour faire, comme son désir le voudrait : le « faire » sublimé dans tout. Il ne saura jamais ce qu'« il » veut faire : c'est maman qui savait tout pour le caca et le pipi, et c'est malheureusement une métaphore de cet état qui se réalisera ensuite avec les mains, avec le corps, avec l'intelligence et pendant toute sa vie. Il aura toujours besoin d'une loi extérieure, d'appels et d'injonctions extérieures, pour lui dire ce qu'il doit faire. Car il a commencé dans la vie par ne rien savoir de lui-même : c'est sa mère qui savait pour lui... ; c'est un parasitage. Le cerveau d'une femme commande aux pulsions de besoins dans son bassin à lui.

Ces enfants, élevés ainsi, nous les voyons essayer de se coller dans des groupes quand ils sont jeunes, dans un groupe porteur dont ils ne sont qu'un petit élément, comme un enfant sur les bras d'un géant adulte. Alors, là, ils savent ce qu'ils veulent : ils veulent comme la troupe. Et l'école ne cherche pas à changer cette éducation de départ : elle ne cherche pas à ce que chacun pense comme il veut. Il faut savoir, penser, dire la même chose. On n'est bien vu que si on répète les mêmes sottises ou les mêmes vérités déjà dites par quelqu'un, alors qu'on aurait pu faire soi-même les découvertes et surtout exprimer ce qu'on avait observé, compris, avec ses propres mots, mots émanant naturellement de l'expérience subjective de chacun. Comme les mères dresseuses au « faire » du bassin, l'école dresse à la langue de bois[76].

LE « CŒUR À CŒUR » ET LA « LANGUE MATERNELLE »

Le « cœur à cœur », c'est le « la » du diapason de l'enfant : c'est un climat[77]. C'est le début du croisement des sensations avec les sentiments. C'est une mère qui, quoi qu'elle fasse, pense à son enfant. Et qui lui verbalise son émoi quand elle revient à lui, s'il est en train de crier et d'appeler : « J'étais loin, mais je ne t'oubliais pas... » C'est, dans le rythme et dans les modulations de la langue maternelle, un dire qui traduit et qui calme : ça traduit bien son émoi puisque ça le calme.

Si bien que, lorsque va revenir un émoi semblable, lorsqu'il aura fini de dormir et de digérer et qu'il sera de nouveau en attente de celle de qui il dépend en totalité, l'enfant aura dans sa mémoire la bande magnétique — si je peux dire — de ce qu'il a entendu à un moment de tension analogue. Ainsi, très rapidement, vont lui venir des sonorités dans son larynx, lui permettant de constituer un espace auditif créé par lui et qui est une imitation de maman qui revient : d'une maman présente à ses oreilles...

C'est ainsi que la langue maternelle s'inscrit d'absences en présences et de présences en absences, d'une façon totalement inconsciente, dans les articulés glottiques et les muscles phonatoires qui, maladroitement, expriment rythmes et phonèmes de la langue qui lui est parlée, parce que c'est « sensé ». Et c'est « sensé », en ce qu'il y avait du « sens » dans tout ce que la maman faisait avec lui et que ça répondait à ce « sens » à lui d'attente. Si bien que les paroles se mettent à traduire les désirs de l'enfant, auquel la mère avait pu donner parole.

L'ÉMOI N'A DE SENS QUE DANS UNE RELATION...

L'enfant se reconnaît dans ses paroles de désir comme si la maman était déjà là : de ce fait, il n'est plus tout seul. Et le début du symbolisme des émois commence là : toujours par des paroles, des paroles à l'enfant qu'il désire réentendre et dont il se procure une approche phonétique qui lui fait se sentir un être « elle-est-là-maman ». Donc je suis là : moi-elle, elle-moi, puis le père, son autre à elle. Puis, les autres de maman qui sont pour l'enfant des images des colloques que sa mère a avec d'autres êtres. Et c'est ainsi que ses émois prennent des couleurs de relations à toutes les personnes de l'entourage de la mère.

Quand un père rentre à la maison et met la télé ou la radio, et que le père et la mère ne parlent jamais à l'enfant, celui-ci est dans le désert de communication : la musique qui n'est pas croisée à des intentions se rapportant à lui, ça n'entre pas dans la communication. Mais si, en écoutant de la musique, le père ou la mère lui disent : « C'est beau, ça » ou le font danser, alors il a véritablement entendu cette musique. Pour entendre, il faut qu'il y ait eu émoi et sensation en même temps. L'enfant n'a pas des émois tout seul. Et l'émoi n'a de sens que dans une relation à une personne déjà connue qui exprime ce qu'elle ressent à un autre.

Les émois de l'enfant se développent ainsi dans un espace dont celui de son corps inconsciemment est le centre, espace qui a été « mamaïsé »[78]. Puis « mamapapaïsé ». Puis qui s'étend à l'un, à l'autre de cet un premier, à l'envi duquel il se découvre aussi autre de sa mère et autre de son père. Parfois à des objets et parfois à des animaux, parce qu'il les a vus avec sa maman et que celle-ci lui a dit quelques phonèmes à leur sujet. Toutes ces entités perçues se mettent à être des satellites sensés de la dynamique corporelle et émotionnelle de sa maman. Il a été ainsi initié par sa mère au monde qui l'entoure, au-delà et en deçà de son absence : elle est en effet là, présente, en souvenir ou en évocation. Et lui, il est en sécurité.

CODES INDÉCHIFFRABLES LORSQU'IL N'Y A PAS DE PAROLES

Lorsqu'un enfant ne peut que crier — et on en entend qui crient ainsi jusqu'à trois ans —, c'est qu'il n'y a pas eu cette modulation par la parole : il retourne à ce qu'il y a de plus primitif dans l'expression de son manque, il est déjà sans langage. Il en est de même de l'enfant silencieux, tranquille, qui attend qu'on le change[79] ou qu'on le nourrisse, avec lequel on n'a pas de conversation après chaque biberon, qui n'a jamais cet appel de la mère au moment où il est en état de désir ou de besoin, et qui ne peut pas traduire ses émois. Dieu sait pourtant que les mamans sont fières d'avoir dressé leur enfant à ne pas broncher jusqu'au moment où elles apportent le biberon !

Ces enfants-là connaissent plus tard bien des difficultés. Parce que, quoi qu'on fasse, et qu'on le sache ou non, la fonction symbolique est inhérente à son être au monde. Si elle s'exerce sans éléments phonatoires, visuels, tactiles, cinétiques, elle fonctionne forcément sur des éléments différentiels éprouvés dans les sensations : la plénitude de l'estomac, le vomir, les gargouillis du ventre, les pets, les sorties d'excréments, ainsi que les bruits du monde extérieur, dépourvus de sens pour n'avoir pas été nommés et qui, se collant par coïncidence dans le temps à ses sensations physiques, leur donnent illusion de langage... Et tout ceci établit pour l'enfant, dans le silence, un code indéchiffrable pour la société. La fonction symbolique s'est structurée complètement en vase clos, au lieu de se coder dans la relation émotionnelle à distance — et en présence — de la mère. Tout semble indifférent à cet enfant de langage autiste[80].

LE MONDE ENNEMI OU AMI

Nombre d'enfants, parmi ceux que nous soignons, font à longueur de temps des bruits de chose de métal. Parce que c'est tout ce qu'ils ont eu de la maman, sans jamais savoir ce que cela représentait : ils entendaient les casseroles et il arrivait que cela se croise avec leurs tensions de besoin ou de désir[81]. Cela ne veut pas dire que la mère ait à interrompre ses occupations de ménagère, mais qu'elle verbalise à l'enfant — par-delà l'espace qui les sépare — ce qu'elle fait : si bien que les bruits mêmes de la maison prennent sens. Elle peut dire, par exemple : « Ah, tu entends ce bruit ? C'est l'aspirateur... » Elle prendra son petit sur le bras, et lui fera tenir l'aspirateur. Ça aura un sens. Cet appareil sera un ami puisque maman lui en parle, qu'elle touche — « joue avec » — et qu'elle lui montre à le faire aussi.

Les enfants, c'est connu, ont peur de la chasse d'eau : parce que c'est là que la maman jette leurs excréments. Et c'est très important, pour l'enfant, l'excrément. C'est ce qu'il avait en lui, qui lui a tenu chaud, qui est sorti de lui, parfois qu'il a donné : c'est une partie de lui qui s'en va... Or, la plupart du temps, la maman l'emporte, il n'y a plus rien, et chaque fois il sait que ça se termine par la chasse d'eau : la chasse d'eau, c'est le son qui est associé à ce qui de lui peut être emporté, puisque l'eau est emportée avec l'excrément et que les excréments sont emportés avec elle. Ça emporte tout le monde, les chasses d'eau !

Mais si la maman a son bébé sur les bras lorsqu'elle porte au W.-C. son caca, qu'elle lui fait tirer la chasse d'eau, qu'elle lui dit en regardant : « Tu vois, quand on tire la chasse d'eau, ton caca descend par des tuyaux, puis il s'en va à la rivière, puis ça fait pousser les fleurs », alors le cosmos tout entier prend sens pour l'enfant, puisque celui-ci est en communication avec lui à travers ses besoins et à travers les paroles et les émois de sa mère. À quinze, seize ou dix-sept mois, le cycle de l'azote, c'est comme ça qu'on l'enseigne! Tout ce monde devient ami, l'enfant y contribue et il y a sa place, comme toutes les autres personnes et créatures vivantes. Ses besoins naturels le font participer comme tous à l'ensemble des échanges d'énergie.

La visite des champs d'épandage, dès trois ans et même avant, est pour cet âge une visite « culturelle », l'initiant en tant qu'humain coopérateur à la régie des besoins d'hygiène agro-alimentaire. Les besoins et leur maîtrise sont activité noble.

L'ÉCOLE : UN LIEU OÙ IL NE FAUT PAS COMMUNIQUER

Et partout, c'est la même chose! Les enfants auraient leur place à l'école si les professeurs leur disaient : « Si je n'étais pas professeur, je n'aurais pas de quoi gagner ma vie : c'est vous qui faites que je suis payé. Et moi, je suis à votre service pour que vous appreniez ce qui vous intéresse... » Mais ce n'est pas cela du tout! C'est le monde à l'envers. Les enfants sont au service de la maîtresse pour qu'elle jouisse de les emmerder avec des choses qui ne les intéressent pas. Alors qu'elle est là au service de leur intelligence, pour répondre à tout ce qui les questionne — mais on ne le leur signifie pas.

La maîtresse, en imposant le silence, empêche les enfants de communiquer. L'école, c'est un lieu où il ne faut pas faire du bruit, pas parler, pas communiquer, pas dire ce qu'on pense de ce que la maîtresse vient de dire : « Veux-tu te taire pendant que je parle... » Alors qu'elle pourrait dire : « Qu'est-ce que tu as dit?... Ah, ce n'est pas tout à fait la question. Je vais te répondre tout à l'heure... Si nous écoutions maintenant ce que votre camarade a dit. Ah, il a pensé à ça! Oui, c'est vrai : j'avais dit un mot qui y ressemble, ou bien un mot qui, suivant la façon dont il est écrit, a deux sens », etc.

Il y a des enfants qui font des associations verbales surprenantes. Ça fait rire tous leurs camarades, surtout ceux qui veulent faire la cour à la maîtresse, qui sont déjà aliénés, dans la dépendance. Et pourtant, voilà enfin un marginal : qu'elle en profite, la maîtresse ! C'est justement ce marginal qui est intelligent. Il a peut-être fait une association hors de propos, mais qui avait un intérêt : ça permet par exemple de voir ce que c'est qu'un synonyme. Et l'expliquer à tous. C'est cela, l'accueil symbolique de l'être humain par la société. Or d'habitude on accueille seulement le corps ou plutôt la viande sur pied... On n'accueille pas « l'être désirant ». On n'accueille pas tous ses questionnements, y compris ceux auxquels la maîtresse ou le maître n'ont pas de réponse.

LE « RÉPÉTITIF » OU LES ÉMOIS QUI SE SONT RENCONTRÉS

C'est pour cela que les disciplines passionnantes qu'on met soi-disant à la portée des enfants n'ont aucun sens pour eux et — comme dit l'autre dans sa chanson — qu'elles les « emmerdent ». La maîtresse demande à l'enfant de lui dire ce qu'elle-même sait déjà : il ne peut pas y avoir d'échange ! Il faut vraiment que l'enfant soit déjà aliéné à la soumission au pouvoir pour accepter une pareille dépendance... Elle demande d'apprendre une leçon : or elle sait, elle, ce qu'il y a dans la leçon. Si elle le sait, pourquoi demande-t-elle de le répéter, au lieu que la classe soit tout le temps animée d'une recherche, que l'on fait tous ensemble ?

Si la maîtresse veut éveiller chez l'enfant l'envie de découvrir, il faut qu'elle se mette en recherche avec lui ; qu'elle lui montre, si elle sait quelque chose, où et comment elle l'a appris ; qu'elle fasse dire à chacun ce qu'il pense ; qu'elle traduise elle aussi ce qu'elle ressent ; qu'on mette ensemble des paroles sur les émois qu'on ne sait pas traduire ; et puis qu'on choisisse ensemble une manière d'exprimer, en langage, les émois et les sensations qui se sont rencontrés... Sous prétexte de programme à suivre, on oublie l'éveil de l'esprit qui ne se fait que dans la découverte personnelle, reconnue valable par les autres[82].

C'est cela que devrait être tout travail de l'école, tant secondaire que primaire. Évidemment, il y a aussi les notions que chacun de nous ne peut pas expérimenter et pour lesquelles on s'en rapporte à ceux qui les ont expérimentées déjà. Mais alors, il faut le dire. J'imagine qu'on parle des fleuves qui coulent en France. Il faut que les médiations soient faites pour que l'enfant sache ce qu'ont été les explorateurs, pour qu'il découvre ce que ça veut dire de faire une carte, de remonter à la source d'un fleuve, de lui donner un nom, de parler des hommes qui, par nécessité et sécurité, ont bâti auprès leurs demeures et ont donné nom aux villes qui jalonnent ce fleuve.

Nous ne savons rien, dans quelque domaine que ce soit, que par le témoignage de ceux qui ont exploré et donné sens à ce qu'ils ont vécu. Toute connaissance n'a de sens qu'à travers les humains qui ont laissé témoignage... Même chose pour la maîtresse lorsqu'elle explique, à ceux qui veulent aller à la même source qu'elle, dans quel livre elle a trouvé les choses : un livre écrit par « quelqu'un », et non pas un manuel qui a pris dans un manuel qui a pris dans un manuel qui a pris dans un manuel... On en arrive maintenant, avec des enfants, à des réponses déconcertantes lorsqu'on leur demande les choses les plus simples de leur vie.

Comment ils sont vêtus, par exemple. « Qu'est-ce que c'est que ça? — C'est mon blouson. — D'où est-ce qu'il vient, qui te l'a fait? — Maman l'a acheté... — Elle l'a acheté où? — Dans le magasin. — Et le magasin? — Il l'a acheté dans un magasin... — Et le magasin? — Dans un autre magasin... — Mais qui l'a fait? — Ah, mais un magasin... — Avec quoi c'est fait? »... Personne ne sait. On n'en vient jamais ni à la matière première, ni au découvreur, ni au témoin, ni au travail de cette matière première, ni au talent, ni au prix du travail, qui non seulement est argent mais œuvre d'hommes associés à d'autres hommes.

SUR LES GESTES, METTRE DES PAROLES

On voit pourtant des écoles dites « actives » qui y arrivent, parce que les maîtres sont très humbles. Ils n'en savent pas plus que les enfants devant ce que l'on fait : tout le monde se met du même côté par rapport à la réalité en jeu. Et c'est ça justement qu'on appelle une école active : une école où l'enfant est laissé à ses initiatives face à la réalité des choses mises à sa disposition. L'enfant est créatif et ludique. De lui-même. Si personne ne l'embête, il explore tout. Parfois, il risque des dangers. Le seul rôle des adultes, c'est d'empêcher les dangers dont l'enfant n'a pas conscience, faute d'une expérience de son corps dans l'espace. L'expression verbale n'est recherchée qu'ensuite.

L'adulte se sent une responsabilité vis-à-vis des petits qui ne savent pas encore se défendre eux-mêmes. Mais nous interprétons parfois très mal des gestes. Un enfant semble agresser son voisin, alors qu'il a seulement voulu lui tirer le bras. L'autre lui dit : « Ah, laisse-moi... — Tu sais, il t'a tiré parce qu'il voulait que tu regardes ce qu'il faisait... — Ah oui, mais je n'ai pas le temps... — Mais dis-le-lui : “Je n'ai pas le temps.” Mais ne lui crie pas après... Parle. » Et puis, le même langage pour l'autre : « Dis-lui : “Regarde ce que je fais.” Tu vois, en le tirant par la manche, tu viens de lui faire renverser ce qu'il était en train de faire... » Laissez donc les enfants avoir des gestes et, sur ces gestes, mettez des paroles justes mais non moralisatrices.

GRÂCE À LA FORMATION DES MAÎTRES SPÉCIALISÉS

Beaucoup d'enseignants rendent intéressant ce qu'ils font avec les enfants parce que ce n'est pas, pour eux, une répétition : ça les intéresse. Alors, les enfants sont contaminés par leur intérêt. On en entend parfois dire : « Ils sont dingues, ceux qui s'intéressent aux maths... Mais ce professeur-là, il arrive à ce que tout le monde s'y intéresse. » Bien sûr, il y en a toujours qui résistent. Mais pourquoi pas ? Un professeur qui s'intéresse vraiment à ce qu'il fait, il respecte ceux que cela n'intéresse pas : « Je vous comprends très bien ! Apportez un roman, faites ce que vous voulez, mais ne gênez pas ceux que cela intéresse... » Il leur parle. Il ne les agresse pas. Il ne se sent pas frustré. Il les plaint plutôt de ne pas s'intéresser à ce qui fait sa joie. Mais, puisque cela ne les intéresse pas, qu'ils fassent au moins quelque chose de consolant !

Rien n'est plus mortel et plus mortifère que de répéter quelque chose où le désir n'est pas en jeu. Il faut reconnaître que c'est bien difficile pour un maître, lorsqu'il est obligé de s'assujettir au morcellement des horaires officiels. Mais cela change. Peu à peu. Et grâce à quoi ? Grâce à la formation des maîtres spécialisés pour les enfants en difficulté. Il n'y aura bientôt plus que ces enfants marginaux, résistants aux codes courants, qui auront les maîtres ayant le droit d'être intelligents, inventifs. On sait ce qu'il leur faut, à ceux-là : le talent de réveiller chez les enfants qui sont leurs élèves le désir de communiquer et d'essayer de les dé-phobiser par rapport à l'école et au « scolaire ». Ceux-là ont le sentiment d'avoir droit à la recherche parce que les inspecteurs, dépassés, sont moins rivés sur le programme et les « méthodes », et leur laissent prendre des initiatives. Mais à quoi rime d'enseigner à tout prix tel programme à des enfants qui n'en ont pas l'appétit : surtout si cela ennuie les maîtres eux-mêmes !

Le cœur, expression symbolique de la vie affective

Études carmélitaines, « Le Cœur », 1950

En essayant de parler du « cœur » à la lumière de l'expérience clinique psychanalytique, j'ai été surprise à première vue que ce vocable et l'analyse de ce qui se trouve caché derrière lui ne soient pas plus souvent mis en évidence. Cependant, me revenaient à l'esprit quelques observations où, à titres divers, la région du cœur, ou le cœur lui-même, dans les symptômes, les propos ou les dessins, semblaient avoir de l'importance. Ce qui suit n'est qu'une légère contribution, basée sur mon expérience clinique et un peu de bon sens. Il s'agit de quelques notes, qui ne prétendent guère apporter une contribution psychanalytique profonde.

Chez les enfants, l'influence du langage appris de leurs parents leur donne l'habitude d'associer des émois à la sonorité du mot « cœur ». Le langage et les valeurs affectives, de frustration ou de gratification d'amour, qui l'accompagnent, imposent aux enfants plusieurs notions précoces.

En premier lieu, vient celle-ci, qu'il est « bien » d'avoir bon cœur, et « mal » d'avoir mauvais cœur ou d'être sans cœur. Celui qui a mauvais cœur, grosso modo, se réjouit des déboires survenant aux autres. Celui qui a bon cœur se doit de se sentir mal à son aise (ce qui, vu par les yeux de l'enfant, se confond avec le sentiment de culpabilité) devant un être qui souffre, ou qui est plus malheureux que lui. Quant à l'enfant « sans cœur », c'est celui qui n'éprouve pas d'émois dépressifs devant les conséquences affectives, sincères ou simulées, que ses actes entraînent chez ses parents quand ils sont mécontents ou éprouvés.

« Cœur » semble donc être donné à l'enfant comme mot clef de la valeur qu'il peut prendre aux yeux de l'adulte, quand il cultive en lui le processus d'identification à la douleur ou à la jubilation affective de « l'autre ».

À partir de là, d'autres facteurs se mettent à jouer, suivant les conditions qu'imposent, consciemment ou non, les adultes pour que l'enfant soit jugé avoir du..., avoir bon... ou avoir mauvais cœur.

Il y aurait là une étude systématique à faire, avec de nombreuses observations à l'appui, sur l'angoisse méritoire liée — par éducation — à la douleur de l'autre. On découvrirait alors que, dans certains cas, cette éducation aboutit même à la perversion des racines de la charité chrétienne.

Il est encore une autre notion, à la fois spontanée et inculquée, semble-t-il, et il est difficile chez les « entendants » de discriminer la part de la sensation de celle de l'influence du langage. Lorsque l'enfant vomit, quelle qu'en soit la raison, si ce vomissement ne paraît pas être provoqué par une cause traumatique matérielle, comme une quinte de coqueluche ou un choc, cela s'appelle en français courant : avoir mal au cœur. C'est-à-dire que l'estomac avec ses malaises devient, pour le langage, synonyme de solidité ou de manque de solidité du cœur. Le cœur devient alors le mot répondant aux réactions affectives d'assimilation ou de répulsion de nourriture, c'est-à-dire du prendre en soi pour faire sien. « Quelque chose me ferait mal au cœur » veut dire : je ne pourrais le faire sans sensation de répulsion qui me viderait de ma force, je me sentirais faible. C'est à cette acception-là que nous rapportons la plupart des propos touchant le terme cœur, employé par les enfants et le langage courant. Tel propos, par exemple, d'un garçon de trois ans, inquiet de voir partir sa mère et voulant se rassurer : « Maman, tu es toujours dans mon cœur ! » Ce même enfant répondait à sa mère une autre fois, où il tenait ce même propos et qu'elle disait : « Mais comment est-ce que je peux tenir dedans ? » — « Tu comprends, c'est le cœur du cœur, c'est pas le cœur de viande, alors il est grand, grand ! »

Ce réceptacle digestif magique auquel tous les enfants croient, les mères en étendent les fonctions jusqu'à la reproduction, tout naturellement pensent-elles. Or, pour l'enfant, le classique « tu es né dans mon cœur, ou près du cœur », ce cœur qui « rend » la nourriture en trop, qui dans d'autres cas, lorsque la nourriture a été gardée, peut en faire un excrément ou un enfant, ce « cœur-estomac-ventre » peut devenir l'objet de projections très angoissantes.

J'ai vu deux garçons entre onze et douze ans, qui présentaient tous deux la phobie de mourir par un arrêt du cœur. Tous deux étaient très anxieux, avaient le souffle court, ils passaient leurs journées à vérifier leur pouls avec angoisse, et ne pouvaient s'endormir sans qu'une autre personne continue leur surveillance.

Dans ces deux cas, il n'y avait pas de symptômes cardiaques, mais seulement une angoisse psychique liée à la fixation-identification à la Mère, et au désir-crainte magique du Père. Il y avait chez tous les deux une sorte d'idéal inverti inconscient. L'enfant se sentait mâle, mais voulait ou se sentait identifié à sa mère, femelle, blessé ou menacé dans son organe vital sexuel associé à l'emplacement de son cœur. Le premier me racontait en suffoquant l'accident qui avait déterminé son état grave. Un poteau télégraphique avait été déraciné par la chute d'un avion, celui-ci s'étant pris dans ses fils. « Quand j'ai vu le pauvre poteau arraché !... » disait-il en s'identifiant à ce poteau et non aux aviateurs tués, ou à l'avion détruit. L'autre garçon redoutait l'éclatement de son cœur, qu'il associait inconsciemment à l'accouchement. Il languissait d'avoir un petit frère pour faire une surprise à sa mère qui, veuve depuis peu après sa naissance, disait qu'elle ne pouvait plus avoir un enfant. L'enfant vivait entre une mère et une sœur plus âgée que lui, sans notion consciente du rôle paternel dans la procréation, et sans apprentissage garçonnier, sans référent masculin.

Chez une femme affligée de « neurasthénie » chronique — traduisons : d'absence d'intérêt affectif — et qui souffrait d'un sentiment de frustration remontant à l'enfance, le cœur, pâlement dessiné au trait sur le papier qui était devant elle, revenait comme la traduction stéréotypée de sa sensation de vide. Un jour, une fenêtre ouverte dans le cœur qu'elle dessinait, traduisit le premier appel affectif dans le transfert psychanalytique. Cet état nouveau d'appétit d'échange, lié à de grands sentiments d'impuissance, éveillait en elle un fort sentiment de culpabilité. « C'est votre faute, me dit-elle, c'est trop tard maintenant, je n'aurais jamais dû venir ici. Quand on n'a rien à donner, il vaut mieux rester le cœur fermé. »

Dans ces quelques observations, le cœur paraît représenter un symbole de réceptacle psycho-affectif localisé dans la partie haute du tronc. Un organe creux, où se logent magiquement les êtres aimés, d'où peuvent sortir les enfants; un organe creux, plus ou moins solide, lourd ou léger, plus ou moins tendre ou dur, qui s'ouvre pour recevoir ou donner, se ferme pour ne pas recevoir. Il est le siège d'une conservation de puissance par sa plénitude légère, associé au plan digestif, du sentiment de sécurité.

Il est d'autres cas où le cœur n'est pas ressenti comme un organe passivement rempli ou passivement conservateur, passivement ouvert ou fermé à la manière d'un objet creux. Je veux parler des cas où les sujets situent au niveau de leur cœur un sentiment-sensation de jubilation rayonnante, de puissance phallique rayonnée, ardente, chaleureuse. Ces sujets-là sont heureux et ils ont le sentiment réconfortant d'une puissance autonome, aussi ne les voit-on pas chez les psychanalystes.

Néanmoins l'aspect phallique, actif, du cœur m'a plusieurs fois été exposé par des garçons dont la passivité apparente et l'absence d'intérêt aux choses et aux êtres de leur entourage cachent une grande ardeur affective méconnue et coupable à l'égard de leur père, ardeur qui se traduit par une provocation inconsciente de ce dernier. Leur comportement semble traduire ces propos : « Qu'il me montre son amour en se fâchant contre moi, en me frappant, en me faisant un bon mal qui me rassure sur sa présence. Que je puisse devenir fort sans danger pour lui ni pour moi, que je sois certain qu'il existe à la maison maternelle un homme invulnérable à mes coups, qui me châtiera sans me châtrer. » Un garçon de douze ans, arrivé à un état grave d'angoisse et d'« absence » apparente, vivant dans un rêve, état dû à cette situation typique, inventait au cours de son traitement l'histoire suivante : il découvre un personnage mi-homme, mi-gorille, symbolisant le père redoutable et qui est « dans son droit », personnage qu'il a par mégarde dérangé dans son domaine. Il a peur de ce qui peut arriver et essaie de prendre le poignard qu'il avait à la ceinture. Par maladresse, disait-il, son poignard lui échappait; mais, par un hasard heureux, il venait se ficher dans le décolleté de sa chemise (et l'enfant montrait son sein gauche), la poignée de l'arme appuyée contre la paroi thoracique, la lame menaçante comme un phallus en érection (un dessin représentait la chose).

L'enfant, incapable de faire aucun mouvement ou de fuir alors devant ce surhomme-monstre qui le terrorise, imagine celui-ci se précipitant aveuglément sur lui pour le serrer en vue de l'écraser dans un embrassement mortel. Le poignard de l'enfant pénètre l'autre en plein cœur, le géant s'empale sur le poignard prolongeant le cœur de l'enfant, sans que celui-ci ait la moindre responsabilité dans cette mort. Dans ce corps à corps, cœur à cœur, il voulait enfin percer le cœur de ce Père, non pas le sien dans la réalité qu'il aimait bien, mais le fantasme du Père terrible que se font les garçons dont les pères sont trop lointains, trop absorbés ou qui, quand tout va bien, semblent indifférents à leurs enfants.

Comme je le disais au début, il n'est pas question de tirer des conclusions de ces quelques notes : ce ne sont là que des documents.

Rappelons aussi que l'on parle de cœur de pierre ou de cœur d'or, qu'à part au lion, on ne prête jamais au cœur de caractéristiques animales comme pour la tête (on dit, non pas cœur, mais tête de cochon, tête de linotte, tête de bois). Si l'on projette volontiers des caractéristiques animales sur le concept tête, c'est sans doute parce qu'elle sert d'objet de projection de l'intelligence et de la volonté agissante, logique, dynamique ou statique.

Il semble que c'est au cœur que soit réservée la projection du lieu focal où l'être humain situe symboliquement ses sentiments d'identification, de confiance, de sécurité passive ou active, et d'échanges affectifs avec son semblable humain[83].

Le mot cœur paraît remplacer le mot ventre, ou tube digestif, pour tout ce qu'il y a d'affectif et de subtil dans les émois d'incorporation magique, de plénitude et de vide magique qu'apporte le rassasiement ou la faim de puissance émotionnelle, émanant des échanges avec nos semblables.

Le diable chez l'enfant

Études carmélitaines, « Satan », 1948

ANALYSE DES DESSINS DE TROIS ENFANTS

Dessins 1 et 2 — Voici deux dessins d'un garçon de onze ans. Il les apporte, l'un recouvrant l'autre, de sorte que la superposition des dessins nous donne une image dans laquelle nous voyons les cornes du diable n° 1, rouge anguleux (caricature inconsciente du père), servir de cornes au diable jaune de forme ronde (caricature inconsciente de la mère). Une paire de cornes, pour deux masques diaboliques ainsi maléfiquement couplés. C'est vers la fin de sa récupération psychique que l'enfant nous apportait ces dessins.

Cet enfant présentait des troubles profonds dans son comportement social : vols, mensonges, indiscipline, négativisme, nullité scolaire et, dans son comportement individuel : plaisir à courir en plein air des risques mortels (une chute d'un parapet de pont ne l'avait pas rendu prudent), besoin d'être toujours à plat ventre, par terre, chez lui, inoccupé. Tous ces troubles étaient survenus brusquement, lors de son contact avec l'éducation libre de la « sixième nouvelle ». Cet enfant jusque-là très bon élève, studieux, timoré, discipliné, très obéissant et d'une politesse extrême avait été mis, en raison même de ses qualités qui le faisaient apprécier comme un bon élément, dans la sixième

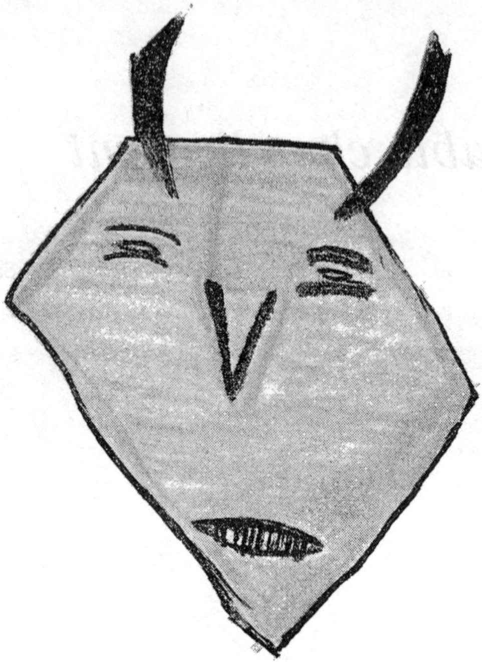

Dessin 1

Dessin 2

nouvelle, afin de rehausser le niveau plutôt faible de cette classe expérimentale qu'on inaugurait dans certains lycées cette année-là.

Le mode d'enseignement qui fait appel chez les enfants à la créativité plutôt qu'à l'obéissance et à la servilité psychique a bouleversé d'une façon profonde le sens du Bien et du Mal qu'il avait eu jusqu'alors. L'étude entreprise avec l'enfant sur la ressemblance inconsciente existant entre ces deux visages de diable et le visage de chacun de ses parents nous a révélé l'existence d'un désarroi intérieur. L'idéal du Bien et du Mal qu'il s'était construit dans le climat familial s'opposait à ce nouvel idéal, plus vaste, où l'obéissance n'était pas la valeur principale, et qui menaçait de renverser l'ancienne échelle de ses valeurs morales. Derrière le droit d'agir, de travailler seul ou en équipe, d'observer la vie, l'enfant sentait s'éveiller en lui ses désirs de curiosité, de liberté, refrénés dès son jeune âge au nom des principes éducatifs liés à des habitudes religieuses en famille. Collaborer librement avec les autres et avec le professeur pour animer la classe, c'était l'idéal des élèves de sixième nouvelle. Cela présentait un grand danger par rapport à l'idéal ancien d'un robot servile. Ces dessins représentaient, sous les traits du démon, les mauvais conseillers. Les écouter lui avait semblé bien, mais cette perfection satisfaisante dans ce climat familial étroit n'était qu'une illusion. Atteindre à ce résultat de petit garçon modèle, aussi « raisonnable » qu'une « grande personne », l'avait acculé à l'impuissance dans toute société extra-familiale.

Dessin 3 — C'est celui réalisé par un garçon de neuf ans présentant de l'énurésie, pour laquelle il fut envoyé chez moi. Son caractère en apparence non pathologique est toute douceur et toute sensibilité. Il est très « raisonnable », s'exprime comme un adulte, il est très bien doué intellectuellement, on le dit paresseux, indifférent à son travail. Il est très calme. Il a de l'asthme chronique depuis l'enfance. Sa mimique est pauvre, son comportement guindé, très poli.

Son dessin est celui d'un monstre prodigieusement denté. Il a l'échine en dents de scie, le museau surmonté de trois cornes; l'oriflamme verte dont il est orné est le signe de la liberté que cet animal se permet dans un monde imaginaire, créé par l'enfant, dans les profondeurs de la terre. Ce monstre est gardien de richesses incommensurables.

Remarquez la raideur des quatre pattes comparée à l'énergie soutenue et agressive que traduisent les dents de l'échine.

Cet enfant trop sage, fausse grande personne, nous parle, lors de l'analyse du dessin, de son désir de faire du bruit, de grimper partout, désir qui était refréné depuis son enfance et conçu comme Mal pour lui, parce qu'il eût gêné le travail de son père et peiné ses parents, pour lesquels il avait beaucoup d'affection. Son danger intérieur, inclus dans les profondeurs de sa nature physiologique, s'exprime sous les traits d'un monstre animal. Ses scrupules d'enfant affectueux, exacerbés par une très vive sensibilité mal dirigée par des parents aimant la tranquillité et peu compréhensifs des besoins de l'enfant, lui font concevoir comme néfastes les impulsions naturelles de sa petite enfance. Ces impulsions à faire du bruit, à courir, jouer, danser, faire des mouvements désordonnés, le faisant mal juger de ses parents, c'est-à-dire de sa conscience du bien et du mal, il y avait renoncé avant même de pouvoir sublimer l'énergie vitale que ces manifestations traduisaient. Le monstre dangereux, c'est son dynamisme enfermé au fond de sa personnalité et gardant inutilement prisonnières des richesses psycho-affectives.

Dessins 4, 5 et 6 — Ces trois dessins sont d'un même enfant, garçon dont le comportement est adapté à la vie. Les dessins 4 et 5 ont été faits à vingt-trois mois, le dessin six à trente-deux mois. Peut-être sont-ils susceptibles de nous éclairer davantage sur l'évolution qui se fait de l'idée d'un être aux instincts monstrueux, à la projection de cette idée dans un monstre animal, puis dans un diable à tête humaine avec ou sans corps monstrueux. J'aimerais que d'autres thérapeutes recueillent des traductions graphiques de tout-petits, afin que les psychologues puissent étudier à fond le problème des éléments dangereux (pulsions, affects, émois) projetés sous forme de graphismes.

Le dessin 4, comparé au dessin 5, nous montre une forme aux lignes souples et ascendantes, celles-ci sortent même des limites du papier. L'enfant l'appelle un ange.

La forme à laquelle il donne le nom de diable présente une ligne supérieure en dents de scie (semblable à l'échine du monstre du dessin 3) et des prolongements inférieurs et latéraux très divergents, plutôt agressifs.

Dessin 3

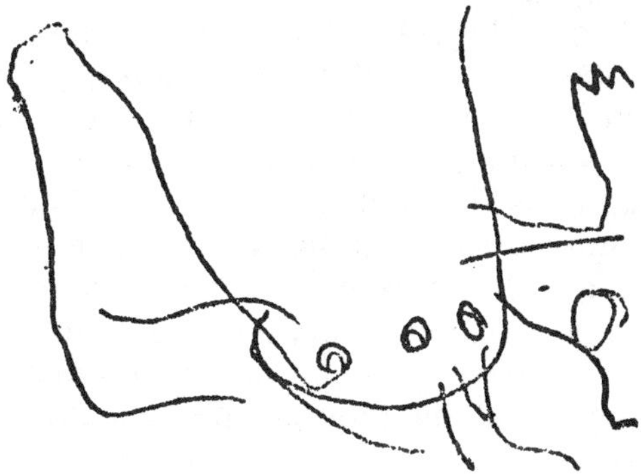
Dessin 4

Dessin 5

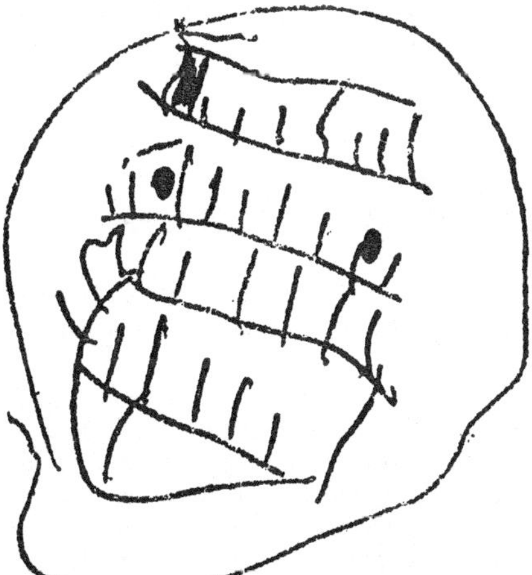
Dessin 6

La forme appelée « diable » comprend trois petits cercles, interprétés par l'enfant comme étant les yeux du diable. Chacun de ces yeux regarde dans une direction différente; ils semblent dotés de mandibules.

Dans la forme appelée « ange », les trois yeux sont centrés et les traits qui pourraient être des mandibules d'une tête à trois yeux ne divergent pas. Ces sortes d'antennes ou de mandibules semblent être mises au service de ce groupe visuel homogène.

Le dessin 6, dans lequel certains verront une tête de mort, n'a pas été conçu par l'enfant (deux ans et demi) comme tel. Pour lui c'est un « diable » et il dit, après avoir exécuté son dessin : « Il n'y a pas de quoi avoir peur puisque c'est un dessin..., mais si c'était vrai... », et il n'ajoute plus rien. Pour lui, l'horreur de cette forme imaginée et imaginaire vient de ce qu'elle lui rappelle le visage humain, doté de cinq étages de mâchoires. Or, pour les psychanalystes, la psycho-physiologie de l'enfant de trente mois est animée d'une forme de libido (énergie physiologique) qualifiée d'orale agressive*. Un visage humain dépouillé de corps, et qui centre une énorme énergie, traduit les ambitions de l'enfant à cet âge, une envie extrêmement violente de devenir grand, envie encore exagérée par la présence nouvelle d'un petit frère. Devenir une grande personne, imiter les adultes au lieu d'être un enfant satisfait de son corps inhabile, voilà le danger intérieur, l'ennemi orgueil que ce petit sentait en lui. Il se sentait dévoré (toutes les dents) du désir de tout comprendre; or, comprendre signifie à cet âge, manger, posséder, en étant le plus fort. Réduire tout ce qu'on voit (les deux yeux) en éléments assimilables intellectuellement, désirer être cinq fois plus agressif que ne le peut sa nature.

L'IDÉE DU DIABLE DANS LA PSYCHOLOGIE INFANTILE

Les enfants subissent le monde des adultes et y réagissent. Aussi l'idée de l'existence du diable, le mot de

* C'est-à-dire que son énergie à vivre, à croître, est entièrement dépendante de l'instinct de nutrition qui est l'instinct de base à cet âge. Les personnes qu'il aime sont celles qui lui donnent à manger. Sa façon de connaître est de mettre à la bouche, ou avec ses mains de prendre et broyer (comme avec les dents). Il n'est pas conscient encore de ce qu'il veut exécuter, produire, faire, mais il est très conscient de ce qu'il veut prendre, recevoir, avoir.

diable précocement employé dans leur vocabulaire, ne doit pas nous surprendre. Ne voit-on pas, dans les familles les moins chrétiennes, des adultes faire allusion à l'idée du diable lors d'une espièglerie de l'enfant, bien que ce mot soit dénué pour eux de tout sens métaphysique ?

Il est rare que l'enfant assimile le diable aux personnages fantastiques de son monde imaginaire. Il est un personnage à part, sans liaison aucune avec le Père Noël, les fées, ni même avec les sorciers et les sorcières. Autour de lui plane une notion de danger angoissant et d'opération maléfique, survenant sans truchement aucun, pas même celui d'un philtre ou d'une baguette magique.

Sorciers et fées, qui interviennent dans la vie des humains, se dérangent de leur pays, ou bien l'on fait le chemin vers eux. Le diable, lui, n'arrive pas d'un pays quelconque ; il semble sortir de nulle part, c'est-à-dire de soi-même et de partout, des désirs ; ce n'est pas un pays qu'il habite, c'est l'état d'ardeur, l'état où brûlent les désirs toujours inassouvis. Le diable s'impose, il veut empoigner l'enfant, le subjuguer par la peur, il constitue pour lui une sensation-choc qui bouleverse son équilibre affectif.

Les enfants, en cela très grands philosophes, pensent à parler du diable quand ils éprouvent un état intérieur indescriptiblement pénible ou lorsqu'ils veulent faire éprouver un tel état à leur interlocuteur.

Un enfant ne parle jamais du diable sans y mêler une idée de morale intentionnelle, c'est-à-dire de vraie morale. Les sorciers et sorcières peuvent être, eux aussi, laids et méchants, mais ils sont savants et, surtout, ils sont intégrés à un monde social. Ils sont au service des autres, de certains humains tout au moins, ils portent un costume, symbole de la vie sociale. Pour une partie de la société, réduite peut-être, le sorcier reste nécessaire et estimable, troque ses services contre autre chose de matériel ; il peut y avoir échange. Le diable, lui, est au-dessus de toute estime possible, car il ne se met jamais au service des autres. S'il se met en apparence au service de sa victime, c'est une relation subjective déguisée, hors du sens même du mot service. Il n'y a pas d'échange possible entre le diable et l'homme. C'est cet aspect non social profond qui en fait le danger numéro un : le diable pour l'enfant est synonyme de sa disparition en tant qu'être social. S'il fraie avec lui, il entre dans un monde sans normes sociales, en deçà de toute règle.

Pour le petit d'homme, le contact avec le monde terrien et ses lois cosmiques est indissolublement lié à sa connaissance physique des objets animés ou inanimés, et à ses sensations internes liées à son existence même. Espace, temps, gravitation, luminosité, température, hygrométrie, dimensions, ne sont jamais séparés des contacts partiels, des expériences particulières successivement vécues avec la terre, l'eau, l'air, le feu, les végétaux, les animaux, les humains.

C'est par la périphérie de lui-même, par les sens ouverts aux perceptions, alors que son corps est par ailleurs en contact avec d'autres éléments sensoriels, que l'homme entre en contact avec les éléments constitutifs du monde. Au contraire, les pulsions instinctives, les affects, les émois, sont ressentis en marge de toute comparaison possible. On ne ressent jamais autre chose que ce que l'on peut ressentir; ce que les autres ressentent ne peut rien nous apprendre.

Les interférences entre les aspirations à vivre de la partie intellectuelle, ou de la partie sensitive de soi-même, avec la partie sensuelle, sont donc des dangers incommensurables, des dangers « monstres ». Ces conflits ne sont pas non plus assimilables à des dangers réels, puisqu'ils naissent d'un état intérieur. La force contenue dans ce conflit dépasse celle d'une créature connue, bien qu'elle puisse être associée à la force d'un animal fantastique nuisible, quand le conflit est dominant à l'étage des pulsions agressives motrices*. Elle peut être associée à la force d'un végétal fantastique et nuisible, quand le conflit se situe à l'étage des appétits organiques**, d'un humain fantastique et nuisible, quand le conflit est sur le plan des ambitions men-

* Ce qui arrive quand l'enfant est doué d'un tempérament de type musculaire dominant, ou que — quel que soit son tempérament — il ait été gêné dans son expansion (bruit, mouvements, jeux libres, fonctionnement digestif) par une éducation rigoureuse à l'âge de dix-huit mois à quatre ans. C'est l'âge de la prise de conscience de ses possibilités de productivité, aussi bien digestives que gestuelles.

** Si l'enfant est de tempérament de type digestif dominant, ou que, quel que soit son tempérament, il ait été traumatisé dans sa sensibilité, par des chocs, une contagion émotionnelle de l'entourage, des interventions trop violentes pour ses possibilités naturelles de réceptivité sensorielles, affectives ou digestives dans la période précédant deux ans.

tales*. L'image terrorisante est donc en elle-même peu de chose. C'est l'émoi, le choc interne ressenti incommensurable à l'image, mais éveillé par elle par associations sensorielles, qui fait dire au sujet que c'était le diable, qui était présent dans un fantasme, dans un cauchemar, ou dans une image hallucinatoire[84].

Comme il s'agit d'un état intérieur, il n'existe aucun point de repère comparatif et sensoriel de périphérie : un état sans temps et sans dimension. Le sujet ne peut rien échanger avec cette présence ressentie (paroles, regards, coups), sans risquer de se perdre, de perdre l'être, perdre la possibilité de se sentir distinct de cette image, soi-disant étrangère à lui, mais en fait représentant le conflit vivant en lui. Cela explique l'état d'angoisse panique.

Que de contradictions dans la nature humaine, que d'échelles de valeurs ou moyens de mesure subjectifs différents, facilement divergents ! Les besoins vitaux de base, respiration, nutrition, sommeil, se traduisent à un certain rythme. Leur satisfaction plus ou moins parfaite donne une échelle de valeurs biologiques : bon — mauvais. Les sens, eux, nous obligent à entrer en contact avec les objets animés et inanimés de notre entourage, et il n'y a pas de commune mesure entre ce que nous ressentons agréable-désagréable de ce contact et ce qu'ils sont pour un autre. Notre mental vient encore, avec ses exigences d'expression du ressenti dans une forme abstraite bien-mal, avec son besoin de préhension abstraite, au-delà de toutes les perceptions concrètes.

Que d'exigences internes, difficiles à concilier, et entre elles aucune monnaie d'échange ! Avec soi-même, inquiet, on est inquiété mais on ne peut combattre. Le combat nécessiterait une aliénation de soi-même (aliénation mentale, affective ou physique). Avec un soi-même se contredisant, on ne peut pas non plus entrer en colloque ; qu'échangerait-on qui ne serait pas soi-même, une contradiction sans fin ?

Ainsi, à chaque étape de notre évolution, les contradictions inscrites dans la nature particulière de chacun de

* Si le sujet est surtout cérébral ou s'il a été éprouvé dans l'étape intellectuelle du développement par des traumatismes affectifs : injustice, mensonge, tricherie, touchant les lois naturelles des échanges qui étaient les siennes, ses dispositions esthétiques naturelles, dans ses activités créatrices spontanées.

nous sont ressenties comme dangereuses, sans que ce danger puisse être nommé avec précision, ni qu'il soit certain qu'il ait une commune mesure avec des dangers réels existants.

Cependant, il existe des dangers réels : ils viennent du monde extérieur, des expressions des êtres animés de vie qui nous entourent et des conditions cosmiques tout à la fois.

Tout cet entourage nous impose des attitudes de composition constante entre nos besoins et les possibilités de les satisfaire que nous laisse le monde extérieur. De là naît encore une autre échelle de valeurs, tout aussi naturelle que les précédentes, mais que l'on tend à confondre avec une échelle surnaturelle et transcendante ; ceci vient de ce que, pour l'enfant, le père et la mère se projettent sur Dieu, sur l'idée d'Absolu, et l'on ne fait pas toujours le nécessaire, même dans l'éducation chrétienne, pour éviter tout anthropomorphisme, ce qui, souvent, n'est pas sans conséquences regrettables pour l'avenir[85]. Sur le plan de l'expérience, le respect dû aux parents implique une échelle de valeurs qui engage un comportement alors que l'intention de l'enfant échappe aux parents eux-mêmes. Cette échelle de valeurs naît de la rencontre des échelles de valeurs subjectives avec les possibilités permises par le monde extérieur, tout à la fois cosmique, affectif et social, pour le petit humain.

Aussi, il est très difficile de désintriquer l'idée que se fait quelqu'un du Bien, du Mal, de ses expériences initiales vécues dans le bien-être et le mal-être cœnesthésique autonome[86].

Or, chez l'enfant, pour qui le sens de la possession n'est encore que digestif et captatif, le diable est conçu comme tuant et dévorant sa victime. Chez l'adulte, le diable, au contraire, est conçu comme ne consommant jamais, jouissant de ne jamais épuiser le plaisir de nuire inutilement, sans autre profit que cette jouissance*.

Le fait que le diable dévore sa victime beaucoup plus souvent chez l'enfant que chez l'adulte est d'autant plus intéressant que c'est la même idée fondamentale primitive qui donne naissance aux deux concepts voisins (diables, monstres). Aussi voit-on les grands enfants figurer des monstres qui ressemblent étrangement au diable des petits

* Chez l'adulte, il s'agit de la perversion projetée des caractéristiques de l'instinct génital désordonné.

enfants, je veux dire qu'ils projettent dans des formes animales imaginées, qu'ils appellent « bêtes horribles » (quand ils n'ont pas le mot monstre dans leur vocabulaire), des caractéristiques d'avidité digestive et d'agressivité instinctuelle destructive monstrueuse, caractéristiques que les petits enfants prêtent à des formes inquiétantes pour leur sens esthétique, et qu'ils appellent « diable ».

Les monstres, dérivant au cours du développement de l'individu de la notion primitive de diable, sont inconsciemment conçus comme des êtres qui ne sont pas au service de la vie, mais de la mort, et comme des êtres qui thésaurisent inutilement un trésor. Ils ne donnent pas la mort à d'autres créatures dans le but de vivre (ce qui est la condition terrienne de tout ce qui vit). L'animal sauvage dont la rencontre est imaginée comme dangereuse, et angoissante aussi, n'est pas méprisé, car il attaque et tue pour vivre (ordre biologique).

L'enfant n'est pas conscient et n'explique pas en détail ses sentiments, qui sont cependant bien ceux-là, si l'on tient compte des associations qu'il donne de ses dessins ou des récits imaginaires qu'il fait et des jugements qu'il porte sur les êtres imaginés par lui. Le monstre, au contraire, est un dévorateur sans fin, un assoiffé de victimes avec l'idée de nuisance dans son attaque et dans son meurtre, une idée de nuisance débordant de beaucoup sa victime qui, elle-même, est pour lui un être impersonnel, « la créature » simplement « humaine », qui ose risquer la lutte avec le monstre au prix de sa vie, pour une cause qu'elle juge valable : la possession du trésor gardé.

Le diable ou le monstre est toujours pour l'enfant le danger qui surgit sur le chemin des causes exaltantes, ou plutôt, des causes valorisées par la tension des désirs sublimés vers l'atteinte et la possession future d'un objet idéal. Ces deux concepts, « objet et idéal », constituent par leur liaison le drame de l'homme : l'« objet », limité par son existence même, s'avérant n'être jamais « idéal », une fois qu'il est possédé.

Ces dangers vivants sont des images de créatures fantastiques, au service d'instincts qui sont dangereux, qui peuvent nuire à tous (s'attaquant encore plus aux purs et valeureux), et d'autant plus violents que l'être qui les combat est physiquement et moralement fort, c'est-à-dire riche de vie.

Ces monstres sont, dans le langage symbolique de l'enfant, des êtres répugnants, inesthétiques. Ces caractéristiques les opposent aux animaux sauvages, êtres nobles et audacieux, dont le droit à la vie est reconnu parce qu'ils sont les défenseurs d'une cause juste. Les monstres sont immoraux, ils font le mal pour le mal; les animaux sauvages sont amoraux, mais leurs actes ont un sens, biologiquement parlant.

La puissance de ces monstres est grande, extraordinaire, et leur présence sur le chemin d'une conquête rend celle-ci encore plus désirable. Leur pouvoir cependant n'est pas spirituel; si décuplées que soient leurs forces, ils sont impuissants devant la force spirituelle, devant des attitudes et des sentiments qui traduisent la sublimation des pulsions (seul aspect spirituel que l'on aborde en psychologie). L'enfant exprime cela à son insu, quand il raconte que le héros en présence de l'animal haineux n'éprouve ni peur ni haine, mais seulement une colère courageuse qui l'exalte, sans vanité et sans bravade.

Si le héros et le monstre sont de force égale, le triomphe du héros sur le monstre sera dû non pas à la force physique (sur ce plan-là, le monstre peut être neutralisé mais jamais battu) mais à des qualités telles que la puissance et l'adresse*. La combativité s'exprimant avec une violence égale chez les deux adversaires est sublimée chez le héros dans des tendances oblatives : le désir de servir et de libérer autrui. Alors qu'il n'est chez le monstre qu'une expression de tendances égoïstes et captatives. (Le trésor qu'il garde pour n'en rien faire.)

Dans les récits de tous les enfants, quand donc les forces quantitatives sont égales, c'est la qualité intentionnelle de celles-ci qui permet le triomphe et implique la mise hors d'état de nuire des forces brutes. À ce moment du combat, le héros pourrait encore perdre s'il ne se détachait immédiatement d'un sadisme inutile pour se donner tout entier à l'utilisation du trésor dans un but encore intentionnellement oblatif. Le monstre finit souvent par se mettre au service du héros, ce qui dans le langage symbolique signifie la domination pacifique des désirs.

L'analyse approfondie des histoires où les enfants nous

* Sublimation de l'agressivité brute des désirs de l'âge oral-anal musculaire, leur maîtrise spécifiquement humaine par l'intelligence calculatrice.

racontent leurs luttes avec les monstres, ainsi que l'étude des représentations graphiques qu'ils en font amènent les psychanalystes à s'apercevoir que monstres et démons à visages d'hommes cornus ont bien une seule et même origine. L'enfant projette l'idée du diable dans les monstres animaux tant que ses désirs sont ressentis par lui comme désir de possession, de puissance matérielle et de domination, et tant que ces désirs restent assimilés à des avidités sensuelles, sensorielles et motrices (stades oral et anal), à ses yeux autant animales qu'humaines.

Quand l'enfant donne à ce visage les traits d'un homme cornu, il s'agit alors des pulsions des stades prégénital et génital*. L'enfant donne à ce visage les traits qui reflètent pour un physiognomoniste l'exagération de certaines caractéristiques contenues dans sa nature et qui, s'exagé-

* *Quelques notions du vocabulaire psychanalytique :*

— 1. Stades oral et anal, de zéro à quatre-cinq ans environ, ainsi dénommés à cause de l'orifice d'entrée et de sortie du tube digestif. Ces zones sont le centre d'intérêt vital primordial à l'âge où la vie n'est encore que végétative et où l'enfant commence à prendre conscience confusément de son existence et de ses possibilités, à partir de ses sensations digestives réceptives, réplétives, évacuatives et excrétives d'abord passives, puis actives. Ces sensations s'accompagnent de plaisir à les subir, puis à les provoquer, à les combattre, à les refuser, à les dominer. À ces stades, qui couvrent les 4 à 5 premières années, toute la structure de la personnalité est en devenir à travers les expériences vécues, toujours associées affectivement, sensoriellement, ou physiquement à des sensations, des émotions, des jugements, des échanges avec le monde au sujet de ses besoins-désirs vitaux de croissance et de leur expression verbale, gestuelle, ou émotive.

— 2. Stade prégénital, de quatre à six-sept ans environ, suivi pour les psychanalystes par un stade dit de latence avant l'avènement du stade génital avec la puberté. Le stade prégénital est caractérisé par la disparition de la prédominance des désirs captatifs et destructeurs, et l'apparition de la plus-value donnée au faire industrieux et ludique, à la qualité de garçon ou de fille qui caractérise le sujet. Cette plus-value s'accompagne de la découverte consciente du plaisir se rapportant à la zone érogène sexuelle et des émotions qui l'accompagnent. Le sujet polarise toutes ses activités vers l'affirmation de soi, vers l'accès à une image de lui-même qu'il brigue d'atteindre, en s'affirmant valable dans le clan des humains du même sexe que lui. Cette étape ambitieuse mène le sujet à la résolution de son complexe d'Œdipe. Celui-ci est le conflit inévitable qui accompagne la prise de conscience des lois de la vie humaine en société. La valorisation de soi, en tant qu'être sexué, aspirant à devenir homme ou femme, amène le sujet à éprouver dans l'ambiance familiale amour et jalousie vis-à-vis de personnes adultes qu'il voudrait égaler et supplanter. La souffrance qu'il en éprouve l'oblige à dénouer le sensuel de l'affectif, à renoncer au sensuel insatisfaisant objectivement et dangereux subjectivement, pour entrer dans une phase d'acquisitions sociales et culturelles dominantes. Il apprend la loi de la prohibition de l'inceste, loi qui régit tous les êtres humains.

rant au détriment d'autres, lui feraient perdre l'équilibre mental. Les couleurs, quand il en met, sont symboliques d'ardeur et de mort tout à la fois (exemple dans les dessins 1 et 2 : la mort livide masquant l'ardeur rouge). Notons qu'il y a toujours un caractère de divergence, de dispersion, de dissymétrie, de dysphorie. Le tout traduit la disharmonie jointe à une mimique dominante qui traduit la fixité inexorable de l'intention maléfique, la non-réversibilité.

Le psychologue ne voit pas chez l'enfant l'idée du diable mise au service du transcendant métaphysique. Elle exprime, à travers du subjectif vécu, le désordre intérieur vivant, créé dans la psychophysiologie de l'enfant par le sentiment du bien agir et du mal agir.

Toute règle de comportement commandant des gestes, des mots, des apparences et des mimiques au nom du « Bien », en interdisant d'autres au nom du « Mal », exerce dans les profondeurs inconscientes de l'enfant une contrainte similaire et même plus angoissante, alors que les adultes (dieux-gendarmes) ne sont plus là. Cette contrainte devenue intérieure naît de l'angoisse non définie due aux conflits entre des échelles de valeurs contradictoires. L'état de malaise cœnesthésique naît de ces conflits internes lors d'une incitation, d'un émoi qui, s'il s'inscrivait dans un comportement, serait non conforme à ce qu'il devrait être aux yeux de l'adulte. Cet état d'insécurité entraîne les sentiments de culpabilité sans qu'aucun acte nuisible soit exécuté, ces sentiments engendrant à leur suite le remords, la révolte ou la punition par l'échec de tout ou partie de la fécondité du sujet[87].

Dans les observations que j'ai pu recueillir moi-même, la question du diable s'est toujours posée chez les garçons, jamais encore chez les filles; je ne sais s'il s'agit d'une coïncidence, du transfert psychanalytique (ma qualité de femme), ou d'une plus grande difficulté à établir un comportement au nom d'une échelle synthétique et harmonieuse des valeurs pour un petit mâle dans l'espèce

— 3. Stade génital, à partir de la puberté : il se caractérise par la notion consciente du rôle actif de la sexualité dans la vie instinctive, affective, psychique, par l'apparition du sens de la responsabilité dans la société, hors de la famille et la recherche des groupements extra-familiaux auxquels s'intégrer, pour exercer son activité dans des buts qui dépassent l'intérêt de sa propre personne. Apparition de l'oblativité, de la créativité au service du groupe social.

humaine civilisée. J'ai rencontré deux fois l'idée du diable chez des sujets féminins, une fois au cours d'un cauchemar, dans un autre cas lors d'une hallucination. Il s'agissait de deux femmes de quarante ans à peu près, l'une étant dite psychosée, internée en hôpital psychiatrique depuis cette hallucination; elle avait toujours été jusque-là considérée comme épouse et mère normale, mais frigide. L'autre était aussi une névrosée frigide, mais très mal adaptée. Ces deux femmes souffraient d'un complexe de virilité* depuis l'enfance, c'est-à-dire d'une non-acceptation de leur sexualité féminine génitale réceptive. Le diable était, les deux fois, « grimpé » — sur son lit pour l'une, sur quelque diable ou quelque autre animal pour l'autre. S'agissait-il d'une extériorisation de composantes masculines datant de l'âge prégénital et qui, avec la ménopause, recevaient de nouvelles forces? Je le crois. Le diable était aussi conçu comme lubrique, et la sensation-choc qu'elles en recevaient, l'une dans son cauchemar, l'autre dans son hallucination, était une sensation génitale jamais éprouvée dans leur vie maritale. Je sais bien qu'il existe la légende de sainte Marthe et de la Tarasque, mais il s'agit là d'un animal mammifère monstrueux, et non d'un diable à visage humain, à station debout. Il serait d'ailleurs intéressant, mais cela sortirait du cadre de ce travail, d'analyser les deux légendes de saint Georges et de sainte Marthe, à la lumière de la psychanalyse, et de les comparer[89].

Dans la légende de saint Georges, il s'agissait de l'homme fixé œdipiennement à sa mère (comme un petit enfant). Il arrive, grâce à son option pour la vie, au nom du Christ, à annihiler les forces maléfiques qui voulaient détruire à ses yeux les charmes de la féminité : le monstre marin dévorant les jeunes filles (ou bien l'idée du danger de la sexualité, lié à son amour pour la mère, annihilant le droit à aimer les jeunes filles). Il soumet alors ses forces à la jeune fille et peut dénouer sans danger la ceinture de celle-ci qui servira de lien à la bête devenue servante et terrestre, à la fois de la jeune fille et de la Société. (Retour de la jeune fille dans la ville, tenant en laisse le monstre.) À ce moment, le héros va à d'autres œuvres. (Il quitte la ville

* Conflit de valeurs chez la fillette, qui mésestime intellectuellement ou affectivement sa caractéristique sexuée de fille et valorise tout ce qui peut la faire paraître à ses propres yeux moins inférieure, c'est-à-dire moins féminine[88].

après avoir baptisé tout le monde.) Ses désirs servent la femme (fécondité charnelle) et tout ce qu'il fait de social est sublimé, ce qui se dit : la société entière choisit de suivre avec lui la même option de vie. Servir la vie au-delà des épreuves, cela se dit : suivre le Christ qui est vie et résurrection.

En termes psychanalytiques, cette légende raconte l'aventure de l'être humain qui passe du stade anal au stade génital, actif puis sublimé. Toute cette légende est l'exposé symbolique d'une épreuve psychologique vécue par l'être humain de sexe masculin : l'avènement de la maturité, au triple point de vue sexuel, affectif et mental, s'insérant dans le social, tout en donnant à tous ses actes un sens oblatif. La polarisation intentionnelle : pour les œuvres, pour la descendance, pour la société de tous les humains, c'est le spirituel naturel de l'âge génital servant de base au spirituel transcendant*[90].

Je sais tout ce qu'ont de fragmentaire et d'insatisfaisant ces quelques réflexions suggérées par l'expérience psychanalytique clinique. Qu'on ne cherche pas ici des preuves de l'existence ou de la non-existence transcendantale du démon. En clinique, nous n'abordons jamais le transcendant. Il ne nous est possible que d'aborder l'humain tel qu'il se présente, combinaison indissoluble d'une physiologie (qui sécréterait ou exhalerait une certaine psychologie brute) d'une part, et d'autre part d'expressions gestuelles, verbales, mentales, reliées étroitement à cette physiologie. Il semble bien que tout le vécu, le ressenti par contact avec le monde ambiant entretienne et provoque la mutation des pulsions rythmées profondes, soutienne, impose et oriente l'ensemble des relations gestuelles, verbales et mentales entre cette psycho-physiologie et l'entourage, selon un réseau absolument individuel, formé de l'intrication des échelles de valeurs dont chacune répond à un critère différent. La structure de ce réseau serait la clef du caractère.

Le corps sans l'âme ou l'âme sans le corps n'ont jamais pu être observés cliniquement, de même que l'affectif sans sensoriel et sans mental, et le sensoriel sans affectif et sans

* L'interprétation psychanalytique de la légende de saint Georges n'ôte aucunement la valeur esthétique et spirituelle de cette belle légende. Au contraire, c'est par l'analyse que l'on peut comprendre son importance symbolique et le rôle moral qu'elle a sur les enfants.

mental. Que l'âme transcendante existe, nous ne pouvons pas, au nom de la psychanalyse, l'infirmer ou l'affirmer. L'option intentionnelle de nos pensées, de nos gestes, de nos sentiments, chacun de nous peut la ressentir, mais aucune méthode psychologique objective ne permet de juger ni de préjuger sûrement de l'intention morale qui polarise les forces psycho-physiologiques d'un être humain dans son comportement. Toujours est-il que, pour l'enfant, un comportement parfois très bien vu de son entourage au nom de la morale des adultes peut, s'il est ressenti par lui — à l'âge affectif où il se trouve — comme anti-biologique, être associé à l'angoisse, angoisse qu'il traduit par l'idée du diable, du désordre qui menace ce qui est vivant.

Continence et développement de la personnalité

Études carmélitaines, « Mystique et Continence », 1952

La méthode psychanalytique est avant tout une méthode d'investigation clinique. L'objet de son étude est la vie de l'inconscient, cette part latente de nous-même qui sous-tend notre vie psychique. C'est par l'étude des faits psychiques inconscients que la psychanalyse peut éclairer les aspects apparemment inexplicables du comportement de certains sujets ou avertir ces sujets eux-mêmes des motivations inconscientes qui les entraînent, contre leur volonté, dans des situations ou des états affectifs opposés à ceux qu'ils désirent. La chasteté qui peut, nous le savons, accompagner des états de grande sublimation, est une vertu peu étudiée pour elle-même dans les cures psychanalytiques. Le rôle de la continence sexuelle n'a pas été davantage jusqu'à ce jour l'objet de recherches cliniques systématiques. Au tout début de la technique psychanalytique, Freud imposait la continence comme une condition favorable à la cure. On y a renoncé depuis lors, pour des raisons qui m'échappent. Dans quelques cas précis cependant, certains de nos confrères prescrivent, au cours du traitement, l'abstinence sexuelle[91].

Il serait d'un très grand intérêt pratique de savoir pourquoi la continence va provoquer chez un tel individu des troubles névrotiques, c'est-à-dire une perte d'énergie pour le noyau conscient de la personnalité, au profit de symptômes somato-psychiques ou caractériels qui appauvriront ou stériliseront les facultés d'action et de création du sujet. Il ne serait pas d'un moindre prix de connaître les raisons pour lesquelles la frustration de satisfaction sexuelle stimule, chez un autre sujet, l'épanouissement d'une vie oblative sur le plan caractériel et, en même temps, une plus grande efficacité physique, un rayonnement spirituel plus intense, de plus vastes possibilités de création.

La façon dont un individu s'astreint à la continence, ou l'observe spontanément, les mobiles inconscients qui peuvent l'y pousser, les avantages qu'il peut en retirer pour sa vie mentale, affective ou sociale (à dessein, je ne parle pas de la vie spirituelle, difficile à apprécier d'un point de vue clinique et psychologique), l'aide enfin que cette continence peut apporter dans l'acquisition de la chasteté — vertu de maîtrise du désir génital et de renoncement à ses appels —, ce sont là autant de problèmes dont chacun demanderait une étude approfondie. Celle-ci exigerait des observations détaillées et quotidiennes de religieux et de religieuses, soit par la méthode psychanalytique, soit du moins par la connaissance, aussi complète que possible, de leurs rêves, fantasmes et des associations connexes. C'est ainsi que l'on éclairerait ces questions qui, dans le cas de personnalités puissantes et socialement efficientes, comme celles des mystiques, deviennent extrêmement obscures. L'étude rétrospective, qui utilise leurs lettres, leurs écrits, le témoignage de leur comportement, même si on l'interprète par les vues psychanalytiques, ne saurait suffire. La méthode réclame en effet des associations libres, des productions qui ne soient pas systématisées, fournies à un observateur sujet au même conditionnement sociologique. Ne pouvant, faute de telles études, éclairer directement les problèmes, j'ai pensé que l'on pouvait essayer de procéder d'une manière indirecte.

On sait, en effet, que la primauté du génital dans la vie sexuelle et affective d'un être humain est tardive. Auparavant se succèdent, dans l'évolution des pulsions, les stades extrêmement importants de cette sexualité infantile qui a été la grande découverte de Freud. Il a montré le premier que, lors de la puberté, la primauté du plaisir de la région génitale ainsi que l'appel charnel lié à la recherche de l'objet d'amour correspondant n'apparaissent pas dans une conscience entièrement neuve, mais, tout au contraire, se manifestent dans une conscience qui a déjà connu un plaisir électif, dépendant des caractéristiques masculines ou féminines, et qui a déjà poursuivi et retenu les objets capables de procurer ce plaisir. On sait l'importance des fixations infantiles sur les parents et les éducateurs pour l'évolution ultérieure de l'affectivité et de la sexualité du sujet. De proche en proche, depuis les premiers jours de la vie, le garçon ou la fille sont formés par leurs expériences successives, par les difficultés et les frustrations qu'ils éprouvent dans leur quête du plaisir sensuel et qui sont imposées au nom de valeurs qui tirent leur prestige du désir de plaire aux adultes aimés ou de s'identifier à eux.

Tels sont les cheminements de la formation morale, toujours liés à des relations interhumaines. Tout le monde sait que l'enfant qui n'a jamais écouté que ses caprices jusqu'à treize ans ne pourra agir autrement à l'âge de la vie génitale. On sait aussi que l'enfant qui a subi des frustrations douloureuses et précoces du plaisir d'en savoir sur les secrets de la vie, désirs qui ont été liés à un sentiment de culpabilité, ne pourra s'épanouir, lors de la puberté, sans se placer plus ou moins en marge des règles sociales. J'ai donc pensé que, si j'étais sans observations valables sur la continence génitale des adolescents et des adultes sains, il pouvait y avoir intérêt à étudier la continence sexuelle des étapes prégénitales, dont les principales sont le stade oral, le stade anal, le stade phallique urétral pour le garçon et le stade clitoridien et vaginal chez la fillette[92].

À ces différentes étapes, l'étude de la continence, c'est-à-dire de la maîtrise du plaisir nerveux caractéristique de chacun de ces stades, peut nous renseigner sur les rapports de la continence en général avec le développement de la personnalité. Pour procéder avec plus de rigueur, je me bornerai à chercher des exemples cliniques chez des sujets dont le développement corporel — six ou sept ans au moins — implique le dépassement des pulsions presque strictement orales et anales (aimer avoir et aimer faire avant d'aimer, d'aimer un autre que soi en vue de procréation).

Premier cas — Il s'agit d'une fillette de sept ans que j'avais soignée vers cinq ans pour un mutisme total, lié à une perversion du goût. Elle buvait des eaux sales, de l'urine, de l'huile de machine, aimait à manger par terre, saisissait directement ses aliments avec la bouche ou avec les mains. Elle présentait devant la souffrance un comportement inversé : elle ne se plaignait pas, mais souriait quand, un jour, après une brûlure au second degré, on lui faisait ses pansements ; elle sourit encore quand on dut lui faire quelques points de suture et réduire une fracture du bras. (J'ai relaté ce cas sous le nom de *Nicole*, dans la *Revue de Psychanalyse*, 1949, nº 1[93].) En dehors de ces anomalies, elle avait un caractère facile. Abandonnée, vers un an, par sa mère, recueillie par l'Assistance publique, elle avait ensuite été confiée à des parents nourriciers. Ceux-ci se montrèrent indignes, maltraitant les nombreux enfants qui leur étaient confiés. Dénoncés, ils furent arrêtés et les enfants dispersés. Nicole avait été recueillie dans un état physique lamentable. Puis, un couple de braves gens l'avait adoptée. Après six mois de bons soins, ils me l'amenaient, découragés. Ce qui frappait le plus en elle, c'était le mutisme et l'absence de bruitement, alors qu'elle ne semblait pas sotte et qu'elle n'était pas sourde. L'enfant guérit d'abord de son mutisme ; elle put expliquer les diverses sensations qu'elle éprouvait : la fracture avait fait « mieux mal » que la brûlure, par exemple[94]. Cette enfant, guérie entre cinq et six ans, tout à fait adaptée, m'était ramenée de loin en loin, dans un but de surveillance. À sept ans, l'âge scolaire arrivant, elle se montra vraiment intelligente. Mais elle devint alors déchaînée dans ses jeux, désobéissante, difficilement disciplinable, à la maison comme à l'école ; chose nouvelle, elle commença à voler à ses camarades de menus objets et des goûters qu'elle cachait pour les jeter ensuite, n'ayant pas assez faim pour les consommer. L'enfant, me disait sa mère, avait aussi tendance à refuser de manger, alors qu'elle avait parfois visiblement faim ; autrefois de goût si perverti, elle était devenue délicate et assez gourmande. L'enfant était en parfaite santé ; je conseillai à la mère de ne pas la forcer à prendre de la nourriture et de conserver la même attitude affectueuse, que Nicole mangeât ou non. C'était un mardi, l'enfant repartit ; le vendredi, elle dit à sa maîtresse de classe : « Je suis punie de manger jusqu'à lundi. Alors, comme ça, je pourrai être sage et bien travailler. » La mère me décrivit les repas. L'enfant venait y assister, mais n'y participait que par sa présence : silencieuse et absorbée, elle regardait, avec des yeux de loup affamé, chaque bouchée que mangeaient les personnes à table. Elle faisait pitié, disait sa mère, mais du jour où elle eut commencé ce jeûne, elle fut, en dehors des repas, vivante, gaie, docile comme jadis. Elle consentait seulement à boire de l'eau et, le matin, mais avec réticence, du lait : « Je ne mangerai pas, parce que tu ne veux pas que je mange », avait-elle dit sans autre explication à sa mère. Puis, devant les dénégations de celle-ci : « Moi, je sais qu'il ne faut pas que je mange, mais je ne veux pas que ça t'ennuie. Je veux que tu me dises que tu permets que je ne mange pas. » La mère avait acquiescé et avait proposé à la fillette de s'amuser au lieu de venir à table. Mais l'enfant avait refusé et semblait même prendre, au spectacle du repas des autres, un plaisir étrange et captivant. Le lundi suivant, assez fatiguée de son jeûne, l'enfant dit à la maîtresse : « Vous savez, ce soir je mangerai. » En effet, le soir même, elle se remit à manger normalement. Ces trois jours de jeûne volontaire avaient rendu son équilibre affectif à l'enfant.

Nicole n'était plus ni tendue ni angoissée. L'amélioration caractérielle, la maîtrise des pulsions agressives parurent définitives. J'ai remarqué que, d'une façon générale chez l'enfant, l'abstinence orale, le jeûne qu'il s'impose à lui-même (l'enfant dit qu'« il n'a pas faim »), s'ils sont respectés par des parents qui ne s'en montrent ni anxieux ni mécontents, est toujours lié à des acquisitions culturelles — adresse manuelle, attention à de nouveaux centres d'intérêt — utiles au développement sensoriel ou intellectuel du sujet. Naturellement, si la mère, objet d'amour et guide, semble blâmer ce mécanisme auto-régulateur, ou si elle l'impose comme une punition qui implique une défaveur et une rupture d'amour, l'enfant peut être très profondément troublé. À leur insu, les parents faussent un processus sain d'adaptation des pulsions du stade relationnel aux objets, car la frustration volontaire de nourriture laissée libre, sans valorisation ni dévalorisation venant de l'adulte, a un sens énergétique positif : c'est un facteur de développement et de régulation pulsionnelle. Il semble qu'il y ait là une expérience de maîtrise des pulsions, mise au service d'autres modes de relation aux objets que la primitive et brute relation de consommation.

L'intérêt de cette observation n'est pas tant le jeûne volontaire que l'enfant s'était imposé, que l'attitude et la mimique de l'enfant pendant le repas où elle ne mangeait pas et où, disait sa mère, elle regardait avec des yeux affamés la nourriture qui disparaissait, en la suivant, des assiettes jusque dans les bouches : « Elle nous dévorait des yeux. » Il s'agissait bien, dans cette frustration de nourriture imposée à son corps, d'un processus psychologique qui, pour ne pas être raisonné, n'en était pas moins très important et très efficace dans la régulation caractérielle et nerveuse de cette enfant.

Il est certain que, si la mère l'avait privée de nourriture, le résultat n'aurait pas du tout été le même. Elle ne se serait pas sentie en bonne intelligence avec les adultes et elle aurait été frustrée de leur présence au repas, frustrée du plaisir compensateur ou même recherché électivement, de ce repas à la consommation duquel elle assistait sans y participer. Elle n'aurait pas été à tout moment libre de rompre son jeûne à sa guise. Au lieu d'une expérience éducative au sens étymologique du terme, « conduite au-delà », elle aurait vécu une sanction imposée, liée à un sentiment dépressif, dans une relation de dépendance.

Cette enfant se sentait un appétit d'agression antisociale. Plus elle devenait adaptée intellectuellement, plus ce « Surmoi », cette avidité de satisfactions sensorielles et charnelles, héritée de ses premiers exemples et de ses expériences dans la vie, devenait dominant. Il m'a paru que l'intérêt psychanalytique venait de ce que la solution trouvée par Nicole fût de se permettre des fantasmes agressifs de l'âge précédent (âge oral), sans actes consommateurs, qui ont permis à l'agression gestuelle, dominatrice, captatrice et destructrice (apparentée à l'âge anal), de perdre de son intensité. Cette hypothèse me paraît jusqu'à présent valable.

Deuxième cas — Peu de temps après, une jeune novice venait me voir, amenée par sa maîtresse des novices, pour un état psychologique et caractériel d'agressivité jalouse qui mettait la jeune fille en états alternés de dépression, avec sentiments d'être coupable, et d'explosions de crises de nerfs, à type hystérique de colères brusques, à propos d'un incident minime avec l'une ou l'autre de ses compagnes de noviciat. Malgré tous ses efforts, la jeune fille ne pouvait arriver à se vaincre. Fallait-il alors lui permettre des vœux, même temporaires, dans cet état de déséquilibre ? Cette novice présentait, d'autre part, sur le plan conscient, les caractéristiques de la plus grande bonne volonté, des qualités de droiture, d'humilité, de foi, d'intelligence qui la rendaient désirable dans un ordre actif et social. Je parlai avec la jeune fille; elle présentait un type musculaire et réagissant, avec un visage ouvert, à forte mâchoire; elle paraissait saine. Dernière enfant d'une famille nombreuse et protégée, elle n'avait jamais dépassé, dans son développement affectif, une attitude sexuée infantile : un père, des grands frères, une ébauche d'émoi unilatéral pour un jeune homme — elle en rougissait encore —, c'était tout. La femme en elle n'avait jamais été réveillée. C'étaient les jeunes filles du noviciat, plus intellectuelles ou plus évoluées, qui excitaient son agressivité. Elle croyait aussi que la maîtresse du noviciat, modèle de toutes les femmes, les lui préférait avec raison. En écoutant la jeune fille, on s'apercevait qu'elle réagissait vis-à-vis de la maîtresse des novices, comme vis-à-vis d'une mère de famille en relation avec Dieu, comme vis-à-vis du couple de sa mère et de son père. Elle ne dormait pas la nuit, soucieuse de ce que pensait d'elle sa supérieure, et sa conscience lui reprochait sa jalousie à l'égard de ses compagnes, contre lesquelles elle n'avait aucun grief raisonnable. Dans sa logique infantile, si la maîtresse des novices ne la surestimait pas, Dieu était mécontent d'elle.

En fait, l'agressivité qu'elle avait pour ses compagnes eût été une attitude affective extrêmement profitable, si la jeune fille avait pu se permettre de la comprendre et de la penser sans culpabilité névrotique. Cette enfant dont toute la famille, très affectueuse, s'était toujours occupée, ne pouvait supporter l'isolement affectif, la frustration d'amour et d'attentions sensibles dont elle se croyait être l'objet de la part de la maîtresse des novices ou de ses compagnes. C'était une active, et le noviciat, contrairement à la vie ultérieure qui lui eût bien convenu, exigeait une vie très contemplative, studieuse et relativement passive, sans échange avec le monde extérieur.

Il y avait, dans le cas de cette novice, deux éléments : tout d'abord, une tension amoureuse pour la maîtresse des novices. Cette tension restait tout à fait inconsciente, parce que la jeune fille la confondait avec le désir de se rapprocher de l'idéal de sa vocation, en s'identifiant à sa supérieure ou en la satisfaisant.

Il y avait en outre un appel de force du stade génital adulte, destiné à appuyer cet idéal, caractéristique non pas d'un moi adulte autonome et librement donné, mais d'un moi de bonne élève prépubère, éprise de sa maîtresse de classe. Un tel idéal, à l'âge prépubère, est sain et stimule au travail, à la conquête des armes de combat social, l'enfant qui éprouve, avec ravissement, « une flamme » pour la maîtresse. Mais il devient source de conflits, la puberté passée, parce que le sujet ne peut, sans danger de mutilation affective et de névrose, ignorer que ses émois amoureux ont des résonances physiologiques dans la région génitale et qu'à l'âge pubère, la sexualité saine cherche l'objet réel, pour des échanges féconds réels. Les besoins que déclenchait chez la novice cet appel à sa nature, se heurtaient en elle à l'impossibilité d'en prendre conscience à leur plan d'émergence, à cause de l'infantilisme de son « Surmoi »; de plus, ils se brisaient contre l'emmurement réel qu'était pour elle l'absence de contacts sensoriels et affectifs, l'absence des relations d'amitiés tendres dites innocentes où, sans le savoir, une libido sexuée eût trouvé à s'exprimer. La personnalité de cette novice était le théâtre de pulsions homosexuelles génitales, physiologiquement saines, et ignorées d'elle. Ces pulsions étaient soumises au travail du refoulement qui masque et « démarque », si j'ose dire, les émois, pour permettre à la force qu'ils ont déclenchée de s'écouler vers la conscience. Elles ressurgissaient sous la forme des pulsions agressives du stade anal combatif (le stade précédent de l'évolution), mais sur ce plan encore ces pulsions étaient interdites par le Surmoi conventuel de la novice, et ces émois, à leur tour, ne trouvaient pas d'exutoires sensori-moteurs admissibles et suffisants à apporter l'apaisement nerveux. Cette tension, ce malaise devenaient insupportables et angoissants à l'occasion d'un échange verbal ou gestuel avec une compagne. Cette libido sous tension, à l'état latent, sollicitée au minimum par un émoi en apparence anodin, réveillait une force d'explosion que la crise de nerfs calmait.

La jeune fille était, en effet, soumise à cette tension nerveuse continuelle qui la rendait incapable de montrer un caractère doux, gentil, calme, fausse « imago » de novice pieuse et sainte. Elle aurait eu plutôt besoin de donner ou de recevoir des coups et des claques, à défaut d'une dépense physique valorisée dans une occupation utile et fatigante, comme c'est le cas pour les religieuses de cet ordre après leurs grands vœux et leur noviciat terminé.

Je lui parlai de la nécessité de respecter les besoins de la nature, sans pour cela leur donner une valeur morale. Cela n'est ni bien ni mal d'être violente, ce n'est tout simplement pas commode. Je lui fis prendre conscience de son attrait pour une vie plus mouvementée, de son agressivité contre la méthode de formation qu'elle subissait, tout à fait contraire à ce qu'elle avait attendu, et qui avait déçu ses rêves de petite fille. Je lui permis d'entrevoir que le vœu d'obéissance n'impliquait pas que l'on trouvât bonne à imiter, dans tout son comportement extérieur, la personne si aimable et admirable, si digne qu'elle fût de tendresse et d'amour qui l'assistait dans son noviciat, ni sans défauts la méthode imposée pour former les novices. Je lui montrai que le vœu de pauvreté n'impliquait pas le vœu de masochisme — accepter une épreuve n'est pas y prendre plaisir —, que le vœu de chasteté n'impliquait pas que l'envie, très féminine, de la beauté d'autrui fût un vice. Elle reconnut, en effet, que si la jeune novice dont elle était jalouse lui souriait, elle était partagée entre le plaisir de se sentir en amitié avec elle et le remords d'en éprouver une joie sensible. Enfin, repensant à l'exemple de la petite fille, je lui conseillai, quand elle se sentait prise d'explosions de colères jalouses qu'elle trouvait raisonnablement stupides, de ne point en avoir honte, mais de prendre sa nature humaine en pitié et de laisser à son imagination le droit d'aller jusqu'au bout de ses réactions vaines. À ces moments, m'avait-elle avoué, « je les grifferais, je les battrais, je leur dirais des sottises, je les traiterais de mijaurées, d'hypocrites, etc. Je ferais un esclandre, et c'est tellement fort que j'en suis étourdie ». Et, à partir de ce moment, son contrôle étant submergé, la crise de nerfs se déclenchait. Je lui proposai de se permettre d'imaginer tout cela dans le monde des fantasmes. « Mais, dit-elle en riant aux éclats, si je le faisais ce serait très mal. » Je dis : « Non, on vous renverrait comme quelqu'un de trop dynamique. » Elle riait toujours. « Mais si vous vous permettez de le penser, vous ne gênerez personne par des crises de nerfs suivies de dépressions, au cours desquelles vous prenez plaisir à vous faire dorloter et consoler par votre maîtresse, comme un bébé. Bébé pour bébé, il vaut encore mieux vous comporter en imagination comme une gamine rageuse et sale gosse, mais sans aucune manifestation gênante pour l'entourage, plutôt que de faire ces crises spectaculaires, accompagnées de piété à rebours. » La jeune fille, assez étonnée, en convint. Comme elle me demandait si je croyais qu'elle avait la vocation, je lui répondis que ce n'était pas à moi d'en juger, mais que, soit dans la vie religieuse, soit dans le célibat laïc ou dans le mariage, c'était de femmes efficaces et puissantes, vivantes, humaines, même avec un sale caractère, dont on avait besoin. En jouant la charmante édulcorée et calme, elle trompait à la fois Dieu et l'Ordre, autant qu'une jeune fille qui voudrait, au cours de ses fiançailles, camoufler sa nature pour se faire épouser.

J'appris par la suite que cette consultation avait beaucoup transformé la jeune fille et qu'elle avait prononcé ses vœux. Depuis, elle est une bonne et active religieuse de son Ordre.

Dans ce cas, c'est, je crois, la permission donnée à l'agressivité motrice sous tension de s'exprimer dans l'imagination, c'est la dévalorisation du fantasme sur le plan du Bien et du Mal absolus, c'est sa valorisation comme moyen d'adaptation, qui ont ensemble permis à la jeune fille de passer un cap difficile. Accepter l'ambivalence de ses affects à l'égard de l'Ordre, mais savoir qu'on peut très bien se consacrer à le servir tout en conservant des imperfections humaines; prendre conscience de sa propre attitude amoureuse, très naturelle; prendre conscience de sa propre relation avec la maîtresse des novices, mais entrevoir aussi qu'on pouvait obéir à sa Supérieure sans chercher à lui plaire, mais par respect pour la Règle; s'apercevoir enfin de l'ambivalence des sentiments qu'elle éprouvait pour ses compagnes — type de relation normale dans les situations homosexuelles telles que la sienne —, c'est ce qui a permis à cette jeune fille de se construire, en vue du but qu'elle désirait atteindre : le don de toutes ses forces affectives (que nous savons intriquées à la sexualité, même quand celle-ci n'est pas consciente) au service de Dieu, dans le cadre de sa vocation religieuse. La féminité de cette jeune fille était encore assez peu développée et tout à fait inexpérimentée. La direction qu'elle croyait devoir lui donner sapait ses réactions vivantes. Au lieu de se consacrer à une œuvre humaine, elle désavouait sa nature et son caractère. Pour plaire à sa maîtresse, elle croyait devoir régresser à un mode relationnel de type oral, passif, totalement réceptif à l'âge de l'identification à l'image maternelle. Dans ce cas, la frustration du plaisir de se dépenser et d'agir mettait musculairement la jeune fille sous tension nerveuse, d'autant plus qu'elle croyait de son devoir de valoriser, au nom d'une autorité sacrée, non seulement le maintien extérieur qui lui était imposé (frustration d'activité), mais encore un affadissement des affects dans une passivité sentimentale qui la détraquait.

L'exutoire de l'extériorisation fantasmée de pugilat et de réactions motrices agressives, conçu comme un jeu affectif libérateur, a permis au sujet de supporter une frustration motrice et affective.

Elle est devenue librement consentante, par obéissance volontaire et non par adhésion de cœur, comme elle croyait utile avant la consultation d'en jouer le jeu et de s'en persuader. Il s'agissait de rendre conscient l'attrait homosexuel sensible pour la maîtresse des novices et pour les compagnes ; attrait en lui-même très naturel et sans valeur morale, mais qui demande à être connu pour que le sujet puisse souffrir de la frustration des satisfactions désirées d'une façon utile à son développement, au lieu de camoufler ses sentiments et de provoquer ainsi des symptômes de régression caractériels, intriqués de sentiments de culpabilité angoissante.

Ces deux observations n'ont eu pour but que de faire réfléchir le lecteur au problème de la frustration du plaisir sensible délibérément acceptée, avec la pleine conscience du renoncement à une jouissance humblement avouable, naturellement enviable et valable, bien que difficilement compatible avec les autres exigences de vie du sujet lui-même. La continence sexuelle dans le second cas (continence de satisfactions musculaires appelée, par extension, continence anale), le jeûne ou continence orale dans le premier cas, ont permis aux sujets, qui restaient lucides et conscients de leurs tentations, de les respecter comme des preuves de leur vitalité sexuée féminine, de les maîtriser et de sortir victorieuses dans la conduite de leur vie, sans écraser les sources affectives de leur développement. La maîtrise a été obtenue par le truchement d'une détente des pulsions agressives : par l'imagination, « se voir agresser les autres » dans le second cas, participer visuellement avec concupiscence aux repas des autres, dans le premier cas.

Je me suis demandé si le problème de la continence au

service du développement spirituel ne montrerait pas, à l'étude approfondie, qu'il répondrait à ces mêmes lois. S'il en était ainsi, nous devrions observer ceci : serait spirituellement féconde une continence recherchée, en vue d'un perfectionnement, et dont la valeur s'apprécie au supplément de joie que cette observance apporte dans les échanges affectifs avec autrui, quels que soient les sentiments conscients de frustration éprouvés mais ressentis comme étant une épreuve nécessaire, quelle que soit aussi la violence des fantasmes et des tentations visualisées que l'on subit patiemment sans se sentir coupable. Serait néfaste, au contraire, et source de névrose, une continence acceptée de façon masochiste, par obéissance à un maître, en vue de s'identifier à lui ou de le satisfaire ; il s'ensuivrait, pour le sujet, un sentiment de sujétion, de moindre spontanéité et de moindre joie dans ses rapports avec les autres ; les contacts humains s'accompagneraient en effet d'émois pouvant mener le sujet à des tentations sexuelles, à des fantasmes éprouvés comme des fautes et, enfin, à un sentiment de culpabilité angoissée[95].

En conclusion, le point de vue psychanalytique sur le sujet de la frustration de plaisir et de la continence serait le suivant : ce n'est pas le fait matériel de l'observance de la continence génitale qui éclaire le problème de son efficacité ou de sa non-efficacité spirituelle, c'est le niveau affectif du sujet qui s'y soumet, ses motivations et les raisons inconscientes du plaisir moral qu'il en tire, dans ses relations affectives avec son entourage ou avec lui-même.

D'autre part, la continence des manifestations sexuelles d'un stade — du stade génital par exemple — est souvent compensée par la recherche et l'obtention du plaisir sexuel d'un stade antérieur, le stade kinétique, anal, avec son plaisir d'agir, ou le stade oral, plus primitif encore, celui des fantasmes sans passage à l'acte. Dans ce cas, il y a souvent, pour la personnalité du sujet continent, un danger de régression vers un comportement de dépendance infantile. L'utilité spirituelle peut être alors inexistante. Tout au contraire, l'acquisition de la maîtrise des sens que l'être humain cherche à obtenir rationnellement par la continence vise un progrès et l'accès à un niveau culturel très élevé, fait de fécondité spirituelle et de sérénité joyeuse, d'activité communautaire, de rayonnement affectif.

Derrière ce problème de la continence sexuelle, se rencontrerait le thème général de la culpabilité sentimentale, liée à l'angoisse de castration. C'est au-delà du sentiment de culpabilité que peuvent s'épanouir les puissances d'amour dans la vertu de chasteté authentique d'une créature humaine, éprise d'un objet d'amour transcendant, par lequel elle se sent appelée et pour lequel elle a renoncé à elle-même, afin de rencontrer l'aimé en se donnant aux autres.

Comment on crée une fausse culpabilité[96]

DOCUMENTS CLINIQUES CONCERNANT L'ÉDUCATION RELIGIEUSE

Dans cet exposé, témoignant d'une longue expérience clinique, je rapporte quelques exemples relatifs à la genèse d'une fausse culpabilité. Il s'agit de cas vécus et il apparaît clairement que, si la vraie culpabilité est, ou devrait être, l'occasion de développer des forces d'actions nouvelles, tissées de confiance et d'amour, la fausse culpabilité s'avère d'autant plus nuisible qu'elle est source de dépression, de manque de confiance en soi et dans la vie. Une spiritualité saine exige qu'un être perde éventuellement ce qui reste en lui de traces d'une fausse culpabilité. La tâche n'est pas aisée et l'apport de la psychanalyse peut être ici du plus grand intérêt.

Premier exemple — Léon a trente-cinq ans, il est atteint d'une névrose obsessionnelle grave qui lui rend impossible, en dehors de son travail — son seul lien d'échange avec le monde —, toute participation affective à la vie sociale. Il imagine que les gens qu'il côtoie vont mourir dans un délai donné, du seul fait qu'il l'a pensé ; donc, s'ils meurent vraiment, il est coupable. Suit tout un processus de destruction magique de sa pensée et de vérifications anxieuses de la non-exécution de sa pensée.

Je ne raconterai pas tout le cas, mais seulement ceci : sa maladie remonte à sa retraite de première communion. Il était pieux ; enfant, il avait été très gâté, très protégé (être mignon et sage, pour être aimé du Bon Dieu) par une grand-mère jeune veuve de guerre de 14 qui était très pieuse et l'emmenait à l'église. Les cérémonies lui plaisaient, les chants, le mystère de l'obscurité, la lumière des cierges, le silence, ce qui pour lui, de fait, équivalait seulement à la permission de ne rien faire en rêvassant dans une atmosphère de sensiblerie (saint Antoine de Padoue, les âmes du purgatoire, etc.). Jamais de jeux avec d'autres enfants. Dès l'âge le plus tendre, le père instituteur, athée, exigeait que l'enfant fît constamment des devoirs. Jouer c'était perdre son temps. « Prépare ton avenir », entendait-il à longueur de journée. La mère, peu intelligente, peu affective, petite couturière, peu instruite, avait fait un beau rêve en devenant la femme d'un instituteur si intelligent, et entre son mari, de quinze ans plus âgé qu'elle, et sa mère, elle continuait une vie infantile. Elle ne rêvait que de voir son fils devenir un « monsieur » : « On a tout sacrifié pour qu'il devienne un monsieur avec une belle situation. Il était si intelligent et si poli, si gentil, on aurait dit une petite fille, tant il était doux. Il avait tellement de cœur, ce petit. Il ne pouvait pas supporter de me voir triste ou de nous faire de la peine. » Cet enfant avait accepté de se rogner les ailes, de n'avoir plus ni voix, ni bras, ni jambes. Il n'avait reçu en fait d'éducation sexuelle que des menaces telles que celles-ci : « Mon petit, tu mourras si tu touches à ton robinet », disait le père athée, et « Tu iras en enfer », disait la grand-mère pieuse. À cet enfant, disais-je, il ne restait que les petits moments d'élans paisibles à l'église, les aventures imaginaires d'autant plus remplies de scènes de sauvageries, de liberté déchaînée en dehors de la loi, que sa vie réelle était frustrée de toute liberté, de toute fantaisie, de toute innocente satisfaction « gratuite ».

Arrive la première communion. L'enfant la désirait beaucoup. Il se savait indemne de toute faute, il ne faisait jamais rien de mal, ne disait jamais de gros mots, n'avait jamais envie de rien depuis l'époque enfantine, où il pleurait pour aller jouer et où son père se fâchait si sa mère plaidait sa cause. Or, voici qu'un sermon de retraite porte sur le sujet des fautes que l'on commet par pensée. La pensée à elle seule est coupable ! Révélation, effondrement, crise de scrupule, angoisse, obsession, phobies! Toute sa vie imaginaire, seul refuge, soupape de sûreté de cette vitalité entièrement mutilée de toute liberté et toute créativité, sa vie imaginaire même le faisait aller en enfer. S'il était criminel en pensée, c'est qu'il était « puissant » en pensée. Rien ne servait d'être sage et obéissant, il fallait encore ne jamais penser à autre chose qu'à ce qui était permis par Dieu.

Or Dieu, c'était non seulement grand-mère, c'était aussi papa; c'était pour lui comme un policier qui connaît vos pensées secrètes, ces pensées qu'on n'avait jamais prises au sérieux, mais dont on a tout à coup la révélation, en même temps que celle de la culpabilité. Penser = pécher. L'enfant refuse d'ajouter un sacrilège à toutes ses pensées déjà criminelles, aucune confession ne le soulage, car il pense comme il respire. Et s'il veut s'empêcher de penser, il sent son cœur s'arrêter en lui, il a peur de mourir[97].

Les adultes sont incompréhensifs. La famille qui a payé le costume, le curé qui le connaît pour un enfant modèle, le poussent à la table de la communion. « Repas mortel », me dit-il encore aujourd'hui, où il a perdu toute foi, toute espérance et toute possibilité d'aimer.

Qu'est-ce que cela prouve? C'est le cas particulier d'un prédisposé, d'un hyperémotif déjà obsédé sans le savoir, ou refoulé selon le nouveau vocabulaire de la psychanalyse. Oui, mais ce cas qui est un des plus graves n'est pas unique et s'il s'agit d'un cas-limite, du moins peut-il donner à réfléchir et peut-il éclairer d'autres cas qui, pour être moins poussés, n'en sont pas moins regrettables et devraient être discernés en temps opportun. Pour nombre d'enfants, la retraite de première communion est une période d'incandescence de sentiments amoureux pour Dieu mais aussi de sentiments magiques de culpabilité, liés aux sentiments amoureux archaïques filiaux, réveillés chez les enfants par ce repas mystique.

Il y a, surtout dans les milieux citadins et humbles, des enfants élevés dans une obédience trop stricte aux lois de la docilité servile, non par peur de l'adulte, mais au nom du Dieu qui voit tout et qui « punit ». Quand donc ne verrons-nous plus de mères chrétiennes dire à un enfant « Jésus t'a puni », alors que l'enfant a seulement enfreint, à ses risques et périls, une règle de prudence animale ou désobéi à des recommandations parentales anxieuses.

Mais, pour cet enfant, la croyance en Dieu était la

croyance en un témoin jaloux (c'est l'enfant lui-même qui, dans la famille, est perpétuellement le témoin jaloux). On aggravait son cas en lui demandant non seulement de le craindre, mais de se l'incorporer; auparavant, il pouvait penser sans le savoir, même en se sentant coupable, quitte à s'en confesser pour en demander le pardon. Mais s'il incorpore ce Dieu puissant, ses pensées agressives lui seront interdites; or, il le sent bien, elles présentaient pour lui le seul plaisir à vivre. Le repas mystique devenait repas mortel, non seulement sur le plan de la conscience, mais encore sur celui de la vitalité profonde de son inconscient, d'où son entrée dans la « maladie ».

Deuxième exemple — Une enfant de dix ans, amenée à la consultation dans une grave crise de troubles anxieux, me disait, alors qu'elle était à deux semaines de sa première communion, qu'elle voudrait ne pas vivre parce qu'elle avait peur de mordre l'hostie sans le faire exprès, de faire mal à Jésus, de le faire saigner et d'aller en enfer. On le leur avait dit au catéchisme, prétendait-elle.

Les troubles de cette enfant (perte de sommeil, perte d'appétit) ont cédé à un quart d'heure d'entretien apaisant et psychanalytiquement compréhensif. C'était une enfant sensuelle, qui se mordait elle-même, pour se marquer les mains, quand elle était joyeusement excitée ou très crispée. Il suffit de la faire se souvenir de tous les incidents de morsure, plus ou moins sévèrement réprimés par les adultes, qui lui revenaient à l'esprit.

Ils s'expliquaient par une très grande ardeur, à fond amoureux. Si elle mordait l'hostie, son amour et sa piété profonde pour Jésus ne pouvaient pas en être troublés, car Jésus, fils de Dieu, savait comment elle était faite. Il avait eu des preuves de haine plus pénibles que cette preuve d'amour peu « classique » que représente une morsure. Et puis, quand il a dit « mangez ma chair », il n'a pas dit « ne croquez pas ». Ce sont les prêtres qui disent cela, comme ils disent de venir en rang et de faire une petite génuflexion; c'est un règlement de déférence, ce n'est en rien un péché grave que d'y manquer. Une chose compte : l'intention de manger Jésus, pour entretenir la vie spirituelle, comme nous mangeons les animaux, les végétaux et les minéraux pour entretenir la vie du corps terrestre. Comme ce n'est pas la matière apparente du pain de l'hostie qui importe le plus, mais la présence de Jésus, on suspend les mouvements matériels de la bouche pour n'avoir que des mouvements de l'âme.

Mais si ses mouvements d'amour de l'âme s'accompagnent de morsures, de ses dents sur l'hostie, cela n'avait aucune importance. Les mouvements de son âme, son intention seule, voilà ce qui comptait aux yeux de Dieu. Tel fut à peu près l'entretien libérateur de cette enfant avec la psychanalyste.

Troisième exemple — Jeanne était l'aînée de trois enfants. Elle est devenue une fille de vingt ans, très intelligente, foncièrement droite spirituellement, mais tout à fait désadaptée sexuellement, socialement et moralement. Elle a pourtant un sens exceptionnellement juste de la valeur des rapports humains et de l'esthétique. À l'âge de sept ans, elle vécut un drame qui est à l'origine de ses troubles de l'affectivité et du caractère. Par la suite, à cause de sa condition de pensionnaire, elle resta enlisée dans un isolement affectif de plus en plus pathologique.

Les parents de Jeanne étaient propriétaires d'un hôtel réputé dont ils s'occupaient tous deux. Cela se passait dans une ville de province. Jeanne était une fillette affamée d'affection, de tendresse, de la chaleur du foyer, conditions de vie auxquelles le travail des parents faisait obstacle.

Mise en pension chez des religieuses, l'ambiance de la chapelle, les chants, le calme, le souci des choses du cœur l'attirent spontanément. Quelle différence avec la pression des parents à toute heure, les propos crus des employés, les conversations superficielles des clients sur le temps, la politique, sa solitude d'enfant dans un appartement sans office, sans lingerie, sans cuisine! La petite devient pieuse. Jésus est une réalité secourable; elle l'aime, il l'aime.

La religieuse enseigne aux enfants de faire des sacrifices pour Jésus et leur recommande d'écrire ce qu'elles ont à dire et de le glisser dans la boîte aux lettres des anges. Précisons que l'enfant croit au mythe du chou, pour la naissance, au petit Jésus des souliers de Noël, et croit aussi *a priori* à la sainteté des religieuses. Elle écrit ses sacrifices; fille et petite-fille de restaurateurs réputés, elle écrit : « J'ai mangé du gâteau à midi et j'en ai même repris deux fois. » Gâteau pâteux qu'elle trouvait exécrable, qu'elle donnait d'habitude à sa voisine, le jour où il arrivait au menu.

La Supérieure la fait appeler et lui donne une semonce radicale, lui reprochant de se moquer d'elle. L'enfant ne comprend pas. Elle ne se doutait pas qu'une bonne sœur pût se mettre en colère et surtout la Supérieure, la plus parfaite des sœurs. Elle explique qu'elle a dit la vérité, et ainsi elle s'enlise, aggravant l'ire vexée de la susceptible Supérieure. C'est encore pire ! C'est une forte tête et une mijaurée ! Ce que l'enfant n'a pas compris, c'est comment les religieuses se permettaient de lire le courrier des anges. À l'hôtel, le courrier des clients était scrupuleusement respecté, mais derrière une vitrine ou dans le casier. Personne ne l'ouvrait. Les religieuses, elles, fouillaient dans le courrier des anges. Elles étaient indiscrètes et elles avaient mauvais goût. Le mauvais gâteau, il fallait le trouver bon — elles le trouvaient bon. Jeanne se savait déjà « pas intelligente », « pas bonne élève », sa maman toujours occupée l'avait mise en pension pour que les « mères » lui donnent l'éducation et l'instruction qu'elle n'avait pas le temps de lui donner.

Cette hypocrisie et cette injustice l'ont bouleversée et l'ont, dès ce jour et à jamais, éloignée de toute possibilité de voir autre chose que de l'hypocrisie dans la religion catholique vécue.

Les colloques de l'enfant avec Jésus, avec son ange gardien, avec Dieu, ne devraient jamais être interceptés, jamais violés par des oreilles et des yeux appréciateurs. Cette enfant avait compris le sens de l'effort sur soi-même : le sacrifice. C'était le type des enfants gâtés matériellement. Pour d'autres, se priver semblait le sacrifice ; pour elle, c'était se gaver de ce qu'elle n'aimait pas. Où était la faute selon l'esprit ? L'intention était droite, l'esprit de sacrifice juste.

Les défauts qu'elle reprochait à l'enfant, la Supérieure les portait en elle-même : manque d'amour et orgueil dominateur. Un enfant n'est jamais tué spirituellement par l'injustice des hommes, même celle des parents, si ceux qui le blessent ne cherchent pas eux-mêmes à se profiler dans l'ombre de Dieu. Mais il peut être dissocié dans son unité physique, si la droiture de ses intentions est flétrie par la personne qui, à ses yeux, représente l'autorité divine, ou l'amitié de qui détient l'autorité.

N'oublions pas que le sens de la réalité vient très tard chez un enfant. Exemple : un enfant de quatre[98] ans, intelligent et avancé. Sa mère tente de lui expliquer à la plage le jour de leur arrivée pourquoi son rocher préféré était recouvert à marée haute et ne se découvrirait pas avant son départ. L'enfant, qui venait pourtant tous les ans au bord de la mer, court à son père comme à son défenseur : « Papa, maman ne veut pas que la mer descende ! »

Les adultes sont tout-puissants. Témoin encore ce petit garçon de sept ans, au moment où les avions ennemis commençaient un bombardement : « Papa n'a qu'à mettre son uniforme et se mettre à la fenêtre. Tous les Allemands auront peur. »

Quatrième exemple — Un garçon de six ans et demi m'était amené pour vols importants avec récidive, mensonges, hypocrisie, manque de cœur. Il venait de mettre ses parents et son entourage dans l'inquiétude la plus sombre, par la preuve qu'il avait donnée de sa révolte même contre Dieu ! Un démon de six ans ! Écoutez ce cas.

Paul a bientôt six ans et demi. Toute la famille, quatre enfants dont il est l'aîné, le père, la mère vivent avec les grands-parents chez un grand-oncle âgé, célibataire, qui possède un appartement de cinq pièces. Onze personnes, plus la bonne, dans cinq pièces ! Les trois personnes âgées se plaignent constamment de la présence et du bruit des petits. La maman est nerveusement tendue, fatiguée de servir de tampon entre les uns et les autres, de chercher en vain où se loger ailleurs. Les repas sont difficiles, les personnes âgées n'aiment pas grand-chose, la vie est chère. Il fait froid.

Paul va en classe. Il n'est pas très gai, pas bon élève, il débute, il est timide. Il apporte un jour des sucettes à tous les camarades et en mange lui-même plusieurs, en classe et en récréation. La maîtresse s'étonne. Paul se trouble, elle le menace, il nie le larcin. Elle avertit la mère. Paul nie toujours. On fouille ses poches, il y reste des billets de dix francs, il nie toujours. Retour à la maison, correction violente du père, vingt-quatre heures au pain sec, et couché toute la journée. Le lendemain même, pendant les exercices de gymnastique à l'école, Paul perd un billet de cent francs. La maîtresse le lui fait remarquer, Paul fait des yeux hagards, il devient cramoisi, il nie, il bégaie, s'oublie dans sa culotte. La maîtresse lui fait honte devant tous. La mère revient, atterrée. Nouveau drame en famille, larmes de la mère. L'enfant est renvoyé de l'école pour huit jours. Il faut donner un exemple, car tous les enfants sont au courant de ces deux mauvaises actions.

Paul préparait sa première communion privée ; il allait dans un groupement de catéchisme à l'esprit nouveau où l'on tente d'éveiller l'enfant à la vie religieuse par des images poétiques : « On peut dire à Jésus, dans son cœur, beaucoup de choses qui lui font plaisir, comme : Jésus-aurore, Jésus-lumière qui brille, Jésus-soleil levant, Jésus-belle fleur etc. » La demoiselle leur demanda un jour à chacun de dire comment dans son cœur il parlait à Jésus. Chacun de répéter : « Jésus-aurore, Jésus-soleil levant, Jésus-belle fleur, etc. »

« Et toi, Paul comment dis-tu à Jésus ? » Timide, Paul répondit « Moi je dis Jésus-carotte, Jésus-oignon ! » Hilarité des petits camarades qui se déchaînent dans un brouhaha : « Pommes de terre, chocolat, sucettes ! » Trouble de la catéchiste, elle se fâche, car c'est très mal de se moquer de Jésus. Paul est sévèrement grondé. Les rires se calment, le petit monde se recroqueville et prend des airs contrits.

Paul est renvoyé du catéchisme pour quinze jours. On se demande s'il ne faut pas surseoir à cette communion privée qui pour son petit groupe devait avoir lieu un mois après.

Voilà l'exposé que me fit la mère atterrée. Paul avait tous les défauts. On le croyait sincèrement pieux, c'est très volontiers qu'il écoutait parler de Jésus et d'histoires saintes. Il faisait toujours sa prière. Mais en fait, c'était un enfant hypocrite qui n'avait ni cœur ni respect pour les choses sacrées.

Après avoir parlé à la mère, je fais venir Paul, seul à son tour. Enfant blond, très maigre, le front large, petit menton, épaules rentrées, pâle, timide. Je lui dis qui je suis (sa mère ne l'avait pas prévenu), et qu'il vient parce que rien ne va plus pour lui, d'après ce que sa maman m'a dit. Je le mets peu à peu en confiance. Je lui demande à quoi il aime jouer, quels jeux il préfère. « Il n'y a pas de place pour jouer, là où on est, et il ne faut pas faire de bruit ; on ne peut pas sortir, parce que maman n'a pas le temps. » Aimerait-il les bonbons, les confitures, les sucettes ? Ses yeux sourient. « Est-ce que tu en as souvent ? — Oh non, ça coûte trop cher. — Combien coûte une sucette, est-ce que tu sais ? — Oui, ça coûte cent francs ! me répondit-il. — Et une balle pour jouer ? — Oh, presque cent francs ! — Et un manteau ?

— Oh, des cent francs *(sic)*. — Et un appartement? (on en parle tout le temps). — Oh, il faut des billets beaucoup. »

J'étais fixée sur le sens à donner aux vols réitérés des billets de banque. (L'enfant ne savait pas compter jusqu'à cent.)

« Et as-tu bon appétit? — Oh, oui, j'ai toujours faim. — Et qu'est-ce que tu aimes? — Oh, tout. — Mais, en viandes? — Toutes, mais on n'en a pas tous les jours, l'oncle François et grand-père disent que ça coûte trop cher. — Et les légumes, qu'est-ce que tu aimes? — J'aime un peu les pommes de terre, on en a tous les jours. J'aime beaucoup les carottes, mais grand-mère dit que c'est long à cuire. J'aime aussi les oignons et puis les poireaux, mais l'oncle François, il dit que ça sent mauvais, alors on n'en achète pas. L'oncle et grand-père, ils aiment rien qui sent mauvais et rien qui fait du bruit. — C'est pas commode, dis-je, quand il faut vivre à beaucoup dans peu de place. Tu vas à l'école, ça te plaît? — Oui. — Sais-tu lire? — Un peu. Mais pas dans un livre. — Sais-tu des choses de la vie aussi, connais-tu le jour et la nuit? » Il sourit. « Oui. — Et le matin, quand est-ce? — Eh bien, c'est le matin. — Et, en ce moment (il y avait la lumière électrique, il était cinq heures), sommes-nous le matin ou l'après-midi? » Pas de réponse. « Est-ce le soir? — Oui, c'est le soir, parce qu'il y a la lumière allumée. — Pourquoi n'allume-t-on pas le jour? — Parce qu'on voit clair. — Pourquoi est-ce qu'on voit clair? — Parce qu'il fait jour. — Qu'est-ce qui éclaire le jour? — Le soleil, il nous fait chaud, mais y a pas du soleil tout le temps. — As-tu vu le soleil se coucher? » Il réfléchit. « Oui, à la mer, une fois. — Est-ce qu'il se couche tous les jours? » Il rit : « Oh non, pas tous les jours. — Sais-tu ce que c'est que l'aurore? » Il cherche « Non. — Et le soleil levant? — Le vent — Le soleil levant. — Oui, y a du soleil et du vent quelquefois, mais pas toujours. »

J'étais fixée sur les appellations mystico-poétiques et leur rôle évocateur pour mon Paul. « Veux-tu me faire un beau dessin? » lui dis-je. Il prend soigneusement un crayon et fait un cercle tout rond et au milieu du cercle une croix. Il me le montre sans rien dire. « Qu'est-ce que c'est? » Il répond tout bas : « C'est Jésus. — C'est Jésus? — C'est Jésus dans l'hostie, c'est au catéchisme. — Aimes-tu Jésus? » Il fait une mimique de ravissement et de plénitude du sourire, en regardant dans le vague, et répondit tout bas : « Oh oui, je l'aime. Quand on le mange, il vient dans notre cœur et on n'a plus envie de rien! Et puis, on est toujours gentils! » « Jésus-carotte », « Jésus-oignon » prenaient tout leur sens.

Petit Paul, soi-disant vicieux, voleur, gourmand, menteur, hypocrite, cynique, était un affamé de paix, de calme, de douceur, de plénitude sur tous les plans. Il attendait de ce Jésus-nourriture l'apaisement de toutes ses épreuves, de toutes ses faims, de toute son impuissance.

J'ai vivement encouragé sa mère à lui laisser faire sa communion, tant attendue, et je souhaite qu'il en ait retiré la force et la consolation qu'il en espérait avec tant de ferveur.

Le cas de Paul nous enseigne, comme le cas de Jeanne, ce respect du colloque intérieur des enfants. N'encourageons pas les enfants à dire à d'autres oreilles les paroles émues de leur cœur pour leur dieu intérieur. Racontons-leur la belle histoire de Jésus, toujours occupé de sa vocation humaine et spirituelle, Jésus se préparant à devenir charpentier, puis apôtre, affirmant vers dix ans, malgré l'incompréhension de ses parents, cette vocation spirituelle qui l'appelait aux choses de son Père plus impérieusement qu'au souci de l'inquiétude et de la peine qu'il faisait à ses parents humains, Joseph et Marie. Cette peine ne l'empêchait pourtant pas de les aimer, de les respecter et de les honorer.

Le cas de Paul nous permet de voir aussi comment un comportement défectueux, apparemment grave, peut venir non pas d'une vitalité qui se défend contre les adultes par l'agressivité, mais bien d'une vitalité qui cherche à combler les sentiments d'abandon et de frustration, incompatibles avec la conservation du minimum de plaisir nécessaire à la vie.

Prenons garde de donner par nos attitudes agressives d'adultes une importance spirituelle à des chutes devant des épreuves humaines inévitables : le contact du sujet avec la réalité. Le comportement non adapté aux règles sociales peut venir de bonnes intentions, ce peut être le substitut d'un appel au secours, les adultes n'apportant plus la sécurité espérée, ni la compréhension du désarroi, ni l'aide affectueuse secourable dans l'épreuve, celle-ci n'étant pas supprimée : l'épreuve vaincue apporte seule l'expérience féconde. Abandonné de tout appui, condamné dans l'expression même de ses plaintes, l'enfant s'accorde des plaisirs réconfortants sur un plan égoïste, instinctuel. Mais cela ne veut pas dire qu'en lui, dans cette régression du civilisé, il n'y ait pas encore intacte la lumière de la vie spirituelle. Si on dit à l'enfant, à temps et à contretemps, que Jésus pense comme les parents, ce Jésus — secours suprême, par l'exemple qu'il a donné de l'épreuve redoutée, mais acceptée et transfigurée dans la charité — devient une image de gendarme civilisé, comptable des actes, et non pas l'ami, le consolateur, nourriture de la vie spirituelle à travers une réalité sensorielle, destructible et consommable. Jésus a chassé les marchands du temple et trop souvent nous refaisons de lui un marchand qui, dans le temple du cœur de nos enfants, décompte les actions en bonnes et mauvaises, ces deux valeurs frappées au profil des parents ou des éducateurs.

Il faut distinguer la moralité objective de la moralité subjective, non seulement pour les adultes, mais déjà pour les enfants. L'enfant traduit en mots, en gestes ou en mimiques l'expression de ses besoins et de ses désirs. Il est impossible de se prononcer *a priori* sur la signification subjective profonde de ces attitudes extérieures. Nous ne devrions jamais faire passer pour un interdit religieux[99], qui, transgressé entraînerait faute de morale, ce qui n'est qu'un usage, une affaire d'étiquette mondaine ou de conformisme social. Cela vaut pour les parents, cela vaut pour tous les éducateurs, surtout ceux qui sont par état consacrés à Dieu, dans le sacerdoce ou la vie religieuse, et qui, dans la vie religieuse, dans la compréhension globale des enfants et de bien des gens, sont pour eux des représentants de Dieu, à tout moment et en toute chose. Exemples : cette enfant de sept ans qui s'étonnait qu'une religieuse eût des pieds; cet autre de neuf ans qui croyait que les prêtres, ses éducateurs, n'avaient pas de besoins naturels évacuateurs. Et ces enfants du catéchisme discutant de façon contradictoire à propos de Marie et de Jésus — faisaient-ils leurs besoins comme tout le monde? — qui surpris par le catéchiste s'entendirent dire qu'ils blasphémaient.

Cinquième exemple — Jean, vingt-deux mois, enfant particulièrement mystique, prend un air navré un soir, au moment de la prière qu'il aime beaucoup dire : « Jésus n'est pas content, Jean a fait pipi par terre ! » Nous voyons spontanément naître la superposition parents-Jésus, dans le cas de cet enfant, dans l'éducation duquel on s'appliquait pourtant très soigneusement à tenir compte des réflexions ci-dessus énoncées. On ne tombait pas dans le travers des mamans qui, trop simplistes, font réciter l'invocation suivante : « Mon petit Jésus, aidez-moi à être bien sage. » Ce mot de sage correspondrait bien au développement sain de la vie spirituelle, si les parents étaient des saints, mais la « sagesse » pratiquement demandée correspond trop souvent à une attitude de docilité passive, non créative, opposée par principe à tout ce qui, dans les preuves de la vitalité d'un enfant, pourrait faire à maman de la peine, de la gêne ou de l'ennui.

Dans le cas de Jean, la maman répondit : « Mais non, c'est Marie qui n'était pas contente, ça lui a donné du travail pour remettre de l'encaustique sur le parquet, mais c'est parce que Marie a beaucoup à faire. Avais-tu fait exprès pipi pour ennuyer Marie ? — Oh non, mais c'était si beau ! — Alors, tu étais fâché d'avoir fait pipi par terre ? — J'ai pas senti. — Alors Jésus n'est pas fâché du tout. Il nous aime tous, tout habillés ou tout nus, tout sales ou tout propres, bêtes ou malins, très sages et très méchants, il nous aime toujours, c'est pas comme les papas et les mamans et les Marie. Et puis les grandes personnes, quand ils étaient petits, ils fâchaient aussi leurs papa et maman. — Alors on peut dire la prière ? — Mais oui. — Oh, je suis bien content, alors on va dire "la belle des belles". » C'est ainsi que la maman de Jean appelait l'acte de charité. Et Jean se couche radieux, après ce sombre épisode, auquel il avait donné une importance quasi spirituelle, sans que sa mère y prît garde. À cet exemple d'un tout jeune enfant qui croyait avoir peiné Jésus parce qu'il avait mécontenté l'adulte aimé, comparons le cas suivant.

Sixième exemple — Étienne est un garçon de dix-sept ans, timide et bègue, d'un milieu cultivé. Son père, anxieux, bizarre et autoritaire, le gave de médicaments fortifiants, le bat ou le fouette au martinet quand il n'a pas de bonnes notes de dissertation philosophique. Ce garçon, homme déjà physiquement, est très pieux. Un jour, au cours du traitement, je lui demandais ce qu'il pensait de ce comportement paternel ; il me répondit que les commandements de Dieu l'obligeaient à ne pas juger ses parents : « Tes père et mère honoreras. » Au nom de la foi catholique, il ne se défendait pas, ne sortait même pas de la pièce. Il n'osait pas éclairer son malheureux père, au nom précisément de l'honneur qu'il fallait lui rendre, et il ne pouvait pas l'empêcher de se détruire lui-même dans son propre fils, après avoir raté sa propre vie.

Fallait-il donc attendre un psychanalyste pour ouvrir les yeux de ce garçon sur les devoirs vrais des enfants à l'égard de leurs parents ? Les honorer, est-ce leur permettre de s'avilir dans des attitudes parentales perverses ? Et faut-il enseigner aux enfants que toute pensée rationnelle relative au comportement des parents est *ipso facto* une révolte contre Dieu ? Il y a des cas de défense contre les parents riches de fécondité spirituelle. De l'intention qui soutient une résistance, nul autre que Dieu même ne peut décider, soit : mais quand donc formerons-nous des consciences d'enfants chrétiens, fixés sur l'amour de la vie que les parents leur ont donné, par-delà la peine qu'ils sont tenus en leur âme et conscience de faire, et en refusant éventuellement de suivre un exemple de vie manquée par peur du devoir, par peur des souffrances et de vraies épreuves ? Ce jeune homme avait rencontré beaucoup de prêtres, aucun d'entre eux n'a soutenu sa dignité d'homme à se soustraire aux colères maladives d'un père névrosé grave[100].

On ne saurait traiter avec trop de ménagement et de compréhension la psychologie de l'enfant. Il ne faut pas écraser l'esprit sous la lettre. Le vrai sens moral est d'abord celui des intentions de l'esprit. L'Évangile est la condamnation du pharisaïsme. Et puis, il faut rendre à César ce qui est à César et à Dieu ce qui est à Dieu, en évitant de tomber dans un confusionnisme qui facilite peut-être une tâche immédiate — le précepte divin renforçant la loi sociale — mais qui risque évidemment de fausser pour longtemps l'équilibre à venir.

Est-il opportun que le protocole du sacrement de pénitence implique, sous le signe même de l'absolution (je veux dire, au même moment), des conseils « paternalistes » de comportement social, humainement prudent, ou un questionnaire visant à faire préciser inutilement par le sujet les circonstances ou les détails des actes dont il s'avoue coupable ? Non, bien sûr, théologiens et psychologues sont sur ce point pleinement d'accord.

En ce qui concerne les enfants, l'admirable décision du pape Pie X, relative à la communion précoce [101], ne doit pas être cause de trouble et d'angoisse quant aux fins dernières, à l'occasion des examens de conscience sous le signe de la terreur. Elle doit être le point de départ d'un amour plus généreux, d'un don de soi plus authentique, sous le signe de la charité évangélique.

Ne centrons donc pas la préparation à la communion sur la lutte contre la faute, contre les défauts, sur l'effort dans la pénitence, qui pourraient facilement développer un certain masochisme chez les enfants de cet âge ! Mettons l'accent non sur le savoir, non sur le conformisme, mais sur l'amour et la simplicité [102].

QUATRIÈME PARTIE

Psychanalyse

Les droits de l'enfant[103]

Depuis le début de ce siècle, du fait de la découverte de la psychologie expérimentale, génétique, interrelationnelle, il existe un nombre croissant de personnes dont l'activité professionnelle est consacrée à la psychotechnique, à l'orientation, à la réadaptation, à des conseils de toutes sortes et enfin à la psychothérapie. Leur formation est extrêmement polymorphe, les méthodes employées ont toutes leur justification expérimentale et connaissent toutes des échecs et des succès. La psychotechnique est maintenant tellement répandue qu'il n'est pour ainsi dire pas d'enfant de grandes villes qui, au cours de sa scolarité, ne passe quelques tests individuels ou collectifs. On en fait passer également aux conscrits, aux employés des grandes entreprises; les journaux, les magazines vont jusqu'à offrir à leurs lecteurs la possibilité de se juger eux-mêmes par l'intermédiaire d'une série de tests qui sont vaguement étalonnés et qui, plus ou moins sérieux, ont répandu dans le grand public des notions de psychologie. Et la psychanalyse dans tout cela?

On en parle pourtant partout, dans la presse de lecture facile, aussi bien que dans le discours à portée philosophique. Mais il y a tant de consultations « psy » et de donneurs de conseils aux parents en difficulté, trop facilement convaincus d'incompétence éducationnelle et prêts à remettre leurs responsabilités, quand il s'agit de leurs enfants, entre les mains techniques, comme ils le font pour leurs voitures — livrées aux mécaniciens! Le public, devant tout cet appareil qui s'instaure en institutions, confond le psychanalyste avec le psychotechnicien, le psychosociologue, le psychosomaticien, l'orienteur professionnel, le rééducateur ou encore l'expérimentateur (celui qui cherche, par curiosité scientifique, à provoquer des réactions). En tout cas, la plupart des gens, ainsi que bien des médecins, croient encore que le psychanalyste va faire ceci ou cela, va influencer, va moraliser, va stimuler, raisonner, bref agir par ses paroles comme avec un médicament, par une sorte de suggestion, pour amener le sujet à se conduire « bien ».

Or le psychanalyste n'ajoute pas un dire nouveau. Il ne fait que permettre aux forces émotionnelles voilées, au jeu conflictuel, de trouver une issue; il reste au consultant à les diriger lui-même... La psychanalyse est et reste le point d'impact d'un humanisme qui s'éclaire, depuis Freud, de la découverte de processus inconscients, agissant à l'insu du sujet et limitant sa liberté. Ces processus inconscients prennent souvent leur force du fait qu'ils s'enracinent dans des processus primordiaux de l'éclosion de la personnalité, elle-même soutenue par la fonction du langage, mode de rapport interhumain axial à l'organisation de la personne humaine.

La psychanalyse thérapeutique est une méthode de recherche de vérité individuelle, par-delà les événements, dont la réalité n'a pas d'autre sens pour un sujet que la façon dont il y a été associé et s'en est ressenti modifié. Par la méthode du tout dire à qui tout écoute, le patient en analyse remonte aux fondations organisantes de son affectivité de petit garçon ou de petite fille. Inachevé physiologiquement à la naissance, l'être humain est en butte aux conflits de son impuissance réelle et de son insatiable désir d'amour et de communication, à travers les pauvres moyens de ses besoins par lesquels, assisté des adultes, il se leurre d'échanger l'amour dans des rencontres corps à corps, pièges du désir. Le pouvoir de rencontre se découvre à lui, par-delà les séparations, dans les zones érogènes qui le relient au corps d'autrui, dans l'effet à distance des sonorités vocales de l'autre, qui, caressantes ou violentes, mimétisent les contacts au corps mémorisés.

La fonction symbolique spécifique de la condition humaine s'y organise en langage. Ce langage, code de signes perçus par odorat, vue, ouïe, goût, toucher, rythmes, est porteur de sens, il nous rend présent un individu assujetti à ce code en tant que sujet-objet, dont l'existence originale est revêtue de ses peines et de ses joies — son histoire pour lui —, de sa rencontre avec « l'homme » (sous forme des humains, masculins et féminins) qui l'a fait se savoir « en devenir semblable à eux », d'un sexe ou de l'autre. Ce savoir peut le rendre sourd, muet, aveugle, paralytique, malade, en un lieu de son corps, par contretemps ou quiproquo ou mal perçu de sa rencontre. Ce n'est rien moins que la restauration de la rencontre de sa personne originelle libérée de son attente illusoire, ou de ces effets chocs et contre-chocs à l'autre, que vise la psychanalyse thérapeutique, restauration qu'elle promeut parfois. Science de l'homme langagier par excellence, la psychanalyse est, depuis Freud, en perpétuelle recherche et son champ d'étude voit ses limites s'étendre de plus en plus à des désordres de la santé mentale, de la conduite et de la santé somatique.

SPÉCIFICITÉ DU PSYCHANALYSTE PRATICIEN

Il est intéressant de cerner les motivations et les réactions de ceux qui, pour la première fois, s'adressent à un psychanalyste, pour eux-mêmes ou pour un être cher. C'est là tout un monde dynamique, où s'expriment les conduites humaines et leurs dérèglements ainsi que la spécificité de la pratique psychanalytique — la réceptivité, la qualité de l'« écoute ». Les gens viennent chez le psychanalyste sachant à peine à qui ils s'adressent, envoyés par leurs médecins, par l'éducateur, ou par quelqu'un qui sait les difficultés dans lesquelles ils se trouvent, mais qui ne peut pas les aider directement. Ces consultants, en présence d'un psychanalyste, commencent à parler comme ils parleraient avec tout un chacun et, cependant, la seule manière d'écouter du psychanalyste (une écoute au plein sens du terme) fait que leur discours se modifie, prend un sens nouveau à leurs propres oreilles. Le psychanalyste ne donne ni tort ni raison; sans juger, il écoute. Les mots qu'emploient les consultants sont leurs mots habituels, mais la manière d'écouter est porteuse d'un sens d'appel à une vérité qui les oblige à approfondir leur propre attitude fondamentale vis-à-vis de cette démarche qu'ils font là, et qui se révèle ne ressembler à aucune autre démarche vis-à-vis des psychologues, éducateurs ou médecins. En effet, ceux-ci sont, par leur technique, orientés vers la découverte et la cure d'une déficience instrumentale. Ils répondent au niveau du phénomène manifesté, du symptôme : angoisse des parents, perturbation scolaire ou caractérielle de l'enfant, par une mise en jeu de dispositifs de secours spécifiques, préconisant des mesures thérapeutiques ou correctrices rééducatives. Ils essaient de répondre à la demande technique et parfois diagnostique et pronostique qui leur est faite, par un dire, un faire associé à une attitude empathique ou suggestive visant à modifier les symptômes allégués.

Jusqu'à la première rencontre avec le psychanalyste, le problème n'est donc abordé qu'au niveau de l'objet de la requête, et il n'y a requête qu'à propos d'objets de caractère négatif pour l'entourage : la réussite scolaire, par exemple, paraît toujours en soi un objet positif, l'absence de troubles du caractère gênants pour la tranquillité de l'entourage aussi. Or ces deux résultantes psychodynamiques n'ont de valeur culturelle authentique que si le sujet est effectivement créatif et non pas seulement soumis aux exigences des adultes, que s'il est en communication langagière, verbale, affective et psychomotrice (de son âge) avec son entourage; que s'il est à l'abri de tensions internes, dégagé, au moins dans ses pensées et jugements, de la dépendance au désir d'autrui, à l'aise dans la fréquentation des compagnons des deux sexes de sa génération, apte à aimer et à être aimé, apte à communiquer ses sentiments, apte à faire face aux frustrations et aux difficultés quotidiennes de toutes sortes sans se décompenser, bref, s'il montre une élasticité émotionnelle et mimique, une liberté idéative qui caractérise la santé mentale. Des symptômes acceptés comme positifs par l'entourage, souvent aveugle, qui valorise ce qui le flatte, sont en réalité pathologiques pour le sujet que n'habite aucune joie, aucune option créatrice libre, dont l'adaptation est accompagnée d'inadaptabilité à d'autres conditions qu'à son strict *modus vivendi*, et sont en fait des signes de névrose infantile et juvénile actuelle ou enkystée depuis le premier ou le deuxième âge de la petite enfance. Pour le psychanalyste, ce ne sont pas les symptômes apparemment positifs ou négatifs en eux-mêmes qui importent, ce n'est pas la satisfaction ou l'angoisse des parents — qui d'ailleurs peut être tout à fait saine et justifiée devant un enfant dont ils se sentent responsables —, c'est ce que signifie pour celui qui vit, exprimant tel ou tel comportement, le sens fondamental de sa dynamique, ainsi présentifiée, et les possibilités d'avenir que, pour ce sujet, le présent prépare, préserve ou compromet.

Quel que soit l'état actuel apparent, déficient ou perturbé, le psychanalyste vise à entendre, derrière qui parle — ou celui ou celle de qui lui est parlé —, qui demeure présent dans un désir que l'angoisse authentifie et masque à la fois, présent emmuré dans ce corps et cette intelligence plus ou moins développée, et qui cherche la communication avec un autre sujet. Aux angoisses et aux demandes de secours des parents ou des jeunes, le psychanalyste permet que se substitue la question personnelle et spécifique du vœu le plus profond du sujet qui lui parle. Cet effet de révélateur, il l'obtient par son écoute attentive et sa non-réponse directe à la demande qui lui est faite d'agir pour faire disparaître le symptôme, pour apaiser l'angoisse. Le psychanalyste, en suscitant la vérité du sujet, suscite à la fois, caché qu'il est par l'individu pour autrui, le sujet et sa vérité. En un second temps, qui est le temps de la cure psychanalytique, le sujet découvrira par lui-même sa vérité et la liberté relative qui lui est laissée de sa position libidinale par rapport à son entourage; ce second temps a comme lieu-temps de sa révélation le *transfert**.

Au cours d'un seul entretien psychanalytique apparaît déjà clairement l'intrication des forces inconscientes entre géniteurs, ascendants et descendants. On saisira sans peine comment un être humain, dès sa vie prénatale, est déjà marqué par la manière dont il est attendu, par ce qu'il représente ensuite, par son existence réelle devant les projections inconscientes des parents, lesquels, servant d'interlocuteurs et de modèles naturels, altèrent trop souvent chez l'enfant le sens des références vécues à des paroles justes, cela parfois dès sa naissance. Quel est donc le rôle du psychanalyste? C'est celui d'une présence humaine qui écoute. Comment cet être humain, fait comme les autres, issu de la même population, a-t-il été

* Le transfert est la relation imaginaire, à la fois consciente et inconsciente, du psychanalysé demandeur vis-à-vis du psychanalyste témoin, non répondant et acceptant les effets rémanents de l'histoire du sujet à travers ses déconvenues pathogènes. Ce transfert est le moyen spécifique de la cure psychanalytique. Son établissement, son évolution, son analyse et sa disparition finale font la caractéristique de chaque cure.

formé de sorte que son écoute produise de tels effets de vérité ? Eh bien, il a été formé lui-même par une psychanalyse généralement longue et des cures menées par lui sous le contrôle d'un praticien aîné. Cette formation lui a permis d'atteindre à une certaine authenticité de son être, derrière le « robot » que nous sommes tous un peu, du fait de l'éducation. À travers les propos qui lui sont tenus, sa sensibilité réceptrice lui permet d'entendre à plusieurs niveaux le sens émotionnel sous-jacent aux propos de son patient, et plus finement que ne peuvent généralement le faire ceux qui n'ont pas été psychanalysés.

RELATIONS DYNAMIQUES INCONSCIENTES PARENTS-ENFANTS : LEUR VALEUR STRUCTURANTE SAINE OU PATHOGÈNE

Nombre d'exemples montrent ce phénomène induit entre les êtres humains, qui est l'impossibilité pour la communication de franchir certains seuils. Là où le langage s'arrête, c'est le comportement qui continue à parler, et lorsqu'il s'agit d'enfants perturbés, c'est l'enfant qui, par ses symptômes, incarne et présentifie le malaise existentiel de l'adulte éducateur ou les conséquences d'un conflit vivant, familial ou conjugal, camouflé et accepté par ses parents ou encore latent et ignoré d'eux.

C'est l'enfant qui supporte inconsciemment le poids des tensions et interférences de la dynamique émotionnelle sexuelle inconsciente, en jeu chez les parents, dont l'effet de contamination morbide est d'autant plus intense que le silence à leur propos et le secret en sont gardés. L'éloquence muette d'une perturbation réactionnelle des enfants en présentifie à la fois le sens et les conséquences dynamiques inconscientes. Bref, c'est le jeune enfant et l'adolescent qui sont les porte-parole de leurs parents. Les symptômes d'impuissance que l'enfant manifeste sont ainsi une résonance aux angoisses ou aux processus réactionnels à l'angoisse de leurs parents. Leur impuissance est souvent l'illustration en modèle réduit de celle d'un des parents, déplacée du niveau où elle se manifeste chez l'adulte au niveau d'organisation libidinale précoce de la personnalité de l'enfant, ou encore au niveau de l'organisation œdipienne actuellement en cours. L'exacerbation ou l'extinction des désirs, actifs ou passifs, de la libido (orale, anale ou prégénitale œdipienne), ou la symbolisation chez l'enfant de ses pulsions endogènes, sont la réponse complémentaire aux désirs refoulés, de parents insatisfaits dans leur vie sociale ou conjugale, et qui attendent de leur progéniture la guérison ou la compensation à leur sentiment d'échec. Plus les humains sont jeunes, plus le poids des inhibitions dynamiques subies directement ou indirectement par les tensions et l'exemple des adultes mutilent leur libre jeu de vitalité émotionnelle, moins ils peuvent s'en défendre créativement; et les troubles très graves du développement psychomoteur mental ou la fragilité de santé, par l'effet dit psychosomatique, des très jeunes enfants, sont la conséquence de ces relations perturbées au monde — alors que le monde de l'enfant est encore réduit à l'adulte nourricier. Combien de désordres organiques du nourrisson et du jeune enfant sont l'expression des conflits psycho-affectifs de la mère, ceux-ci dus surtout à la névrose maternelle, c'est-à-dire spécifique de son évolution perturbée anté-maritale, ou à celle du père qui perturbe l'équilibre émotionnel de l'enfant par les épreuves émotionnelles qu'il subit lui-même et qu'il fait subir au jour le jour à sa femme, mère de l'enfant.

« J'ai mal à la tête », disait un enfant unique de trois ans[104]. On me l'avait amené parce qu'il était impossible de le garder à la maternelle, où il ne cessait de se plaindre de sa tête, paraissait malade, passif et douloureux. Il était de plus sujet à des insomnies, état auquel son médecin ne trouvait pas de cause organique. Avec moi, il répétait son soliloque. Je lui demandai :

« Qui dit ça ? »

Et lui allait, répétant d'un ton plaintif : « J'ai mal à la tête.

— Où ? Montre-moi où tu as mal à la tête ? — question qui ne lui avait jamais été posée.

— Là (montrant sa cuisse près de l'aine !)

— Et là, c'est la tête à qui ?

— À maman. » Cette réponse, vous pouvez le croire, stupéfia les deux parents présents.

Il était l'enfant unique d'une migraineuse cataméniale psychosomatique, surprotégée par un mari aimant, de vingt-cinq ans plus âgé qu'elle. L'enfant unique qu'il était signifiait ainsi sa névrose d'impuissance et sa phobie de la société par une provocation jusque-là écoutée, afin d'être surprotégé. La rencontre du psychanalyste a permis à l'enfant, au cours d'un nombre très restreint d'entretiens, de ne plus s'aliéner dans l'identification à la fois à sa mère et à ce couple blessé par sa vie difficile.

Il s'agit presque toujours, dans la petite enfance — à moins de suites obsessionnelles à des maladies ou à des traumatismes de l'encéphale —, de troubles réactionnels à des difficultés parentales, des troubles de la fratrie ou du climat interrelationnel ambiant. Lorsqu'il s'agit de troubles de la grande enfance ou de l'adolescence, sans perturbations manifestées dans la petite enfance, ceux-ci peuvent être dus aux seuls conflits dynamiques intrinsèques de l'enfant, face aux exigences de l'entourage social et aux épreuves du complexe d'Œdipe normal, mais il arrive que leurs conséquences provoquent une angoisse réactionnelle chez les parents impuissants à les aider, ou honteux de la crise d'inadaptation de leur enfant à la société. L'enfant ou le jeune, déjà éprouvé en lui-même, ne trouve plus de sécurité dans son entourage social, ni non plus auprès de ses parents, comme aux temps lointains où le recours à eux dans le danger était la suprême ressource de protection. Le petit, même apparemment mal-aimé, s'il a survécu aux premières années, n'a pu le faire qu'en recevant aide et assistance, au moins végétatives. Ce « pattern » de régression-recours reste le refuge inconscient de tous les humains (« papa », « maman », « à boire » sont les ultimes appels des mourants aux forces secourables). Devant l'incompréhension de l'entourage, des réactions en chaîne de déceptions mutuelles s'installent, intriquées d'angoisses réciproques, de processus défensifs et de revendications insupportables. L'énergie résiduelle libre se réduit de plus en plus, entraînant l'incapacité d'acquisitions culturelles nouvelles, chez le jeune, et la perte de confiance en soi. Les comportements dans de tels groupes familiaux — parallèlement à l'impuissance sociale de l'enfant — ne sont plus que murs d'enceinte fortifiée, et les paroles échangées que projectiles entre attaqués et attaquants.

L'angoisse et l'isolation, sentiments liés à la culpabilité irrationnelle magique jamais apaisée, entraînent, tant qu'il y a instinct de conservation, des compensations réactionnelles déculturalisantes. Après les âges dépassés des troubles de la débilité réactionnelle mentale, puis de la débilité psychomotrice, puis de la débilité scolaire, on voit s'installer le tableau tardif clinique des troubles du caractère à incidence sociale extra-familiale. Le dénuement de relations restructurantes entraîne l'apparition des névroses et de la délinquance; au-delà, ce sera l'évolution vers la dépression et ses masques, l'alcoolisme, la drogue ou l'involution vers des états psychotiques ou la criminalité irresponsable.

Les exemples des premiers entretiens concernant des cas cliniques illustrent tous les degrés de perturbation, dus visiblement à la carence d'une présence sensée dans le tout premier âge, à l'absence d'une situation triangulaire socialement saine ou à l'absence d'éclaircissements verbaux aux questions explicites ou implicites de l'enfant, sensibilisé tardivement par un événement traumatique resté incompris et qui l'a laissé hébété, totalement ou en partie, pour s'y être perdu faute d'être secouru à temps et consolé par des paroles justes et compatissantes. Cette enclave émotionnelle confuse, plus ou moins colmatée, l'a laissé fragile à toute épreuve narcissique et, tel un somnambule qui s'éveille et qui s'effraie de la réalité, chaque événement ultérieur, qui éprouve cet enfant, le fait tomber un peu plus dans le désarroi et l'irresponsabilité croissante.

L'absence chronique de possibilités d'échange vrai, au cours de la vie d'un être humain, est aussi délabrante, sinon plus, que des traumatismes spécifiés. On peut dire que beaucoup d'êtres humains ont ainsi leur intuition juste « enganguée » d'identifications chaotiques, contradictoires et encombrée d'images perturbées. Ce gauchissement, cette déviation de leur intuition naturelle par des modèles non justement référencés, à la fois à la loi naturelle et à la loi édictée, instaure des relations symboliques faussées. Ce sont des adultes gravement névrosés, pris pour maîtres et exemples, qui apportent le désarroi ou l'organisation infirme ou perverse dans la structure de l'enfant en croissance.

Quelles sont donc les conditions nécessaires et suffisantes dans l'entourage d'un enfant pour que les conflits inhérents au développement de chaque être humain puissent se résoudre pour lui de façon saine, c'est-à-dire créatrice, pour que se dégage une personne œuvrante et responsable au moment décisif de l'Œdipe et de sa résolution dans le remaniement des affects, des identifications et des désirs incestueux, pour que l'angoisse de castration liée au complexe d'Œdipe aboutisse à l'abandon des fantasmes archaïques ou pervers, intra-familiaux, et conduise le sujet à son expression dans la vie sociale mixte et la vie culturelle symbolique en acceptant ses lois ?

On peut dire que la seule condition, combien difficile et pourtant nécessaire, réside dans le fait que l'enfant n'ait pas remplacé pour un de ses parents une signifiance aberrante, incompatible soit avec la dignité humaine, soit avec son origine génétique (tels les enfants substituts d'un aîné mort, d'un petit frère ou d'une petite sœur morte ou encore un enfant poupée de mère infantile)[105].

Pour que cette condition interrelationnelle saine à l'enfant soit possible, ces adultes doivent avoir assumé leur option sexuelle génitale dans le sens large du terme — émotionnel, affectif et culturel —, indépendamment du destin de cet enfant. Cela veut dire que le sens de leur vie est dans leur conjoint, les adultes de leur classe d'âge, leur travail, et non pas dans l'enfant ou les enfants qu'ils ont à charge*, cela veut dire que la pensée ou le souci de cet enfant, le travail fait pour lui, l'amour pour lui ne dominent jamais leur vie émotionnelle, en émois tant positifs que négatifs. Il y a milieu parental sain pour un enfant quand jamais la dépendance majeure de l'adulte à l'égard de cet enfant (qui, lui, au début, n'est que dépendance à l'égard de l'adulte) n'envahit le tableau et ne domine l'importance émotionnelle que cet adulte donne à l'affectivité et à la présence complémentaire d'un autre adulte. S'il est préférable que cet adulte soit le conjoint, dans le contexte actuel de notre société, cette condition n'est absolument pas indispensable à l'équilibre de la structure de l'enfant; l'important c'est que cet adulte, qu'il soit ou non le conjoint légal, soit non seulement un compagnon de vie réellement complémentaire, mais qu'il focalise vraiment les émois de l'autre.

Et pourtant, il y a des êtres humains qui, de par leur destin ou des accidents arrivés au cours de leur enfance, sont privés de la présence de l'un de leurs parents ou de tous les deux. Leur développement peut se faire aussi sainement, avec des caractéristiques différentes, mais aussi solidement, et sans maladie mentale (ni impuissance, ni névrose) que celui des enfants qui ont une structure familiale intègre. C'est une question de paroles véridiques explici-

* Cas de l'enfant moyen de gagner sa vie et seul but de sa vie, pour une gouvernante ou une nourrice mercenaire, célibataire, ou encore une grand-mère veuve ou une femme stérile frigide.

tant la spécificité de la situation relationnelle exceptionnelle qui est la leur par incidents ou accidents survenus dans leur vie[106].

PROPHYLAXIE MENTALE DE RELATIONS FAMILIALES PATHOGÈNES

Ce qui importe, ce ne sont pas les faits réels vécus par un enfant (tels que d'autres pourraient en être le témoin), mais à la fois l'ensemble des perceptions qu'il en a et la valeur symbolique qui se dégage du sens que prennent ces perceptions pour le narcissisme du sujet. Cette valeur symbolique dépend beaucoup de la rencontre d'une expérience sensible effectivement nouvelle et des paroles justes (ou non) qui seront prononcées (ou non) à son propos par les personnes écoutées par lui; ces paroles ou leur manque se conservent et se représenteront à sa mémoire comme représentations, vraies ou fausses, de l'expérimenté vécu. L'imposition du silence aux questions et aux dires de l'enfant ou l'absence de dialogue à propos de ses perceptions n'intègrent pas, de droit, au monde humain ce perçu réel par l'enfant et laissent ces perceptions et celui qui en a ressenti peine ou plaisir, dans le mensonge ou dans l'indicible du mutisme ressenti animal ou magique. Ceci peut se produire à propos des expériences réelles, directes, mais aussi à propos des non-expériences réelles, car ce qui est désiré par le sujet peut être, dans sa vie solitaire et silencieuse, perçu par lui imaginairement et protégé ainsi de l'incongruité entrevue par lui de toute parole vraie échangée. Mais comme les paroles engendrent des images, il se trouve que lorsqu'un enfant éprouve des désirs et qu'il imagine des fantasmes à leur propos, le fait culturel des paroles-images, données en d'autres circonstances par les parents, produit son corollaire, c'est-à-dire que les images solitaires entraînent l'audition virtuelle de paroles parentales, antérieurement entendues à propos d'actes ou de perceptions à même tonalité de plaisir ou de déplaisir. Ainsi se construit et se développe, par l'absence d'échange verbal, un narcissisme sans référence à l'autre actuel, mais seulement à un autre virtuel, le « Surmoi », toujours résidu de la zone érogène de l'étape antérieure. Outre ce qui se passe dans l'imagination, provoqué par des désirs non verbalisables (ou bien à verbalisation interdite), il y a aussi ce qui touche le corps et le comportement des personnes, supports de la structure des lois du monde humain, les variations de leur santé psychosomatique dont l'enfant est le témoin sans qu'on lui en parle clairement ou qu'il entende à leur propos des verbalisations justes (au lieu de : « Tu rends ta mère malade »).

Chaque fois qu'avant l'âge de la résolution œdipienne (six-sept ans minimum), un des éléments structurants des prémisses de la personne est atteint dans sa dynamique psychosociale (présence ou absence d'un parent à un moment nécessaire, crise dépressive d'un des parents, mort cachée, alcoolisme, caractéristiques antisociales de son comportement), l'expérience psychanalytique nous montre que l'enfant en est totalement informé inconsciemment et qu'il est induit à assumer le rôle dynamique complémentaire régulateur, comme par une sorte d'homéostasie de la dynamique triangulaire père-mère-enfant. C'est cela qui lui est pathogène. Ce rôle pathogène, introduit par la participation à une situation réelle occultée, est surmonté, en partie ou totalement, par des paroles vraies qui verbalisent la situation douloureuse qui est la sienne et qui donnent un sens pour un autre, en même temps que pour lui, à ce qu'il est en train de vivre. Il en est ainsi des accidents, des morts, des maladies, des crises de colère, d'ivrognerie, des dérèglements de la conduite entraînant l'intervention de la justice, des scènes de ménage, des séparations, des divorces, des placements suivis d'abandons, toutes situations auxquelles l'enfant est mêlé et dont on ne lui permet pas la divulgation ou dont, pire encore, on lui cache la réalité (qu'il subit pourtant), sans lui permettre de s'y reconnaître ni d'y connaître la vérité qu'il perçoit très finement et dont les mots justes, pour traduire son épreuve avec eux partagée, lui manquant, l'induisent à se sentir étrange, coupable, objet d'un malaise magique, déshumanisant.

SUBSTITUTION DES RÔLES DANS LA SITUATION TRIANGULAIRE PÈRE-MÈRE-ENFANT

Toute substitution de la mère au rôle du père est pathogène, soit que la mère décrète le père insuffisant en se mettant à sa place, soit qu'il soit absent ou qu'elle ne se réfère pas en paroles à son désir à lui. En effet, cette substitution voudrait signifier que la mère le juge insuffisant — par rapport à quoi, à qui? La mère, ce faisant, se réfère obligatoirement soit à son propre père, soit à un frère, soit à sa propre homosexualité de désir, soit à d'autres hommes plus valables que celui qui est effectivement le père de l'enfant, hommes idéalisés par elle, qui se sent impuissante à les avoir choisis pour compagnons. Toute substitution du père au rôle de la mère, si celle-ci est absente ou réellement dangereuse du fait d'un état maladif actuel, a le même rôle pathogène de déviation de la situation triangulaire, s'il n'est pas fait référence à son désir à elle, connu de l'enfant. Toute situation où l'enfant sert de prothèse à un de ses parents, géniteurs, frère ou sœur, ou grand-parent du pôle complémentaire, compagnon manquant ou non valorisé — si chaste que soit dans les faits et gestes apparents ce compagnonnage —, est pathogène, surtout s'il n'est pas verbalisé à l'enfant que cette situation est fausse et qu'il peut librement s'y dérober, tout au moins la critiquer. Chaque fois que se substitue au rôle responsable des géniteurs, impuissants à le remplir, quelque autre personne de la fratrie ou de l'ascendance (la grand-mère ou la sœur commise à jouer le rôle de mère, le grand frère à celui de père), il y a aussi gauchissement; car la situation trinitaire peut exister, mais la personne qui supporte l'imago[107] paternelle (ou maternelle) n'est pas marquée d'une rivalité sexuelle par le rôle réel de conjoint génital pour la mère du sujet (ou le père du sujet), c'est-à-dire le rival régularisateur (par l'angoisse de castration), de ses aspirations incestueuses. Toutes ces substitutions, prothèses trompeuses, qui pourtant rendent la vie matérielle parfois plus facile, apparemment ou dans l'immédiat, évitant à l'enfant des épreuves de vraie solitude et d'abandon, sont sans danger si le fait de la relation réelle de cette personne-substitut est constamment souligné comme n'étant pas de droit naturel mais d'un « prenant-place » du parent absent, laissant à l'enfant sa libre option naturelle et la liberté d'assumer en confiance ses propres initiatives. Si, d'ailleurs, au cours des traitements des enfants et des personnes qui ont été ainsi faussement construites avant cinq-sept ans, avec une symbolique faussée, il y a possibilité de les guérir par la psychanalyse, c'est à cause de la vérité du sujet qui peut y surgir, à cause du rôle régulateur de l'expression juste, des sentiments vrais et des affects justes, éprouvés au moment de leur reviviscence au cours de la cure, lorsque ces sentiments et ces affects affleurent dans la situation de transfert et sont comme détissés, dégangués ou désincrustés, pour ainsi dire, de leur chair et de leur cœur, de l'oblitération qu'est l'obligation aliénante jusque-là de se taire. Des incidents très angoissants pour le patient, et parfois pour l'entourage immédiat, accompagnent l'imminence de la résurgence d'une vérité, avant que le mot ne vienne l'intégrer dans le langage sensé. Bref, la situation particulière à chaque être humain dans sa relation triangulaire, réelle et particulière, si douloureuse qu'elle soit ou ait été, conforme ou non à une norme sociale, est la seule, si elle n'est pas camouflée et truquée dans les paroles, qui soit formatrice d'une personne saine dans sa réalité psychique, dynamique, orientée vers un avenir ouvert. Cette situation triangulaire, le sujet, quel qu'il soit, se construit sur son existence initiale au jour où il la conçoit, sur son inexistence ou sur son existence présentifiée par la suite dans sa petite et grande enfance, par ses véritables géniteurs. Elle est dans ce cas symbolisée pour l'enfant par des personnes substitutives sur lesquelles il transfère ses options sexuelles bipolaires. L'être humain ne peut dépasser son enfance pour trouver son unité dynamique et sexuelle de personne sociale responsable qu'en se dégageant par un dire vrai de lui-même à qui peut l'entendre. Ce dire l'établit alors dans sa structure de créature humaine véridique dont l'image spécifique, verticalisée et orientée vers les autres hommes par le symbole d'une face d'homme responsable, la sienne, est référencée au face à face avec ses deux géniteurs particularisés, et par le nom qu'il a reçu à la naissance conformément à la loi ; ce nom lié à son existence est, depuis sa conception, porteur d'un sens valoriel unique, qui est toujours vivace après toutes ces semblances multiformelles et multipersonnelles, les unes après les autres démystifiées.

LE COMPLEXE D'ŒDIPE ET SA RÉSOLUTION : PATHOGÉNIE ET PROPHYLAXIE MENTALE DE SES TROUBLES

La psychanalyse apporte une compréhension des conséquences caractérielles de ce que Freud a découvert et décrit : le complexe d'Œdipe comme étape décisive que chaque être humain traverse après sa prise de conscience claire d'appartenir au genre humain, signifié par son nom, et d'être corporellement porteur apparent d'un seul sexe, que signifie (généralement) son prénom usuel. Le rôle de la dynamique triangulaire père-mère-enfant, à l'œuvre dès la conception de l'enfant, subit les conséquences interrelationnelles de la façon dont est vécu et résolu l'Œdipe de chacun des parents. C'est en effet à l'intervention du désir de chacun de ses parents à son égard, pour le complémenter ou le contrer, que l'enfant, dans son évolution, dialectise sa structure inconsciente face à la loi de l'interdit de l'inceste et aux gauchissements fréquents que subit son avènement humanisant, face aux comportements régressifs névrotiques, pervers ou psychotiques de ses parents, de ses grands-parents ou de ses frères et sœurs aînés.

Le complexe d'Œdipe, dont l'organisation s'installe dès l'âge de trois ans avec la certitude de son sexe et se résout (au plus tôt vers six ans) avec la résolution et le dégagement du plaisir incestueux, est le carrefour des énergies de l'enfance, à partir duquel s'organisent les avenues de la communication créatrice et de son érotisme allant vers une fécondité assumable en société.

Bien des gens croient que le complexe d'Œdipe ne regarde que des instincts de sexualité de style primate — le rut à but incestueux —, et se révoltent de son universalité déclarée. « Un petit garçon dit qu'il veut se marier avec sa maman, une petite fille dit qu'elle veut se marier avec son papa... Ce sont des mots d'enfants, c'est pour rire, ce n'est pas du vrai, ils n'y croient pas ! » Or, toutes les études de l'enfance nous montrent que non seulement l'enfant ne parle pas en boutade plaisante, mais que c'est grâce à la charnalisation de ce désir, qui ne se sait pas encore incestueux, que les enfants constituent leur corps dans sa totalité, mais qu'aussi certains d'entre eux vivent des états passionnels ravageurs.

La rêverie fantasmée du bonheur conjugal et fécond avec son parent complémentaire permet à l'enfant dans les meilleurs cas d'accéder au parler de l'adulte, au langage pour autrui, à l'identification transitoire nécessaire de son désir à l'image du désir du rival œdipien. Le bonheur attendu de la satisfaction de ce désir peut être un levier d'adaptation fort positif, qui est souvent traduit dans les contes de fées, dans les poésies, donc « sublimé » dans la culture. Mais, outre ce côté positif, culturel, le désir ardent de possession et de maîtrise de l'objet parental s'exprime dans des sentiments qui peuvent provoquer des effets caractériels négatifs d'une violence extrême en famille. Nombre de petites filles et de petits garçons réussissent à faire éclater un foyer, fragile peut-être, mais qui aurait été durable sans la jalousie réactionnelle que la mère a développée à l'égard de sa fille ou le père à l'égard de son fils. Cette dynamique profonde des pulsions des enfants, qui les pousse à rivaliser avec le parent du même sexe et à obtenir les faveurs de l'autre, se heurte dans les cas de santé affective des parents à un mur, à une épreuve : l'inaltérabilité du sentiment et du désir sexuel que les adultes se portent l'un à l'autre. C'est que la loi de l'interdiction de l'inceste n'est pas seulement une loi édictée, c'est une loi interne, endogène à chaque être humain et qui, non respectée, mutile profondément le sujet dans ses forces vives, somatiques ou culturelles : l'image d'une rivière qui retournerait à sa source[108].

L'enfant grandit avec l'espoir au cœur d'aboutir un jour à la réalisation de son vœu d'amour, l'espoir chevillé au ventre de posséder un jour le parent du sexe complémentaire : d'en être le seul élu. Cet espoir lui fait donner valeur à son petit monde familial et valeur à long terme, dans l'espoir de porter un jour des enfants de l'être qu'il aime ou de lui en donner; il faut qu'arrivé à sept ans, il renonce à tout ce qui l'a fait grandir, à tout ce qui valorisait ses épreuves, qu'il sacrifie, au moins qu'il oublie, le plaisir de son aimé*. S'il n'y renonce pas, il se produira soit un ébranlement considérable, soit un blocage massif dans l'évolution de cet enfant, trouble irrémédiable sans une psychanalyse. Soit qu'il triche ou que les parents eux-mêmes trichent : on fait semblant que ses désirs n'existent pas, on va traiter l'enfant comme un animal domestique ; lui-même minaude avec ses parents ou les fuit, coupable de s'exprimer gestuellement ou verbalement par des observations ou des jugements pris ailleurs qu'au foyer familial. Instable ou sur-soumis quand il est en famille, il ne se construit pas par

* Combien de parents maladroits ou ignorants emploient pour stimuler l'enfant l'injonction soit « d'obéir » à leur objet de passion œdipien, soit de n'agir que pour lui « faire plaisir », expression ambiguë à la jonction du cœur chaste et du corps érotique.

rapport à la vie mixte des compagnons de son âge, il ne se construit pas par rapport à son corps; il peut être très fort en thème, très fort en psittacisme scolaire, mais de toute façon, pour son âge, il est un impuissant sexuel. Sa communication est barrée, son imagination reste celle d'un enfant par rapport à cet amour incestueux inconscient, c'est-à-dire que si l'enfant veut ignorer soit son désir lui-même, soit l'objet de ce désir, soit la loi qui lui en interdit à jamais l'accès, le reste de l'adaptation apparente qu'il peut avoir l'air de conserver n'est qu'une façade fragile. Impuissant sexuel, c'est-à-dire impuissant créatif, la première épreuve de la réalité le voit s'effondrer.

Si la maîtrise consciente de la loi qui régit la paternité et les relations familiales n'est pas acquise, ce qui se voit par l'absence de notion claire des termes qui le signifient, les émois et les actes de ce sujet sont voués à la confusion et sa personne au désordre et à l'échec. Sa morale reste référencée à l'époque prégénitale infantile, où le bien et le mal dépendaient du dicible ou du non-dicible à maman ou papa, du pas vu-pas pris; le « paraître » pour « plaire », ou « ne pas déplaire », est le seul critère de sa morale. La délinquance est « innocente », irresponsable, car la survivance des désirs incestueux latents justifie les rôles imaginaires où il réussit à faire sa propre loi dans la société. Non résolus à sept ans, les conflits œdipiens se réactiveront avec la poussée physiologique pubertaire, provoquant la culpabilité et la honte devant les caractères sexuels secondaires visibles; l'Œdipe réapparaît, intense, bouleversant l'équilibre fragile maintenu depuis l'âge de sept ans. Si l'Œdipe n'est pas vraiment résolu à treize ans, il y a à prévoir de très graves troubles sociaux à partir de dix-huit ans, au moment où l'option pour la vie génitale et les émois d'amour devraient fièrement s'assumer vers un objet extra-familial et chercher à se socialiser en milieu mixte.

Qu'est-ce donc que cette résolution œdipienne, ce mot que l'on voit toujours dans les écrits psychanalytiques et qu'on donne pour la clef d'une réussite, ou au contraire d'une certaine morbidité psychologique chez les humains? Il s'agit d'une acceptation de cette loi de l'interdit de l'inceste, d'un renoncement au désir du corps à corps génital avec le géniteur du sexe complémentaire et à la rivalité sexuelle avec celui du même sexe jusque dans la vie imaginaire. Cette acceptation, qui coïncide d'ailleurs avec l'époque de la chute des dents, est aussi, de fait, une acceptation du deuil de la vie imaginaire de l'enfance protégée, ignorante, dite innocente; c'est aussi une éventuelle acceptation de la mort possible des parents, sans culpabilité magique en y pensant. Dans le cas où le couple de parents est équilibré, je veux dire composé de deux individus sains, psychologiquement et sexuellement, même et peut-être surtout s'ils n'ont aucune notion consciente de psychologie et de psychanalyse, tout rentre dans l'ordre dans les désirs de l'enfant. Il laisse les adultes à leurs problèmes d'adultes et se choisit ses élus dans ceux de sa classe d'âge. Les cauchemars ou les scènes d'opposition caractérielle ou de jalousie d'amour qui traduisent la période critique des sept ans cessent, il n'y a plus de ces petits symptômes qui marquent la vie de tous les enfants autour de cette période. L'enfant se met, dans des circonstances favorables, à se désintéresser fort poliment, mais nettement, de l'effet qu'il fait sur son père, sur sa mère, à se désintéresser de leur vie intime qui, jusqu'au moment où il en a connu le sens (que sa naissance et celle des frères et sœurs confirment), aiguisait sa curiosité. Il est beaucoup plus sensible aux conditions sociales que sa filiation lui procure, plus occupé à observer ses parents dans leur vie sociale apparente, avec leurs relations, et transpose un peu avec ses camarades choisis leur style de compagnonnage avec leurs amis. Il s'intéresse de plus en plus, qu'il le montre ou non, à la vie des enfants de son âge, à sa scolarité, à des occupations qui lui sont personnelles, et quitte le mode de vie où tout était centré sur le jugement que portaient les adultes sur lui, tant à la maison que dans le monde extérieur. Le fait que le complexe d'Œdipe est résolu apparaît d'une façon indirecte lorsque l'enfant, devenu facile au foyer, est capable de déplacer la situation émotionnelle trinitaire primitive, pour la reporter sur le monde ambiant, à l'école et dans les activités ludiques; entre des camarades nombreux, il peut se faire deux ou trois vrais amis, amitiés encore susceptibles de désillusions éprouvantes. Au contraire, l'enfant qui n'a pas résolu l'Œdipe reste dominé par l'ambiance émotionnelle de sa relation à la mère ou au père. Avec ses rares camarades, le sujet répète des situations à deux ou se querelle dans des situations à plusieurs pour des crises de jalousie de style homosexuel, identique à la jalousie œdipienne, encore présente, qui le mord au cœur. Un remarquable phénomène sociologique de notre époque consiste dans le fait que, contrairement à l'interdit du cannibalisme qui est consciemment connu de tous, l'interdit de l'inceste dans la fratrie est notionnellement disparu chez beaucoup d'enfants; j'ai même rencontré plusieurs cas où, à l'âge de douze ans, l'interdit de l'inceste des géniteurs avec leur enfant l'était aussi. Les causes sociales en seraient à étudier. Il y a carence éducative chez les parents.

Les ravages de cette absence de loi édictée sont considérables, car l'intuition du danger psychogène de l'interdit dans nos villes est balayée par des dangers réels de violence ou de chantage venant du parent provocateur pervers, investi de tout pouvoir par l'enfant, ainsi que par l'entourage apeuré ou naïf, qui condamne la non-soumission aveugle de l'enfant au parent abusif, pervers. Confirmant l'universalité dans l'inconscient du complexe de castration, la clinique montre, toujours quand il y a ignorance consciente de l'interdit de l'inceste, de graves troubles affectifs et mentaux, chez tous les membres de la famille. Encore une fois, il ne s'agit pas d'évolution fatale puisque la psychothérapie psychanalytique, mieux encore une psychanalyse, permet au sujet d'expliciter ce qui ne pouvait se dire et enfin de résoudre son Œdipe.

Revenons à cette situation trinitaire père-mère-enfant et à son rôle déterminant dans l'évolution psychologique. Chaque être humain est marqué de la relation réelle qu'il a à son père et à sa mère, de l'*a priori* symbolique dont il hérite au moment de sa conception déjà puis de sa naissance, avant même d'avoir ouvert les yeux. Ainsi tel enfant est attendu comme devant combler les sentiments d'infériorité de son père, resté le petit garçon inconsolé de n'être pas né dans un corps de fille, pondeuse d'une chose vivante à elle, comme il était chose à sa mère. Telle fille est attendue comme devant aider sa mère à retrouver la situation jumelée de dépendance à sa propre mère, de laquelle elle s'est dégagée avec beaucoup de difficultés, et à combler la détresse qu'elle éprouve avec un mari qui, ne réagissant pas en femme, lui reste étranger. Cet enfant, nécessaire à son père, nécessaire à sa mère, est déjà entamé, si je puis dire, au point de vue symbolique, dans sa puissance de développement. Bref, chaque enfant est marqué par cette situation réelle.

Mais, dira-t-on, il y a des enfants qui n'ont pas de père,

du moins qui ne le connaissent pas; eh bien, si cette situation est la leur, c'est à partir de cette situation qu'ils vont se construire, à condition que les mots qui leur sont dits par l'entourage soient les mots justes concernant cette absence de représentant, vivant à leurs côtés, de la personne génitrice paternelle ou maternelle actuellement absente mais dont leur existence est la preuve indubitable. Ils ont un père inconnu d'eux, ils sont peut-être inconnus de lui mais tout engendré est parole charnalisée des engendreurs au masculin et au féminin dont il est issue viable. Le rôle déstructurant ou inhibiteur du développement ne tient pas à l'absence des parents : cette absence est toujours douloureuse, mais leur présence peut l'être aussi; en tout cas, toute douleur peut être saine quand, la sachant reconnue, l'enfant peut structurer ses défenses compensatrices. Tous les mots névrosants viennent des mensonges ou des silences qui empêchent les faits réels de porter les fruits de l'acceptation, à partir de la situation réelle.

Chaque être humain possède, du fait même de son existence incarnée, une image de l'homme et de la femme complémentaires; cette image, il la plaque sur les parents qui l'élèvent et c'est à cause de ce prêt imaginaire à des personnes réelles qu'il va se développer en s'identifiant à elles selon les possibilités de son patrimoine génétique.

Elles sont à la fois porteuses de son aspiration imaginaire soit identifiante, si c'est le parent du même sexe, soit complémentaire, si c'est le parent de l'autre sexe; or les émois concernant cette image, qui ne peuvent pas être exprimés à la personne réelle porteuse de cette image, gauchiront l'image personnelle et intuitive du sujet; l'on peut arriver à ces situations paradoxales d'un enfant qui se construit d'une manière invertie, ou totalement neutre, refoulant hystériquement sa vitalité génitale, par exemple quand l'image paternelle est portée par la mère, l'imago maternelle portée par la personne du père.

Ce qui est important, ce n'est pas cela, mais le fait que les mots qui correspondent à l'expérience de l'enfant sont rarement prononcés par son entourage, témoin, comme lui, de cette situation. La critique qu'il pourrait en faire autour de ses dix ans lui devient impossible et il vit, se construit à son insu de façon chaotique, se charnalisant dans la période préœdipienne d'une façon qui prépare, au moment du désinvestissement libidinal érotique relatif, à sept ans, une période de latence neutre, de pseudo-castration qui, sans psychanalyse, le conduira à chercher à la puberté une fixation à une option de complément ultérieure (extra-familiale) dans un style soit inverti, soit indécis, à des personnes qui ne seront pas du tout complémentaires de sa véritable nature génitale restée confuse. Il risque fort de choisir des personnes qui, à l'image de celles qui l'ont élevé, sont chaotiquement polarisées et surtout partiellement génitalisées. Ce sont de tels enfants qui deviennent des éducateurs ou des parents abusifs, car leur Œdipe mal fait les a laissés assoiffés d'une libido aux pulsions non différenciées qui vont reprendre en couplage-gémellage artificiel à l'enfant, ou en réactivation d'Œdipe, c'est-à-dire qu'ils vont se montrer jaloux de l'attachement de l'enfant à leur conjoint ou collègue éducateur, au point d'en faire des symptômes graves. L'enfant a besoin à ce moment-là de la solidité du couple parental pour que ses fantasmes de triomphe œdipien échouent devant la réalité ; sinon il court le risque de tomber plus gravement malade que ne l'était père, mère ou éducateur.

Voici ce que le psychanalyste peut entendre dans ce cas : « Mon mari n'a rien d'un homme ni d'un père, il faut bien que je sois tout », ou : « Ah ! j'aurais tant aimé que mon fils ressemble à mon père », « qu'il ne soit pas le fils de son père », ou bien : « Sans ma sœur je ne peux vivre », « Je veux que ma fille soit comme ma sœur, elle doit me la remplacer » ; ou encore : « Moi qui ai remplacé un petit frère mort-né avant moi, et dont je porte le nom, je ne sais pas quelle place prendre, je ne sais jamais quoi dire ni quoi faire. L'ai-je tué ? Qui est né ? Qui suis-je ? Un demi-mort, j'ai des demi-droits » ; « Si mon frère n'était pas mort, mes parents ne m'auraient pas eue », ou encore : « Ce fils je n'en veux pas, je revois en lui mon frère abhorré. » Une fillette cataloguée prépsychotique : « Maman est si malheureuse avec papa qu'il faut bien que je reste son bébé pour la consoler, son bébé du temps qu'elle et papa s'aimaient, et puis elle a tant besoin de se dévouer... il faut bien que je sois malade, sinon pour qui resterait-elle à la maison..., et puis comme ça c'est moi son presque-mari, c'est moi qu'elle aime et moi je ne veux personne entre maman et moi » ; celle-là parlait la situation perverse, fixée, c'est en cela qu'on la disait psychotique.

Chaque cas pathologique est le mime d'un discours qui

signifie l'affirmation ou l'annulation de la dynamique du sujet pour qui l'on a été appelé à consulter. Les découvertes cliniques psychanalytiques imposent la compréhension dynamique des troubles des enfants, par l'analyse des difficultés en chaîne remontant aux carences, dans la structuration œdipienne, non pas des parents, mais des grands-parents et parfois des arrière-grands-parents. Il ne s'agit pas d'hérédité (sinon une psychanalyse ne modifierait pas les choses), mais d'une névrose familiale[109] (en ôtant à ce terme tout sens péjoratif d'ailleurs, pour ne lui garder que son sens dynamique). Il s'agit d'immaturité libidinale, de refoulements ou de perversions sexuelles par carence en chaîne, dans les résolutions œdipiennes non faites.

La description de tous ces cas dans des écrits qui s'adressent au grand public peut-elle apporter à ceux qui la lisent des inquiétudes nouvelles, en leur faisant voir des processus là où ils pensaient à un destin fatal ? Ce n'est pas impossible et ce serait regrettable car, hélas, les inquiétudes sur soi-même entraînent rapidement le sentiment de culpabilité et la recherche de recettes rapides à tout faire pour modifier les apparences. Beaucoup de familles vivent dans un état de symbiose morbide. Sans la psychanalyse du membre inducteur dominant, la névrose familiale n'est pas modifiable. Or la psychanalyse est souvent encore inaccessible (temps, lieu, argent). On peut craindre que des livres qui s'adressent à tous n'éveillent des réactions imprévues. C'est toujours l'écueil à craindre quand on parle de psychanalyse, et pourtant il est nécessaire que le public s'éveille à ces problèmes. Parmi les exemples cités, tel père jaloux ou indifférent, telle mère rejetante ou despotique, tel couple morbide prisonnier d'un non-sens, tel ancêtre au rôle trop respecté, abusif et pervertissant vont peut-être reconnaître leur portrait et souffrir inutilement d'une situation de fait, à laquelle ils n'avaient pas réfléchi. Ils vont peut-être se sentir coupables alors qu'ils ne sont, eux aussi, que des responsables occasionnels, de même que le conducteur d'une voiture déviée dans sa course par une crevaison ou par le choc d'un autre véhicule et qui peut provoquer sans le vouloir des accidents : « Les parents ont mangé des raisins verts et les enfants en eurent les dents agacées[110]. » Cette phrase illustre presque toutes les histoires cliniques que nous rencontrons.

Cette phrase doit s'entendre d'ailleurs, non pas « c'est la faute des parents », ou de celui-ci, ou de celui-là, mais dans le sens véridique, qui est que les parents et les jeunes enfants sont participants dynamiquement indissociés par leurs résonances libidinales inconscientes.

L'apprentissage de la liberté en famille et l'usage à en faire est un long et solitaire exercice de courage. Les adultes sont eux-mêmes, plus souvent qu'on ne le croit, induits encore à l'âge adulte en direction, en contradiction ou en relation complémentaire (imaginaire ou réelle), par leur fixation et leur dépendance à l'égard de la génération antérieure, à leurs propres parents. Il n'y a pas faute, il y a fait.

La psychanalyse nous enseigne que tout acte, même néfaste, est solidaire d'un ensemble vivant et que, même regrettable, un acte ou un comportement qui fait souffrir peut servir de façon positive pour qui sait en tirer expérience. Hélas, en chacun de nous le sentiment de culpabilité est fondamental, entraînant les inhibitions et barrant l'accès au seul acte libérateur, l'accès à une parole vraie qui réhabilite du désir refoulé ou pervers la totale dynamique à qui est capable de l'entendre.

LA SOCIÉTÉ (L'ÉCOLE). SON RÔLE PATHOGÈNE OU PROPHYLACTIQUE

Qu'il me soit permis de souhaiter que les psychanalystes praticiens n'aient à soigner que des cas relevant en effet des désordres profonds de la vie symbolique qui, eux, datent d'avant l'âge de quatre ans, et non de ces difficultés réactionnelles saines à la vie scolaire effectivement pathogène. Je veux parler des réactions ou crises caractérielles saines d'un sujet occupé à résoudre des difficultés réelles nécessaires dans sa vie émotionnelle personnelle et familiale et qui, momentanément, n'est pas intéressé à son rôle d'élève. Le drame pour les enfants, en notre pays et dans son système, provient du style d'instruction passive, aux horaires et programmes obsédants, et qui ne laisse point à chacun une marge d'accès à la culture. Le mode de discipline, dans les classes préscolaires, puis en classes primaires les leçons et les devoirs, on l'oublie trop souvent, sont des moyens mais non des fins en soi.

Combien d'adultes, valables et créatifs, n'ont-ils pas

connu des périodes, au cours de leur enfance, où leur scolarité ne les intéressait nullement, alors que leur esprit en éveil suivait momentanément un autre chemin qui, pour leur créativité et leur devenir social, signifiait que leur liberté s'engageait déjà. Combien de troubles graves du caractère seraient évités si l'apprentissage des signes permettant la communication culturelle (lecture, écriture), puis celui des combinaisons arithmétiques, n'étaient obligatoires qu'après la conquête et l'épanouissement du langage véhiculaire parlé et de la motricité ludique et socialement libre, totalement maîtrisée! Les fourches caudines des passages en classe supérieure, basés sur des connaissances apprises et sur un âge officiel interférant l'un avec l'autre, sont les plus absurdes conditions de vie imposées à l'expression de soi; or celle-ci, chaque être humain l'éprouve comme une exigence vitale. Que d'énergies étouffées et gâchées en pure perte et qui pourraient être laissées à leur jeu libre, avec un système scolaire qui confirmerait, au lieu de l'infirmer, le libre accès aux initiatives et aux curiosités intelligentes des futurs citoyens, qui les formerait à une maîtrise de leurs capacités, pour eux-mêmes, à chaque instant chargée de sens, à une mise en ordre par et pour eux-mêmes de connaissances et de techniques acquises par désir, et non par obligation ou par soumission perverse à la peur des sanctions et à des impératifs impersonnels.

Je demande que les jeunes ne soient plus les esclaves de programmes impersonnels imposés et artificiellement parallèles : tel niveau pour le calcul, correspondant à tel niveau pour la grammaire. Je demande que l'enseignement de la grammaire française ne vienne pas avant l'usage parfaitement acquis de la langue dans son expression personnelle. Que l'enfant ne voie pas toujours son rythme d'intérêt contré à cause de limitations du temps consacré à telle discipline ou telle matière d'enseignement. Où en est maintenant l'ouverture à la musique, à la danse, à la sculpture, à la peinture, à la poésie ? Où, l'initiation à l'adresse et à l'harmonie des expressions corporelles créatives ? La gymnastique aussi est programmée et le déroulement des mouvements obéit à des impératifs de performances chiffrées. Où est l'ouverture au sens des arts plastiques, où se place même l'ouverture au sens esthétique de l'expression graphique ou verbale, où sont les causeries en commun où chacun parle, écouté par le groupe, de ce qui l'intéresse, en intéressant les autres et en prenant conscience de son insertion sociale personnelle ? Dans combien de classes, si les enfants étaient autorisés à sortir à leur guise, resteraient-ils assis une heure à se taire et à écouter ou à faire semblant ? C'est là où est faussé le sens de la vérité du sujet en société, et où les énergies formidables qu'un enfant peut développer pour sa culture et son instruction, si ses motivations l'animent, sont pratiquement étouffées, au nom de la discipline ou du bien des autres, pour être théoriquement dirigées, alors que rien n'entretient la source des motivations, ni l'originalité du sujet à la recherche de sa joie. Le désir ne se commande pas. Ce qui est grave, c'est que, si les enfants d'aujourd'hui acceptent de moins en moins ce mensonge mutilateur de leurs forces vives et vont grossir les rangs de dyslexiques, dyscalculiques et retardés scolaires, ce sont alors les parents qui, par angoisse de « l'avenir », veulent imposer la lèpre des devoirs forcés, des leçons ingurgitées. Ce sont eux qui se parent des bonnes places de l'enfant, se dépriment de ses mauvaises notes.

Devant les carnets à signer, tous les samedis, on se dirait au tiercé ! Ce désir des parents, imposé au nom de la société (l'école c'est la société, l'au-delà du familial œdipien), empêche le dégagement émotionnel passionné des parents à l'égard de leurs enfants, et réciproquement, aggravant ainsi le tarissement à la source des possibilités culturelles vraies. Pourquoi notre système d'initiation du citoyen à la culture et à la vie sociale, je veux dire notre système scolaire, obéit-il à des méthodes et à des impératifs totalement étrangers à l'hygiène affective et mentale des êtres humains ? Pourquoi des enfants, qui arrivent sains de corps et d'esprit — il y en a beaucoup — à l'âge de trois ans à la maternelle, sont-ils si souvent traumatisés et si souvent appauvris de la spontanéité créatrice, qui est l'essentiel de l'être humain, pour se voir déguisés en robots disciplinés et tristes, apeurés devant les enseignants qui devraient être à leur service [111] ?

Pourquoi, encore gais et communicatifs à six ans (il y en a beaucoup), la « classe » doit-elle les obliger à se taire, à rester assis, immobiles comme des choses ou comme des animaux dressés, et surtout leur enseigner de force, au nom d'un programme, ce qu'ils n'ont pas encore eu envie de connaître : la lecture, l'écriture, le calcul ? Pourquoi doivent-ils solliciter d'un adulte l'autorisation de s'isoler, de s'absenter pour satisfaire des besoins naturels dont nous savons très bien qu'ils les temporiseraient d'eux-mêmes si l'occupation à laquelle ils s'emploient en classe les intéressait ? Pourquoi le sentiment de la valeur intangible de la personne humaine, là présente, originale et libre, en chaque enfant, respecté en lui-même indépendamment de son appartenance familiale, n'est-il pas le mobile des moindres attitudes du maître à l'égard de chacun et, par l'exemple ainsi donné, inculqué à tous ?

Pourquoi l'école n'est-elle pas pour tous les enfants le lieu de joie et le refuge où il trouve le repos des tensions familiales, la confiance en lui, un milieu social vivant, une occupation attrayante ? Avec ou sans parents perturbés, à partir de sept ans, la place de l'enfant n'est plus en famille mais dans la société, à l'école, place non privilégiée mais respectée du seul fait qu'il est un citoyen. Chacun des responsables de l'administration de l'école devrait être au service de chaque enfant et chaque enfant devrait le sentir comme tel, si l'on veut qu'ensuite il désire librement prendre à son tour sa juste place de coopérant ou de leader, selon ses capacités, dans la société.

Que voit-on ? Non pas des enfants accueillis à l'école, mais des enfants soumis aux rouages anonymes d'une machine administrative. La discipline fait, dit-on, la force des armées, car chacun doit y être irresponsable de la mort qu'il doit donner, médiateur anonyme qu'il est de l'instinct de défense d'un groupe national, soumis à une hiérarchie de commandement, aliéné par contrat dans son chef, afin que puisse être préservée en chacun la hiérarchie structurée pour donner la vie et non pour la prendre.

Mais la discipline à l'école ne peut venir que de chaque enfant et du fait qu'il focalise mieux ses désirs sur ce qu'il brigue lui-même d'apprendre, et seulement dans ce cas. Toute discipline pour elle-même est absurde ; quant à la discipline imposée par un chef pour ne pas gêner l'activité des autres, elle instaure la passivité stérile au rang de valeur. Il n'y a qu'à voir comment un enfant peut s'abstraire et jouer seul à quelque chose qui le captive, au milieu du plus grand désordre et du plus grand bruit, pour s'apercevoir tout de suite que ces « autres » à protéger peuvent, avec fruit, être enseignés à s'abstraire à l'école aussi bien que dans leurs jeux. Ceux qui ne trouvent pas encore à focaliser leurs intérêts en classe n'en seraient pas à jamais détournés, comme ils le sont par une discipline mortifère. En effet, la scolarisation obligatoire, géniale ordonnance qui pourrait, pour tout enfant sain, à partir de trois ans, le conserver créatif et le dégager de ses épreuves œdipiennes en soutenant ses échanges avec le groupe et son accès à la culture, cette scolarisation obligatoire est devenue une entreprise de dérythmage, de compétition exhibitionniste de mutilés, bien ou mal compensés. L'adaptation scolaire est maintenant, à part de très rares exceptions, il faut le dire, un symptôme majeur de névrose. Cela ne veut pas dire que l'inadaptation soit à elle seule un signe de santé, mais c'est parmi les enfants et les jeunes qui se rangent sous cette appellation qu'on rencontre, hélas, les citoyens actuels valables. Le resteront-ils longtemps si l'ouverture à la culture ne leur est pas offerte par la société des adultes ?

Les désirs sainement humains des jeunes, dégagés d'eux-mêmes de l'obédience parentale dépassée, et détournés de l'enthousiasme à accéder à la culture, ne peuvent que les engager dans un grégarisme pulsionnel hors cadres. Comment assurer la relève des anciens qui, ne les respectant pas, leur inculquent dès l'enfance le mépris d'eux-mêmes et de leur image future ? Dans les milieux aisés, le pouvoir d'achat dévolu par les parents permet l'accès aux distractions plus ou moins coûteuses dont beaucoup prennent valeur culturelle, fort heureusement. Dans les milieux intellectuels, les valeurs culturelles que représentent les échanges extra-scolaires avec l'entourage servent encore de compensation, sauf dans le cas de névrose parentale, à la carence culturelle scolaire. Mais dans les milieux de travailleurs manuels, de commerçants, de fonctionnaires, que peuvent faire de leurs énergies en jachère des garçons et des filles jusqu'à seize ans, obligés par la loi à une scolarité pour eux sans intérêt, en marge des échanges qui les valoriseraient ? Comment s'intégrer à une société qui leur fait reproche ouvertement de n'avoir pas aimé les bancs de l'école, les connaissances livresques, les palabres impersonnels de leurs maîtres, la discipline passive et les jeux sans risques ?

Notre pratique nous convie à constater journellement des effets névrosants de la vie scolaire sur des enfants qui ont eu une structure personnelle en famille saine et un Œdipe sainement vécu. Les assises de leur vie symbolique sont ordonnées, et c'est leur créativité de garçons ou de filles arrivés au stade de la vie sociale qui ne trouve pas à s'employer, avec les désordres secondaires provoqués par l'école, qui les amènent chez les psychanalystes, désordres graves parfois, à cause de l'angoisse réactionnelle de leurs parents.

Si je lance ce cri d'alarme, c'est que je suis convaincue du pouvoir émotionnel de la vie de groupe en milieu culturel, quand le groupe répond effectivement au désir de créativité et de fécondité symbolique dans les échanges interhumains, dont un enfant est capable à partir de sept ans, alors que la structure de sa personne est achevée dans le milieu parental. Je suis convaincue aussi — et j'en ai eu des preuves dans certains cas privilégiés — du pouvoir réparateur que pourrait avoir dans de nombreux cas la vie de groupe de deux ans et demi à sept ans pour l'enfant soumis en famille à des influences morbides parentales, et cela sans qu'il ait à quitter son milieu initial. Mais pour cela, il faudrait que l'école dite maternelle réponde à son appellation et serve de prothèse aux « imagos » saines des enfants qui — en famille — ne trouvent que des supports carencés.

Il est inadmissible que des enfants de deux ans et demi, que leurs mères ne peuvent par ailleurs mettre au contact journalier d'autres enfants hors de la famille, ne soient pas admis avec elle en groupe social, parce qu'ils sont trop jeunes ou parce qu'ils ne peuvent encore être séparés de leur adulte tutélaire et (ou) qu'ils n'ont pas acquis la maîtrise sphinctérienne, alors que l'état de jachère de maîtrise corporelle à cet âge est le signe patent de relations perturbées de l'enfant trop seul avec sa mère en milieu familial. Il est inadmissible que des enfants qui ne parlent pas à trois ans, ou n'entendent pas, se voient refuser la libre entrée en groupe scolaire courant avant l'âge de l'instruction, qui en effet nécessitera des méthodes particulières. Il est inadmissible que tout enfant doive être soumis à l'instruction des signes à partir de six ans, quand il n'en a encore ni les moyens ni l'envie. Il est inadmissible que des classes dites de perfectionnement, avec des méthodes individualisées, ne puissent accepter les inadaptés à l'instruction qu'à l'âge de huit ans, alors que deux des plus importantes années ont été perdues pour le développement verbal et psychomoteur, et que le sentiment d'être inintégré au groupe a raviné le cœur de cet enfant. L'acquisition de son autonomie devient impossible à l'enfant concassé dans les rouages de l'école qui joue le rôle de possesseur de droit de l'enfant vis-à-vis du droit de ses parents. Le dégagement libidinal de la dépendance aux adultes, qui stimule l'attirance des enfants vers la société, est entravé par les maîtres, qui se confondent avec les parents, du fait qu'ils ne les acceptent pas dans l'école en les associant à la vie des petites classes. Leur plaire, ne pas leur déplaire, réussir pour eux et non pour soi — qu'ils le sachent ou non — et sans motivation personnelle, est inculqué perversement aux jeunes, avant et encore même pendant l'adolescence.

L'intérêt partagé avec parents et maîtres pour une discipline culturelle et l'enthousiasme en commun pour les lettres, les maths, les sciences, n'ont pas de place dans des horaires déments; c'est le conformisme psittacique efficient, moyen pervers de promotion sociale, qui est proposé à tous. Il ne suffit pas de vacciner contre les maladies du corps, il faut penser à vacciner l'enfant contre le désespoir et la détresse solitaire, au lieu de l'y laisser s'enfoncer dans les sables mouvants de ses désirs bafoués ou à l'abandon.

Si le rôle du psychanalyste est de permettre à un sujet névrosé ou malade mental de trouver son sens, son rôle est aussi de pousser un cri d'alarme devant la carence publique éducationnelle, les méthodes et institutions scolaires souvent pathogènes, face aux carences et au rôle pathogène individuels de bien des parents du monde dit civilisé. La civilisation est un état qui ne se maintient que par la valeur de chacun de ses membres et par l'échange créatif entre eux. Il n'est pas nécessaire que la civilisation se paie de psychoses et de névroses dévastatrices de plus en plus précoces.

Un immense travail de prophylaxie mentale doit s'organiser et ce n'est pas là le rôle des psychanalystes praticiens; mais ce travail ne peut pas s'organiser sans l'éclairage nouveau qu'apporte la psychanalyse au monde civilisé. Que pourrait-on faire à partir de l'âge conquis (pas avant sept ans, et variable pour chacun) de la possibilité d'accès à la culture, pour ouvrir la voie à l'expression authentique des désirs des enfants dès la fréquentation scolaire, leur permettre d'acquérir la conscience de leur valeur personnelle, inséparable de la valeur d'appartenance à un groupe tout entier, leur permettre de s'exprimer, d'échanger avec leurs semblables leurs désirs, leurs projets d'apprentissage, d'exposer leurs jugements sur leur école, leurs maîtres, leurs proches, leurs parents, et de s'autonomiser dans l'accès à l'instruction personnellement motivée ? Une expression assumée en confiance, dans des entretiens libres, entraîne avec elle une conscience de soi et de l'autre.

Pourquoi chaque école n'aurait-elle pas un ou plusieurs psychologues, sans aucun pouvoir exécutif ni législatif, au service exclusif des entretiens libres demandés par les élèves eux-mêmes, désireux d'exprimer leurs espoirs, leurs épreuves, leurs doutes et sûrs de se sentir entendus, compris et soutenus, sans angoisse chez leur interlocuteur et sans complicité non plus, mais soutenus à chercher eux-mêmes la solution de leurs difficultés ? Il manque aussi à l'école, pour compenser la carence éducatrice de l'exemple reçu en famille, l'instruction formatrice sociale, l'exemple d'éducateurs.

Je veux dire que les enfants civilisés n'entendent jamais de la bouche de leur maître — et jamais si leurs parents ne la leur ont pas dite, faute de la savoir ou de juger bon de la leur dire — la formulation des lois naturelles qui régissent l'espèce humaine : les lois de la paternité et de la maternité légales, les lois régissant les désirs et leur commerce en société, l'interdiction du cannibalisme, du vol, du meurtre, de l'auto-nuisance, de l'inceste, du viol et de l'adultère. Or ils baignent dans une société où, à part le cannibalisme, tous ces comportements délinquants sont proposés à leur observation, à leur tentation, comme la nuisance par la drogue ou l'érotisme vénal.

Personne ne leur dit la loi, la limitation des droits et les devoirs que leurs parents ont à leur égard ni ceux qu'ils ont à l'égard d'eux-mêmes, de leurs parents et des adultes. Si l'on questionne n'importe quel enfant de douze ans, on s'aperçoit qu'il se croit démuni de droits civiques et qu'il est à la merci de tous les chantages à l'amour ou à l'abandon, alors que le législateur a formulé non seulement une Déclaration des droits de l'homme, mais aussi une Déclaration des droits de l'enfant[112]. Combien d'enfants savent-ils le recours qu'ils peuvent légalement demander à la loi, face à des parents absurdes ou abusant de leurs droits et de leur force en mauvais maîtres ? Il y a là tout un champ qui paraît révolutionnaire, et qui l'est en effet, mais qu'imposent l'aggravation des troubles de l'adaptation sociale précoce et le sentiment poignant, chez ceux qui sont soumis aux impératifs légaux d'une vie scolaire absurde, loin des réalités qui, pour un citoyen de sept à quinze ans, valent la peine d'y consacrer son temps et son courage, d'y sacrifier son génie créatif d'enfant des hommes, des pauvres hommes dits civilisés qui ne savent pas respecter la vie qu'ils engendrent, ne savent pas ouvrir les voies de l'accès à la vérité[113] aux générations qui leur survivront.

Comment cadrer une psychanalyse d'enfants[114] ?

PSYCHOTHÉRAPIES D'ENFANTS DE MOINS DE SEPT-HUIT ANS ET DE PLUS DE SEPT-HUIT ANS

Il faut nous garder, dans de nombreux cas, de prendre trop vite un enfant seul en psychothérapie, et en général tout enfant de moins de sept-huit ans, car bien des troubles, apparemment graves, peuvent n'être que réactionnels à une situation de couple perturbée et, de ce fait, à une relation faussée du père à son enfant, ou de la mère à son enfant.

La psychothérapie alors engagée avec l'enfant seul risquerait de perturber encore plus la famille ou de mettre l'enfant dans les conditions d'une psychothérapie interminable.

La perturbation actuelle d'un couple, dont chacun fait état dans les premiers entretiens avec le psychothérapeute, est parfois étrangère à toute cause venant de cet enfant; mais cette perturbation fait qu'ils attendent de lui une compensation à leurs difficultés personnelles, dont ils lui font grief de les frustrer.

Souvent, on découvre avec eux que la perturbation du couple s'origine dans le piège agissant différemment, piège de la maternité pour la féminité adulte de la mère, piège de la paternité pour la virilité adulte du père. Chacun, en s'identifiant à son enfant tout petit, ou à un autre, né après celui-là, a sans le savoir régressé à des positions antérieures au mode d'amour adulte qui avait été le leur avant la venue de cet enfant. Régression à leur vie en relation avec leurs propres parents, relation qu'aucun enfant ne peut faire revivre exactement comme ses parents désireraient le retrouver. D'où leur méconnaissance de cet enfant tel qu'il est. Bien des difficultés de celui-ci sont réactionnelles à ces tensions qu'il provoque, en se refusant (sainement, pour lui) à satisfaire le désir de ses parents, l'un par l'autre frustrés, apparemment dans la personne de cet enfant, objet de leur tracas conscient, sujet piégé de leur désir inconsciemment incestueux. Sous le masque du gavage de nourriture, de jouets ou de scolarité, ou encore sous celui de l'usage de l'autorité parentale à but manipulateur ou de dressage.

L'impact de la relation inconsciente de chacun de ces parents à leurs propres enfants du même sexe fait que leur enfant parasite parfois leur façon spontanée de manifester leur responsabilité parentale, et cela dans le cas où leur paternité et leur maternité ne les a pas fait, à proprement parler, régresser, mais a soutenu chez eux une identification à leurs parents, à l'époque où ils avaient le même âge que leur enfant. Il peut aussi arriver qu'une identification à leur enfant, qui ne les a pas gênés l'un vis-à-vis de l'autre dans son très jeune âge, les conduise à un réveil de culpabilité liée à leur propre angoisse œdipienne, au fur et à mesure que l'enfant grandissant manifeste ses désirs homosexuels ou hétérosexuels incestueux à leur égard ou à l'égard de leur conjoint. Par exemple, sous le prétexte d'insomnies et de terreurs nocturnes, le retour au lit des parents, l'exigence de la présence du père ou de la mère dans son lit pour s'endormir. Des situations morbides se sont installées parfois, longtemps avant que les parents ne viennent consulter le psychanalyste. Le rôle de l'Œdipe de l'enfant est très souvent déterminant dans les différends qu'il provoque entre le père et la mère, soit directement, soit indirectement, par les comportements visant la fratrie ou faisant intervenir les grands-parents. L'angoisse qui ressort des comportements familiaux à l'égard des désirs œdipiens de l'enfant, les zizanies qu'il provoque entre parents, perturbent non seulement la vie familiale, mais jusqu'à la vie sociale de cet enfant, par des comportements inadaptés à son âge ou des troubles psychosomatiques. Et c'est pour cela que les parents viennent demander de l'aide, alors que l'enfant, lui, grâce à ses symptômes, ne souffre pas toujours d'angoisse et n'éprouve aucun désir d'en comprendre le sens ni de sortir des difficultés à vivre que ces troubles manifestent, encore moins d'en parler à quelqu'un. Il se satisfait de jouissances sado-masochiques, lesquelles suffisent à catharsiser ou ventiler ses tensions dans un mode de vie stagnant.

Des entretiens répétés avec les parents, quand l'enfant perturbé n'est pas motivé pour une psychothérapie, suffisent souvent à éclaircir pour chacun d'eux la part de fragilité émotionnelle que l'enfant exploitait inconsciemment, trop satisfait de détourner leur désir et leur amour l'un de l'autre, pour devenir leur tiers perturbateur et le souci du foyer. On voit souvent, au cours de ces entretiens avec les seuls parents, disparaître les symptômes qui les inquiétaient à juste titre dans leur enfant. Pourtant, le psychothérapeute n'a pas encore vu celui-ci, qui ne désirait parler à personne d'un *modus vivendi* perturbé, mais pour lui satisfaisant.

C'est aussi le cas lorsque les relations du couple sont mauvaises, mais clairement acceptées ou subies comme telles, de façon rationnelle. Alors père et mère dissocient leur relation interpersonnelle, acceptée et reconnue comme insatisfaisante, de leur rôle de parents, qu'ils désirent assumer sans entraîner l'enfant dans leur mésentente. Ils apprennent chez le thérapeute, ensemble, à parler clairement entre eux de leurs différends, et aussi, ce que dans ces cas-là la plupart refusaient au nom du trop jeune âge de leur enfant, à en parler à leur enfant, en le dégageant ainsi de toute culpabilité concernant cette mésentente. Ils peuvent alors éclairer leur enfant sur le fait que, quoique chacun ait décidé d'une vie amoureuse indépendante, vécue à l'extérieur, ils ont aussi décidé soit de vivre en compagnons au foyer, soit de se séparer; même dans ce dernier cas, ils ne sont pas des ennemis et restent chacun, pour leur enfant, totalement responsables et aimants. À l'enfant de comprendre alors qu'en aucune façon un enfant, si « aimé » qu'il soit, ne remplace un adulte aimé et désiré, conjoint ou ami. Il n'est pas rare alors que le conjoint le plus atteint dans son narcissisme par l'échec du couple devant cette réalité jusque-là camouflée, et maintenant éclaircie d'en avoir mis l'enfant au courant, décide d'entreprendre une psychothérapie personnelle. En fait, derrière les apparences d'une liberté réciproque que le couple s'était donnée, tout à fait rationnellement, l'un des deux ne sentait pas sa souffrance parce que l'enfant, d'un commun et tacite accord, leurré, servait de compensation en tant que miroir-témoin d'une prétendue entente conjugale. Mais c'est l'enfant qui les a fait venir, à cause des difficultés scolaires ou des troubles en société qu'il présentait, alors que dans certains cas, à la maison, personne n'avait à s'en plaindre. C'est qu'en effet, à la maison, ses désirs œdipiens n'étaient pas mis à l'épreuve, les parents ne se désirant plus l'un l'autre, mais en société, les oreilles et les yeux aux aguets de leur dissociation affective, l'enfant se vivait rival des autres adultes, tant vis-à-vis de son père que de sa mère.

Et du fait que ses pulsions génitales n'ont pas, dans l'adulte-modèle, un Moi Idéal[115] qui en soit le garant dans le couple parental, l'enfant ne peut que stagner sur les positions imaginaires archaïques, qui se traduisent par un retard affectif et social. Ce syndrome de retard affectif est dû à des pulsions orales, anales et urétrales, dont la castration à effet symboligène[116] de l'organisation de ses pulsions n'est pas soutenue par les visées des pulsions génitales œdipiennes. En effet, l'identification à l'adulte du même sexe, lorsque le couple est lié par amour et désir réciproques, soutient l'identité du sujet à assumer l'avenir d'homme ou de femme, et à construire, soutenu par la castration (des visées incestueuses du désir), une personnalisation sociale.

Caractériel, inhibé, phobique, il obtient de rendre la vie sociale de ses parents impossible et bien sûr, lui-même voulant[117] rester bébé et dépendant, ne se fait pas d'amis ni de rivaux valorisants dans sa classe d'âge. Ces troubles réactionnels à un Œdipe impossible à dépasser (du fait du couple parental et de ses problèmes) apportent à l'enfant des bénéfices secondaires et une économie d'efforts d'adaptation à la loi des enfants de son âge et de son sexe. Il est parfois long à comprendre qu'il y gâche sa propre vie, encore plus que celle de ses parents insatisfaits de lui. Mais cette angoisse inconsciente devient parfois consciente, et peut lui faire désirer de l'aide et conduire alors parents et thérapeute à accepter trop vite de répondre à une demande personnelle de l'enfant, pour peu que l'enfant ait entendu parler de psychothérapie, ou qu'un maître en ait donné le conseil aux parents devant l'échec scolaire de l'enfant.

De toute façon, quand un enfant désire lui-même communiquer avec le thérapeute, seul à seul, pour ses angoisses ou ses difficultés réelles, notre attention doit être centrée d'abord, dans les séances préliminaires à tout contrat thérapeutique, sur les relations père-mère-enfant, perturbées et perturbantes, passées et actuelles. Et cela en en parlant avec l'enfant, après avoir d'abord reçu l'autorisation de ses parents. Ces relations, en effet, déterminent, par identification et projection, la structuration d'un faux Moi chez l'enfant, indépendamment de sa nature particulière et de ses désirs authentiques de sujet à décrypter. Le comportement de l'enfant, ou ses troubles, physiques ou psychiques, peuvent avoir amené les parents à régresser eux-mêmes, secondairement aux réclamations et aux exigences de leur enfant; à leur insu, ils en sont venus à s'opposer à l'autonomie de celui-ci, lui ôtant sans s'en rendre compte la possibilité de prendre des initiatives et d'en assumer les risques, à l'affût que sont parfois les parents de prévenir toute épreuve et tout échec à leur enfant.

L'enfant, qui ne vit que pour eux et à travers eux, n'ayant guère d'autres relations par ailleurs, et qui connaît leur faiblesse, en joue : il les provoque, par exemple, à agir à sa place, il est trop fatigué pour finir de manger tout seul sa soupe, il est trop fatigué ou il ne « sait » pas s'habiller, lacer ses souliers, se laver, ou encore faire ses devoirs; bref il fait faire à sa mère, à des aînés, ce qu'il pourrait faire seul, imparfaitement, maladroitement (ou assumer de ne pas faire) mais avec satisfaction. Ces parents, sans s'en rendre compte — mais cela ressort clairement des entretiens avec le thérapeute, sans l'enfant ou en sa présence — s'opposent d'une façon très subtile à ce que l'enfant fasse ses propres expériences et assume une initiative, exprime verbalement une opinion, formule un jugement sur leur attitude, sur leur point de vue. Ils ne le suscitent jamais à réfléchir par lui-même, lorsqu'il pose une question dont il peut très bien, seul, trouver la réponse. Ce qu'il cherchait, c'est à parler et à les faire lui parler. Malgré eux, au lieu de comprendre cet interlocuteur, les parents donnent la becquée, font à sa place, agissent en corps à corps « bousculant » ou « câlin » et ne soutiennent pas un colloque au cours duquel l'enfant, sûr de n'être pas physiquement pris en charge mais aidé à s'affirmer, chercherait seul sa solution personnelle.

Un désaveu critique, avant même que l'enfant ait agi ou n'ait exprimé désir, pensée, projet, jugement, conduit les parents à être pris au piège des demandes continuelles de leur enfant à s'occuper de lui. Ils se reprochent mutuellement de montrer trop de sévérité, trop de sollicitude ou trop d'indifférence, au cours des tensions familiales qui gâchent l'ambiance d'un foyer et parfois du fait d'un seul enfant, tandis que les autres ne posent pas de problèmes. Ces parents peuvent être authentiquement unis, mais quotidiennement perturbés ou parasités par cet « enfant-problème », qui le devient tous les jours davantage, du fait des soucis de sa personne, qui les piègent par sa dépendance à eux. Cette situation peut avoir fait suite à un incident familial perturbateur occasionnel, à un accident ou à un danger, encouru par l'enfant, indépendant de lui qui, un temps, a éprouvé l'enfant et provoqué ses parents à s'occuper davantage de lui. Il veut, ce moment dépassé, conserver les bénéfices secondaires dont cette épreuve lui avait apporté la gratification. Ce peut être une situation motivée par la naissance d'un puîné ou la jalousie d'un aîné. Quoi qu'il en soit, la situation pervertie est là — l'enfant est pris, ainsi que ses parents, dans un cercle vicieux de dépendance réciproque insupportable.

C'est alors l'enfant qui doit faire face à l'angoisse de ses propres tensions internes et de ses échecs dans le milieu social et scolaire de son âge, desquels tôt ou tard il devient conscient et souffre de ne pouvoir s'en sortir. C'est pourquoi son traitement psychothérapique doit être, dans ce cas, personnel. Il le désire, ses parents sont d'accord. C'est là que je fais intervenir un paiement symbolique de l'enfant, qui montre que c'est vraiment lui, personnellement, qui désire, de séance en séance, faire avec le thérapeute un travail modificateur de sa façon d'être (cf. « Difficulté d'une cure[118] »). Ce paiement symbolique est représenté, selon le contrat accepté et suivant son âge, par un caillou, un faux timbre, un carré de papier coloré, ou cinq à dix centimes, s'il a « une semaine » en argent de poche. En effet, cet enfant, piégé en famille par les réactions des siens, qu'il provoque ou qu'il subit, éprouve des sentiments confus de culpabilité, à la fois imaginaire, qu'on décode dans ses rêves, et réelle, secondaire à des incidents caractériels, incidents en chaîne, non seulement entre les parents, mais entre frères et sœurs qui réagissent à leur tour. L'enfant est alors un déprimé, qui surcompense parfois sa dépression, mais cherche à se faire punir pour soulager ses sentiments de culpabilité. Donc, après huit-neuf ans, un réel travail psychanalytique avec l'enfant est très souvent nécessaire, mais seulement si c'est de son plein gré qu'il vient en séance. Le paiement symbolique a pour but de manifester son désir de séance. C'est le jour où il ne l'apporte pas, que ce contrat prend toute son importance de valorisation de la liberté du sujet vis-à-vis du travail psychanalytique. Il est félicité d'user de sa liberté et de prendre donc les choses en main.

Au moment des pulsions génitales de la prépuberté, encore mêlées de visées incestueuses qui se réveillent chez tout enfant, l'angoisse reparaît quand il ne trouve pas chez les adultes parentaux des modèles de désirants satisfaits, mais au contraire des modèles agressifs, angoissés, frustrés, dépressifs. L'enfant ressent ses pulsions archaïques et génitales actuelles, surexcitées par cet autre, l'adulte de son sexe, non valorisé par celui auquel son sexe le porte à s'identifier. L'enfant est ainsi inconsciemment soumis au danger de l'homosexualité incestueuse. Avec l'adulte de l'autre sexe, en danger d'hétérosexualité incestueuse. L'absence de castration possible, délivrable par ce couple parental, l'absence de symbolisation libérante de ses pulsions génitales et de la tension d'angoisse, qu'aucun adulte familier ne peut comprendre, va jusqu'à mettre en danger les castrations antérieures, je veux dire la castration anale et orale, tabou du cannibalisme, du vol, de la nuisance et du meurtre, castrations garantes des sublimations utilisables dans la scolarité et la conduite sociale. Alors, c'est l'échec. Les fugues, la délinquance juvénile et son cortège d'épreuves.

Que ce soit en période dite de latence, dès huit-neuf ans ou après, prépuberté et adolescence, une psychothérapie individuelle ne doit en aucun cas s'engager d'emblée, même si l'enfant la désire ardemment. Dans ce dernier cas, on a avec lui une entrevue courte, au cours de laquelle on lui fait comprendre la nécessité absolue d'entendre ses parents, pour savoir d'eux les choses principales de sa vie de nourrisson et de bébé, ainsi que les événements familiaux antérieurs à ce jour. L'enfant accepte toujours. Il est nécessaire, avant d'entreprendre cette psychothérapie individuelle, d'avoir eu le nombre suffisant d'entretiens avec les deux parents. Même si les parents sont séparés, on ne peut jamais engager une psychothérapie individuelle avec un mineur qu'après l'accord au moins téléphonique ou épistolaire de chacun des deux parents. À partir du moment où l'enfant lui-même décide de sa psychothérapie, on ne voit plus les parents, même s'ils le demandent, autrement qu'en présence de l'enfant, et si celui-ci le désire. Mais des modalités de ce contrat, ils en sont avertis avant que la psychothérapie de l'enfant — demandée par lui — ne soit engagée. Il est dit devant l'enfant que si ses parents ont à communiquer quelque chose le concernant, ils peuvent toujours écrire et que le contenu de leur lettre, reçue par la poste ou apportée par lui, lui sera lu. Si les parents, l'un ou l'autre, ou les deux, se sentent frustrés de ne pouvoir continuer pour eux des entretiens personnels avec le psychothérapeute de l'enfant, il est bon de leur donner l'adresse d'un autre psychanalyste, pour les aider à supporter éventuellement les moments difficiles de la psychothérapie de leur enfant au foyer, et dans ses répercussions, qui ne sont pas rares, sur les autres enfants de la famille, sur les comportements scolaires transitoires de leur enfant au cours de sa psychothérapie, comportements qui entraînent parfois des réactions de la part des maîtres, le renvoi de l'école, etc.

En effet, ces événements de la réalité, c'est aux parents à y faire face et ce n'est pas toujours facile; ils voudraient que le psychothérapeute de leur enfant s'en mêle; ce dont il doit bien se garder. Son rôle, quant à la réalité à laquelle l'enfant est confronté, au fur et à mesure de sa cure, est d'en faire parler l'enfant, de son point de vue, et d'étudier avec lui la part des fantasmes qu'il y surajoute, et celle des « acting out[119] » venant de lui et provoqués par les pulsions qui ne sont pas concernées dans le transfert. En effet, le transfert sur le thérapeute analyste est constitué de fantasmes; ceux-ci ont à être vécus, exprimés, parlés, analysés. Si le thérapeute cède aux pressions de l'entourage éducatif de son analysant, pour donner son avis ou un conseil concernant la réalité, la collusion du fantasme avec la réalité provoque, on le sait, une situation psychotisante. Même si cela, par chance, ne se produisait pas, de toute façon cela traduirait l'immixtion d'un désir de l'analyste à l'égard de son analysant dans sa réalité, ce qui bloquerait le travail de l'enfant ou de l'adolescent à assumer son propre désir face au désir de ceux qui sont chargés de sa tutelle ou responsables de son éducation. Pas plus que des conseils ou des soins médicaux, des directives éducatives ou des conseils éducatifs ne peuvent être assumés par le psychanalyste engagé dans un contrat de cure psychothérapique, sans nuire grandement à la suite du travail en cours et même aux fruits du travail pourtant déjà opéré.

Ce n'est pas ce qui se passe actuellement, pendant la psychothérapie, dans la réalité de l'environnement éducatif de l'enfant, que le psychanalyste de l'enfant a à connaître. L'enfant y joue des situations répétitives du passé et des conflits œdipiens déplacés, provocation à la recherche de punitions apaisantes pour ses sentiments inconscients de culpabilité, ou manifestations de son impuissance réelle au regard des exigences des adultes le concernant. Cette impuissance douloureuse est déculpabilisée par le psychanalyste, du seul fait qu'il aide par son écoute l'enfant à comprendre son origine archaïque et soutient chez l'enfant le travail de l'analyse avec patience.

Faute d'avoir expliqué ces conditions nécessaires au travail de leur enfant et fourni aux parents l'adresse de quelqu'un qui les aide à comprendre et assumer leur rôle dont ils ne doivent pas démissionner, il peut arriver que les parents interrompent la cure de leur enfant. En effet, les difficultés que rencontre leur enfant à certains moments de la cure peuvent les dérouter si personne ne les soutient à lui faire confiance, à l'aider à persévérer et à préserver, eux, au jour le jour, leurs exigences d'éducateurs, exigences apparemment inefficaces un temps plus ou moins long, mais qui relèvent de leur rôle de responsables de ce mineur.

Devant les difficultés des enfants pour lesquels les parents viennent consulter des psychanalystes, il faut bien distinguer les troubles préœdipiens avant cinq-six ans, et ceux de la période œdipienne après sept-huit ans. Pour les premiers, les entretiens avec les parents sont parfois suffisants; c'est le cas lorsque l'enfant lui-même n'est pas motivé à parler seul à seul avec quelqu'un, dans le but de sortir d'une difficulté dont il est par ailleurs — ou n'est pas — conscient de souffrir. Au cas où l'enfant est d'accord pour parler au psychothérapeute, mais désire la présence de ses parents — de l'un, de l'autre, ou des deux —, cela est très favorable de faire les séances avec l'enfant en présence de ses parents; et si l'enfant, amené par ses parents, refuse de venir à la consultation, il est indispensable de recevoir les parents sans l'enfant pour parler de l'enfant qui les inquiète.

Après sept-huit ans — après avoir vu les parents —, si l'enfant est personnellement désireux de faire une psychothérapie, il est indispensable de ne plus voir les parents et de faire assumer à l'enfant sa propre psychothérapie par un paiement symbolique*. Mais il est non moins nécessaire de permettre aux parents d'aller parler à un autre psychanalyste que celui de leur enfant à qui ils ont parlé et qui reste alors l'interlocuteur de l'enfant seul. La dernière séance, quand le traitement de l'enfant est terminé, réunit à nouveau les parents, l'enfant et son psychothérapeute, afin de signifier l'arrêt des séances. Le psychothérapeute restant clairement à la disposition de son jeune client, s'il le désire, pour le revoir plus tard ou pour lui indiquer, s'il lui en fait un jour la demande, l'adresse d'un autre thérapeute. Son dossier, les notes prises au cours de sa thérapie, restent bien entendu, pendant tel nombre d'années, comme durant sa psychothérapie, entièrement à sa disposition si un jour il désire en savoir plus sur cette période de son enfance difficile. Cela parce qu'on n'est jamais certain qu'une cure chez un enfant ait été résolutive. Nombre d'enfants soignés avant neuf-dix ans reviennent d'eux-mêmes chez leur thérapeute vers seize-dix-huit, pour un ou deux entretiens, à

* Après la puberté, surtout dès quatorze-quinze ans, un paiement partiel réel doit être assumé par les adolescents qui vivent en famille. Paiement sur leur argent de poche d'abord et tout ou partie du paiement (selon la fratrie qui doit en être avertie) en dette au père qui en fait l'avance à son fils ou à sa fille au titre d'avance d'hoirie. La somme ainsi avancée au jeune sera remboursée par lui dès qu'il travaillera, au plus tard elle sera retenue sur la part qui lui serait dévolue comme à ses frères et sœurs au décès du parent prêteur. En effet, une cure psychanalytique ne peut être sans dommage inconscient, au-delà de l'adolescence, assumée pécuniairement que par le sujet lui-même. Les cures entièrement gratuites pour l'intéressé, l'organisme payeur étant la Sécurité sociale ou les parents, sans qu'aucune participation partielle ne puisse être demandée à celui-ci, sont des modalités nuisibles à la prise en responsabilité de soi-même.

la recherche d'eux-mêmes et du travail qu'ils ont fait avec ce thérapeute. D'autres, c'est au moment de leurs engagements dans la vie, avant de se marier. D'autres, quand leur aîné de leur sexe atteint l'âge qu'ils avaient quand ils ont été pris en psychothérapie.

Ce retour ponctuel au thérapeute de l'enfance ou de l'adolescence, à des moments mutants, sont le signe que quelque chose du transfert est demeuré après la cessation des séances. Souvenir d'un lieu et d'une personne dont la fréquentation avait permis de passer d'une étape de développement à une autre. Ce transfert sur quelqu'un garant d'une confiance en soi-même et en son propre désir trouvé peut se ranimer au moment d'une décision d'engagement à vie. Il traduit le retour à sa propre histoire, afin que l'actuel soit parlé et pensé en référence à l'axe d'un destin dont le désir est le garant.

Difficulté d'une cure de psychothérapie analytique dans le cadre de l'établissement scolaire où vit l'enfant

Le Coq-Héron, n° 68, 1978

SPÉCIFICITÉ D'UNE PSYCHOTHÉRAPIE ANALYTIQUE D'ENFANT

Quand la psychothérapie psychanalytique d'un enfant s'engage et se poursuit dans l'établissement scolaire qu'il fréquente, elle peut entraîner l'enfant dans une impasse, si ce dernier ne saisit pas, d'une part la différence radicale entre le travail analytique et le travail pédagogique et, d'autre part, la différence entre le rôle de son psychanalyste et celui de ses éducateurs.

Une relation psychanalytique peut être, à un moment donné, parfois très tôt, bloquée par le fait que l'enfant rencontre son analyste dans le cadre de sa réalité quotidienne.

L'enfant ne peut pas savoir ce qu'est une psychothérapie psychanalytique, comme le peut un adulte qui a lu sur la question ou qui, ayant tenté d'autres thérapeutiques, en est venu, devant l'impasse où il se trouve, à décider d'une psychanalyse ou d'une psychothérapie analytique, c'est-à-dire en en payant le prix, total ou partiel, et en se dérangeant de son lieu habituel de vie et de travail pour se rendre au cabinet de consultation de son psychanalyste.

Lorsque des adultes pensent qu'un enfant aurait à profiter de l'éducation de ses pulsions refoulées inemployables, afin de maîtriser ses échanges interhumains et créatifs de son âge, il peut être conduit chez un psychanalyste. Dans de nombreux cas, ce sont maintenant les maîtres et parfois les médecins qui éveillent les parents à la connaissance de ce mode de psychothérapie, et souvent à bon escient. Il est déjà fort important que les parents comprennent de quoi il s'agit, que ce ne sont pas des leçons de rééducation, mais une psychothérapie, qui concerne le passé de cet enfant et son histoire à retrouver. Cependant, le problème le plus important, c'est que l'enfant lui-même saisisse le but que se propose le psychanalyste en le recevant. C'est la délicate question des premières séances. À mon avis, il en faut deux ou trois pour que l'enfant comprenne de façon précise de quoi seront faites ces rencontres, de quoi elles ne seront pas faites et le but qu'elles ont; et si ce but l'intéresse suffisamment pour qu'il continue ce mode de travail.

Combien ai-je vu d'enfants qui avaient été au contact de psychothérapeutes, c'est-à-dire de gens dûment psychanalysés, chargés de ces rencontres, et qui, après un moment d'amélioration due au transfert, n'avaient plus progressé? Parfois, c'est après des semaines, des mois, quelquefois des années de telles rencontres d'un enfant avec un psychanalyste, rencontres ainsi subies en bonne civilité par l'enfant et par son thérapeute, que l'analyste, ou la Sécurité sociale (le tiers payant), décide d'arrêter cette expérience devenue non productive.

Soit que les parents eux-mêmes en aient l'idée, soit que l'idée vienne du médecin ou de la Sécurité sociale, il arrive qu'une nouvelle tentative thérapeutique soit conseillée. C'est ainsi que j'ai eu à voir certains de ces enfants.

Dans tous les cas que j'ai rencontrés, il s'agissait d'enfants qui avaient interprété les séances de psychothérapie psychanalytique comme des moments de loisir en compagnie de quelque adulte dont ils ignoraient le plus souvent le patronyme, des moments de liberté pour dire n'importe quoi, s'exprimer en gestes, en dessins, en modelages, sans autre motivation que le jeu. Parfois, hélas, ils avaient compris cette liberté comme permission de tout faire, ce qui est totalement contradictoire à une thérapie psychanalytique, qui implique le tout dire, le tout représenter de ce que l'on pense ici et maintenant en séance, jamais de tout faire. Pourtant, ces enfants avaient été au contact de psychanalystes qui connaissaient bien leur métier.

Certains de ces enfants avaient bien compris qu'on ne pouvait pas tout faire, mais qu'on pouvait tout dire, tout dessiner, tout imaginer, tout représenter, c'est-à-dire raconter des fantasmes à quelqu'un qui les écoute. Mais ils n'avaient pas du tout vécu ces mois et ces années de traitement comme un travail désiré par eux (et payé par leurs parents), en vue de l'élucidation de ce qui les empêchait de devenir des désirants en leur propre nom. La plupart d'entre eux n'avaient pas du tout conscience d'être des enfants perturbés; ils n'avaient pas désiré une aide en vue de sortir de difficultés qu'ils ignoraient. Devant les réalités de la vie, ils ne se sentaient pas concernés puisque, de leur point de vue, seuls les parents les assumaient et décidaient pour eux.

Il est certes difficile de faire comprendre à un enfant le sens d'un traitement psychanalytique. Il est difficile surtout de lui laisser la liberté de le refuser, lorsqu'une pression des parents ou des maîtres s'emploie à provoquer les thérapeutes à « prendre en charge » un enfant, sans compter la nécessité qu'ont les psychanalystes de gagner leur vie dans des conditions de responsabilité épaulée et de clientèle assurée, notamment lorsqu'ils sont jeunes.

MISE EN ROUTE DE LA CURE : LE CONTRAT ET SON ÉTUDE

En ce qui me concerne, après avoir eu au moins un entretien avec chacun des parents séparément, puis avec l'enfant, en leur présence, si j'estime que l'enfant est en effet susceptible de profiter d'un traitement psychanalytique, je décide avec lui, devant ses parents, d'un essai de trois séances au cours desquelles la question de poursuivre ou non se discutera entre l'enfant et moi, et seulement s'il se montre intéressé par ce mode de travail. S'il est positif, c'est peut-être uniquement par le transfert de sa relation actuelle avec ses parents sur la personne de l'analyste. Il voit que ses parents ont confiance, pourquoi lui-même n'accepterait-il pas ces rencontres? S'il est négatif, c'est peut-être parce qu'il est négatif vis-à-vis de ses parents, donc face à toute personne avec qui ses parents sont d'accord.

Comment arriver à ce que l'enfant comprenne que c'est lui et son seul désir, qui sont la condition du contrat avec l'analyste? Je pense que c'est déjà quelque chose de s'adresser à l'enfant d'abord, en se nommant soi-même, en expliquant pourquoi on veut entendre ses parents *et* lui-même, et qu'on accepte éventuellement de le revoir seul, avant de décider quoi que ce soit. De même, quel qu'ait été le contenu de la première séance, un adieu tout à fait social à cet enfant, quel que soit son niveau de régression ou d'opposition, un adieu semblable à celui qu'on dit à un adulte est aussi une façon de le faire se sentir une vraie personne par rapport à l'analyste ; et ce n'est pas si fréquent qu'un enfant se sente une personne à part entière face à un adulte, surtout en présence de ses parents. Il y a aussi le vouvoiement si l'enfant vouvoie le psychanalyste, le tutoiement s'il le tutoie.

Si par ces premières séances, par l'observation de son comportement et l'étude de ses fantasmes, l'enfant paraît déjà engagé dans une situation œdipienne, j'établis immédiatement avec lui, dès qu'il décide de continuer, un contrat de paiement personnel symbolique[120]. Au cas où l'enfant a de l'argent de poche, nous nous entendons sur cinq ou dix centimes. Au cas où l'enfant ne reçoit pas d'argent de poche, nous nous entendons sur un petit carré de papier qu'il aura décoré chez lui à mon intention, sorte de représentation d'un timbre, et qui servira au paiement symbolique de chacune de ses séances. Je lui explique que ce sera sa façon à lui de montrer que, s'il avait de quoi payer la totalité de la séance, ce serait lui qui le ferait. Si l'enfant n'est pas encore engagé définitivement dans l'Œdipe, j'attends ce moment pour lui demander sa contribution symbolique personnelle, ce qui est d'ailleurs un tournant toujours marquant de la cure, le promotionnant sujet, car cela s'accompagne de la délivrance à sa personne du droit d'arrêter ou d'interrompre la psychothérapie, de reprendre les entretiens quand il en sent la nécessité.

Dans le cas où l'enfant est négatif d'emblée, ce qui prouve un rejet de la personne de l'analyste — que ce rejet provienne du transfert de son attitude d'opposition à ses parents ou de son désir de rester dans la situation triangulaire dans laquelle cela ne va pas pour lui, de la conserver —, la seule manière de comprendre si l'enfant est négatif par transfert ou parce que ce n'est pas lui mais les parents qui sont demandeurs, c'est d'exiger d'emblée de lui, pour le recevoir, l'apport de ce paiement symbolique. À la surprise des parents et des psychanalystes qui, sur mon conseil, ont agi de la sorte avec des enfants qui se montraient négatifs dans leur comportement et refusaient de venir chez l'analyste, le paiement symbolique demandé à l'enfant modifie son négativisme face à ses parents, et prouve ainsi que son attitude n'est pas du tout refus de se comprendre soi-même. Si l'enfant revenant avec ses parents m'apporte ce paiement symbolique, tout en restant négatif dans son attitude, c'est bien parce qu'il veut voir l'analyste seul à seul. S'il ne l'apporte pas, je considère qu'il veut que je parle à ses parents et non à lui. Dans le cas où, laissé dans la salle d'attente, l'enfant, jaloux du fait que je parle à ses parents, veut intervenir dans le bureau, je l'autorise à y entrer — puisque ses parents parlent pour lui et paient pour lui —, et à écouter ce qu'ils me disent et ce que je leur réponds.

L'ENFANT ACCEPTE LE CONTRAT[121]

Quand un enfant a refusé de parler seul à seul à l'analyste et que les entretiens préliminaires se passent alors avec lui et ses parents, c'est le jour où il décide par lui-même de rester sans la présence de ses parents que je lui demande le paiement symbolique, et que je lui parle à lui seul, même s'il demande que ses parents assistent encore à la consultation. Ce jour-là, c'est à eux que je ne parle pas, et c'est lui qui fait avec moi une séance devant eux. L'enfant sait ainsi que, s'il n'apporte pas la preuve de son désir d'une séance de travail, l'analyste l'interprète comme « non-désir » et le respecte dans son refus délibéré.

Si les parents sont mis au courant de ce contrat de paiement symbolique entre l'enfant et l'analyste, ce n'est jamais par moi, mais par l'enfant. Il arrive que les parents soient fort choqués de ce contrat. Je leur explique alors la raison de mon agir et pourquoi ce doit être un secret professionnel entre l'enfant et moi. J'en profite pour leur interdire de jamais faire penser à l'enfant d'apporter ce paiement symbolique, ni de lui avancer la piécette qu'il aurait oublié d'apporter, dans le cas où ce sont eux qui l'accompagnent à sa consultation.

C'est toute l'ambivalence des parents vis-à-vis de la liberté laissée à leur enfant de désirer une psychothérapie en sa propre personne, en son propre nom, liberté soumise cependant à leur autorisation préalable, bien sûr. Mais, curieuse chose dont nous nous apercevons très souvent, le fait même que l'enfant soit maître de son désir et qu'il l'affirme, semble mettre en question pour les parents leur propre autorité et cela surtout lorsque l'enfant désire venir en psychothérapie, c'est-à-dire quand il est positif; du moins le montre-t-il en payant, bien qu'il dise à ses parents combien ça l'ennuie de venir. Les parents ont beaucoup de peine à comprendre que l'enfant est pris dans le transfert dans ce qu'il aurait de positif vis-à-vis de l'analyste, transfert qui irait à l'encontre de sa fixation régressive aimante à ses parents, surtout vis-à-vis de sa mère, lorsqu'il s'agit d'une femme analyste. Je ne sais pas ce qui se passe avec un analyste homme, mais il est possible que vis-à-vis d'un homme, l'enfant se dise négatif en agissant de façon positive, pour rassurer son père, ou pour se rassurer lui-même quant à son amour pour son père.

Quoi qu'il en soit, il s'agit bien du désir d'une psychothérapie, qui n'est pas à confondre avec le fait d'avoir son psychanalyste « à la bonne ». Et c'est très important. Il y a même un cas récent où l'enfant disait à ses parents combien c'était épouvantable de venir en psychothérapie, combien ça lui était pénible, mais tenait absolument à y venir, alors que ses parents lui disaient : « Eh bien écoute, n'y va plus, c'est pas la peine de te mettre dans cet état ! » Il répondit : « Si, ça me fait tellement de bien ! Mais je la déteste. » Et en effet, son traitement marchait extrêmement bien, grâce à cette décision délibérée de venir pour dire ce qu'il avait à dire et étudier ses difficultés. Il avait confiance dans mon aptitude professionnelle, mais dans le cadre d'un manque de sympathie tout à fait naturel, qui n'empêchait absolument pas d'ailleurs le travail psychanalytique de se faire [122].

Après quelques séances avec les parents, lorsque l'enfant a refusé de venir et que ce sont les parents qui viennent pour lui, séances que je demande aux parents de lui annoncer, à chaque fois, comme une visite qu'ils me rendent à sa place, il est très fréquent que l'enfant commence par donner à ses parents un dessin pour l'analyste, en leur demandant si je peux lui dire quelque chose d'après ce dessin. Je charge les parents d'une réponse assez superficielle, concernant à la fois ce qu'il y a dans le dessin et ce que ses parents m'ont dit pour lui. Deux ou trois fois, les parents font ainsi le facteur, puis l'enfant arrive avec eux, apportant son paiement symbolique, tout en demandant à ce que ses parents, l'un ou l'autre, ou les deux, soient encore présents. J'accepte. Mais, ce jour-là, les parents sont muets. Je leur fais signe de ne pas intervenir. Et, la fois suivante, l'enfant vient seul, certain alors que le travail qu'il va faire avec « cette personne » ne va pas brouiller son entente avec ses parents, que ses parents sont en effet, ils l'ont prouvé, capables de supporter qu'il ait une relation interpersonnelle avec l'analyste. Il arrive aussi que l'enfant ait raison et que lui-même n'ait aucun besoin d'un traitement psychanalytique. C'étaient ses parents qui avaient à parler, de lui peut-être, mais, à travers lui, peu à peu, d'eux-mêmes et de leurs difficultés d'enfance, ou de leurs difficultés à supporter la nature de tel enfant qui, peu à peu, ne présente plus aucun des symptômes pour lesquels ils étaient venus. L'enfant commence par n'en plus manifester à l'extérieur de la famille, dans sa vie scolaire ni, peu à peu, à la maison. C'est-à-dire que la venue des parents avait suffi à faire sortir l'enfant de son impuissance.

Il arrive que ce centime ou ce petit dessin à préparer ait été oublié. Dans le cas où l'enfant l'a, une première fois, oublié mais se montre désolé de ne pas avoir de séance, pour une première fois j'accepte, mais je lui dis néanmoins que la fois suivante, il devra apporter deux fois le paiement convenu, et je réponds de nouveau à sa question : « Pourquoi faut-il que j'apporte quelque chose ? », que je l'exige comme la preuve de son désir tout à fait libre de venir ou de ne pas venir. Au second oubli, je respecte encore cet acte manqué, puisque tout acte manqué est un acte réussi pour l'inconscient, et j'interprète à l'enfant en toute aménité, et dans une relation sociale tout à fait positive à l'égard de sa personne, qu'une partie de lui n'est pas tout à fait d'accord encore pour se prendre en charge, et nous arrêtons la séance ainsi. Ceci, qui n'a l'air de rien, contribue cependant à faire saisir à l'enfant la différence entre ce qu'il vient faire de lui-même et pour lui, chez un psychanalyste, et ses relations avec tous les autres adultes que ses parents paient pour s'occuper de lui, sans qu'il ait son avis à donner.

Il est intéressant de constater que, plus l'enfant a besoin d'exprimer son transfert de façon négative sur la personne de l'analyste, plus il est vigilant à apporter ce paiement symbolique qui s'accompagne alors, dans la séance, de propos fort agressifs et parfois d'un comportement muet ou totalement négatif, le dos tourné à la personne de l'analyste. On observe aussi que lorsque le transfert, au début ambivalent, devient très positif, l'enfant souffre d'avoir à donner ce paiement symbolique, car il aimerait être aimé pour lui-même, sans ce paiement.

C'est ainsi la seule manière pour l'analyste de faire comprendre à cet enfant que, si positif qu'il soit vis-à-vis de la personne de son psychothérapeute, celui-ci ne fait que son métier ; qu'elle ne le verrait plus, en tant que psychothérapeute, si cette séance n'est payée que par ses parents. Cependant, puisque les parents ont à contrôler ce que fait leur enfant à l'heure de son rendez-vous, il n'est pas question de renvoyer l'enfant, qui pourrait ainsi passer une heure n'importe où, sans le contrôle de ses parents. Ceci aussi lui est expliqué. Il choisit soit de rester dans la salle d'attente, dans le cas où il est venu seul, soit de rester dans mon cabinet, à s'occuper pendant que moi-même je m'occupe à mon bureau. De temps en temps, si l'enfant regarde vers moi, je regarde aussi vers lui d'un air très positif et, l'heure venue, il s'en va. Rien n'est dit aux parents de cette séance refusée en tant que rencontre psychanalytique. À la fin de la séance, rendez-vous est fixé si l'enfant le désire, pour la suivante. Et c'est à cette séance suivante qu'est donnée par l'enfant l'explication de la résistance que l'enfant avait présentée à la séance précédente. Il comprend ainsi, par l'expérience qu'il en a, que l'analyste est toujours positif à l'égard de sa personne, quelles que soient les expressions négatives ou positives exprimées en séance, que l'analyste ne fait à son endroit qu'élucider ses pulsions, car c'est son métier. Ce n'est pas comme tant d'enfants le disent : « Une dame (ou un monsieur), qui aime les enfants, chez qui j'allais dessiner. » Car c'est ainsi qu'ils parlent de leur psychothérapie, qui n'a servi à rien. Il n'est pas étonnant qu'une psychothérapie démarrée dans un fantasme d'érotisation de la relation soit entrée dans une impasse. Il s'agissait de séances de jouissance supposée partagée, jouissance de pulsions agressives ou de pulsions passives, mais, tout de même, de séances pour un plaisir partagé, ce qui est tout le contraire du projet psychanalytique et du déroulement d'une cure.

RELATION DU PSYCHOTHÉRAPEUTE AVEC LES PARENTS[123]

J'estime cependant indispensable que l'enfant sache que ce travail qui vise à l'élucidation de son désir ramené à ses souvenirs d'enfance, et dont il parle en associant sur les événements actuels de sa vie émotionnelle, est un travail désiré aussi par ses parents, en plein accord avec eux, et non pas qu'ils laissent aller l'enfant, là ou ailleurs, sans bien savoir pourquoi, selon le conseil d'une maîtresse ou d'un médecin. En effet, on voit trop souvent maintenant des parents qui, parce qu'ils ont confié leur enfant à un psychothérapeute, se croient déchargés complètement de son éducation. Il y a même des parents qui ont reçu ces conseils de « psy », comme on dit, ou du moins qui croient les avoir reçus. Il faut dorénavant laisser tout faire à votre enfant... Pourquoi? Les parents ont à jouer leur propre désir dans sa vérité, autant que l'enfant. Ce sont eux qui, dans la réalité au jour le jour, ont à assumer la place de Moi Idéal[124] pour un enfant encore jeune et, en tout cas, celle de responsable de lui, face à la loi, le contrôlant dans la réalité. Or, les rapports fantasmatiques de l'enfant vis-à-vis d'eux, dans le passé comme dans le présent, sont impliqués dans l'élucidation psychothérapique qui s'effectue en séance.

Quoi qu'il en soit des paroles qui sont dites par l'enfant à son psychanalyste et de la compréhension des pulsions en jeu chez lui à partir du moment où l'enfant peut profiter d'une psychothérapie, les parents, comme les éducateurs et les maîtres, n'ont plus du tout à se soucier de ne pas traumatiser leur enfant par leur mode d'être avec lui, et j'insiste toujours pour que les parents continuent d'agir comme ils le veulent et sans se sentir jugés par le psychanalyste. Il en va de même pour les maîtres. Or, beaucoup d'enfants se servent de la relation qu'ils ont au psychothérapeute pour dire à leurs parents que le psychanalyste a dit ceci, ou cela, a trouvé qu'ils ont eu tort à propos de cela, ou « mythomanisent » des propos qui leur auraient été dits. Nous en avons la preuve dans les psychothérapies qui se passent en public, comme celles que je fais à l'hôpital Trousseau[125]. Les parents arrivent parfois, ou téléphonent à l'infirmière, inquiets des propos qui, soi-disant, auraient été tenus par le psychanalyste. C'est bien intéressant de revoir ces parents et de leur expliquer cette attitude soi-disant mensongère — ou qui, du moins, pourrait le paraître —, puisque le public est témoin que rien de ce que l'enfant a raconté n'est vrai; mais l'important, c'est que les parents et l'enfant présent comprennent que la relation d'une séance par l'enfant n'est pas possible et qu'elle l'incite obligatoirement à « mythomaniser », c'est-à-dire à se remettre dans le climat fantasmatique d'une séance d'analyse. C'est pourquoi je dis toujours aux parents de ne point demander à l'enfant ce qui s'est passé dans une séance, et je dis à l'enfant que son traitement se passera beaucoup mieux s'il ne parle pas de ce qui se passe en séance à ses parents, bien que je ne l'en empêche point.

Pour toutes ces raisons, je trouve nécessaire que, jusqu'à la fin du complexe d'Œdipe (huit-neuf ans, pour un enfant en difficulté), et souvent jusqu'à la phase de latence, au début de la prépuberté, ce soit un des parents qui, si cela lui est possible, conduise l'enfant à ses séances. L'analyste prononce aux parents le nom de « séance » pour nommer l'entretien qu'il a avec l'enfant, bien que les parents continuent très souvent à parler de « leçon ». Des leçons de quoi? Les parents pensent aussi que l'analyste fait de la morale à l'enfant et il est intéressant pour l'enfant, lorsque l'entretien se passe devant lui, qu'un éclairage sur ce que nous faisons soit redonné verbalement aux parents, concernant leur erreur. Rien d'actuel, donc de moral au jour le jour, n'est abordé en séance puisqu'il n'est question, dans ce qui est élucidé, que du transfert d'émotions relationnelles passées de l'enfant. Quant à l'actuel, c'est aux parents, et non au psychanalyste, qu'est dévolu le rôle de diriger leur enfant.

Il est intéressant de faire comprendre à l'enfant que si ses parents lui paient des séances de psychothérapie, ou l'y accompagnent seulement (au cas où ces séances sont payées par la Sécurité sociale), ce dérangement des parents prouve qu'ils sont intéressés à son amélioration et que c'est parce qu'ils ont le sens de leur responsabilité à son égard qu'ils se sentent en devoir de faire pour lui tout ce qu'ils peuvent faire de mieux, étant donné l'époque actuelle, pour l'aider à devenir un être capable de se subvenir à lui-même dans l'avenir. Beaucoup de parents disent, par exemple : « Ah! on n'en a pas fait tant pour moi! » Ils ont raison, et c'est parce qu'ils ont souffert qu'ils essaient de faire en sorte que leur enfant ne souffre pas comme eux; et bien des parents ont des difficultés émotionnelles, dont l'enfant est témoin d'ailleurs, difficultés qui peuvent ainsi être comprises par leur enfant.

C'est pour toutes ces raisons qu'il me semble indispensable que les parents soient connus du psychothérapeute de l'enfant, et qu'ils aient pu lui donner, en début de traitement, les renseignements concernant les diverses épreuves que celui-ci a subies et partagées avec eux, leurs inquiétudes à son égard, les difficultés émotionnelles, si fréquentes, qu'ils ont pu avoir avec les grands-parents à cause de cet enfant. Ces colloques, préalables au traitement, permettent au psychanalyste de comprendre de quoi est faite la réalité actuelle des rapports affectifs de l'enfant à sa famille. C'est de ce psychanalyste aussi que les parents ont à apprendre qu'il s'agira, dans ce traitement, d'une révision de l'histoire de l'enfant, grâce à quoi eux-mêmes se mettent à comprendre le rôle de leurs propres difficultés d'enfance. Et il n'est pas rare que des grands-parents, dont l'enfant n'avait jamais entendu parler auparavant, soient évoqués au cours de ces entretiens.

Par les dires de ces parents, auxquels le psychanalyste convie l'enfant présent à prêter attention pour mieux comprendre sa famille, on entend les histoires relationnelles familiales, du côté paternel et du côté maternel. On peut comprendre ainsi où sont, pour l'enfant, les difficultés avec tel ou tel oncle, tante, grands-parents, vis-à-vis desquels les parents sont en conflit ou, au contraire, en grande dépendance. On comprend aussi, à travers ce qui est dit, la place que cet enfant occupe, dès sa conception, dans le narcissisme de chacun des parents, intriqué à la relation du couple, dans sa relation à ses propres parents ou aux autres frères et sœurs, et on saisit aussi la place qu'il a actuellement, parfois très différente de celle qu'il avait au début de sa vie, à cause d'événements qui se sont passés, comme par exemple la mort d'un aîné, ou la mort d'un parent (œdipien) pour le père ou la mère. On comprend de quelles projections cet enfant est l'objet, ou l'a été, de la part de l'un et de l'autre de ses parents ou de sa fratrie. Se reconnaissent-ils en lui, ou reconnaissent-ils l'un ou l'autre de leurs frères, sœurs ou géniteurs? Et puis on s'aperçoit de la différence, dans l'imaginaire du père et de la mère, du fantasme de « bons parents », différence qui provoque des difficultés entre eux, à propos de tout acte éducatif, chacun ayant des traditions familiales différentes, et posant sa propre attitude éducative soit en identification, soit en contradiction à celle de ses propres parents. C'est au cours de ces entretiens, entre le psychanalyste de l'enfant et les parents, que se fait jour la différence entre un projet d'éducation corrective et un projet d'humanisation responsable de l'enfant, à travers les difficultés qui se trouvent être les siennes, dans lesquelles il a peut-être une part inconsciente, mais qui sont le lot de tous les êtres humains au cours de leur jeunesse. Ils n'ont dès lors pas à en être culpabilisés. Une épreuve n'est pas une faute.

Lorsque les entretiens se passent avec un autre médecin, ce n'est pas du tout la même chose, ni pour l'enfant qui n'entend pas ce que les parents disent de lui, ni pour les parents qui continuent de fantasmer qu'ils sont de trop vis-à-vis de leur enfant, qu'ils ont tort, qu'ils agissent mal. Et puis, il faut le dire, c'est une mode maintenant, que ces personnes qui écoutent les parents ne leur répondent jamais rien. Pourquoi ? Il est si facile de faire rebondir le dire des parents, en leur répondant quelque chose qui ne soit pas une réponse directe à leur demande, mais qui leur permette d'aller plus loin dans ce qu'ils ont à comprendre de leur enfant imaginaire par rapport à leur enfant réel. Vous me direz qu'un autre psychanalyste peut le faire aussi. Oui, mais ce n'est pas la même chose. Lorsque les parents ont, d'eux-mêmes, le sentiment qu'ils ont à parler pour eux-mêmes, c'est tout différent. Ils peuvent alors, et je le leur conseille, parler à quelqu'un d'autre. Cela n'empêche pas qu'ils viennent vers le psychanalyste de leur enfant, quand il s'agit de parler de la personne de cet enfant. Je précise bien que ceci est pour moi la règle, lorsqu'il s'agit d'un enfant ayant moins de dix ans, ou entre dix et douze ans, s'il est en retard affectif.

Lorsqu'il s'agit d'un enfant pubère, après la première prise de contact, puis les premiers entretiens préalables au contrat personnel entre l'enfant et l'analyste, il peut être inutile, et parfois même nuisible, de revoir les parents. En tout cas, il s'agit de ne le faire qu'à la demande de ce jeune, et devant lui. Il est évident que, si les parents d'un garçon ou d'une fille pubères, ou d'un adolescent, demandent à revoir le psychanalyste en cours de traitement de leur enfant, et que celui-ci ne désire pas qu'ils se revoient, on peut très bien donner à l'enfant une lettre pour ses parents, ou leur téléphoner devant lui, lui-même prenant l'écouteur pendant qu'on leur parle, pour leur conseiller d'aller parler à un autre psychanalyste, en leur expliquant que cela est fait pour que le travail de leur enfant se passe au mieux. Enfin, même pour ces jeunes adolescents, cet entretien de début, que le psychanalyste doit avoir avec les parents du jeune qu'il prend en charge, sert beaucoup quant au tact avec lequel l'enfant, au cours de la guérison de sa névrose, aura à jouer ses pulsions retrouvées, tout en préservant le narcissisme des parents, comme le désire tout enfant qui aime ses parents, bien qu'ils soient souvent fort maladroits. L'enfant aussi peut s'y prendre fort mal, ce qui parfois fait arrêter le traitement, lorsque le psychanalyste n'a pas pu se rendre compte du caractère des parents et de leur éthique.

Les effets secondaires de l'amélioration ou de la guérison de l'enfant — je parle de la guérison de sa névrose —, ont souvent des effets secondaires catastrophiques dans sa famille; et cela parce que l'adolescent a fait l'économie de ses résistances grâce au transfert, et que c'est alors une des personnes de sa famille qui exprime les résistances induites par le comportement négatif à son égard de l'enfant. Ses pulsions négatives ne se sont pas assez exprimées en séances, débordées qu'elles ont été par le côté positif du transfert du grand enfant ou de l'adolescent.

Lorsqu'il y a un tiers payant, et surtout un tiers payant affectivement impliqué comme le sont les parents, il fait plus ou moins partie des franges du Moi du sujet; et c'est cela qui est à analyser avec le sujet lui-même, lorsque quelqu'un de sa famille, père ou mère tiers payant, montre des réactions psychosomatiques ou des résistances psychologiques à la continuation de son traitement. S'il ne s'agit pas de résistance de la famille, on peut voir qu'un enfant psychanalysé fait effet de révélateur de la névrose des aînés, dans une fratrie. On s'aperçoit de ces effets secondaires par les colloques avec les parents (dont j'ai parlé tout à l'heure), et il est extrêmement intéressant pour le sujet qui, lui, se comprend lui-même de séance en séance d'analyse, d'entendre, en écoutant ses parents, que l'un de ses aînés réagit et se dérègle par rapport à son caractère précédent; ou bien que c'est son père, sa mère ou une sœur qui, jusque-là, était inconsciemment couplée avec lui, qui se met à se décompenser. C'est une aide considérable pour l'enfant en traitement qui doit arriver à assumer sa propre autonomie, que de découvrir la réalité distincte de l'imaginaire, et de comprendre que, un adulte, un aîné, jusque-là pour lui des modèles, sont reconnus comme réagissant à des difficultés ou des épreuves émotionnelles parallèles aux siennes et qu'ils ont besoin, eux aussi, pour eux-mêmes, comme lui, de comprendre que l'analyse est un processus dynamique qui joue sur tous les êtres humains impliqués affectivement les uns par rapport aux autres. C'est très souvent l'enfant en analyse qui sert sans le savoir de détecteur, et même de pseudo-analyste aux individus de son entourage. Lorsqu'un traitement « marche bien », comme nous disons, il nous arrive de constater que le traitement d'un seul peut aider toute la famille ; non pas qu'il soit, lui, le vecteur de la névrose, mais parce que son comportement, en s'améliorant, permet aux autres aussi de devenir plus libres d'eux-mêmes. Cela ne se passe pas sans quelques petits incidents caractériels, voir même quelques petits accidents psychosomatiques ; mais, lorsque le traitement marche bien, ces incidents ont toujours une résultante positive. Il y a un réajustement des échanges libidinaux à tous les niveaux dans une famille, lorsqu'un enfant est en psychothérapie psychanalytique : la parole vraie se met à circuler là où elle était bloquée.

RELATION DU PSYCHOTHÉRAPEUTE AVEC LES ÉDUCATEURS ET LES MAÎTRES

Contrairement à l'opinion de beaucoup de psychanalystes, je ne suis pas d'accord pour faire s'analyser (ou même réfléchir à leur comportement éducatif), avec le même psychanalyste qui a la charge de l'enfant, les éducateurs qui s'en occupent. De même pour les professeurs. Et je ne suis pas du tout d'accord pour qu'ils viennent mettre en question devant ce même analyste leurs réactions vis-à-vis de l'enfant en psychothérapie. Très souvent, de nos jours, maîtres et éducateurs demandent, par une lettre, que l'analyste de l'enfant les conseille. La seule réponse à leur faire, c'est de les engager à agir vis-à-vis de l'enfant actuellement en traitement comme ils le peuvent, comme ils le désirent, comme cela leur semble naturel, sans s'inquiéter s'ils ont à son égard des réactions maladroites ou négatives. Réactions que l'enfant peut d'ailleurs provoquer lui-même, se sentant coupable de nombre de ses fantasmes, auxquels il devient plus sensible tout au long des séances de psychanalyse.

Il y en a, parmi les éducateurs ou maîtres, qui s'inquiètent au contraire d'avoir des réactions trop positives. Ils craignent que cela puisse gêner le soi-disant transfert avec l'analyste. Lorsque de telles demandes me sont faites — et quelles que soient les modalités caractérielles particulières de ces éducateurs ou de ces maîtres —, je réponds que c'est à l'enfant lui-même de s'adapter, de changer, du fait qu'il est en contact avec un psychanalyste, et non à eux de se modifier — ce qui voudrait dire en vérité qu'ils aimeraient se mettre en traitement de façon pseudolatérale par rapport à cet enfant dont ils ont la charge.

Lorsqu'un maître a des attitudes pathogènes pour toute sa classe, on pourrait se demander : « Ne faudrait-il pas lui donner des conseils, puisqu'on s'en aperçoit à l'occasion de tel enfant particulier ? » Certainement pas. D'une part, les conseils ne servent à rien ; d'autre part, tel qu'il est, ce maître, il s'occupe d'enfants, c'est son métier, et s'il est conservé par la direction de l'établissement où travaille l'enfant, c'est qu'il a des qualités. Les enfants qui ne sont pas en psychothérapie psychanalytique arrivent assez vite à savoir à qui ils ont affaire, avec leurs maîtres qui ont des caractères particuliers, ou qui sont même des gens névrosés. Si le narcissisme de ces enfants est bien en place, eh bien, ils passent cette épreuve d'une année avec un maître gênant, sans pour cela être entravés dans leur évolution. Ils ont fait l'expérience d'un être humain particulier et marginal. À partir du moment où un enfant a la chance de profiter d'une psychothérapie et de pouvoir, grâce au transfert, parler de tout ce qui se passe, sans éveiller de jugement sur les personnes dont il parle, comme cela se passerait en famille, je pense qu'il est tout à fait capable de faire face à des traits de caractère, même aberrants, ou pervers, chez un de ses maîtres qui, sans cette psychothérapie, auraient pu lui nuire.

Il arrive qu'un éducateur ou un professeur, intéressé par les changements d'un enfant au contact de la psychothérapie, veuille comprendre ce qui se passe et demande à parler au psychothérapeute de l'enfant. Il ne s'agit pas de refuser de but en blanc une pareille demande, surtout lorsqu'elle est transmise par l'enfant lui-même, qui semble très désireux de cette immixtion d'un éducateur ou d'un maître dans sa psychothérapie. Mais, pour ma part, j'attends avant de lui répondre, de savoir pourquoi cet enfant est si désireux de faire venir une tierce personne dans sa psychothérapie. Pourquoi veut-il satisfaire le désir de son maître, ou de son éducateur? C'est un travail fort intéressant que d'étudier avec lui cette soumission au désir d'un autre, ou au contraire son désir propre, qui est que ce maître vienne; si, au contraire, il désire qu'il ne vienne pas, il ne faut pas recevoir cette personne. Dans le cas où, après l'analyse des motivations, l'enfant continue de demander que ce maître puisse parler à son psychanalyste, on est, à peu de chose près, devant la même situation que s'il s'agissait d'un parent. Mais lorsque l'enfant préfère que son maître ne vienne pas, le psychothérapeute peut répondre par une lettre (que l'enfant remettra à son maître) que, s'il veut savoir ce qui se passe pour un enfant en psychothérapie, il peut aller voir tel autre psychanalyste qui le lui fera comprendre, mais que, pour le bien de la psychothérapie de l'enfant, il est impossible que son psychothérapeute le reçoive. Néanmoins, s'il veut dire au thérapeute certaines choses concernant l'enfant, il peut les écrire au psychanalyste. Là encore, la connaissance de cet échange de lettres est extrêmement positive pour l'enfant, car elle lui fait comprendre que son désir est le seul qui compte pour le psychanalyste. Ce désir, toutefois, doit être clairement compris par l'enfant lui-même.

Il arrive aussi qu'un maître ou un éducateur, d'une façon consciente ou inconsciente, se sente remis en question par un enfant dont le comportement change, dans sa classe, grâce à une cure psychanalytique. Et c'est sa raison d'écrire au psychothérapeute de l'enfant, ce dernier n'étant pas du tout mis au courant de cette démarche. Sa demande est fort intéressante, parce que c'est souvent la première fois qu'un maître ou un éducateur, dans un établissement qui n'est pas spécialisé, assiste à l'impact positif d'une psychothérapie chez un enfant de sa classe. Notre rôle, à nous psychanalystes, n'est pas de rester dans notre tour d'ivoire, mais de faire comprendre à la population dans son ensemble, et particulièrement aux adultes chargés de la formation des jeunes, le rôle que peut avoir la psychanalyse pour des enfants en grandes difficultés intellectuelles, sociales ou caractérielles. Cependant, il est hors de question de recevoir le maître ou l'éducateur pendant que l'enfant est en traitement, lorsque seul un intérêt professionnel motive cette démarche. Et je pense que, là encore, l'enfant doit être averti de la demande de son maître, ainsi que du type de réponse qui va lui être faite : que rien de ce que l'enfant a dit n'a à être divulgué, et que c'est la raison pour laquelle l'adresse d'un autre psychothérapeute sera donnée à son maître, afin qu'il comprenne un peu ce qui se passe dans une psychothérapie et qu'il puisse en faire profiter, éventuellement, tel ou tel autre de ses élèves. Dans le cas où un maître ou un éducateur va parler à un psychanalyste, il me paraît très important que ce psychanalyste n'en parle pas, lui, au thérapeute de l'enfant dont cet éducateur ou ce maître a la charge.

Cela nous amène à parler de ce que dans les institutions pédagogiques ou de soins on appelle les « synthèses ».

À PROPOS DE « SYNTHÈSES »

Cela n'est pas toujours dit, mais je pense que beaucoup de difficultés devant lesquelles sont mis les éducateurs et les pédagogues viennent de ce qu'ils croient bon de se mettre sans cesse en question par rapport à tel ou tel enfant pour lequel ils ont demandé un traitement, et que, par faiblesse ou par ignorance, n'en comprenant pas les dangers, le psychanalyste — surtout s'il est intérieur à l'école et même chargé des relations maîtres-élèves — se laisse aller à parler de ce que cet enfant lui dit en psychothérapie. Vous me direz pourtant que dans les écoles soucieuses du bien des enfants, et dans beaucoup d'hôpitaux de jour, on estime nécessaire, pour mieux conduire l'évolution d'un enfant, de faire ce qu'on appelle des « synthèses ». Le personnel pédagogique, éducateur et directeur, se sent alors très frustré si le psychanalyste de l'enfant dont ils ont à parler n'est pas présent. Mais que peut donc être son rôle s'il est présent, seul — je veux dire : sans l'enfant ?

En effet, la relation thérapeutique est une dyade[126]. Si le thérapeute participe à la synthèse sans l'enfant, il ne peut qu'être entraîné, s'il parle, à rompre le secret professionnel. S'il ne parle pas et qu'il est un témoin muet des recherches pour mieux mener l'éducation de cet enfant en difficulté, l'attitude de ce psychanalyste qui ne dit mot peut être frustrante pour les maîtres et éducateurs. Et cependant, il ne peut en être autrement. Si le psychanalyste assiste d'une façon muette à ces « synthèses », il apprend beaucoup de choses de la réalité de l'enfant, et cela ne peut que gêner son travail psychanalytique, qui est travail sur les fantasmes et non sur la réalité d'aujourd'hui, travail sur le dire de l'enfant, et non sur ce qu'on dit de lui, comme on le dirait d'un objet. La castration du psychanalyste, c'est de n'être à l'écoute que de l'inconscient de l'enfant, à travers ce qu'il exprime, ce qu'il vit, lui, avec toutes les personnes de sa réalité avec lesquelles il répète des situations antérieures.

Et pourtant, ces lieux de scolarisation et d'éducation spécialisés sont aussi des lieux de formation de maîtres et d'éducateurs. Alors, comment pallier ce danger d'une impasse dans les cures, tout en comprenant ce qui se passe dans les progrès et dans les incidents d'une psychothérapie, puisqu'on est là pour l'apprendre, son métier de psychothérapeute, de maître spécialisé ou d'éducateur spécialisé ? Il me semble qu'il peut y avoir une solution. Ce serait d'agir comme le fait un psychanalyste « privé », lorsqu'il reçoit les parents de l'enfant. On pourrait aussi appeler cela une « synthèse ». Quand le psychanalyste reçoit les parents, l'enfant est présent pour écouter, pour dire son mot. Ces réceptions des parents avec l'enfant sont indispensables à certains moments de la cure, soit parce que l'enfant le demande, soit parce que ce sont les parents qui le font. Ces derniers, le plus souvent à des moments où l'enfant est très difficile à supporter en famille, sont angoissés et veulent venir parler au psychanalyste. C'est aussi parfois parce que l'enfant va tellement bien aux yeux des siens que les parents se posent la question de la nécessité de continuer les frais d'une cure, frais qui peuvent empêcher la participation de l'enfant à d'autres activités.

Ces moments de réceptions des parents et de l'enfant en cours de traitement sont extrêmement féconds parce que, devant l'enfant, les parents racontent ce qui se passe en réalité pour eux, que l'analyste les écoute, en demandant de temps en temps son acquiescement à l'enfant ou en lui demandant ce qu'il peut répondre à ses parents, ou même si ce que ses parents disent est bien, selon lui, le témoignage de la réalité. Que ces témoignages relatent un moment difficile ou qu'ils relatent un comportement qui paraît tout à fait satisfaisant pour les parents, c'est l'enfant qui en dernier ressort est l'impact de la rencontre de cette réalité avec ce qu'il en ressent en lui. Et, par conséquent, ce doit être son désir à lui de cesser de venir ou de continuer à travailler pour sortir de ses difficultés, de continuer, bien que le prix de sa cure commence à devenir lourd pour les parents, et peut-être pour lui-même, en le privant d'autres activités. C'est tout cela qui est étudié par l'analyste et par les parents, devant l'enfant, tout en lui demandant d'exprimer son point de vue.

Dans les entretiens suivants, c'est par des dessins, des modelages, dont il donnera la clef par ses paroles à l'analyste, que l'enfant apportera sa réponse à cet entretien, qu'on peut très bien appeler « synthèse », c'est-à-dire étude comparée de la réalité et de l'imaginaire, et qui a été provoquée soit par l'enfant, soit par les parents, pendant la cure. Lorsque l'enfant présente de graves difficultés secondaires à sa psychothérapie, des paroles du psychanalyste comme : « Oui, je sais que votre fille (ou votre fils) passe par une période, pour elle (ou pour lui), très difficile, et que ça ne doit pas être commode pour vous. Mais nous savons tous que le but du travail qu'elle (ou qu'il) fait ici est qu'elle (ou qu'il) arrive à se comprendre, et à vous faire comprendre dans quelle direction elle (ou il) veut mener sa vie. » Des paroles comme celles-ci, ainsi dites par le psychanalyste, sont extrêmement importantes bien qu'elles n'aient pas l'air de grand-chose, car ainsi on prouve à l'enfant que le psychanalyste, en connaissance de ses difficultés inconscientes et de leur impact sur son comportement, et donc sur les personnes de sa réalité, les voit comme des moments transitoires; et que les personnes qui, dans sa réalité à lui, sont ses maîtres à vivre et à s'adapter, avec lesquelles des tensions se produisent sans cesse, ne sont pour le psychanalyste que des interlocuteurs aussi valables que lui-même; que sa personne sociale, réelle tout autant que celle des autres, a son mot à dire, mais que le psychanalyste n'en reste pas moins à l'écoute de l'imaginaire et des difficultés encore présentes chez lui, et qui lui rendent impossibles, pour le moment, un comportement satisfaisant et une réussite scolaire ou sociale. Le colloque sympathique de l'analyste avec les adultes, auxquels l'enfant a affaire dans sa vie réelle, est pour l'enfant une preuve que, quoi qu'il ait pu fantasmer sur les adultes de sa vie réelle, soit dans leur relation réciproque, soit dans ce qu'il répète sur le transfert du passé vis-à-vis de ces personnes, ceci n'a pas sur l'analyste un effet modificateur de son attitude à l'égard de ses parents ou de ses maîtres, pas plus qu'à l'égard de lui-même en tant que personne sociale et en tant que client en psychanalyse.

Je pense donc que dans une école ou dans un établissement, toute synthèse avec les éducateurs et les directeurs devrait se faire en présence de l'enfant intéressé, la dyade psychothérapeute-enfant devant être complète face à cette réalité de l'école, des éducateurs et de leurs réactions devant l'enfant.

LES OBJECTIONS À CETTE TECHNIQUE

Je le sais, j'en ai déjà parlé dans les institutions, deux objections sont habituellement énoncées : l'une selon laquelle les éducateurs ne se sentiraient pas libres de parler; l'autre, que l'enfant peut souffrir si l'on parle de lui d'une façon qui ne serait pas satisfaisante pour sa personne.

Dans ces deux objections, je ne vois que des résistances et des projections de la part des éducateurs. Si l'enfant souffre qu'on parle de lui de la façon dont on va parler, c'est que les éducateurs ne croient pas qu'un être humain, quel que soit son âge, doive rencontrer dans les autres le miroir de ce qu'il donne à voir, à entendre, à comprendre. Et si les éducateurs parlaient de mauvais résultats scolaires, de mauvaise conduite ? Mais l'enfant le sait, et s'il ne le sait pas, il est grand temps qu'il sache que son comportement, gênant pour les autres, ou son manque de résultats scolaires, est un problème douloureux pour un maître et pour un éducateur. Il est très nocif pour tout enfant, encore plus pour ceux qui sont dans une institution de pédagogie spécialisée, de croire que tel qu'il est, à l'entrée, il va être toujours supporté par tout le monde, que personne n'attend rien de lui. L'analyste est là, justement, pour que la réalité puisse être abordée par l'enfant comme étant aussi importante que sa vie imaginaire. C'est berner un enfant et le traiter comme un objet de l'institution, que de lui faire croire qu'il est toujours un objet protégé, que tout le monde a à le tolérer, aussi statique ou régressif qu'il soit, sans aucune exigence de progrès dans son comportement social. Si l'analyste est présent avec l'enfant au cours de ces synthèses, il peut prendre des notes sur tout ce qui se dit, revoir dans les séances ultérieures avec l'enfant ceux des propos qu'il a retenus et ceux qu'il a oubliés, et étudier ainsi, avec l'enfant, le point de vue particulier de chacune des personnes déléguées, par ses parents et par la société, à s'occuper de lui.

Nous, psychanalystes, nous sommes là pour aider l'enfant à assumer les exigences de la réalité auxquelles, peut-être, il n'est pas en mesure de répondre de manière satisfaisante. Cela aussi, il doit l'accepter, mais il est également important qu'il vise à affirmer, lui, ce qu'il désire. Or, aucun enfant, à moins d'être névrosé, ne peut désirer ne pas grandir et ne pas se développer, ni rester dans l'angoisse qui lui barre la relation euphorisante avec le milieu extérieur. Si le psychanalyste est là pour aider un enfant à devenir, il n'est pas là pour lui faire croire qu'il n'y a pas de réalité, ni d'exigences sociales à l'égard de tout un chacun de son âge[127].

LES ENFANTS SANS PARENTS

Il y a des enfants qui vivent totalement pensionnaires, sans même retourner chez leurs parents, sauf pendant les vacances. L'institution, les voyant en difficulté, leur permet parfois de profiter d'une psychothérapie, en les faisant accompagner au lieu de consultation par un éducateur. Je préfère toujours que les parents soient prévenus de ce traitement, décidé par la direction pédagogique à laquelle ils ont fait confiance pour l'éducation de leurs enfants. S'ils ne peuvent pas venir, il est important qu'il y ait un échange épistolaire afin d'amorcer cette relation thérapeutique nouvelle et que, par écrit, les parents puissent envoyer des renseignements concernant le passé de la vie de l'enfant. Quoi qu'il en soit, c'est avec l'éducateur chargé de l'enfant ou avec celui qui l'accompagne, que j'ai les échanges ponctuels au début de chaque séance, en présence de l'enfant, exactement comme si l'enfant était amené par ses propres parents.

Il m'est arrivé aussi de soigner des enfants abandonnés, dont la seule tutelle est l'institution de l'Assistance publique[128]. Dans ces cas-là, je demande toujours la présence, à chaque séance, de l'éducateur. Tout ce que l'on sait sur le dossier de l'enfant lui est dit; ainsi, il est au même niveau de connaissance sur la réalité de son existence que l'analyste. Mais ce qui est important, c'est que l'enfant entende de son psychanalyste la réalité de son destin, à savoir que les éducateurs chargés de sa protection et de sa tutelle sont délégués par la société représentée par l'Assistance publique. Il faut qu'il sache qui paie pour son entretien et son éducation, et que cette œuvre l'éduque parce qu'il y a droit : quel que soit le malheur qui a fait que ses parents n'ont pas pu prendre la charge de son éducation, il est un citoyen à part entière. De toute façon, l'important est que l'enfant comprenne que le psychanalyste chez qui il est conduit n'a pas du tout vis-à-vis de lui le même rôle que les éducateurs. Le paiement symbolique joue le même rôle que pour tous les autres enfants mais, dans ce cas particulier, la DDASS est une entité impersonnelle, dont les représentants changent fréquemment[129]. Et cependant, ce sont ces personnes — directeurs de maisons, délégués de l'Assistance publique —, qui ont à prendre des décisions le concernant et qui les prendront d'autant mieux qu'il saura, lui, parler clairement de ses désirs. Et c'est ce à quoi le psychanalyste peut l'aider. Mais, en aucun cas, le psychanalyste ne peut conseiller quoi que ce soit concernant sa réalité actuelle. C'est au cours des entretiens ponctuels avec les éducateurs que l'enfant prend conscience de la totale différence qu'il y a entre des entretiens dédiés à sa vie imaginaire, à l'étude de ses dires, et du rapport de ses dires à ceux de ses éducateurs, mais il ne faut jamais s'immiscer dans sa réalité par des jugements concernant ce que l'on fait pour lui dans cette institution. Le travail qu'il vient faire est un travail de longue haleine et qui consiste à l'aider à se souvenir de son passé et surtout à analyser ses fantasmes, ses souvenirs et ses rêves. Quant à ce qui est dit de lui dans la réalité par les témoins de sa vie quotidienne, il constate que l'analyste n'écoute ces témoignages que comme des aspects changeants d'une réalité, laquelle est la raison de sa venue en traitement. Là n'est pas ce qui importe au jour le jour à l'analyste. Ce qui lui importe, c'est que l'enfant assume la trajectoire d'une vie, depuis son passé le plus lointain jusqu'à l'avenir qu'il désire faire lui-même, et que personne, puisqu'il n'a pas de parents impliqués vis-à-vis de lui, ne s'opposera à ce qu'il réussisse dans la direction même où il veut réussir.

L'enfant est toujours complice d'une façon fort adroite des adultes tutélaires, et il arrive même à les mettre à l'épreuve dans leurs faiblesses inconscientes, ces adultes momentanément chargés de son éducation. Il se sert d'eux pour répéter des situations du passé et éviter la castration et la symbolisation de ses pulsions. Vous le savez, les enfants voudraient toujours qu'il y ait des torts et des raisons dans tout ce qui se passe dans leur vie qui leur est désagréable. L'enfant veut toujours croire qu'il n'a pas les torts — comme si c'était un tort de vivre d'une façon qui le rend malheureux ou impuissant. Les premières fois qu'un éducateur parle des difficultés d'un enfant, surtout lorsque celui-ci ne dispose pas de ses parents comme consolateurs, on rencontre souvent une réaction très vive de révolte de sa part : « Mais non, ce n'est pas moi, c'est un tel ! », ou bien : « C'est pas ma faute, on me donne toujours tort ! » Ce sont toujours des réactions dues au sentiment de culpabilité que l'enfant ne veut pas se laisser mettre sur les épaules. Il se sent déjà tellement coupable de n'avoir pas su se faire aimer des parents qui l'ont mis au monde. L'attitude du psychanalyste qui écoute et dit : « Comme c'est difficile, comme nous avons du travail devant nous, toi et moi, pour comprendre tout ça ! », déplace le sentiment de culpabilité et soulage l'enfant qui se sentait écrasé par les dires défavorables de ses éducateurs et qui, parce que le psychanalyste les écoute, croit que celui-ci est du même côté qu'eux par rapport à lui, c'est-à-dire du côté des personnes déçues ou accusatrices. C'est le rôle de l'analyste de faire saisir à l'enfant la fonction de tout éducateur auprès de lui, fonction pour laquelle l'éducateur est payé. L'analyste, lui aussi, est payé, mais leurs rôles sont différents et, si l'enfant le désire, leurs rôles si différents concourent à l'aider à sortir de ses difficultés et à s'assumer prochainement seul face à la société et à ses lois, à se débarrasser, aussi vite que possible et à son avantage, de cette tutelle institutionnelle, qui lui paraît vraiment lourde, comme c'est presque toujours le cas pour les enfants de l'Assistance publique.

Je ne peux pas entrer dans le détail de ce qu'est le travail avec ces enfants privés de parents depuis le petit âge, et qui sont inadaptés soit au langage, soit à la psychomotricité et à la vie sociale. Je dois dire que, vis-à-vis de ces enfants sans parents, l'analyste se trouve quasiment dans une situation de psychanalyse pure, car il n'y a pas d'interférence du désir narcissique durable des personnes déléguées à s'occuper d'eux. On peut même dire qu'il est plus facile de faire une cure de thérapie analytique auprès d'un enfant de l'Assistance publique, que d'un enfant qui vit avec ses parents. L'important est que le psychanalyste ne se pose jamais comme substitut, dans la réalité, ni du Moi Idéal paternel, ni du Moi Idéal maternel. Ce sont les personnes de la vie réelle de cet enfant qui supportent le transfert de ces instances filiales. Et le travail de l'analyste est de faire comprendre à l'enfant le leurre de ses pulsions vis-à-vis de ces personnes, alors que c'est de lui seul qu'il a à attendre le support de son narcissisme en référence à la force du désir qui a été le sien : désir de naître dans des conditions difficiles pour ses géniteurs, et pour survivre dans des conditions qui sont ce qu'elles sont et qui, s'il est en difficulté, prouvent que ses premières relations ont été brisées un peu trop tôt, sans qu'il ait pu construire son narcissisme oral, puis anal, dûment castré par les nourrices et les pères nourriciers, avant d'entrer dans ces institutions d'éducation collective, à l'âge prévu par l'Assistance publique[130].

C'est dans le cas de ces traitements d'enfants précocement abandonnés que l'on s'aperçoit que le complexe d'Œdipe est inhérent au développement de tous les êtres humains, indépendamment du fait que des adultes s'impliquent comme les reconnaissant en tant que leur fils ou leur fille : mais l'enfant, lui-même riche de ses instances libidinales, les projette sur tel ou tel de sa vie réelle, passée ou actuelle, ou encore sur l'analyste et sa famille supposée, et c'est l'analyse de ce qu'il éprouve en le ramenant à sa réalité qui lui permet d'assumer son identité qu'il ne détient que de lui-même, son identité sexuée en relation à son désir, et son narcissisme ouvert sur un avenir que lui seul pourra assumer lorsqu'il aura débarrassé sa vie imaginaire de la culpabilité liée à sa situation d'enfant sans parents connus, pour se sentir responsable de lui-même, riche de son désir, de sa possibilité d'aimer et d'être aimé, de trouver au jour le jour des modèles qui lui seront nécessaires que lui délivre, désirée par lui en accord avec son psychanalyste, sa dernière séance de psychothérapie.

MODALITÉS DE CASTRATION : DIFFÉRENCES ENTRE L'ENFANT ET L'ADULTE

La différence entre la psychanalyse d'adultes et la psychanalyse d'enfants provient du fait que bien des enfants amenés pour leur inadaptation n'ont pas encore traversé les composantes pulsionnelles, orales et anales, qui précèdent l'installation du complexe d'Œdipe : ils ne peuvent pas parler correctement, ils ont des retards psychomoteurs qui traduisent un non-investissement de leur corps propre par une image du corps dûment castrée, pour les pulsions orales au sevrage, pour les pulsions anales dans le dégagement du corps à corps à l'occasion de leurs besoins[131]. Il peut s'agir encore d'enfants en plein conflit œdipien, soit qui ne peuvent arriver à poser les composantes de l'Œdipe du fait de la situation parentale, soit pour qui la situation triangulaire est sans issue, parce que les parents sont incapables de délivrer à leur enfant la castration œdipienne et l'interdit de l'inceste.

Notre travail d'analyste, lorsqu'il s'agit de ces tout-petits ou de ces enfants qui vivent encore comme des tout-petits du fait de leurs troubles, c'est de comprendre où en est la relation mère-enfant, père-enfant, quant à la délivrance de l'autonomie de la nourriture, de la toilette, du sommeil, de l'autonomie en société, dans le groupe réduit des relations parentales. Qu'en est-il de la maîtrise motrice, du langage verbal, du jeu ? Qu'en est-il de l'identité sexuée de l'enfant, connue et assumée par lui, de ses initiatives délibérées, de son désir d'individu exprimé et assumé dans ses conséquences face à autrui, par rapport au désir du père, de la mère, des autres de la famille, auxquels il s'oppose, ou avec lesquels il s'allie ?

Bien des enfants sont au niveau de recevoir la castration œdipienne, mais c'est du fait des parents qu'ils ne la reçoivent pas. Ceux-ci ne peuvent supporter d'être eux-mêmes castrés de leur propre désir concernant cet enfant, leur objet partiel, dont ils veulent commander, induire ou assumer tout de son désir, de sorte que l'enfant ne vive qu'en accord avec leur propre désir à eux, alors qu'à juste titre, il se doit de s'y dérober; mais il le fait avec des sentiments de culpabilité tels, qu'il ne peut, de ce fait, s'autonomiser.

Il y a des parents qui font ainsi constamment actes d'autorité qui ne servent à rien, car ils ne signifient pas du tout la castration, mais au contraire la dépendance qu'ils ont vis-à-vis de tous les comportements de leur enfant. Il y en a d'autres qui ne peuvent laisser à leur enfant des heures de liberté et d'indépendance avec autrui. On conduit souvent chez le psychanalyste des enfants dont on s'aperçoit que les composantes de l'Œdipe sont tout à fait posées. Mais il ne leur est pas signifié par les adultes que ceux-ci ont leur propre vie, leur propre désir auquel l'enfant n'a pas à se mêler, et que leur manière de penser et de vivre, leur intimité d'adultes ne le concerne pas. Même si cela lui a été dit verbalement, cela ne lui est pas signifié dans la manière de vivre. Les adultes sont à tous moments anxieux à son sujet, anxieux de façon positive ou de façon négative. L'enfant est la principale occupation mentale de ses parents, soit de chacun séparément, soit des deux lorsqu'ils sont ensemble, où il occupe le principal de leurs conversations, de leurs discussions, de leurs espérances ou de leurs soucis. Il en est de même, toutes proportions gardées, pour certains éducateurs d'enfants inadaptés, qui consacrent à ces derniers toute leur vie et qui n'ont ni vie privée, ni vie sexuelle personnelle. La castration qui est donnée à un enfant, c'est justement cette libération qui lui est signifiée du devoir constant de satisfaire ces adultes en tout et constamment, en s'identifiant à eux ou en étant conforme à leur désir.

Un enfant qui a reçu la castration sait que, quels que soient les soucis qu'il peut procurer à ses parents, ces soucis ne sont jamais suffisants pour les empêcher d'avoir leur vie, leur intimité, leurs projets et les satisfactions de leurs désirs à eux, dans un langage du cœur et du corps où l'enfant n'a pas sa part. Les enfants de tous âges, éduqués par des parents qui ne peuvent pas donner la castration œdipienne, vivent dans une sorte de coction faite à la fois de fantasmes et de réactions réelles de la part de l'entourage coïncidant avec leurs propres fantasmes. Ils n'entendent que des propos culpabilisant : « La peine que tu nous fais » — « Nous qui ne vivons que pour toi » — « Si je reste avec ta mère c'est pour toi »..., etc. Ces familles ou ces institutions centrées sur les enfants, dont les humeurs font la loi dans les moments de tension due aux diverses difficultés, ressemblent à des bolides de foire, dans lesquels les gens paient pour tourner en rond, et jouir de se faire bousculer les uns par les autres.

Les composantes œdipiennes du désir de l'enfant, tour à tour homo et hétérosexuelles, dans sa tentative de séduction de ses parents, visent à faire entrer en résonance ces mêmes pulsions archaïques dans l'inconscient de ceux-ci ou de ses éducateurs, et à les rendre comme lui, en réponse à ses désirs, soit sadiques, soit masochistes, parce qu'il est angoissé d'avoir à s'assumer sans plus être l'objet partiel d'autrui. Il y réussit d'ailleurs fort bien, à les angoisser, et à obtenir d'eux ce qu'il veut : des fessées quand il est en tension, des bonbons quand il ne veut pas obéir.

Il y a donc pour le psychanalyste une élucidation à faire du jeu complice de l'enfant avec la partie des pulsions encore en vrac, si l'on peut dire, dans le narcissisme de ces adultes, parents ou éducateurs. Le travail analytique est de mener cet enfant à ne plus être complice de ses parents ou de ses éducateurs, à ne plus chercher à les détourner de leur propre travail ou de leur propre relation personnelle aux autres. Il faut briser le cercle vicieux, ce jeu tourneboulant dans lequel la famille ou l'institution dans laquelle vit l'enfant sont engagées. S'il n'y prend garde, le psychanalyste qui s'occupe des troubles des enfants est souvent piégé, lorsqu'il s'agit de petits, à se faire inclure dans le jeu en y tenant un rôle lui aussi, faute de savoir discriminer l'état de crise œdipienne qui, pour se résoudre, attend que le praticien soutienne le narcissisme des parents à remplir leur rôle de castrateurs des pulsions incestueuses. Mais il faut savoir aussi que bien des enfants demandent à ce moment-là à sortir de la famille ; cela peut être une tentation pour les parents si l'entourage répond en offrant asile à l'enfant qui, de ce fait, n'a pas encore résolu son Œdipe et qui, lorsqu'il reviendra dans sa famille après un séjour momentané ailleurs ou dans une maison d'enfants ou en placement sanitaire, recommencera le même cirque, ou pire, si, entre-temps, il est devenu physiquement pubère. Ce n'est pas vrai, comme on le dit à tort, que « tout s'arrange avec la puberté », ou que tout s'arrange avec la vie sexuelle génitale. Le dommage est encore plus grand : la névrose organisée, chez des adultes qui deviennent des géniteurs pathogènes pour leurs enfants.

LA FRATRIE

La psychanalyse des enfants présente encore une autre difficulté. C'est l'impact très important des aînés, des puînés, des grands-parents, des personnes en service dans la famille, dans leurs interférences avec les composantes de l'Œdipe et dans leur immixtion pour éviter les conflits qui viennent de l'éducation donnée par les parents. Dans les familles nombreuses, il y a des enfants qui n'ont jamais été en contact de corps à corps avec leur mère. C'est toujours une autre personne qui leur a donné des soins, soit des frères et sœurs aînés, soit une grand-mère ou une gouvernante, lesquels frères, sœurs ou personnes célibataires ne leur donnent pas de rival sexuel. La façon d'échapper alors à la castration œdipienne est très simple ; il s'agit de régresser dans ses pulsions à des situations ambiguës de protection des puînés et à des comportements masochistes vis-à-vis du père ou de la mère, de jouer d'une séduction facile sur un adulte régressif, à la génitalité refoulée.

Beaucoup d'enfants sont ainsi leurrés et échappent à la castration œdipienne en jetant leur dévolu érotique, de pseudo-mère ou de pseudo-père, sur un puîné, ou bien, s'il s'agit d'un petit, en tombant amoureux incestueusement (homo ou hétéro-sexuel) d'un aîné. L'aîné qui a choisi un petit dans sa fratrie, en jouant ce rôle d'autorité sur lui, se substitue à son parent de même sexe ou de sexe complémentaire : et, en fait, c'est comme s'il avait un enfant, imaginairement incestueux, qu'il aurait conçu avec son géniteur ou sa génitrice; c'est pour cela qu'il veut supplanter les parents de son petit frère ou de sa petite sœur, dans l'amour que celui-ci doit lui montrer. C'est un piège des familles nombreuses, quand les géniteurs se reposent sur les grands de leur tâche de responsabilité vis-à-vis des petits.

Il y a aussi des enfants — il y en a d'ailleurs de plus en plus actuellement — qui vivent des relations sexuelles génitales dès l'âge de quatre ou cinq ans soit entre frères et sœurs, soit entre camarades. Ces enfants sont très atteints dans leur adaptation scolaire, mentale et affective, car ces relations génitales se sont développées par séduction les premières fois, puis l'habitude en est prise et ce plaisir, cette satisfaction des pulsions sans effort et sans avoir atteint le niveau de l'identité sexuée et de l'identification masculine ou féminine (humanisante) que permet la pose et la résolution du complexe d'Œdipe, font que ces enfants sont sans possibilités de symbolisation utilisable dans la scolarité, dans les disciplines industrieuses ou culturelles. Nous avons à voir, en psychanalyse, ces enfants vers huit ou neuf ans, ou parfois plus tard, après la puberté, où ils paraissent être des débiles quant à la scolarité.

En fait, ce sont des pervers latents, manifestant des comportements passifs ou agressifs, qui peuvent les mener à des difficultés vis-à-vis de la loi dans les années suivantes, à moins que l'enfant ne développe des troubles somatiques du fait de la prépondérance des pulsions de mort qui se font jour avec la puberté en rapport avec une impuissance totale à faire face aux exigences de la réalité.

L'IMPACT DE LA RÉALITÉ DANS LA CURE

Quelle que soit la réalité de la vie courante et du mode de vie familiale de l'enfant, tous les propos concernant la réalité de sa vie quotidienne ou les propos qui lui font interpréter à sa façon, dans ses dires en séances, ce qui se passe autour de lui, doivent avoir comme effet dans la séance que l'attitude du psychanalyste induise l'enfant à chercher lui-même ce qu'il pense et ce qu'il ressent; et, en remontant dans le temps de son histoire, en quoi il répète dans la réalité un désir du passé ou le souvenir de situations du passé qu'il veut continuer à perpétuer, alors qu'il grandit et que la présence autour de lui d'autres enfants de son âge lui fait constater une différence entre son habitus et le leur en société. C'est ainsi que la personne du psychanalyste devient le support d'un Moi auxiliaire au narcissisme, quel qu'il soit, agressif ou pas, de l'analysant, de séance en séance, afin qu'adviennent dans les fantasmes les réactions les plus archaïques de l'enfant et ses souvenirs les plus anciens. C'est ce travail — qui ne s'adresse jamais à la réalité, telle qu'elle est ou telle que l'enfant la voit — qui débloque la dynamique des pulsions archaïques, hors du circuit de la créativité du sujet[132].

Les éducateurs, eux, jouent un rôle tout différent. Leur rôle est de guider les apprentissages et les comportements conformes aux usages dans la réalité. Ce rôle des éducateurs est frustrant ou castrateur. Il est accepté quand l'enfant les estime, c'est-à-dire quand l'enfant projette sur eux quelque chose de son Moi Idéal. Ce rôle castrateur est, au contraire, refusé quand maîtres ou éducateurs ne peuvent pas servir à cet enfant de Moi Idéal. Des conflits surviennent alors entre l'enfant et les personnes chargées de lui, conflits dont l'enfant parle en séance. Mais si l'enfant ne peut pas avoir un éducateur en estime, c'est qu'il possède en lui-même un autre Moi Idéal, régressif peut-être, archaïque peut-être, mais dont il faut trouver l'enracinement dans les expériences passées ou présentes en famille. En projetant ce Moi Idéal sur la personne de cet adulte éducateur auquel il se dérobe, il peut arriver à comprendre les raisons de son inadaptation.

Tout maître, tout éducateur, tout parent, dans la vie réelle, n'a pas à s'occuper de ce que l'enfant fantasme sur ce que l'adulte dit ou fait. Il n'a pas à en connaître de ce que l'enfant répète à l'occasion de tel de ses actes ou de ses comportements, des sensations éprouvées à l'époque de traumatismes passés et toujours actuels pour lui, et qui sont dues à sa fixation sur telle ou telle personne. L'enfant vise alors à manipuler ces adultes, pour obtenir d'eux des satisfactions régressives, qu'il obtient parfois de certains éducateurs piégés-piégeants et de parents rendus impuissants à toute éducation. Il fait de même avec l'analyste, mais celui-ci verbalise à l'enfant ce qu'il désire de lui, et il ne le satisfait pas; mais il n'est pas non plus de son rôle de prendre la place d'un éducateur, il a seulement à lui faire comprendre que l'âge qui est le sien à l'état civil ne correspond pas à celui de ses désirs.

C'est ainsi que la spécificité du psychanalyste (du travail psychanalytique) surgit peu à peu jusqu'à la fin du traitement, lequel, dans les meilleurs cas, au fur et à mesure des séances, permet à l'enfant de revivre, pendant les séances, les périodes les plus reculées de sa vie, dans son transfert sur l'analyste. Nous sommes parfois les témoins, en psychanalyse, de la reviviscence de traumatismes comme celui de la naissance, ou de traumatismes vécus en communication avec la mère quand celle-ci a subi de fortes émotions pendant sa grossesse. Il y a aussi les traumatismes de la scène dite primitive, c'est-à-dire l'assistance à des rapports sexuels à une époque où l'enfant ne comprenait pas qu'il s'agissait de satisfactions de désirs génitaux et avait interprété ces corps à corps comme des actes sadiques ou meurtriers. C'est lorsque les premiers phénomènes d'angoisse ont pu être revécus et reconnus, d'avoir été étudiés dans le transfert avec l'analyste comme se rapportant à ces époques précises, que l'enfant peut être castré, c'est-à-dire peut renoncer aux jouissances de tout ce passé mal vécu, de toutes ces pulsions archaïques demeurées frustrées ou sursatisfaites et qui, grâce au transfert, sont décodées par les interprétations de l'analyste, qui éclaire ainsi l'enfant sur ce qu'il attend de lui et qu'il ne recevra pas. Alors l'enfant peut laisser la personne de son analyste à son destin, tout en lui laissant aussi toutes ses illusions de retrouver un objet perdu, un paradis pré-traumatique ou un complice de séduction réciproque.

LA RELATIVITÉ DE L'AUTRE[133] (ET DES AUTRES) AVANT L'ŒDIPE

Tous les jugements défavorables sur un maître ou un parent sont des blessures narcissiques pour un petit enfant qui désire et a besoin de trouver dans tout adulte qui s'occupe de lui la présentification de son Moi Idéal. C'est avec la souffrance de ses pulsions frustrées et de la castration du désir incestueux que cette nécessité structurante qu'éprouve l'être humain à trouver son Moi Idéal dans l'autre disparaît, et qu'il peut assumer progressivement les déceptions concernant la toute-valeur et la toute-puissance de ceux qu'il aime et admire. La découverte que chacun a son histoire — ses parents comme ses éducateurs —, et que cette histoire fait que leur désir inconscient gauchit leur désir verbalement et gestuellement signifié, et que de toute façon le désir d'un autre, de tout autre, est totalement et à jamais différent du sien, l'amène à l'acceptation de la réalité et de la relativité de tous les sentiments que l'enfant croit absolus. S'il aime ses parents tels qu'ils sont, il sait qu'il doit s'assumer différent d'eux. S'il ne peut pas les aimer tels qu'ils sont, il peut comprendre qu'ils ont une certaine responsabilité naturelle due à la parenté, due à la loi qui les reconnaît responsables de lui, ou une responsabilité déléguée mais transitoire, elle aussi soumise à la loi. Il peut comprendre alors que ces parents ou ces éducateurs n'ont pas, comme il l'imaginait, tous les droits sur lui et il peut alors priver ces parents ou ces éducateurs de leurs privautés perverses à son égard. Il peut admettre que leur rôle, légalement reconnu par la loi, est de l'assumer jusqu'au jour où il va personnellement se prendre en charge, et c'est cette réalité de la loi que la psychothérapie psychanalytique a à lui faire connaître et peut l'aider à assumer. Quant à son psychanalyste, c'est son refus de répondre aux demandes de satisfactions dans la réalité, c'est aussi son impuissance contractuelle et déclarée d'intervenir directement dans sa vie réelle, que l'enfant doit accepter et, à partir de là, se prendre en charge lui-même. Lorsque c'est nécessaire, il peut demander de l'aide à qui de droit, c'est-à-dire parfois à la représentante de la Sécurité sociale (l'assistance sociale d'un centre), pour se sortir d'affaire dans sa difficulté réelle.

LE PSYCHANALYSTE EXERÇANT DANS L'INSTITUTION[134]

Parlons maintenant du thérapeute psychanalyste qui exerce dans l'institution dans laquelle vit l'enfant. Quand le psychanalyste est mêlé, hors séances, à la vie réelle de l'enfant, quand l'enfant sait que le psychanalyste fréquente journellement des personnes qui sont chargées de son instruction, de son éducation, que l'analyste peut donc connaître ses comportements en les observant au jour le jour, connaître ses maîtres, ses éducateurs, ses camarades, parler de lui avec les personnes de son entourage, alors la relation psychanalytique est faussée, et le travail psychanalytique peut devenir impossible. La relation fantasmatique est la seule qui soit à analyser dans le transfert. Or, dans ce cas, elle sera confondue avec la relation dans la réalité ; elle n'est donc plus analysable. Nous savons que la rencontre d'un fantasme avec la réalité qui semble lui donner raison, qui semble justifier le fantasme du désir, est un moment traumatisant où s'originent les névroses. C'est donc une gageure de conduire un traitement psychanalytique en y incluant de façon institutionnelle des possibilités de rencontre entre le fantasme et la réalité.

Tout ce que je dis là concerne une psychothérapie psychanalytique au sens vrai du terme, c'est-à-dire une thérapie qui tient son effet de l'étude du transfert des relations passées de l'enfant. Ce transfert signifie qu'avec la personne du psychothérapeute, il revit les relations aux personnes de sa vie passée et les émois qui les accompagnaient. Un enfant névrosé transfère sur les personnes de son entourage ses émois passés; c'est pourquoi il se conduit d'une façon inadaptée. On parle de transfert quand l'imagination lui fait projeter ses fantasmes sur la réalité et empêche cet enfant de voir la réalité telle qu'elle est. Pour que ce travail, l'étude du transfert, qui est le propre de la thérapie psychanalytique, soit possible entre un enfant et un adulte (son psychanalyste), il faut donc que la réalité reste étrangère à cette dyade analyste-enfant, où l'imaginaire domine, mis à part les quelques moments de présence ponctiforme de colloques, en présence de l'enfant, entre ses parents ou ses éducateurs et le psychanalyste. Le rôle du psychanalyste est de décoder cet imaginaire envahissant, étranger au temps et au lieu actuels. Son travail implique une non-ingérence dans la manière de vivre de l'enfant avec son entourage, en même temps qu'une non-réponse aux questions et aux dires de l'enfant sur le jugement de ce psychanalyste quant à la réalité dont il peut être occasionnellement témoin. Mais en admettant même que le psychanalyste garde un silence prudent concernant ce qui se passe dans l'institution dont il est un élément, l'enfant, en observant cette personne au jour le jour — aux repas, dans la maison, dans les conversations, dans les contacts avec les autres —, en déduit un jugement de ce qu'il observe. Tout comportement est un langage, et c'est pourquoi il est nuisible que le psychanalyste ait des contacts avec la réalité des enfants qu'il a en séances analytiques. Et je ne parle là que des difficultés de l'enfant vis-à-vis de son psychanalyste; il y a aussi les difficultés du psychanalyste qui vit en institution et qui, de ce fait, est amené à connaître la réalité de cet enfant, en dehors de ce qu'il peut manifester dans le transfert au cours des séances. Il y a aussi la réalité des éducateurs et du personnel pédagogique, lesquels tout naturellement en viennent à parler des comportements transférentiels de cet enfant à leur égard et qui n'ont absolument pas à être connus du psychanalyste.

Je l'ai dit plus haut, tout adulte peut être un représentant d'un Moi Idéal pour l'enfant, mais tout psychanalyste, qu'il soit homme ou femme, l'est encore plus pour un enfant analysant, puisqu'il représente un modèle humain adulte, donc achevé à ses yeux, et qu'en même temps il est pour lui, dans la réalité du travail analytique, un Moi auxiliaire tout le temps que dure la psychothérapie. Mais il est en même temps, aussi, le caméléon de toutes les pulsions passives et actives que l'enfant projette sur lui, de tous les stades de la libido, depuis les plus archaïques, que l'enfant projette imaginairement sur cette personne à l'occasion de son transfert. Son narcissisme, tout autant homosexuel qu'hétérosexuel, essaie de se l'adorner; il se nourrit, s'entretient, d'un désir inassouvissable de possessivité, de manipulation, de relation privilégiée, bref d'une alliance ineffable qu'il vit en fantasmes partout ailleurs, pendant le temps de la cure, vis-à-vis de cette personne qui connaît ses secrets. C'est cela qui, en institution, complique énormément le problème de l'enfant qui préfère la relation imaginaire à cette sorte de Moi auxiliaire aberrant et séduisant, et en fait une résistance inanalysable au déroulement de la cure.

Le psychanalyste semble n'être soumis au cours des séances à aucune obligation et, dans l'institution, à aucune obligation d'éducation ou d'enseignement. Maîtres et éducateurs ont des charges précises dans la réalité; ils sont tenus d'imposer un programme à l'enfant, un emploi du temps, une discipline aux repas, dans la classe, pendant la récréation, bref, des frustrations continuelles au nom du règlement de la vie en groupe. De plus, le psychanalyste est seul avec l'enfant, en tête à tête, dans les séances, alors qu'avec maîtres et éducateurs, il y a les autres du même groupe, les objets de jalousie rivale à l'égard du maître si l'enfant l'aime, et surtout un troisième terme, une technique, une discipline technologique, dans laquelle l'enfant doit faire des progrès pour arriver à la maîtrise dans telle ou telle activité. C'est cette maîtrise qui lui permettra l'accès au symbolique. L'appréciation faite par le maître de ses progrès est pour l'enfant une promotion gratifiante médiatrice, lorsque l'appréciation est flatteuse, en attente de sa totale maîtrise en voie de développement, où l'enfant saura alors lui-même si ce qu'il a fait est réussi ou non. Tout maître dans toute discipline doit formuler des jugements de valeur qui sont des repères de l'effort et du travail de l'élève. Le psychanalyste, non. Les éducateurs sont une tutelle dans la réalité. Ils sont parfois des modèles de maîtrise et de pouvoir qui leur est reconnu par l'institution; ils sont des guides pour se conduire dans la loi; ils doivent — et parfois ils le font — donner l'exemple[135]; en tout cas, ils le donnent par le seul fait qu'ils sont présents dans les activités en commun avec l'enfant, et qu'ils sont chargés de le surveiller et de le contrôler. Le psychanalyste n'est là que pour soutenir l'enfant à vivre ses pulsions archaïques, dans des périodes très courtes au regard du temps passé dans l'institution. Bien sûr, il ne tolère l'expression de ces pulsions archaïques qu'en vue de les décoder par rapport à l'époque de son histoire à laquelle l'enfant est resté fixé, et en vue d'utiliser ces mêmes pulsions, castrées de leurs satisfactions archaïques, pour les exploiter grâce à un Moi Idéal plus développé par rapport à l'âge de l'enfant, plus développé par rapport à ce passé périmé, en conformité avec sa nature, son développement, des intérêts qu'il a à trouver ailleurs que dans la séance et dans la personne du psychanalyste; c'est-à-dire en vue d'appliquer ses pulsions (orales actives ou passives, anales actives ou passives, prégénitales) dans des activités culturelles industrieuses qui vont satisfaire à la fois ses tensions et son narcissisme dans des progrès qui vont le faire apprécier de ses camarades et de ses maîtres. L'analyste, lui, n'a rien à faire dans cette direction des pulsions, ainsi mobilisées en séance et libérées de leur refoulement; c'est là le rôle des maîtres et des éducateurs, en dehors des séances et dans la vie de l'institution.

Mais comme, au cours des entretiens avec le psychanalyste, l'enfant vit des pulsions archaïques jusque-là refoulées et qu'il exprime plûtot qu'il ne vit son désir fantasmatique, il peut, au cas où cette personne fait partie de l'établissement, la considérer comme une sorte d'éducateur qu'elle semble être le reste du temps, mêlée aux autres personnes de l'établissement; et, pour lui, cet « éducateur » est bien agréable, puisqu'il n'exige rien et qu'il acquiesce à ses désirs régressifs. Aussi, il peut arriver que l'enfant désinvestisse totalement les éducateurs qui exigent quelque chose de lui, vivant dans l'institution en attente de ses séances, et en ne faisant rien le reste du temps. Sa cure va bien, mais l'éducation est néanmoins dans une impasse, et ce n'est pas pour cela que cet enfant est entré dans une institution spécialisée. Au moment des conflits œdipiens, que l'enfant a à revivre dans une institution exactement comme un enfant dans sa famille, il peut être amené à projeter sur l'analyste, quel que soit son sexe, une fonction de style maternant archaïque, et sur tout le reste de l'institution une fonction paternante castratrice qu'il refuse, pour des raisons articulées à une sorte de désir incestueux transféré sur son analyste[136]. S'il s'agit d'un garçon, il se jouerait vis-à-vis d'un psychanalyste masculin une sorte de séduction homosexuelle, hétérosexuelle vis-à-vis d'un psychanalyste féminin; s'il s'agit d'une fille, avec un psychanalyste féminin il s'agirait d'un transfert d'inceste homosexuel, et s'il s'agit d'un psychanalyste masculin, d'un transfert hétérosexuel, mais inanalysable à partir du moment où ils vivent ensemble dans la réalité, en ayant par ailleurs, au cours des séances, des apartés, des rendez-vous sans témoins, érotisés par le plaisir ou l'angoisse[137]. Comme on le voit, toute différente en cela d'une psychothérapie de soutien, ou d'une psychothérapie conjointe à une rééducation et qui se sert du transfert sans l'analyser, la psychothérapie psychanalytique individuelle, dans l'institution scolaire même de l'enfant, ajoute de nombreuses difficultés à la cure. Elle demande que toute l'équipe soit au courant de ces difficultés pour que ni l'enfant, ni l'institution, ni le psychanalyste, ne soient piégés dans une impasse. Cette impasse, c'est le traitement interminable ou l'éducation manquée. C'est-à-dire la confusion inextricable entre la vie imaginaire et la réalité, que l'enfant n'arrive pas à distinguer l'une de l'autre. Il n'y a pas de symbolisation sans castration du désir imaginaire. Tout projet pédagogique est indissociable d'exigences castratrices de la part des éducateurs, des maîtres, et de la direction responsable de l'établissement. Et ces exigences sont nécessairement accompagnées de jugements sur le comportement général et sur les progrès de l'enfant, visibles pour lui-même comme pour les autres par des résultats dans le travail effectif et par un comportement social vis-à-vis des camarades et des adultes de la maison, l'observance du règlement de la maison et des exigences de la vie commune, tant pour les besoins du corps que pour les plaisirs des moments de détente.

PROJET THÉRAPEUTIQUE[138] ET PROJET PÉDAGOGIQUE

Le projet thérapeutique psychanalytique est totalement différent du projet pédagogique. Le premier permet à l'enfant, par des associations libres (le moins gêné possible par les résistances inconscientes de l'analyste), de débloquer ces pulsions refoulées, de les exprimer par des fantasmes dans le transfert et, en les reconnaissant, de les décoder par rapport à l'époque où elles ont été refoulées et aux relations interpersonnelles ou traumatiques intrapersonnelles de cette époque, qui sont réévoquées émotionnellement par l'enfant, tant sur la personne de l'analyste au moment où elles sont revécues que, parfois aussi, sur des personnes de l'entourage immédiat de l'enfant. L'enfant éprouve des sentiments qui sont des projections non seulement vis-à-vis de l'analyste et de son entourage, mais vis-à-vis de son entourage fantasmé, la famille de l'analyste, son mari (sa femme), ses enfants, ainsi que vis-à-vis de ses maîtres, de ses éducateurs, de ses parents et de ses camarades. Là, ces fantasmes peuvent être confrontés à la réalité, mais il n'y a aucun intérêt à ce que les fantasmes concernant l'analyste soit confrontés de quelque manière que ce soit à la réalité. En analyse d'enfants, il ne suffit pas, comme dans l'analyse d'adultes, d'analyser le transfert sur l'analyste seul, mais d'analyser également le transfert sur les autres personnes dont l'enfant parle. Au décours de ce travail d'étude des projections et des fantasmes, la réalité des personnes qu'il est appelé à observer et à connaître dans la vie courante se dégage pour lui de ce qu'il revit, étant transférés sur elles des émois de sa petite enfance face aux adultes qui l'ont élevé et face à ceux qui sont actuellement ses parents et ses éducateurs. Il a à comprendre le rôle qui leur appartient et son rôle à lui, selon la loi dans son ensemble, et cela par rapport aux impératifs réels de cette loi, impératifs auxquels tous les humains sont soumis[139].

BLOCAGE DANS LE PROJET PÉDAGOGIQUE

Que dans une école à la pédagogie éclairée et spécialisée, pour des enfants en difficultés, chaque enfant puisse choisir librement ses activités, selon ses intérêts, pourquoi pas — si cela est possible sans gêner l'ensemble de la maison[140] ? Mais dès lors, l'éducateur est là pour soutenir consciemment la volonté de réussite de l'enfant et pour lui imposer d'aller jusqu'au bout de la décision qu'il a assumée en commençant son travail. Même si l'enfant ne peut y arriver, étant donné son instabilité, tel est le rôle de l'éducateur. Il est là pour guider sa technique de travail appliquée à ce que l'enfant a choisi lui-même. Quant aux ateliers de créativité libre, où l'enfant exprime ses fantasmes d'une façon culturelle : théâtre, danse, dessin, sculpture, mime, parole, le maître en la matière est là pour que l'œuvre de l'enfant corresponde à la fois à la maîtrise du matériau, et pour que ce que l'enfant déclare représenter ou jouer soit conforme à son projet et que son langage soit recevable par ceux desquels il veut se faire comprendre. Le rôle du moniteur d'atelier n'est jamais d'analyser les motivations de ces fantasmes créatifs, ni ce qu'il en est des pulsions que l'enfant y engage et qui entraînent parfois l'échec de leur réalisation. Il doit témoigner et susciter la recherche de l'échange entre les enfants, échange ayant comme but une critique constructive.

Si l'enfant est par ailleurs en cure psychanalytique, rien n'empêche l'éducateur ou le maître (témoins des difficultés et des angoisses de l'enfant confronté à ses échecs) d'engager cet élève à parler avec son psychanalyste des difficultés qu'il rencontre en classe, à l'atelier ou lors des moments de loisir dans ses relations avec les autres, ou des difficultés qu'il rencontre avec le moniteur, ou qu'il rencontre du fait de sa propre maladresse (celle de son corps ou de ses mains), afin de comprendre avec le psychanalyste, qui est là pour cela, les causes de ses difficultés et les dépasser. Mais ce n'est pas au maître d'aller au-devant de la compréhension de ces difficultés avec l'enfant. Ainsi, l'enfant sent que ses maîtres et ses éducateurs d'une part, son analyste d'autre part, concourent à comprendre le sens de ses difficultés et à lui permettre de les surmonter, à travers sa personne, qui se présente de deux manières différentes, parlant autrement dans le reste de l'institution qu'il ne le fait avec son psychanalyste. La psychanalyse nous enseigne que ce qui soutient et fixe l'inadaptation est la jouissance perverse que l'enfant, qui y a été piégé, tend à maintenir, par angoisse, d'un désir qui n'a pas pu à temps lâcher les représentations sadiques et masochistes infantiles. Les difficultés de l'enfant sont toujours de deux ordres : difficultés face à la réalité et difficultés face au monde de ses fantasmes, qui bloquent sa réussite et sa maîtrise de la réalité. Ce qui est indispensable, c'est qu'il n'y ait jamais confusion, à l'entendement de l'enfant, entre les rôles des éducateurs et des maîtres d'une part, et du psychanalyste d'autre part. C'est pour cela qu'il ne faut pas non plus qu'il y ait confusion de ces rôles dans l'entendement des éducateurs et des maîtres, ainsi que des psychanalystes. La meilleure manière d'éviter ces obstacles, c'est que le psychanalyste de l'enfant ne soit jamais employé dans l'institution médico-psychopédagogique où l'enfant est pris en charge pour son éducation[141].

Dans l'état actuel de notre société, de l'organisation des soins et de la pédagogie destinés à la population enfantine et adolescente, tout ce que je viens de dire paraît peut-être révolutionnaire et en contradiction totale avec ce que l'on fait.

En effet, on a créé des institutions pour les enfants inadaptés et les instances administratives rendent plus facile la cure psychanalytique des enfants et des adolescents lorsqu'elle se fait à l'intérieur de l'institution. C'est une question de prise en charge administrative. C'est une question de bureaucratie. Il se trouve actuellement que la cure psychanalytique d'un enfant n'est possible (ou n'est facilitée) que lorsque cet enfant est par ailleurs un retardé scolaire ou un inapte à l'enseignement professionnel public, lorsqu'il est interne ou demi-pensionnaire dans une institution psychiatrique ou psychopédagogique. Comment pouvons-nous composer avec ces difficultés? Je ne sais pas. Mais ce n'est pas une raison pour ne pas les voir et les analyser. Ce n'est pas une raison non plus pour que nous ne travaillions à surmonter ces difficultés. Il est par ailleurs excellent que des enfants puissent profiter d'une institution mieux adaptée à leurs problèmes et puissent émarger au budget de la Sécurité sociale tout au long de leurs journées, alors que leurs parents ne pourraient pas s'en occuper. C'est bien qu'ils soient en internat lorsque le milieu familial ne peut absolument pas assumer l'éducation de ces enfants. Il me semble que si suffisamment de psychanalystes avaient compris l'antinomie entre une cure psychanalytique et un projet éducatif et thérapeutique, nous pourrions faire bouger les ukases de l'Administration. Ne serait-il pas possible qu'un enfant, pris en charge dans une institution à la fois de scolarisation et d'hôtellerie, ou qu'un enfant pris en charge dans un hôpital de jour puisse avoir sa cure psychanalytique dans une autre institution, sans pour cela qu'il y ait nécessité d'une prise en charge seconde pour payer la cure psychanalytique ?

On pourrait penser, par exemple, qu'un enfant d'une institution A, possédant un ou plusieurs psychanalystes institutionnels, et préparé par des colloques avec l'un de ces psychanalystes à désirer une psychanalyse, irait la faire dans une institution B, avec un analyste qui ne fréquenterait jamais l'institution A. Pour le paiement de cet analyste, l'enfant prendrait au secrétariat de l'institution A un jeton de paiement qu'il donnerait à l'analyste de l'institution B, où il irait pour ses séances. De son côté, l'analyste ou les analystes de l'institution B auraient un rôle institutionnel, à savoir celui de faire comprendre aux enfants de l'institution B, qui en auraient besoin, la nécessité d'un traitement psychanalytique qui serait assumé par un psychanalyste de l'institution A. Ces cures pourraient se faire en hôpital de jour, ou bien encore les hôpitaux de jour conduiraient les enfants dans des consultations psychanalytiques de cure ambulatoire de la circonscription. Il s'agirait en somme d'une sorte de chèque que chacun apporterait, comme le font les enfants qui vivent dans leur famille, et l'Administration s'y retrouverait, en même temps que les enfants, tandis que les psychanalystes ne seraient pas mis dans les difficultés qui risquent de stériliser les résultats de la cure. Je pense à cette solution, mais il pourrait y en avoir d'autres. Je crois que l'Administration serait très sensible aux arguments que nous développons, surtout si nous lui faisions comprendre que la cure psychanalytique d'un enfant, dans l'institution où il vit du matin au soir (et parfois du soir au matin), est tout à fait comparable à une cure psychanalytique qui se passerait au foyer familial de l'enfant. Or, nous savons que c'est là une condition irréalisable.

J'espère que ces quelques considérations sur la psychothérapie psychanalytique donneront à réfléchir aux solutions qu'il nous faut absolument trouver pour que ces cures psychanalytiques des enfants inadaptés à la vie en collectivité avec ceux de leur âge, et qui en souffrent, puissent se faire dans des conditions de réussite. C'est l'intérêt des enfants et surtout de la société entière à ce que le travail considérable qui se fait actuellement concernant l'enfance inadaptée soit vraiment efficace.

CINQUIÈME PARTIE

Société

L'école « digestive »[142]

QUESTIONS À LA PÉDAGOGIE

Au début de ma pratique médicale, avant la guerre de 39, j'ai connu des enfants inadaptés scolaires dont la psychologie était déjà fortement structurée, antisociale. Les événements ont contraint les familles à émigrer de la ville vers les campagnes. Quelle ne fut pas ma surprise d'en revoir quelques-uns ou d'avoir de leurs nouvelles et d'apprendre leur totale récupération caractérielle et scolaire au contact des petites écoles de village à classe unique ! La mère de l'un d'eux me dit : « En arrivant là-bas, j'ai averti le maître qu'il ne savait rien, et qu'examiné à Paris, les médecins avaient préconisé des méthodes spéciales. Son retard mental l'empêcherait toujours de suivre une école ordinaire, mais que faire, il s'ennuie et recherche la compagnie des enfants. » L'instituteur lui dit alors : « Envoyez-le tout de même à l'école, j'ai des petits. S'il gêne dans la classe, il pourra toujours rester dans la cour et participer aux récréations, il se fera des copains. » Et ce seul statut d'assistant à distraire avait d'abord réconcilié avec l'école cet enfant retardé et tout à fait instable. Il allait ou n'allait pas à l'école, selon son gré. Puis, les affinités entre enfants s'établirent. L'inadapté-retardé se mit à écouter les petits qui ânonnaient les lettres. Un beau jour, sans que ni maître ni parents ne s'en soient personnellement occupés (on attendait la création d'une école spécialisée dans les environs), l'ignare avait su écrire, puis lire. Il choisissait dans les exercices proposés par l'instituteur à l'un des groupes, répondait à des questions posées à un autre. Bref, en trois ans de vie repliée à la campagne, il avait atteint le niveau de connaissances des enfants de son âge que son soi-disant « Quotient intellectuel », chiffré au test Binet-Simon d'avant-guerre, stigmatisait comme probablement irrécupérable.

Un autre cas m'avait particulièrement frappée. Il s'agissait d'un quatrième enfant de famille nombreuse, vivant en grande banlieue. Ses parents étaient des ouvriers intelligents. Ce garçon « promettait », comme on dit, dans les classes élémentaires. Il était, vers ses neuf ans, envoyé à la consultation pour un dérèglement profond de l'attention, de la mémoire et de l'adaptation au réel, avec l'apparition, depuis quelques mois, de dyslexie et de dyscalculie spectaculaires, que ses premiers cahiers d'école ne manifestaient aucunement. Tombé dans un grand sentiment de déchéance, qui le déprimait au point qu'il feignait l'indifférence, son refuge de choix était un boqueteau où, grimpé dans les arbres, il se cachait. Il ne dessinait que des formes chaotiques et dissociées, avec un grand effort émotionnel, cependant toujours positif. La fréquentation scolaire qu'il n'avait jamais cessée lui devenait insupportable et l'abandon familial — ou ce qu'il avait ressenti comme tel à cause d'un essai d'envoi par un service de pédo-psychiatrie dans une demi-pension de rattrapage scolaire, dans une agglomération voisine — l'avait rendu phobique de tous les enfants autres que ses frères et sœurs très aimés. Son Q.I., cependant, était bon. Les parents travaillaient tous les deux. Une psychothérapie à Paris n'était pas réalisable. Quelle solution trouver à cette grave situation?

Un couple sans enfant, qui exploitait une ferme avec deux ou trois employés adultes et que nous avions connu par l'intermédiaire d'une assistante sociale rurale, accepta d'accueillir ce petit citadin et de le faire vivre avec eux, au travail des champs et des bêtes, sans aucune scolarité, afin que ce cauchemar lui soit épargné et que l'enfant puisse participer aux activités d'une vie familiale laborieuse. On l'aida, les parents et moi-même, à accepter le départ au repos, à la campagne et sans école. L'éloignement du village le plus proche (à huit kilomètres) autorisait de fait la non-fréquentation scolaire pendant quelques mois, mode de vie illégal, hérétique, pour les enfants de gens « civilisés », qu'une santé physique conservée oblige, quoiqu'ils y souffrent, à fréquenter l'école (alors qu'on admet l'arrêt de travail à temps d'un adulte surmené ou déprimé mental).

Devant l'impossibilité matérielle de le garder inoccupé à l'appartement, sans fréquentation scolaire, sans soins psychothérapiques, les parents, émus de l'angoisse détériorante qu'avait entraînée l'essai de demi-pension où s'était développée sa terreur des contacts avec les enfants, décidèrent de renoncer aux avantages sociaux de prise en charge en institut médico-pédagogique et assumèrent seuls le placement rural familial.

Le conseil avait été donné que l'enfant oublie toute connaissance scolaire et qu'il n'envoie, dans ses lettres à ses parents, que des dessins. Eux devaient lui écrire une fois par semaine les nouvelles familiales que lui liraient les parents nourriciers.

En huit à neuf mois, le garçon ne savait plus écrire les lettres, ni les chiffres ; mais ses dessins à ses parents étaient devenus cohérents, colorés, « normaux » pour son âge. Au dire de ses parents nourriciers, il était gai, entreprenant, le plus efficace des aides, tant à la ferme qu'au marché hebdomadaire, où il rencontrait d'autres petits paysans qu'il ne craignait plus. C'est alors, une année s'étant écoulée, que l'apprentissage de la lecture, de l'écriture et du calcul, par le fermier ou la fermière, fut recommencé avec une méthode élémentaire envoyée de Paris. L'étude ne devait durer qu'une demi-heure par jour. Cet enfant guérit si bien qu'en quelques mois il récupéra toutes les bases de la scolarité, sans séquelles de dyslexie ni de dyscalculie. L'année suivante, toujours à la ferme, il rattrapa avec les livres du programme, envoyés par sa mère, les années qu'il avait manquées, puis il revint en famille. Et à l'école qu'il avait quittée trois ans auparavant, il se montra capable de suivre parfaitement le niveau de classe des camarades avec lesquels il avait débuté ! Cette fois, il s'affirma aussi brillant en cours supérieur qu'il l'avait été dans les deux années de cours élémentaire.

J'eus plus tard de ses nouvelles. Après le certificat d'études, il entra en apprentissage, en vue de devenir aide de laboratoire, puis, tout en travaillant dans un laboratoire vétérinaire, il passa, seul de ses frères et sœurs, le baccalauréat afin de suivre des études de médecine vétérinaire.

C'est après ce succès qu'il revint à la consultation de l'hôpital Trousseau « pour remercier Mme Dolto de la confiance en lui qu'elle lui avait faite quand il avait été si bizarrement malade de la tête. Elle avait eu raison, il voulait le lui prouver ! » Ce jeune homme est devenu vétérinaire.

Si j'ai cité ces exemples, c'est qu'ils m'avaient, avec d'autres, éveillée à la notion de désordre affectif, origine ou bien effet de désadaptation scolaire. Dans le cas où des difficultés affectives surviennent dans les premières années de la vie, mêlées ou non à des désordres organiques, le Q.I. de l'enfant arrivé à l'âge scolaire est diminué, compliqué ou non d'un retard moteur et social.

Dès le début de ma pratique médicale, éclairée que j'étais par ma formation psychanalytique sur la dynamique de l'inconscient et son axe œdipien, cela m'avait ouvert les yeux sur le rôle de la scolarisation obligatoire, perturbation ou soutien, selon la dynamique qu'elle promeut ou qu'elle bloque chez un être humain en cours de croissance, non pas du fait des méthodes pédagogiques seules, mais du fait de sa façon personnelle de réagir à la situation scolaire telle qu'il la ressent. Tout ce que l'enfant y vit s'inscrit en lui. Loin de moi l'idée que l'école la plus traditionnelle dans ses principes soit néfaste dans tous les cas. Mais il est bien difficile, et de plus en plus, du fait d'institutions qui codifient des normes statiques et éliminent les élèves d'après leurs notes scolaires ou leur comportement gênant pour les autres, il est pour ainsi dire impossible, à ceux de ces enfants que la société stigmatise comme inadaptés, de conserver la confiance en eux-mêmes au milieu de la gent enfantine ; il est surtout difficile à ses parents de conserver, pour leur enfant, foi dans son avenir. Un ensemble de réactions d'angoisse secondaires à l'échec social que représente la mauvaise appréciation par l'école, s'installe en famille et, par contre-coup, dans la cohésion narcissique du sujet et dans sa structuration œdipienne.

C'est en ce sens que le psychanalyste, lorsqu'il s'occupe des enfants, ne peut pas ne pas déplorer que le climat de toute école ne soit pas favorable socialement à la mise en valeur des plus déshérités, accidentels ou génétiques, aussi bien que des plus doués. Cela, sans ségrégation ni discrimination, infirmant davantage ceux qui, exclus du langage communicable et créatif, ont le plus besoin d'être portés et secourus par l'ensemble des êtres adaptés.

Le mode de scolarisation axé sur un niveau homogène d'intelligence actualisable et un rythme commun de productivité me paraît une « aberration » pédagogique. C'est en effet ce système scolaire qui alimente tant de névroses en puissance chez les enfants arrivés à l'âge de la fréquentation scolaire obligatoire et qui vivaient sainement à leur rythme, dans leur cellule familiale, avant que d'avoir vu leurs performances scolaires devenir, seules, critère de leur valeur.

Devant la complexité de ces problèmes, j'ai toujours été attentive à connaître les efforts des maîtres et des pédagogues, quelle que soit leur attitude personnelle vis-à-vis de la psychothérapie individuelle, la seule que je pratique.

Un enfant arrive à l'âge de la fréquentation scolaire obligatoire. Inscrit sous son nom à l'état civil, qui est-il ? D'où vient-il ? Qu'en sait-il ? Pourquoi est-il là ? Pour quoi faire ?

Dense de son origine charnelle, riche de ses épreuves affectives, de ses fantasmes incommuniqués qui jusque-là s'exprimaient inconsciemment dans ses jeux mentaux, verbaux, corporels ou manuels, il devra tout au long des années de scolarité couler ses fantasmes, avec leur originalité unique au monde, dans une créativité exprimable, dans un fruit social à valeur de langage. L'école se propose, au nom des valeurs de notre civilisation, de lui donner tous les moyens de s'informer puis d'orienter son choix pour œuvrer utilement en société, gagner son droit et son pouvoir à soutenir l'ordre de son groupe restreint — la famille qu'il procréera — et, tout en gardant sa cohésion individuelle originelle, promouvoir l'évolution du groupe technique et linguistique auquel il se sera intégré. Quel programme ! Il s'agit non pas seulement d'instruction mais d'éducation. Ces deux termes peuvent-ils s'adjoindre l'adjectif « publique », alors que tout est affaire personnelle ? L'éducation ne peut-elle être que familiale ou n'être pas du tout ?

Revenons à l'enfant qui pénètre à l'école.

Outre le cadre architectural plus ou moins clair et vaste, bourdonnant aux heures fixées de présence obligatoire (quels que soient ses rythmes biologiques d'activité et de repos, de besoins naturels, et quelles que soient les variations de temps et de saisons), il y trouve des grandes personnes très importantes. De l'une d'entre elles plus spécialement, le maître ou la maîtresse, respecté ou craint mais jamais indifférent, ses parents, dès lors qu'ils le lui ont confié, attendent beaucoup, quels que soient leurs motivations et leur niveau culturel.

Pour l'enfant, qui est donc cet adulte important, porteur d'un titre d'autorité, qui l'appelle par son nom alors que lui-même ignore, la plupart du temps, le nom et le statut social de cet adulte ? C'est « Le » maître, « La » maîtresse. L'enfant ne peut que le juger par rapport aux dires entendus des personnes de son entourage, lesquelles, elles-mêmes, lui en ont parlé d'après les fantasmes résiduels de leur propre enfance scolaire.

Qui sont ces « camarades » inconnus ? Il ne peut les considérer que d'après ceux de leur taille et de leur apparence déjà connus de lui (et particulièrement ses frères et sœurs, cousins et proches), s'il a eu l'occasion d'en fréquenter. Qu'est-ce que ce « groupe », cette masse d'enfants de la classe, bruissants et conglomérés, dont aucun n'est pour lui connu ? Il ne peut considérer la classe *a priori* que selon les fantasmes ou les expériences réelles déjà éprouvées au contact des groupes rencontrés, le groupe familial, les ensembles institutionnalisés déjà entrevus : patronage, colonie de vacances, salles d'hôpital.

La porte de la classe se ferme. Toute fuite est impossible. Si l'école est très libérale et que la mise en rang manque, que chacun, la porte fermée, n'est pas tenu à une certaine attitude gourmée, ordonnancée par « la maîtresse », il juge ce groupe comme ceux auxquels il a été mêlé dans la rue ou en vacances, toujours marqué du leader agressif qu'aucune loi paternelle ne tempère. Il y a la maîtresse et il y a la jungle des enfants, il est là, pris..., et les paroles entendues reviennent : « Tu verras, à l'école, ce ne sera pas drôle..., il faudra obéir ! »

Quelle est la motivation de cet enfant à être présent à l'école ? Qui a le désir de l'y voir ? Pour quelle raison y est-il ? Dans quel but ?

Quel que soit son âge réel, son « moi », je veux dire son « moi-je », peut être ou ne pas être éclos, cela dépend de son passé familial, c'est-à-dire de beaucoup de facteurs émotionnels et sociaux.

Pourquoi mère, père ou grand-frère l'ont-ils conduit là ? Pour se débarrasser de lui ? Parce qu'il faut bien aller à l'école ? Ses parents lui ont-ils dit qu'il s'y plairait, apprendrait tout ce qu'eux savent, de l'avoir appris à l'école, ou bien est-ce parce qu'il faut avoir un maître ou une maîtresse, comme eux ont un employeur ? Il entend ses parents parler de leur patron, de leur chef opprimant et de ses exigences, de leur « travail » au nom duquel ils sont fatigués et de mauvaise humeur. Mais il sait aussi qu'ils ramènent de l'argent en fin de mois. Les papas et les mamans qui travaillent, tout enfant le sait, gagnent de l'argent.

Si, chez cet enfant, le « moi-je » est éclos, « moi-je vais à l'école », « moi-je suis dans telle classe », il se sait promotionné.

Qui est-ce « moi-je » ? Nous savons que, derrière cette expression, se cache un fantasme infraverbal, un « moi-mon père... je », un « moi-ma mère... je ». L'enfant en cours de structuration œdipienne est porté à l'identification désirée, fantasmatique à un des pôles du couple géniteur.

Ou bien, ce « moi-je », en référence à un frère, à une sœur aînée ou puînée, est fantasmatiquement en couple de doublet « grand-petit », qui lui est référence. Ce « moi-je », encore coopté émotionnellement d'une façon étroite à un fantasme œdipien (ou para-œdipien, frère ou sœur), que vient-il chercher à l'école qui satisferait son désir ?

De toute façon, il lui faut défendre sa position connue, qui lui garantit son intégrité sécurisante. « Moi-mon père », ou « moi-ma mère » ne peut pas se transformer en « moi-le maître il dit... » ou « moi, la maîtresse elle dit... », suivi d'une vérité plus valorisante que celle prononcée par le père ou la mère. Et si tel camarade prend la place admirée ou crainte électivement qu'avait le frère ou la sœur, son « moi » à la maison peut sentir son statut sécurisant en danger. L'enfant se modifie, il n'est plus ce que jusque-là il avait cru être, valable et authentifié lui-même.

La relation en famille, si l'école absorbe les valeurs affectives avant la résolution œdipienne, devient malaisée, dépourvue de sécurité. Se sentir à l'aise hors de la famille plus qu'en son groupe familial fait vaciller l'ordre de sa valeur narcissique, en brisant les lignes de force de l'organisation œdipienne en cours.

L'enfant n'est pas seul à se défendre. Bien des parents immatures éprouvent, eux aussi, une certaine détresse si leur enfant déplace estime, admiration, écoute, désir d'identification et valeur, jusque-là dévolue à leur interrelation, sur la relation qu'il tisse avec *sa* maîtresse ou *son* école. Que dire de la lutte sournoise du frère ou de la sœur, désaffecté(e) au nom d'un camarade élu ! Que de nouveaux problèmes affectifs !

Dans toute nouvelle expérience vécue, un être humain (quel que soit son âge) doit, par un fantasme inconscient, garder quelque chose d'intact du ressenti, son « moi-je », son « lui-même » antérieur à l'expérience. Ce quelque chose (l'image du corps) est garant de son narcissisme préservé. Il cherche à l'expérimenter dans des patterns connus de lui pour se sentir être — et s'engager dans la nouvelle aventure émotionnelle.

Illustrant ce propos, on lira l'histoire de celui qui, pour devenir présent au groupe, a apporté une pomme[143]. Quelque chose sien, connu, qui soutient le « moi-je » passé à devenir le « moi-je » intégrable alors, avec son objet privilégié, au nouveau milieu qui s'y associera. Le lien intime au soi-même vivant n'est pas rompu.

L'enfant attend un destin d'écolier (lorsqu'il en a admis l'avantage promotionnant) à travers des fantasmes constitutifs œdipiens. Qu'est-ce à dire ? C'est dire que dans son aventure d'écolier, il va privilégier tout ce qui soutiendra ses fantasmes. Séduction des parents — et par transfert, du maître (apporter des fleurs à la maîtresse). Identification agressive à l'image ressentie rivale, envies, jalousies (calomnies vis-à-vis des camarades). Si l'Œdipe et son angoisse critique le rendent inconsciemment coupable, il provoque par les événements de l'école, des blâmes, des punitions paternelles, le désarroi maternel, il cherche avidement à actualiser une castration salvatrice*[144]. Il faut absolument que son impuissance insupportable soit « la faute à l'autre », qu'il se réconforte dans son malheur d'en être injustement victime. Bref, toute une gamme de motivations parasites inconscientes l'accompagnent à l'école avec ses louvoiements d'angoisse et d'évitements, de tensions et de dépressions qui caractérisent cette longue période de critique.

Aucun enfant n'arrive émotionnellement semblable à aucun autre, et son « être à l'école », son désir ou son refus d'instruction est toujours œdipiennement érotisé. Dans les

* Je ne parle pas ici de mutilation pénienne, mais de l'abandon définitif dans l'image de son corps d'un lien fantasmé de fécondité qui érotise la relation enfants-parents et les adultes auxquels il les associe.

cas les plus sains, il en est toujours ainsi, au moins jusqu'à neuf ans.

Le groupe de sa classe, les tâches proposées, peuvent être pour lui, s'il devient participant passif et exécutant zélé (ce qu'on appelle un bon élève discipliné), un facteur de régression à des positions antérieures dégénitalisées, ce qui bloque son évolution œdipienne et sociale dans une névrose obsessionnelle scolaire. Hélas, maîtres et parents s'en félicitent!

Pour beaucoup, l'école, dans ses méthodes traditionnelles, c'est à nouveau l'attitude *digestive* de relation à l'autre, de l'époque enfantine parasite à la mère. Je n'en citerai comme preuve que les anciens bébés anorexiques et vomisseurs, qui se retrouvent à l'école sourds, inactifs ou bien ingurgiteurs goulus de leçons qu'ils récitent telles quelles, « parfaitement sues », en oubliant aussitôt le contenu sensé. Quant au comportement corporel et verbal en classe de ces élèves disciplinés qui plaisent, il est en parfaite imitation simiesque du prototype proposé par le maître : bons élèves dont il n'y a rien à dire, qui donnent satisfaction, mais parfois « pourraient mieux faire » (*sic*). Tout en eux paraît dans l'ordre, alors que ce garçonnet ou cette fillette, qui allait devenir fille ou garçon, s'est vidé de désirs et développe névrotiquement une manière d'être de nourrisson gavé et sage; il aime mieux étudier que jouer et l'ébauche de sa personne responsable est pour longtemps, ou pour toujours, ravagée.

Pourquoi donc cette école « digestive » a-t-elle eu et a-t-elle encore tant de succès? Au petit : « Avale des sons et leurs signes et refais-les. » Au grand : « Avale des leçons, récite-les, fais tes devoirs sur un cahier tenu de telle façon, écris ce que tous pareillement doivent y écrire..., et gare à qui copie sur son voisin! Gare à qui regarde son livre, à qui communique! »

Ces mots de passe manducatoires et défécatoires, c'est l'école primaire traditionnelle. La vivre rapporte de bonnes notes et celles-ci, aux examens, désignent les élites. Pourquoi? La répétition a valeur sécurisante. Ce qui est créatif est incomparable, fait courir des risques, ce qui n'est pas répétitif est injugeable, incodifiable.

Lorsque l'école est dite « nouvelle », atopique, alors tout peut advenir, et c'est ce « tout », qui angoisse les maîtres et les parents (et, *a priori*, les enfants) qui sont tranquilles avec les méthodes de l'école traditionnelle, faite d'individus chacun silencieux et isolé, figé, seul en face d'un maître perfuseur de paroles non contestables.

Dans cette organisation scolaire du temps et de l'espace imposée aux maîtres et aux élèves, il n'y a point de place pour une intention du savoir, pour un choix, pour une visée créatrice lentement mûrie, un projet de recherche culturelle absorbant, surgi d'une authentique angoisse humaine, seule ferment de fécondité culturelle. Pas de temps pour parler, flâner, se promener à plusieurs, discuter avec les maîtres de leurs expériences personnelles, de ce que leur discipline leur a apporté de peines et de joies, poser des questions..., des questions...

Non, des têtes immobiles, qui doivent écouter le maître en le regardant, des bouches muettes, des mains réduites au seul doigt (doit) du crayon ou de la plume, et cela dès le jeune âge, alors que ces jeunes êtres humains parqués ne sont pas encore en paroles maîtres de leurs fantasmes. Manipulation d'objets, bougeotte, surgissement de besoins naturels, inattention, sensations érogènes sont la rançon de cette méconnaissance. Ils sont soumis, s'ils restent bien vivants, à leurs sensations, à leurs sens, à toutes les variations de l'environnement naturel..., et il faut surtout écouter le professeur!

N'avons-nous pas entendu les meilleurs maîtres dire : « Une tête bien faite plutôt que bien pleine »? Une tête? Non, une cruche faite au moule, alors que l'enfant, l'être humain, est chair, peau, souffle, émois, mouvements et fantasmes, et que la culture c'est cela témoigné en langage ordonné qu'est toute expression juste : parole, dessin, sculpture, objet, musique, sport ou danse.

Lorsqu'un enfant est accueilli par une classe — un « groupe » —, qu'il peut observer les autres, parler, répondre à qui lui parle, vivre et respirer, cela c'est déjà être chez les humains et dans une société.

Si le maître, en prononçant le nom de chacun, le fait dans l'intention de présenter chacun à chacun et de regretter sincèrement l'absence de qui ne répond pas à l'appel, en chargeant l'un de ses proches de s'inquiéter de lui pour tous, alors il est le centre du groupe, en assure la cohésion[145].

Contempler, sans rien faire d'autre, un camarade

œuvrant, concentré sur un travail librement entrepris où il s'exprime et se complaît; voir ce travail reçu comme nécessaire par les autres, voir le maître — l'adulte — présent, attentif, assister et autoriser les échanges joyeux du groupe et inviter chacun à exprimer en paroles son opinion, assister à l'élaboration d'idées à propos de ce témoignage d'un seul, voir que tous les enfants sont également écoutés, voir s'ébaucher de nouveaux projets que ce travail a suscités, c'est, pour l'enfant qui en est le témoin, une invitation à la fois à la culture et à la société, plus convaincante que toute « leçon magistrale », que tout « devoir » écrit par ordre, que toute leçon apprise, récitée, notée.

Toutes les ébauches en puissance que ses fantasmes ont prudemment jusque-là enfermées, lovées dans le cœur de cet enfant silencieux, solitaire, commencent à se dérouler, cherchant leur expression. Sa langue se délie, ses gestes s'intentionnalisent, avides de rencontrer ces autres qui lui ont révélé le droit à exister.

La présence d'un adulte, attentif à ne pas s'imposer, joue son rôle ordonnançant (parce qu'image adulte, image attractive, achevée) pour tous ces enfants. Il devient alors, lui, l'enfant, l'élève — un tel ou une telle avec le nom et la chair originée dans son père et sa mère, conscient d'être une source qui peut jaillir, de paroles, d'émois manifestés et d'actes qui pourront se joindre au courant vivant des échanges de sa classe.

Mais, diront certains, on ne peut envisager de telles méthodes libérales que pour les enfants déjà grands, intelligents, caractériellement normaux, désireux d'apprendre, de connaître, de produire des œuvres personnalisées. Tout être humain n'est pas capable d'atteindre ce niveau de coopération. Si les enfants sont mêlés, de niveau intellectuel ou de développement psychomoteur trop différents, il n'y a pas de classe ni de programme possible. Débarrassons les classes des paresseux, des instables, des remuants, des inattentifs et des méchants. Ceux-là, regroupez-les ensemble!

Eh bien, non! Tout être humain est langage humain et toute expression sourd de son individualité, laquelle est toujours ordonnée par d'autres, s'ils l'accueillent en humain, par des mots qui l'honorent.

Tant qu'il est vivant — si muet (infans) qu'il soit encore, ou qu'il soit redevenu par rapport au langage qu'on parle autour de lui —, l'être humain respire et ses échanges respiratoires, en milieu humain accueillant, s'accompagnent de fantasmes d'aise qui structurent et éclairent son image[146]. Il se sent accueilli dans une impression de « plus être », du seul fait des autres présences humaines qui l'acceptent sans détruire sa forme de présence aux autres, sans lui surimposer la charge d'un « paraître » autre que celui qu'il manifeste.

Lorsqu'un groupe, à l'exemple de son guide, le maître, accepte ou tolère avec bienveillance un membre nouveau en son sein, attentif à toute expression qui émane de lui, comme une preuve nécessaire de sa présence, nécessaire aussi au groupe, l'impression de « plus être » que le groupe manifeste engendre chez ce moindre membre du groupe un sentiment de « plus être » contagieux et libérateur de ses entraves internes.

Si pour certaines disciplines les enfants qui n'y ont aucun intérêt sont occupés et intéressés ailleurs, ils ne sont pas évincés du groupe scolaire dans son ensemble.

Qui dira le rôle positif des régressions tolérées, des crises caractérielles non suivies d'éviction scolaire, « pour faire un exemple », les premiers jours de rentrée des classes, dans les premières récréations après vacances, après de longues absences pour cause de maladie ou dans les jours d'épreuves familiales vécues par tel ou tel enfant, quand le maître sait garder la face et contenir chacun des élèves du groupe dans l'attention à ses propres occupations en cours !

Combien d'enfants s'auto-régulariseraient en société s'ils ne sentaient pas opprobre punitif, contagion d'angoisse ou avide curiosité morbide chez le maître ou chez les élèves, répondre à ses manifestations régressives ou impulsives d'angoisse ou de blessure narcissique.

Quant aux chapardages des crayons, gommes, règles, ou même des goûters, ce sont parfois de nécessaires rapts fétichiques, ou bien des actes prédateurs délibérés, agis par des enfants qui se sentent incapables de se servir de leurs propres ustensiles d'écolier ou de les entretenir en bon état d'utilisation. Ces comportements sont le propre d'enfants qui, pour des raisons personnelles, sont constamment frustrés.

Dans une des observations mentionnées par A. Vasquez et F. Oury (*Vers une pédagogie institutionnelle*, Maspéro,

1967), on rencontre le cas d'un maître qui a utilisé un conseil de classe, à type de réquisitoire, contre un enfant prédateur, voleur et sournois, et par sa seule présence secourable, il a permis à cet enfant, accablé par tous, de ne point sombrer dans un dénuement narcissique d'impuissant, sans espoir de recours.

Cet exemple et tant d'autres, pris sur le vif de la vie du groupe pédagogique, nous montrent l'efficience de cette autre conception de l'école. L'enfant déréglé, inadapté, est promu à devenir coopérant, il se sent éveillé, sa pudeur étant respectée par-delà des actes que le groupe stigmatise à juste titre, à défendre son individualité autrement que de façon sauvage et solitaire. L'enfant impuissant, pervers, voleur, sournois, est apparemment nuisible et inutile à chacun et à tout le groupe. Celui-ci, se sentant perturbé dans son activité, voudrait l'évincer. Or, à son propos, des séances dramatiques de conseil de classe ont donné au groupe un moyen de cohérence plus grande, un système de réflexions échangées où le paria d'hier, difficile à intégrer, est sorti de son isolement perturbé, a reçu une image de lui et, soutenu par le maître paternant et maternant pour lui comme pour tous les autres, a tiré profit de son expérience et commence à s'intégrer socialement. De tels moments si simplement racontés s'avèrent pour tous ceux qui les lisent être authentiquement psychothérapiques.

Revenons au travail scolaire en commun, c'est-à-dire aux acquisitions de connaissances culturelles, et à l'exécution de travaux d'élèves sans propriété d'auteurs, à juste titre d'ailleurs puisque, seul et livré à lui-même, aucun exécutant n'aurait réalisé ce que, dans le groupe, il est à même de créer, soutenu, sollicité, fécondé par le courant vivant d'idées échangées.

L'imagination, dans une telle réalité scolaire, est enfin remise en valeur. Déjà dans les maternelles classiques, elle est tolérée, mais pour être endiguée et enseignée à se réduire, pour entrer en silence dans la grande école où elle n'a plus sa place. Au contraire, quel que soit le niveau mental, le caractère, la forme d'esprit et les options de chacun, on sent dans ce type de scolarité que l'imagination est au centre, le levier de toute la vie scolaire, toujours et de plus en plus invitée à s'exprimer par la bouche de chaque enfant. Libérée, l'imagination s'incarne, si je puis dire, dans des actes culturellement manifestés, dont aucun, quel que soit son niveau éthique, n'est jugé en contradiction avec l'éthique institutionnelle du grand ensemble architecturé qui se nomme L'ÉCOLE. Celle-ci s'avère alors être un lieu vivant, où dans chaque classe d'âge chacun contribue par son expression verbale, graphique, manufacturée, caractérielle, à créer la vie. Si chaque groupe d'âge, sinon chaque classe, avait un atelier avec un responsable technique, qu'il pouvait y venir à tout moment pour y faire un travail libre ou dirigé, selon son gré, une bibliothèque bien garnie et que du temps disponible était laissé à chacun pour en user à son choix, nul doute que des enfants élevés dans de telles pépinières d'individus socialisés y deviendraient, chacun selon ses dons naturels, des adolescents créatifs.

Oui mais..., dira-t-on, que devient alors la place du professeur, du maître ? Comment le former, car dans ce style d'école ce n'est plus lui qui est le maître, c'est le groupe, n'est-ce pas ? Oui, c'est le groupe qui initie à la vie sociale mais non sans l'axe du maître, inclus dans le groupe, qui l'ordonne et le coordonne. Et si les conflits d'un seul enfant débordaient par agression possessive, et qu'il s'imposait à l'ensemble du groupe devenu monade passive où chacun ne trouverait plus sa place qu'en soumission à l'imagination, à la séduction ou à l'autorité du plus fort et du moins culturel, c'est-à-dire du plus asocial ? Je ne crois pas à la réalité de ce risque, si les conseils de classe sont bien menés.

Il est bien certain que tous les maîtres actuels ne sont pas préparés, parce qu'ils n'ont pas été sélectionnés pour leurs qualités de leader pédagogique de groupes et qu'ils ont été choisis pour avoir passé par les fourches caudines des examens sur un amas de connaissances livresques.

Il est certain que les programmes aux horaires morcelés, implacables, imposés aux maîtres, fournissent un menu régulier et équilibré à donner en pâture à une classe attentive. Mais avaler des connaissances sans être en appétit ne conduit pas du tout à leur assimilation.

Le style digestif de l'enseignement permet de noter et juger les maîtres en les comparant, et le même système de notes ne permet que de juger les élèves en tête ou en queue de classe. Mais tous n'ont-ils pas à devenir des citoyens parmi les autres, et à eux mêlés dès leur âge adulte ? Alors, puisqu'il y a de plus en plus d'inadaptés, d'échecs scolaires, puisque les méthodes actuelles ont conduit à cet état catastrophique, ne faut-il pas chercher autre chose ?

La psychothérapie individuelle des plus détériorés ou des plus entourés par leur famille n'est pas la solution. Les médecins formés et les psychologues n'y suffiraient pas.

Des réponses pratiques, valables, aux questions angoissantes d'instruction et d'éducation peuvent être données, à condition de délaisser définitivement l'enseignement type, par un maître type, avec des leçons type, pour élève type, de niveau homogène type.

L'adulte vocationné pédagogue, de par les avatars de sa propre histoire libidinale, n'est pas plus un tout sachant qu'un enfant à l'écoute passive de ses supérieurs hiérarchiques, d'autant que ceux-ci, passés administrateurs, sont loin des échanges quotidiens avec les générations montantes, loin des problèmes pratiques. Les pédagogues sont dénicheurs d'esprit, dénicheurs de trésors humains encore engourdis dans les couveuses familiales ou déjà enlisés dans leur impuissante solitude (enfants qualifiés inadaptés). Il ne faut plus que, du fait du style obligatoire des écoles dites ordinaires, des enfants de plus en plus nombreux en soient exclus ; ou bien encore, que la malchance d'avoir un quotient intellectuel normal ou supérieur oblige les enfants non caractériels à ne pas profiter des meilleurs pédagogues et des méthodes nouvelles et vivantes. Celles-ci seraient excellentes pour eux autant que pour les enfants inadaptés ou indésirables qui, seuls, peu à peu, profitent des meilleures écoles, chaque élément constituant la clientèle de ces établissements étant choisi pour son infériorité mentale et sa désadaptation sociale ; ils forment de ce fait des groupes à distance des grands courants sociaux et culturels. Et cela, avec la prolongation obligatoire de la vie scolaire jusqu'à l'âge presque adulte, obligeant les inadaptés et leurs maîtres à être isolés, sans relations sociales.

Et pourtant, les uns comme les autres, tous ces élèves, devenus hommes et femmes, ne seront-ils pas reconnus bons pour voter, pour payer les impôts, pour se côtoyer en s'ignorant, du fait de l'incapacité où a été l'école de les instruire et de les éduquer dans un cadre commun, avec des méthodes vivantes et souples, pour que tous y puisent des expériences sociales, des connaissances désirées, directement utilisables dans leur vie actuelle, tant dans leur famille que dans les contacts avec le monde qui les entoure ?

Je sais. Pour cela il faut des locaux, des ateliers, des bibliothèques, des salles libres, des préaux, des cours de récréation suffisantes et aussi des adultes aimant plus à développer les enfants qu'à les commander, décidés à permettre aux enfants de s'exprimer plutôt qu'à leur dire ce qu'ils doivent penser et savoir, susciter leur volonté de créer plutôt que viser des performances. Mais rien n'est impossible et l'avenir de notre jeunesse en vaut l'effort.

L'enfant dans la ville

Le Coq-Héron, n° 68, 1978

Si je parle ici des « enfants des villes », c'est d'abord pour les différencier de ceux qui vivent à la campagne ou dans les petites bourgades, où l'environnement des lieux d'habitation ne présente pour eux pratiquement aucun danger physique et très peu de danger moral. De plus, les enfants y sont au contact de la nature, de la végétation, de l'eau qui court, des animaux, des fleurs et des forêts, de tout ce qui fait la joie de vivre sur notre planète. La maison est généralement dotée d'un petit jardin où, dès qu'il fait beau, l'enfant va jouer, et cela dès avant d'apprendre à marcher, pendant toutes les années qui précèdent le temps d'aller à l'école. Dans les campagnes ou les petites localités, les enfants ne sont pas enfermés dans les appartements, comme ceux des grandes villes.

En effet, les enfants des villes, dès qu'ils sortent de chez eux, sont guettés par bon nombre de dangers de toutes sortes : la circulation, l'éloignement des jardins publics ou bien l'aberration des règlements de ces jardins, qui fait que les gosses n'ont pas le droit de jouer sur les pelouses. D'autre part, il y a le problème de l'argent. Rien n'est gratuit en ville, alors qu'à la campagne presque tout est donné et devient source d'apprentissage et d'amusement pour l'enfant. En ville, lorsque les enfants grandissent, survient la tentation de dépenser de l'argent, argent que, dans la plupart des cas, les parents gagnent difficilement. À ces difficultés s'ajoute, au moment de l'adolescence, le sentiment d'impuissance à aider les autres de sa famille. Alors qu'à la campagne, où les relations de travail et de voisinage sont plus organiques, plus liées, les adolescents peuvent donner un coup de main çà et là, aider les parents ou les voisins. Ils sont ainsi très tôt occupés, et leurs parents les savent en quelque sorte en sécurité, bien entourés.

Nous vivons une période historique et sociale tout à fait nouvelle, dont le principal est la civilisation industrielle. L'attraction de ses facilités pousse la population villageoise à quitter les campagnes, tentée par l'emploi à heures fixes, par les jours de liberté des travailleurs urbains, par les fins de semaine libres, les vacances annuelles, inconnues dans les campagnes. Et en dépit du fait que ces vacances (ou « loisirs ») soient déjà devenues synonymes de fatigue, de motorisation déambulante et démentielle, le « mode de vie » urbain continue à absorber les jeunes gens des campagnes et des bourgades.

Parallèlement au développement industriel, a eu lieu le processus du développement des villes. Développement rapide et triste, avec ses théories de grands immeubles gris, ses grands ensembles constitués d'innombrables cageots d'humains superposés, d'où sortent et rentrent, matin et soir, des hommes et des femmes pressés, qu'aspirent et rejettent les usines, les grandes surfaces commerçantes, les bâtiments scolaires et universitaires.

C'est ce phénomène urbain, avec toutes ses conséquences, qui marque de sa griffe l'ensemble de la population de notre fin de siècle. Phénomène accompagné, du point de vue du travail, par la fonctionnarisation qui se généralise de plus en plus, parce qu'elle représente une sécurité matérielle assurée, non seulement le temps de la vie active de l'adulte, mais aussi celui de la retraite sans risques et sans responsabilité personnelle. La retraite devient pour les fonctionnaires l'espoir caressé toute une vie — souvent une vie d'ennui —, l'espoir d'une vieillesse que l'on imagine heureuse, d'une liberté qui, lorsqu'elle intervient, dérègle tellement la vie des citadins, qu'ils sombrent vite dans les maladies précoces du troisième âge.

Une question se pose cependant : et si, lors de l'avancée de ce processus historique, ce sont les enfants des villes, la génération de demain, qui étaient les grands perdants, les grands grevés du minimum vital humain de joie ?

Si les jeunes ont quitté et continuent de quitter leur campagne d'origine, c'est parce qu'on leur a fait miroiter les lumières prometteuses des plaisirs et bonheurs citadins, des rues éclairées, des cafés — lieux de rencontre —, de magasins ouverts tard le soir où-l'on-peut-tout-trouver. Le désir aussi de trouver un logement tranquille, un deux-pièces ou un studio « tout confort ». « Tranquille », c'est-à-dire sans les parents pour vous surveiller, sans les voisins qui commentent vos moindres mouvements, sans la promiscuité du village ou de la petite ville de province, où les jeunes se sentent étouffés. Car, à l'âge où l'on recherche un compagnon ou une compagne, il y a dans le village toujours quelqu'un pour prévenir les parents, ou qui trouve immanquablement à redire sur le choix fragile de l'aimé d'un moment. Pour les jeunes adolescents, quel piège que la grande ville, avec ses promesses de liberté et de travail, à l'abri des aléas des saisons auxquelles est soumis le labeur du paysan !

À la campagne, on n'en finit jamais avec le travail, avec les bêtes qu'il faut soigner, même les dimanches et les jours de fête. Si l'on est artisan, les clients ruraux sont difficiles, toujours pressés et mal payants, exigeants de surcroît, parce qu'ils vous connaissent depuis que vous êtes galopin. Tant pis pour votre dimanche, si le voisin a la machine en panne !

À la ville, au travail, il y a aussi les syndicats pour prendre votre défense contre les patrons. L'usine, c'est peut-être ennuyeux, mais tellement plus sûr, du moins c'est ce que l'on dit. De nos jours, il y a des syndicats à la campagne aussi, mais comment faire quand les patrons, on les rencontre tout le temps dans la rue, quand ils vous appellent par votre prénom, quand la familiarité est généralisée ? Alors qu'à la ville c'est l'anonymat, le petit n'y a pas peur du gros, même s'il l'envie. Ceux qui ont grandi et vécu à la campagne ont l'impression qu'il n'y a aucun moment de détente dans leur vie, qu'ils sont soumis à une surveillance perpétuelle. Ce sont seulement les citadins qui pensent que la vie à la campagne est belle.

La ville moderne, rêve de plusieurs générations de Français, est aujourd'hui un fait accompli. La civilisation industrielle a modifié la répartition des densités démographiques, a produit de nouvelles espérances pour un plus de plaisir et de liberté accordés par le travail industriel et urbain. Mais si cela n'apporte pas plus de jouir dans la vie quotidienne, pourquoi donc les jeunes et les adultes continuent-ils à quitter leurs régions natales, pourquoi, constatant les difficultés de la vie citadine, ne retournent-ils pas à leur campagne? Il s'agit là peut-être d'un effet d'attraction inexplicable qui accompagne la vie dans le milieu industriel et urbain, effet spécifique à l'agglomération de ses serviteurs, de ses servants ritualisés, soumis aux impératifs du temps de la pendule pointeuse qui remplace les saisons, astreints qu'ils sont à l'espace réduit des logements, coureurs de fond pour couvrir l'espace immense des déplacements nécessaires pour se rendre à leur travail.

Avec l'accomplissement du rêve urbain, avec la mise en place du nouveau cadre de vie, on voit s'accroître le nombre des enfants des villes, enfants malheureux, vivant dans des logements de béton exigus, privés de contact avec la nature ainsi que de vraies relations familiales. Dans mon activité de thérapeute, j'ai vu s'alourdir le poids des épreuves que sont pour ces enfants les conditions qui leur sont faites en ville, tant du fait des occupations de leurs parents, que du fait de la froideur inhumaine de l'environnement citadin.

Ces nouvelles conditions de vie ont modifié le style de vie des familles et ont changé aussi, pour les enfants, l'image qu'ils se font de la génération adulte, celle de leurs parents ou de leurs aînés, concassés qu'ils les voient par des obligations d'horaires et de continuels soucis d'argent. Ces parents, autrefois considérés comme recours de savoir, de pouvoir, d'amour, de sécurité, sont maintenant pour leur progéniture des inquiets, des fatigués, des fâchés, des intolérants, des pauvres, des déprimés, des méfiants, des apeurés, des assistés en quête de remboursements, d'assurances, de crédit, d'allocations, toujours à se plaindre de leur travail, de leur chef ou des conditions impossibles qui leur sont faites dans leur profession. Le travail de leurs parents est ainsi vu par les enfants comme un ennemi; et ils s'étonnent que leurs parents, quand ils les retrouvent enfin le soir, leur demandent de faire leurs devoirs, de penser à leur avenir, cet avenir qu'ils ne peuvent voir qu'à l'image du présent de leurs parents: vie sans joie, sans détente, sans promesses.

À la campagne ou dans une petite bourgade, si l'on interroge un enfant sur le travail que fait son père ou sa mère, il sait toujours et avec précision de quoi il s'agit, il est conscient aussi de la considération des voisins pour l'activité de ses parents. Cependant, si l'on pose la même question aux enfants des villes, cinquante pour cent d'entre eux ne savent pas dire à quoi leurs parents sont occupés du matin au soir : « Mon père, il est à l'usine. — Et qu'est-ce qu'il fait ? — Ah, je ne sais pas..., sur les machines. — Et toi, ton père ? — Mon père, il est aux écritures. — Il écrit quoi ? Et où ? — Ah, je ne sais pas..., mon père il est fonctionnaire, il travaille au ministère. — Et qu'est-ce qu'il y fait ? — Ah, je ne sais pas... » C'est toujours le même « je ne sais pas ». La mère est vendeuse. Mais qu'est-ce qu'elle vend ? Il est très rare que les enfants sachent de quoi s'occupe leur mère, tout autant que leur père.

Et à la maison, quand on bavarde, le travail est toujours absent des discussions, car il n'est que source d'ennuis, d'irritabilité, de gronderies et de fatigue, à cause de laquelle on va demander du repos au médecin. Les médecins sont vus par les enfants, dans les villes, comme des êtres dangereux, desquels leurs mères les menacent lorsqu'ils ne veulent pas manger leur soupe, mais auxquels, cependant, les parents recourent pour avoir des jours de repos. Pour les enfants, tous ces parents ne sont plus des adultes dont on envie le statut. On les plaint, quand on les aime. On essaie de leur cacher une bêtise ou une mauvaise note, quand on sait que les soucis les écrasent et que, tendus à bloc le soir au retour de leur travail, cette bêtise, cette mauvaise note, risquent de faire exploser d'angoisse, de cris, de gronderies, l'ambiance déjà bougonne et harassée ; cette ambiance des soirées au retour de tous pour le repas, qui s'accompagne, néanmoins, toujours de l'espoir d'une bonne soirée ensemble, espoir trompé jour après jour. Colères, jérémiades, signes de souffrance chronique, reproches, criailleries, culpabilité en chaîne, tel est le bruit et le sens des paroles brèves et agressives dont sont repues les oreilles des petits, et des plus grands. Car les enfants sont tous chargés, sans qu'ils le sachent, les innocents, de l'immense espoir dont leurs parents les ont fait, à leur naissance, les dépositaires : on peut presque dire leur seul espoir. Espoir chaque jour renouvelé de trouver en eux, dans leur santé florissante, dans leur propreté précoce, dans leur réussite scolaire, dans leur tranquillité de bons nounours immobiles et silencieux, le respect et la politesse à leur égard, tels ceux qu'en leur jeune âge ils disent avoir eus pour leurs parents. Et c'est vrai qu'ils étaient ainsi, car les parents d'autrefois, à la campagne, ces parents « étaient quelqu'un ». En ville, ils ne sont personne.

Devant les difficultés auxquelles ils ont à faire face, les parents voudraient aussi que leurs enfants soient économes en tout, qu'ils n'abîment pas leur tablier, qu'ils ne salissent pas leurs vêtements, qu'ils n'usent pas leurs chaussures; et puis ils les voudraient fraternels les uns avec les autres en famille. Mais dans une ambiance tendue comme celle de la plupart des foyers, les enfants ne peuvent qu'être contaminés par cette tension nerveuse, et c'est tout le contraire de la tranquillité que les parents trouvent en revenant près d'eux, et tout le contraire de la sécurité que les enfants trouvent dans la présence de leurs parents.

Curieusement, ce que les parents attendent de leurs enfants, c'est qu'ils aient le goût des études, ou plutôt qu'ils réussissent en classe et aux examens, qu'ils soient dociles. Ils aiment recevoir des compliments sur la bonne éducation de leurs enfants déjà grands, comme ils aimaient en recevoir sur leur propreté précoce, si dangereuse — nous en parlerons tout à l'heure — pour les petits. Les parents, qui rabâchent à leurs enfants le non-sens de leur travail et le sentiment de leur propre échec, attendent que ceux-ci se hâtent de faire comme eux... Mais, bien sûr, les enfants n'en ont guère envie. Tout ce qui pèse sur les épaules fatiguées des mères et des pères, sur leurs cœurs d'adultes géniteurs, pour qui le conjoint n'est plus qu'un compagnon de lit, sans rires, sans joie des retrouvailles, c'est de cela dont les enfants devraient les consoler.

Je parle surtout et presque uniquement des enfants des villes. Il est à peine exagéré de dire que c'est de leur enfant que les adultes attendent ce que leur apportait, lorsqu'ils y repensent, la présence de leurs propres parents, quand tout le monde se retrouvait le soir à la veillée. Ils attendent de leurs filles ce que les bonnes grands-mères indulgentes et caressantes leur donnaient, ce que les grands-pères retraités et disponibles leur racontaient d'intéressant, lorsqu'ils allaient sur leurs genoux. Ils n'étaient peut-être pas bien à la page, mais ils étaient reposants et ils avaient toujours quelque chose d'amusant à dire. Combien sont les parents qui, au lieu de raconter le soir quelque chose d'intéressant à leurs enfants, n'ont qu'un mot à la bouche, qu'un seul mot : « Dis-moi ce que tu as fait à l'école ? » ! Et de questionner l'enfant qui, lui, attend de ses parents l'ouverture sur le monde.

Il n'est pas exagéré de dire qu'un couple qui attend un enfant, quand il décide d'accueillir ceux qui s'annoncent et ainsi, de faire famille, c'est avec l'espoir de ce halo de bonheur connu quand on était petit, lorsqu'on retrouvait ses parents après la journée finie aux champs et qu'auprès du feu on parlait des voisins, de ce qui s'était passé, de la vache qui allait vêler, du prochain marché, de la chasse ou de la pêche. Il y avait toujours de bonnes histoires dont les enfants étaient friands, admirant leur père de s'être si bien tiré d'une situation difficile. Au lieu de ce bonheur fantasmatique des soirées d'autrefois, la venue des enfants crée des complications dans un couple de jeunes adultes qui habitent dans la grande ville. La lucarne de la Télé ouverte sur les pinceaux lumineux de l'écran, à l'heure de la veillée longue de leur enfant, apporte, au lieu des flammes dansantes du feu de bois qu'on regardait en méditant, des westerns bruyants, des policiers pétaradants, des actualités grinçantes : « Tais-toi, touche pas ! Vas te coucher ! Tu veux une fessée ? Arrête ! »

La tranquillité des dimanches à la campagne, qu'ils recherchent en bourrant les voitures de mioches pour un pique-nique, et une heure de ballon payée de quatre à cinq heures de route énervantes pour tous, surtout pour les petits parqués à l'arrière. Les : « Taisez-vous ! Laisse ta sœur tranquille ! Non, on ne s'arrêtera pas, tu vois bien qu'on n'avance pas, si on s'arrête ils passeront tous devant nous ! »... Et ça braille, et c'est la faute à la femme, « ils n'avaient qu'à pas boire, ils n'auraient pas besoin de pisser... », ou c'est la faute du père : « Attention, va moins vite ! — Je fais ce que je veux. Ah ! quel salaud..., il va voir ! », et en avant les queues de poisson vengeresses, les invectives, la rage contagieuse et térébrante dans la cage roulante et survoltée.

« Ah ! la famille... Ah ! les dimanches ! Ah ! les vacances... Vivement le boulot ! Au moins là tu me fous la paix, dit le conjoint à sa conjointe. Tu les a voulus, ces gosses... » Et ça continue... « Papa, je t'aime ! Maman tu m'aimes ? Papa... Maman... Pourquoi vous êtes-vous mis ensemble ? »

Non, ce n'est pas de ta faute à toi, Pierre, Jeanne, Popaul ou Véronique, c'est du fait de ton existence. Ça serait pareil si à ta place il y avait Jean, Josette, Fernand ou Louisette; n'importe quel enfant de ton âge. Non, ce n'est pas de ta faute à toi. C'est parce qu'il n'y a pas de place pour les enfants dans la vie des citadins. Pas de place pour les rires, les bousculades joyeuses, la tendresse, l'espièglerie, les jeux et les caresses, la paix du soir, les chansons sur les genoux, les histoires qu'on raconte, la joie de vivre, le gratuit des heures et des moments de paix, la confiance des regards qui s'aiment, entre des vivants qui goûtent le plaisir d'être, et d'être les uns pour les autres source de joie et de bonheur tout simple; et pour les petits de grandir sans penser constamment à l'heure qui traque, au cœur qui crie après un autre cœur, à tout qui coûte de l'argent qu'on n'a pas; et papa et maman, quand on leur demande la moindre petite chose, ressentent leur impuissance, à côté du voisin ou de la voisine, dont l'enfant exhibe le cadeau, un jouet que leur enfant réclame.

« Tu as vu Untel ? Il s'est acheté une nouvelle voiture. Si les enfants ne coûtaient pas si cher, on pourrait s'en acheter une aussi, et puis on pourrait s'acheter une jolie caravane, tous les deux..., installer notre living..., si on n'avait pas les enfants ! » Voilà ce que presque tous les enfants des villes entendent à longueur de journée. « Ah ! si c'était à refaire ! » Le travail, la maison, les voisins, tout est occasion de plaintes dont les enfants des villes ont à porter la responsabilité.

Et les mises en ménage éclair ! Le temps de faire un gosse, et au revoir... Et les séparations de couples dont les enfants ne connaissent ni famille paternelle ni famille maternelle, seulement le parent resté avec eux, seul, aigri, débordé, aimant et demandeur; demandeur d'amour, de dépendance reconnaissante, de consolation, à cet enfant rendu responsable d'un destin brisé, de la vie solitaire et qu'on dit « sacrifiée » à lui. Les divorces, la descendance écartelée, la fratrie démembrée.

La faute a-t-elle donc été d'aimer, si de s'être aimés a entraîné, ce que les enfants entendent, tant de vindicte sur celui des deux qui a retrouvé meilleur destin en changeant de partenaire ? La faute est-elle d'aimer son père et sa mère, si l'autre en prend ombrage ? Et les scènes de jalousie du père à l'égard de son ou de ses fils, parce qu'il était immature ou enfant unique et qu'il rêvait d'un fils, qui a centré sur lui les puissances maternelles d'une épouse, qu'il ne désire pas comme un homme sa femme, mais comme un fils sa mère! En ville, loin du village, du voisinage, de la tribu familiale, les jeunes, dès qu'ils rencontrent un partenaire de l'autre sexe, se mettent en ménage sans savoir que ce qu'ils recherchent, c'est de recréer un peu d'intimité comme celle qu'ils avaient facilement à la campagne. Et voilà qu'ils deviennent parents, sans même y avoir pensé. Quel enfer, pour un garçon mis par son père impuissant en place de rival vainqueur. C'est le monde à l'envers.

Et la jalousie des femmes, entre une mère piégée dans ses maternités, sa besogne ménagère, bousculée encore par ses heures de travail et jalouse de ses filles grandissantes, flatteuses images retrouvées d'elle-même jeune fille pour le père, qui en oublie son rôle de géniteur et provoque fugues et dérèglements sexuels et affectifs des filles, qui se dérobent ainsi dangereusement — sans même le savoir, parfois — à l'enfer du désir incestueux.

C'est souvent aux fils et aux filles des villes que l'on fait porter la désunion des couples. On les charge de cette culpabilité qui les poursuit, explicite ou implicite. Jeunes filles ainsi lancées trop tôt dans la vie sexuelle, afin d'éviter la promiscuité avec les frères aînés ou le père. Elles sont sans armes, rejetées par leur famille et aux prises avec l'inexpérience sexuelle et sociale reçue en exemple. Devenue mère, bannie par son père comme par sa mère — pourtant seuls responsables ignorants — et rejetant sur elle toute la culpabilité et toute la responsabilité de sa vie de femme ratée, elle grossit le flot de ces jeunes filles et de ces jeunes femmes sans qualification, sans attaches et sans logement, prêtes à n'importe quoi avec n'importe qui afin de vivre jour après jour, sans sens vrai donné à leur vie, sans aucune attache.

Quant aux jeunes gens qui entendent à la maison les rebuffades du père, les gémissements de la mère, sans moyens de gagner de l'argent, alors que tout dans la ville est tentation, ils grossissent à leur tour le flot de la délinquance juvénile. La plupart d'entre eux ont entendu leur père dire : « À ton âge, je gagnais déjà ma vie! Tu ne fais rien, tu n'es qu'un paresseux! » Quelle tentation alors de se livrer à n'importe quel commerce clandestin, pour fuir sur une moto volée, ou se livrer au proxénétisme, afin de vivre quelques heures de luxe et de plaisir facile.

Que de familles ainsi éclatées, d'enfants sans racines, parce qu'en ville les couples se débattent avec les difficultés de travail et d'élevage des enfants, sans aide des anciens, comme ils en auraient eu à la campagne en vivant peut-être plus simplement, mais sûrement plus heureux. Il n'y a plus de référence aux traditions des familles, comme il y en a encore dans les villages : autant dire dans un autre monde. Partis pour la réussite en ville, ni l'homme ni la femme ne veulent avouer leur échec, leur détresse de cœur, affronter le blâme d'être partis « faire leur vie ». Les vieux qui sont restés au village ne les comprennent plus.

Heureux sont les enfants des villes quand une partie de la famille, restée terrienne et non jalouse de ceux des enfants qui ont choisi la « grande vie », accepte de prendre qui leurs petits-enfants, qui leurs neveux et nièces en bas âge, en nourrice ou à temps complet, qui les plus grands en vacances ou à l'occasion de convalescence de maladies infantiles. Mais combien peu nombreux sont-ils ? Sans compter avec la jalousie du père et de la mère qui, privés de leurs enfants, les retrouvent plus heureux et plus libres loin d'eux, redevenus petits paysans comme ils se souvenaient l'avoir été, et qui les voient renâcler à revenir en ville avec leurs géniteurs. C'est encore de la culpabilité pour les enfants, celle d'aimer leurs grands-parents, leurs oncles et tantes, belle-famille secourable de l'un des conjoints quand les parents de l'autre veulent ignorer leur fils ou leur fille en difficulté matérielle ou en difficulté dans l'éducation de leur progéniture. « Il » ou « Elle » a voulu nous quitter..., qu'il — ou elle — se débrouille !

Enfants sans racines, sans cousinages, sans attaches familiales, sans connaissance de la nature et des leçons qu'elle donne au jour le jour à ceux qui y vivent, enfants bringuebalés au gré des institutions d'éducation et de réfection de santé physique, ces institutions qui prennent en charge gratuitement leur enfance en difficulté, mais où ils ne rencontrent que de façon très momentanée des adultes mercenaires — infirmières et éducateurs —, avec lesquels si un lien affectif se constitue, il est rapidement brisé après ces quelques semaines d'évasion de la ville. Il en est de même pour les camarades rencontrés dans ces internats occasionnels de colonie de vacances, de rattrapage scolaire, ou des préventoriums.

Quant aux parents, la grande famille des deux côtés, qui est restée en province, au village ou dans les bourgades, ils sont tous ignorants des exigences pressantes de la vie citadine qui, de loin, leur paraît la vie facile, raisonnablement choisie par les jeunes gens arrivés en fin d'études, qui exercent des situations de fonctionnaires dans la grande ville ou ont une place à l'usine, dans les grandes banlieues. Ils sont restés trop longtemps sans nouvelles de leurs jeunes. On ne se connaît plus en famille. L'adieu tendu, la gêne de se quitter sur le quai de la gare — parfois sur un coup de tête ou après une dispute décisive — a laissé à tous un goût de déchirure amère.

Une fois installés à la ville, sans oser se dire qu'on regrette son village et ses charmes rétrécis, on raconte aux enfants qui questionnent leurs parents sur leur jeunesse qu'à la campagne on ne sait pas vivre, qu'on n'a pas le sou, pas de liberté. Pendant le même temps, à la campagne on dit : « mon fils, ma fille, à la ville, c'est quelqu'un ! Il a tout ce qu'il lui faut... » Du moins ceux de la campagne le croient. Et la pudeur empêche d'écrire la vérité ; de part et d'autre on crâne. Le fossé s'est creusé. Et puis survient la mort des vieux, occasion de reprise des relations familiales et affectives. On revient au village. Il arrive que, pour une question d'héritage, on se croit lésé et des brouilles retentissantes éclatent entre frères et sœurs, parents et enfants qui jusque-là s'aimaient.

Tant pis pour la descendance égarée dans les appartements-cages et livrée à la rue ; ils ne connaîtront jamais les familles de leurs parents. Tandis qu'à la campagne on dit : « À la ville, ils vivent comme des égoïstes, ils nous méprisent. » Que leurs enfants soient à Nanterre, Saint-Denis ou une autre banlieue, dans un logement exigu qui ne suffit même pas pour le couple et ses enfants, si père et mère travaillent, si enfants et parents en partent à l'aube pour y revenir le soir, ceux de la campagne ne comprennent pas le fait de n'être pas invités.

Que de méprises et de déceptions acerbes de part et d'autre sont à l'origine des pertes totales de contact entre citadins harassés et surmenés et campagnards envieux, qui s'imaginent que les citadins, heureux et riches, sont oublieux de leur famille ! Ainsi à la ville, quand on y est malheureux, on rêve de la campagne, comme à la campagne, quand on y est malheureux, on rêve de la ville.

Et les enfants, dans tout cela? Ce ne sont pas les enfants des campagnes qui sont malheureux, même si leurs parents gagnent peu et vivent sans confort, avec peu d'argent. Car ils sont tout ce qui enracine le vivre quotidien de chacun à l'histoire de ses parents, aux récits des anciens, à l'air, à l'eau, à la terre, aux animaux familiers, à la végétation, au plaisir ou à la nécessité, à l'univers tout entier, à l'humus de la culture qui est symbole de vie. Ce sont les enfants des villes, même si leurs parents ont une certaine aisance matérielle, et bien plus encore quand ils sont très pauvres ou très riches, et n'ont plus d'attaches familiales aux grands-parents ou aux collatéraux de leurs parents. Ils n'ont plus de lieux de ressourcement au terroir d'origine de leur famille maternelle ou paternelle. Souffrent de détresse humaine ceux qui sont sans récits sur un passé familial entendu des adultes et qui, évoqué, fait la jeune génération dépositaire des récits et souvenirs légués d'âge en âge, d'ancêtres en descendants. Ce qui leur manque, c'est d'être reliés à la nature, à ces sources, ces forêts, ces jeux en liberté, à cette vie sécurisante, d'être partout connu et accueilli comme fils ou fille d'Untel. C'est, associés au visage, aux aventures de ceux que leurs parents leur racontent avoir connus, aux noms qu'ils retrouvent gravés sur les pierres du cimetière, sur les monuments aux morts, noms qu'ils peuvent relier à des œuvres, à des travaux, à des actions (dont photos, lettres, menus objets, gardés en souvenir, témoignent), que les enfants prennent conscience de la valeur de vivre. Tous ces souvenirs, lorsqu'ils sont racontés aux enfants, restent fixés dans leur mémoire, associés à l'histoire, la grande, celle que les manuels scolaires racontent, que les films évoquent, et qui prend alors sens, en donnant également sens à la vie de ces jeunes. C'est à travers ces anecdotes particulières, humanisées, familiales, personnalisées, des parents et des compagnons de jeunesse de leurs parents, acteurs et témoins de ces périodes révolues, qu'ils peuvent trouver un sens à leur vie d'aujourd'hui, et valeur à ce que la famille à travers eux devient.

Référés ainsi aux oncles, tantes, grands-oncles, grands-parents, chacun peut ressentir ses goûts, ses affinités, ses désirs, son caractère, ses potentialités physiques ou mentales, en similitude ou en différence. Tel ou tel personnage de sa lignée, dont les souvenirs lui sont racontés, soutient la validité des options d'un enfant, qu'elles soient intellectuelles, affectives, sociales ou culturelles — en référence à ce passé humain qui, à travers ses parents, lui est sien.

Une valeur de relève des générations, de suite naturelle à travers le temps, grâce à cet imaginaire pour qui tout est langage incarné dans des récits d'œuvres, d'actes, soutient l'espoir que la réalité d'aujourd'hui, grâce à chacun, porte des fruits qu'a préparés la réalité d'hier, pour créer celle de demain. C'est ainsi, sourcée dans une continuité sensée, par la chaîne ininterrompue entre les morts, les disparus et les vivants, lointains mais familiers, qu'une société prend son sens d'ethnie; souvenirs ou légendes soutiennent le courage pour vivre les moments difficiles.

Des moments difficiles, il y en a tout au long de la vie. Ceux de l'adolescence bouillonnante, ceux des épreuves d'adultes, ceux des amours latérales qui risquent de briser les couples, et dont Untel ou Unetelle, oncle ou tante, a su se sortir. Il y a ceux de l'éducation, pour les parents inquiets de leurs enfants, ceux de la solitude et ceux de la vieillesse. La foi en soi, la confiance dans son époque au moment des crises, l'espérance dans sa descendance sont mots vains quand ce n'est pas dans ces lignées parentales, aux expériences desquelles on peut se référer, que les êtres humains trouvent écho, exemple et ressourcement. L'argent que l'on gagne, les lieux que chacun traverse mais qui sont sans écho et sans souvenirs partagés avec ceux que l'on aime à retrouver pour parler du passé, toutes les réminiscences sensorielles que chacun peut trouver au long des jours, tout cela est sans poésie et sans chaleur, si le langage ne le reprend pas et ne multiplie pas cet écho par le partage avec d'autres.

Mémoire de famille, transmission d'âme à âme par le langage et les émotions associées aux perceptions sensorielles depuis le plus jeune âge, attention réciproque des êtres humains à guetter chez les enfants les témoignages des lignées accordées sur les expressions de leur visage, le caractère qu'ils manifestent, qui associent vieux, adultes et adolescents, jeunes et bébés mêlés, et qui les accordent aux disparus aimés sont, de génération en génération, ce qui construit l'intelligence du corps, du cœur et de l'esprit chez les enfants. C'est par le langage qu'est donné un sens d'amour au rapport des êtres humains envers leur progéniture, au-delà du rut des corps et des enfantements charnels. C'est par le langage et l'exemple qu'est donné sens de foi dans ces dons naturels, ces options et ces choix, au-delà des risques qui donnent un sens au désir d'agir, d'aimer, au désir d'engendrer. Désir non limité par la seule prudence économique d'assurer des besoins plus ou moins fantasmés, déguisés en valeur, mais prisonniers du corps, mettant au monde des enfants par angoisse de la mort et de l'ennui.

C'est aussi par langage que sont transmis les témoignages et les souvenirs véridiques ou légendaires des familles et des groupes ethniques, par-delà la caducité de l'âge et le terme individuel de la mort — quand, dans l'enfance et la jeunesse, les êtres humains ont pris solides racines auprès de leurs parents, et des parents de leurs parents, dans leur courage, le courage d'accomplir les promesses transmises en eux. Et ils savent ainsi à qui ils peuvent se référer lorsque, se sentant marginaux, ils pensent qu'ils vont réussir là où tel et tel avaient essayé sans y parvenir. Eux-mêmes, reprenant le même métier, les mêmes convictions, les mêmes idées, vont aller à la réussite, non pas en solitaires, mais en enracinés dans un passé qui les soutient. Ce langage vivant d'amour est le seul qui peut libérer les jeunes épaules des enfants des villes du poids de l'échec de leurs parents, si ceux-ci savent, sans rien leur reprocher, leur délivrer par langage le souvenir de leur jeunesse et la confiance dans les qualités familiales, maternelles ou paternelles, qu'ils incarnent. C'est par le langage qu'en tresse d'amour, père-mère-enfant tissent le sens de l'histoire qu'assure le lien sensé du désir, de génération en génération. Cette tresse est soumise à bien des ruptures, dans l'espace et dans le temps, des ruptures charnelles par les deuils, les éloignements, les guerres, les déplacements du travail, mais c'est le langage qui comble le hiatus entre ces ruptures et qui soutient ces liens affectifs qui ne s'ouvrent que sur une béance, quand il y a silence, au lieu de paroles concernant le passé des parents et leurs liens affectifs avec leur famille d'origine.

Le drame des enfants des villes, c'est précisément que leurs parents, parce qu'ils ont brisé les liens avec leur famille, n'en parlent plus à leurs enfants. Et pour peu qu'arrive un drame, une séparation, un décès précoce d'un parent, un divorce, alors l'enfant est seul, sans aucune référence à ce qui l'a conduit à être au monde. Ces enfants restés seuls avec leur mère (le plus souvent, c'est elle qui garde l'enfant lorsque le père l'abandonne), ces enfants qui ne peuvent se référer au sens de l'union qui les a mis au monde, en connaissant le passé de ce père avant qu'il n'ait abandonné leur mère, en connaissant la famille et les hommes du côté de la mère, les sœurs de la mère et les sœurs du père, ces enfants sont comme de nouveaux Adam, comme de nouvelles Ève. Sans aucun recours, ils se sentent coupables.

Lorsque de pareils accidents ou incidents arrivent à la campagne, les enfants savent toujours tout ce qu'il en est de leurs deux familles d'origine, même s'ils sont bâtards, car à défaut de leur propre foyer, dans le village, dans le voisinage, ça parle ; et ils peuvent ainsi retrouver le sens de leur origine et aimer ce parent qui dans son silence voulait le garder pour lui seul, ne se rendant pas compte qu'il lui dérobait sous les pieds la terre de sa sécurité humaine.

Si, à la campagne, les enfants sont apparemment moins délurés qu'à la ville lorsqu'on regarde superficiellement, s'ils n'y deviennent pas aussi facilement qu'à la ville, lorsqu'ils sont doués, des enfants intellectuels, ce sont toujours des enfants intelligents et vivants, sans cesse occupés, intéressés par quelque chose, curieux, avides de connaître.

Sait-on que, sans lésion organique aucune, plus de cinquante pour cent des enfants des villes sont, à trois ans, si pauvres en vocabulaire, en aisance corporelle et manuelle, qu'ils sont ignorants même de leur patronyme, de celui de leur père, mère, frères — ignorants de la qualité de grand-mère maternelle ou paternelle, quand ils la connaissent ; qu'ils sont incapables de se vêtir, de se nourrir, de se torcher, de se coucher seuls — aussi peureux que des lapins, aussi étouffés que poisson hors de l'eau dès qu'ils ne sont pas dans les jupes de leur mère ?!

Ils sont incapables d'entrer à l'école avec le niveau de trois ans, cet âge que civilement ils ont pourtant. Ils ne peuvent établir de liens avec quiconque dans l'insécurité humaine où ils se sentent, sans langage gestuel ou verbal pour se faire comprendre lorsque le corps et la protection de leur mère ne jouxte pas leur propre corps. Ce sont des handicapés sociaux précoces, que rien ni personne, fût-ce même un enfant de leur âge, un joujou, une fleur, un oiseau, ne peut faire sourire. Et l'on ose dire que toutes les vingt minutes naît un enfant handicapé mental, alors que leur corps de mammifère debout n'est handicapé que par défaut de langage, par défaut d'intelligence du monde, et non par défaut de besoins satisfaits! Ils ne sont pas carencés de soins, ils ne le sont que de paroles médiatrices du monde.

C'est cela la lèpre symbolique de nos grandes cités où l'enfance n'a pas sa place, sauf pour le commerce où se multiplient mobilier, jouets, vêtements, commodités hygiéniques et alimentaires — sauf pour la médecine, savante à faire taire les symptômes langagiers de la détresse humaine qui s'exprime chez les petits par l'angoisse que traduisent des malaises et des dysfonctionnements végétatifs et fonctionnels de leur corps, dont on méconnaît l'origine psychique. La guérison physique artificielle, par des moyens physiques et chimiques à l'hôpital, n'est que provisoire, sans la présence rassurante et rassurée de la mère.

On devrait aider la mère à comprendre son bébé, à lui parler, à entendre sa souffrance. Si on écoutait son angoisse et qu'on la dégageait d'un sentiment de culpabilité exacerbée, on l'aiderait — elle aussi. On aiderait cet enfant si on invitait le père, venu le voir à l'hôpital, à assumer son rôle dans la triade symbolique, au lieu de le mettre lui aussi dans l'angoisse confirmée de son impuissance paternelle face aux institutions soignantes. Institutions aliénées au seul dérangement biologique à dépister dans ces corps, aux savants traitements impersonnellement appliqués à ces petits enfants souffrants, isolés sans amour, sans corps à corps, sans l'odeur connue de leur mère, sans paroles explicatives des soins qui leur sont donnés, sans les voix familières, sans respect pour leur personne de citoyen, et qui sont ainsi livrés sans défense aux plus intempestives et inutiles manipulations, investigations, tels des cobayes revendiqués par la science.

Ces petits enfants, après plusieurs semaines de vie carcérale à l'hôpital sortent, guéris physiquement, mais avec une brisure symbolique qui s'est accentuée entre eux et leurs parents. C'est le manque de communication interpsychique qui crée ces lacunes de relations symboliques, et qui aboutit à ces retards de langage et psychomoteurs, qui rendent plus de cinquante pour cent des enfants des villes incapables de profiter de l'école maternelle.

Dès sa naissance, le petit d'homme est tout entier à l'affût des échanges sensori-moteurs, au rythme de la dyade maternelle première, à l'affût du langage vocal, gestuel, mimique, attentif à lui, de qui sait l'aimer, le bercer, lui sourire, lui parler, l'aider à se rassurer devant tout ce qui questionne ses sens dans le monde; monde dans lequel, à défaut de la présence parentale aimante et du lait maternel (remplacé par le biberon), il ne rencontre qu'insolites agressions auxquelles il est d'autant plus sensible qu'il est davantage doué, et davantage promis à une intelligence sensorielle et mentale.

Que, par prudence, les femmes accouchent maintenant en lieu aseptique, préparé aux surprises des parturitions difficiles, est bon et bénéfique pour la sécurité d'une naissance sans problèmes. Mais pourquoi faut-il encore trop souvent, et tout à fait inutilement, sauf pour la commodité horaire de l'accoucheur, provoquer ou hâter les processus de l'accouchement par des moyens artificiels? C'est une première agression tout à fait inutile et dont certains enfants, que j'ai eu à soigner pour ces retards manifestes, se souviennent parfaitement dans leur vie inconsciente. C'est d'ailleurs grâce au retour de ces souvenirs, mis en paroles à l'occasion de traitements pychothérapiques, que ces enfants s'avèrent être plus doués en sensibilité que la majorité des autres et que certains d'entre eux, ceux qui peuvent profiter de ces traitements exceptionnels, retrouvent une vitalité que l'on croyait perdue à jamais, eux que l'on avait gratifiés du label d'handicapés à vie[147]!

Pourquoi faut-il encore, sous prétexte d'hygiène et de repos de la femme accouchée, prétexte fallacieux qui n'est que soumission à des règlements absurdes d'hôpital et à la commodité du personnel, séparer le nourrisson qui vient de naître du seul corps dont il a, pendant neuf mois, partagé les rythmes et les affects dans la symbiose fœtale? Le berceau tout près de la mère, le bébé dans ses bras autant qu'elle le désire, sa voix et celle de son père, sont aussi nécessaires au bébé que le sont à ses parents ces échanges visuels, auditifs, tactiles et gestuels d'amour et de découverte de leur nouveau-né. Ces premières heures d'intimité heureuse de la triade mère-nourrisson-père sont irremplaçables pour l'établissement du lien symbolique premier, post-natal.

À la campagne, les enfants qui naissent dans la maison familiale, entourés des femmes du voisinage, ne sont jamais atteints de ces troubles précoces de la vie symbolique, comme le sont si souvent les enfants des grandes villes. Son prénom, prononcé par les parents, les grands-parents, les amis de la famille, murmuré à ses oreilles, conjoint à l'espoir et à l'accueil que toute la société lui fait, introduisent l'être humain par le langage, dès les premiers jours de sa vie, à la société, et ce premier lien qui l'enracine à ceux de son entourage va faire des mois qui suivent une vie sensée, sans cette brisure fragilisante dont nous voyons atteints tous les enfants nés dans les grandes villes.

On devrait faciliter dans les villes, autant qu'à la campagne autrefois, le retour précoce de la mère et de son enfant au foyer familial où, au plus tôt, l'espace et les bruits familiers sont reconnus par le nouveau-né qui les entendait déjà *in utero*, et qui y était déjà sensibilisé avant la séparation du placenta par la césure ombilicale. Il semble que, si une aide maternante était assurée quelques jours dans la famille, les dépenses de la Sécurité sociale n'en seraient que moindres et le résultat meilleur pour l'avenir des enfants. Il n'y aurait pas ces perturbations pour les petits, pour les aînés surtout, pour la vie du couple, pour l'adaptation de la femme à sa nouvelle maternité. Et le nouveau-né n'aurait pas à rester inutilement et dangereusement isolé des siens, dans la salle hurlante, avec d'autres nouveau-nés en détresse, comme ils le sont à la maternité.

L'important, ensuite, pour un bébé, c'est le respect au jour le jour de ses rythmes biologiques pour ses besoins alimentaires, pour le change de ses langes et pour son sommeil auquel l'isolement et le calme absolu, dans lequel il est de mode de le laisser maintenant, est une aberration : c'est dans la pièce commune, celle où l'on vit, que le bébé devrait avoir son berceau le jour, tandis qu'il serait, quand c'est possible, isolé la nuit dans une autre pièce que celle de ses parents, avec les frères et sœurs aînés, s'il en a déjà... Mais qui le dit aux parents ?

C'est une aberration que de réveiller un bébé pour lui donner un biberon dont il ne manifeste pas le besoin. Et pourtant, combien de femmes seraient culpabilisées de ne pas le faire ! Il faut suivre des barèmes. C'est autant une aberration de laisser crier un bébé qui, réveillé, a besoin de la présence rassurante des autres, du rythme du porter-à-bras ou du bercement qui lui signifient la présence d'un autre, attentif à l'assister dans sa solitude angoissée.

Lorsqu'un bébé ne dort pas, il a besoin de communication interpsychique, d'échanges sensori-moteurs, du rythme du porter de la mère, de son langage vocal, gestuel, mimique. Il a besoin de sourires, de paroles; tout le questionne, tout bruit inattendu ne prend sens que par la présence parentale qui rend humaines à l'enfant toutes ces insolites perceptions qui le font pleurer, crier, appeler quelqu'un; qui donne sens à cette richesse sensorielle interne et externe mise en éveil pour lui chaque fois que quelque chose frappe son attention. On entend dire à toutes les mères : « Ne le prenez pas dans les bras, laissez-le crier quand ce n'est pas l'heure du biberon, sinon vous allez lui donner de mauvaises habitudes. » Ce n'est pas vrai! Et c'est même juste le contraire. L'enfant auquel la mère aura, par sa présence humaine, souriante, délivré le sens de ce qui se passe autour de lui, sera au contraire un bébé très calme les semaines qui viendront.

Je me réjouis des nouvelles lois qui aident pécuniairement les mères qui désirent rester avec leur enfant jusqu'à l'âge de la marche confirmée et le nourrir au sein sans être obligées de recourir à un sevrage précoce nuisible aux enfants. Sevrage d'autant plus nuisible s'il n'est pas médiatisé pendant les semaines qui suivent, par le porter très fréquent du bébé contre le corps de sa mère, qui ne lui est plus nourriture, mais qui lui est sécurité et médiatisation du monde. Je me réjouis des lois nouvelles qui permettent à la mère de rester avec l'enfant, de faire son éducation jusqu'à l'âge de la marche confirmée, sans perdre le droit à retrouver son travail.

Néanmoins, il faut savoir que les bébés élevés par leur mère, de même que par une nourrice seule, sans contact avec la vie de la rue, du jardin public, la fréquentation journalière d'autres enfants, resteront des carencés sociaux. Il faut aux petits paroles et chansons, bercements et sourires de leur mère, paroles qui donnent sens à tout ce qu'elle fait et à tout ce qu'elle perçoit; mais il faut aussi à tout enfant des contacts tactiles et auditifs avec d'autres enfants semblables à lui en taille et en activité, pour que la société lui devienne, au-delà de la relation maternelle et paternelle, le relais avec ceux de sa classe d'âge. Ce sont justement les enfants élevés par leur mère seule au foyer qui sont incapables de prendre contact avec le groupe des enfants de maternelle, lorsqu'ils n'ont pas été régulièrement mêlés dans la sécurité de la tutelle parentale aux enfants de leur âge[148].

Les enfants élevés en pouponnière et en crèche sont, pour le contact avec les autres enfants, beaucoup mieux adaptés que les enfants qui vivent solitaires avec leur mère. Mais leur carence est différente : ce sont des adultes qu'ils craignent le contact. Ceux qui vivent toujours en crèche n'ont pas appris à connaître le monde autour d'eux parce que la mère a rarement eu l'occasion de les promener elle-même, en leur faisant connaître la rue, les voisins, le reste de la famille.

Lorsque les enfants sont élevés avec une personne tutélaire, leur mère ou une personne préposée à s'occuper d'eux, il est donc indispensable qu'il y ait des lieux d'accueil nombreux, à temps partiel, où mères, pères, nourrices, trouvent compagnie et échange avec d'autres adultes, présents aux ébats des bébés et des enfants d'âge préscolaire; qu'ils s'habituent à vivre en présence sécurisante avec les enfants de leur classe d'âge. Des lieux d'accueil, de loisirs-bébés, devraient être librement fréquentables par tout enfant accompagné, des lieux où un personnel qualifié aiderait mères et nourrices, ou pères accompagnateurs, dans les difficultés rencontrées. Les parents seraient ainsi guidés à observer leur enfant lorsqu'il n'est pas seul avec eux, à découvrir au jour le jour la façon dont il manifeste ses désirs d'autonomie, et comment il faut lui laisser faire ses expériences et l'y encourager de la parole sans l'aider à tout moment, comme malheureusement le font beaucoup trop souvent les mères au foyer et les personnes chargées de la garde des enfants. Et je ne parle pas de celles qui l'isolent dans un parc, à longueur de journée.

Dans ces lieux d'accueil, les parents pourraient, en parlant avec des personnes préposées, dire leurs angoisses et leurs inquiétudes devant les menus incidents physiques ou psychiques qui souvent hantent obsessionnellement certains d'entre eux, toujours prêts à s'inquiéter de tout chez leur enfant. La joie et la gaieté de ces groupes, la facilité d'y parler, d'y laisser vivre entre eux des petits qui régulièrement y viendraient, s'y rencontreraient et y créeraient des affinités entre bébés du même âge, seraient la meilleure prophylaxie des névroses infantiles et des repliements sur soi des enfants solitaires, livrés à la seule compagnie de mères ou de nourrices, elles-mêmes sans relations, comme le sont tant de femmes à la ville.

Des liens sociaux inter-familiaux se créeraient selon les affinités des enfants et des mères qui, isolées de leur famille d'origine, font de leur ménage et de leur bébé leur occupation majeure, au détriment de l'éveil à l'autonomie de ces enfants.

Une personne d'accueil ou d'autres mères leur permettraient ainsi de parler de leur projets de gardiennage et de crèche lorsqu'elles décideraient de reprendre le travail. Elles pourraient aussi parler des soucis de santé et d'éducation que leur donnent les jeunes aînés souffrant de jalousie et qui — eux aussi — pourraient être accueillis les jours de congé de l'école maternelle dans une salle de jeux et d'éveil sensori-moteur et intellectuel, pour ceux qui ne sont pas encore à l'âge des distractions collectives institutionnelles para-scolaires.

Ces lieux d'échanges, de jeux, de paroles et de vie à l'abri de tout danger pour les petits et les jeunes enfants accompagnés, pourraient aussi être des lieux où des mères confieraient un enfant déjà habitué aux autres, pendant quelques heures, le temps d'une course ou d'une démarche. Tels devraient être ces lieux d'accueil ouverts du matin au soir et prêts à recevoir chacun environ vingt à vingt-cinq enfants, ainsi que des personnes accompagnatrices qui, elles aussi, trouveraient l'occasion d'échanges pour quelques heures.

Les nourrices et les mères, les jeunes femmes employées à domicile, y apprendraient à parler aux enfants, à jouer avec eux, à comprendre leurs demandes et leurs désirs, à découvrir leurs progrès journaliers, aidées de personnes compréhensives et douées. Des jeunes filles du quartier pourraient y venir leurs jours de loisirs scolaires, ainsi que des personnes seules, hommes ou femmes retraités du troisième âge, en bonne santé, en stage volontaire pour acquérir la compétence à garder les enfants. Faisant ainsi connaissance avec les mères de famille de leur quartier ou de leur commune, dans les petites localités, ils pourraient ensuite les aider à domicile : il y a une telle détresse d'ennui dans les villes pour les personnes du troisième âge qui n'ont ni enfants, ni famille ! Je crois vraiment que ces lieux d'accueil des petits avec leurs parents éviteraient les trouble du langage et de la psychomotricité des enfants confinés avec leur mère ou leur gardienne, sans jeux avec d'autres enfants de leur âge.

Mais, et ceci est très important, ces centres de loisirs pour les bébés et les tout-petits ne devraient en aucun cas être bureaucratisés, médicalisés, psychologisés, psychiatrisés. Cela irait à l'inverse du but proposé. Ils devraient être ouverts à tout bébé, comme l'est un jardin public : sans fiche, sans inscription, et quasi gratuits. C'est un dû de la ville à ses citoyens en herbe. C'est l'esprit d'accueil que l'on y trouverait, le personnel placé sous l'égide de la mairie, qui en ferait, s'il est aimable et compétent, l'attraction tant pour les mères que pour les enfants.

J'en attendrais aussi que les petits y soient protégés de la compétition des mères pour le sevrage précoce et sans cette longue période médiatrice indispensable de la continuation du corps à corps, de nidation du bébé sevré à sa mère, des semaines avant qu'elle ne le confie à une autre personne, ou à la crèche. Que les enfants y soient aussi protégés de la compétition des mères pour leur inhumaine fierté de la propreté précoce. Je veux parler de l'exonération urinaire et fécale, à la demande des mères, avant l'acquisition de la marche délurée, du plaisir de l'activité acrobatique, de l'adresse manuelle soutenue par les jeux d'adresse manipulatrice et la compréhension parfaite du langage, du savoir de tous les mots signifiant les objets rencontrés et de tous les verbes qui signifient la manipulation de ces objets.

Le retard de langage et le retard psychomoteur, plaie des enfants des villes, et qui font de ces enfants des retardés pour entrer à l'école, proviennent du dérythmage des besoins alimentaires, excrémentiels et moteurs des petits. Dérythmage dû surtout à l'ignorance des mères et à leur manque d'observation et de respect du rythme de besoin et de l'apparition du désir des enfants qui accompagne leur développement sensori-psychique, lequel dépend de la relation langagière à la mère et non du dressage à la propreté. La mauvaise vue, la mauvaise audition, pourraient être dépistées à temps dans ces centres d'accueil[149], avant leur conséquence néfaste qui est l'isolement de l'enfant, tant verbal que psychomoteur. Le développement, lent ou rapide, de la motricité est à connaître car chaque enfant a ses particularités, et il faut les respecter. La norme du décours des étapes successives dont médecins et psychologues sont si férus, est une source de culpabilité pour les mères. Seule est à entretenir la relation vivante, enjouée, confiante, des bébés avec leurs familiers d'abord, puis avec les personnes de leur entourage, les enfants du même âge, et avec les adultes qu'ils apprennent à connaître dans l'ambiance sécurisante que leur mère crée, par sa seule présence et par les paroles explicatives qu'elle leur donne, concernant tout ce qu'ils observent et tout ce qui leur arrive au jour le jour.

Tout ce qui est ainsi dit à un enfant est humanisé, et si pénible ou surprenante que soit l'expérience ressentie, elle ne laisse aucune angoisse résiduelle si l'enfant — quel que soit son âge — entend des paroles vraies et rassurantes de la voix des personnes qu'il connaît et par qui il se connaît comme sujet respecté dont le corps est objet de l'assistance obligatoire des adultes. La croissance psycho-sensori-motrice ne dépend que de la bonne relation langagière et de sécurité avec les proches de l'enfant, et cette sécurité est délivrée à l'enfant au fur et à mesure de sa croissance somatique — poids et taille —, chaque fois que par maturation il est incité à des mouvements nouveaux, à une exploration de l'espace qui l'entoure. Il y est encouragé, au lieu d'en être terrorisé, comme c'est la plupart du temps ce qui se passe lorsque l'enfant commence à marcher. L'inhibition sociale et psychomotrice, dans laquelle sont maintenus pendant toute leur première enfance les petits des villes, provient de l'absence de préparation des parents et de l'ignorance dans laquelle ils sont de leur pouvoir éducatif par l'assistance verbale et la confiance qu'ils peuvent donner à l'enfant devant tous les dangers qu'il encourt. Très rapidement, il s'initie de lui-même si ses désirs d'expérience sont autorisés et assistés de paroles explicatives chaque fois qu'il lui arrive un petit incident dont il a à subir les conséquences.

L'expérience de cette éducation à la confiance en soi, grâce au respect de l'agir de l'enfant, prouve que les enfants des villes peuvent être tout le contraire de ce qu'ils sont actuellement pour cinquante pour cent d'entre eux, beaucoup plus vifs et activement industrieux que ceux de la campagne, élevés avec peu de paroles, mais sans dangers rencontrés dans leur espace de déplacement.

Sait-on qu'un enfant de vingt mois, éduqué par une mère attentive à lui laisser prendre ses initiatives pour sa nourriture, pour se vêtir, pour ses jeux, pour la maîtrise de tous les objets usuels de la maison, est capable de recourir en cas de besoin à l'aide, mais qu'il est aussi capable de rendre de menus services à qui lui en rend, en agissant à l'exemple de ceux qu'il observe dans leurs multiples activités ?

Car le petit d'homme est ainsi fait que son désir le pousse à l'imitation d'abord, puis à l'identification, dans tous ses gestes et son comportement général et verbal, à tous ceux en qui il a confiance et qu'il observe avec amour. Cela, bien sûr, à condition qu'il ne soit pas perpétuellement l'objet de criailleries et de reproches. Or, la vie d'un enfant des villes est actuellement faite de reproches continuels concernant par exemple son incontinence sphinctérienne et aussi ses initiatives tactiles.

Sait-on que le système nerveux central du petit d'homme n'est complètement formé que vers vingt-quatre à vingt-huit mois ? La continence sphinctérienne est une acquisition spontanée et naturelle chez tous les enfants dont le système nerveux central est arrivé à son achèvement, c'est-à-dire aux terminaisons de la partie inférieure de la moelle épinière qui commandent les sensations discriminatoires des muscles fins de la plante des pieds autant que les sensations discriminatoires de la plénitude du rectum, de la vessie, de la maîtrise de l'anus et du méat urinaire. La preuve de la terminaison du système nerveux central est donnée par la démarche aisée, la course délurée, le saut de l'enfant pour le plaisir, l'acrobatie, la montée et la descente aisée d'un escabeau de ménage — pour donner un test facile à faire de cet achèvement du processus organique —, achèvement qui seul permet la continence sphinctérienne, commandée par l'enfant lui-même.

Toute continence acquise avant ce moment est une continence par dressage, c'est-à-dire par dépendance de l'enfant aux paroles et aux injonctions de la mère. C'est une continence dangereusement acquise, car lorsque l'enfant est attentif à ce qu'il fait, il oublie, il s'oublie — comme on dit — il ne peut pas être attentif à ses mains et à ce qu'elles font et, en même temps, faire attention à la plénitude vésicale ou rectale[150]. L'enfant qui a été, par paroles, toujours averti au moment où sa mère change ses couches, de la présence de pipi ou de caca dans ses langes — ce qu'il avait d'ailleurs perçu par la discrimination olfactive —, mais qui n'est jamais grondé d'avoir fait dans ses couches, cet enfant est désireux, comme pour tout le reste de ses activités, d'agir comme il voit les adultes le faire, c'est-à-dire d'aller au lieu réservé à l'excrémentation. Mais il n'en est capable que lorsque son système nerveux central est tout à fait terminé. Tout enfant qui est propre avant ce moment-là l'est par une dépendance à l'adulte qui pervertit l'autonomisation du petit d'homme, en le soumettant par la crainte ou par la séduction à sa dépendance, et cela pour le plus grand dommage du développement psychomoteur ultérieur de cet enfant. Il faut aussi savoir que, dès la découverte spontanée de la marche, l'enfant devrait être changé de langes debout et non plus couché, car la position couchée humilie un enfant à partir du moment de sa découverte de la marche.

Il faut savoir aussi que les érections chez les petits garçons sont compatibles avec la miction jusqu'à vingt-cinq à trente mois, selon les enfants, et que lorsque le petit garçon met spontanément la main à son pénis, cela ne signifie pas qu'il éprouve le besoin d'uriner mais que, tant que le processus anatomique qui se développe dans son appareil génito-urinaire (et qui lui interdira, le jour où il sera développé, d'uriner en érection) n'est pas terminé, il a inconsciemment plaisir à uriner chaque fois qu'il ressent une érection.

C'est le propre de la sexualité virile[151] d'émettre un liquide lorsqu'il y a érection. Donc, très souvent dans la journée, et sept à huit fois durant son sommeil, l'enfant urine parce qu'il a une érection et non parce qu'il éprouve le besoin d'uriner. Toute culpabilisation du toucher de sa verge, ou toute culpabilisation d'uriner hors des heures où la mère demande à l'enfant de le faire, a donc pour effet de faire de cet organe viril et de son libre jeu fonctionnel une occasion de brouille avec l'adulte éducateur, si celui-ci s'occupe d'interdire les mictions et les touchers ludiques ou explorateurs libres. La différence entre la verge érectile sexuelle et la verge mictionnelle urinaire flasque ne peut se faire pour lui qu'après constatation par lui de l'impossible miction en érection et des paroles vraies de sa mère concernant ce phénomène anatomique[152].

Un garçon laissé au libre fonctionnement mictionnel et défécatoire (les érections sont aussi pour lui des invitations à la défécation, en cas de présence de fèces dans le rectum) est spontanément continent, à son rythme, qui diffère pour chaque enfant, et l'éducation consiste non pas à uriner comme et quand la mère le demande, mais à satisfaire ses besoins au lieu réservé (à tous ceux de la famille).

L'énurésie (pipi au lit) quant à elle, disparaît environ trois mois après la propreté sphinctérienne de jour, lorsqu'elle a été acquise spontanément. Au contraire, pour le garçon dont la mère a réprimé le jour le libre fonctionnement et la libre manipulation occasionnelle du pénis au moment de ses érections, l'énurésie nocturne est le seul moyen inconscient de satisfaire les pulsions du désir refoulées pendant le jour, à cause de sa dépendance à elle.

Toute sensation dans cette région déclenche la miction réflexe qui fait tomber l'érection et la déculpabilise, car un garçon grondé tout au long de son enfance lorsqu'il fait pipi ou qu'il touche son pénis, est un enfant coupable d'avoir un sexe érectile. La non-intelligence de son corps, chez les enfants retardés psychomoteurs, est enracinée dans cette culpabilité sphinctérienne inculquée par les mères. Les conséquences peuvent être assez graves dans l'avenir.

Je me souviens d'une conversation avec un vieux médecin de campagne, qui aurait actuellement cent vingt ans, et qui me disait sa surprise lorsqu'entre les deux guerres de 14 et de 40, il voyait arriver à lui les jeunes mariés souffrant d'impossibilité d'accomplir l'acte sexuel avec leurs épouses, alors qu'auparavant ils pouvaient l'accomplir avec des femmes de rencontre[153]. Il s'étonnait de ce désordre sexuel qu'il n'avait jamais vu avant la guerre de 1914, sauf dans les familles très aisées qui, déjà depuis plus de vingt ans, avaient langé les enfants, comme on dit, « à l'anglaise ». Dans les campagnes, les enfants portaient des cottes — c'est-à-dire des robes qui descendaient jusqu'aux chevilles, mêmes robes d'ailleurs qui, en grandissant, ne descendaient plus qu'aux genoux —, et restaient sans culottes. C'était la terre battue dans les logements de campagne, et il y avait toujours une grand-mère pour essuyer par terre les incidents lorsqu'il s'en produisait. Au contraire, vers 1930, le langeage à l'anglaise, c'est-à-dire les culottes avec couches, sont devenues à la mode à la campagne. Et c'était à ce langeage et à la fatigue pour les mères de laver tant de couches, qu'il attribuait avec juste raison la culpabilité sexuelle de ces jeunes paysans, lorsqu'ils avaient à accomplir l'acte sexuel avec une femme aimée, encore plus quand elle devenait leur épouse, portant le nom que porte leur propre mère.

Chez les petites filles, la « propreté » sphinctérienne s'acquiert plus tôt que chez les garçons, car il n'y a pas pour elles de confusion entre les sensations de plénitude vésicale et rectale et les sensations inconscientes, voluptueuses, ressenties au clitoris et au vagin. Dès la propreté de jour, parfois avant, elles sont continentes la nuit. C'est dire que l'impact de la sexualité des enfants joue un très grand rôle dans l'acquisition de la propreté sphinctérienne, et aussi conjointement dans la psychomotricité qui n'est pas culpabilisée par les brouilles continuelles avec la mère, à l'occasion de ces oublis dans la culotte.

Il est nécessaire que les mères connaissent toutes ces notions du développement du plexus sacré de l'enfant pour que cesse cette éducation à la propreté sphinctérienne précoce, cause de tant de déboires chez les enfants, surtout ceux des villes. Car la plupart du temps, les mères limitent l'éducation de leurs enfants à cette seule préoccupation : la « propreté », c'est-à-dire la continence sphinctérienne précoce. Alors que si les enfants se plient à la volonté de leur mère, c'est autant au détriment de leur épanouissement humain que de leur relaxation constante et de leur disponibilité à l'agilité psychomotrice et à la concentration mentale, dans toutes leurs activités industrieuses et ludiques.

C'est aussi une très longue période, de dix mois à vingt-cinq mois, pendant laquelle toute la vie de l'enfant semble, pour l'adulte, n'avoir de sens que par rapport à son siège, ce qui est une éducation à l'envers, si l'on peut dire, une sorte d'érotisation par la gronderie des sensations du siège. C'est donc inculquer une culpabilisation des sensations naturelles du désir sexuel qui, spontanément, se manifeste depuis le plus jeune âge et est, par éducation, confondu avec le sale et l'excrémentiel, enraciné dans des conflits affectifs avec autrui. La longue immaturité neurologique des petits d'homme est la cause de tant de pudeurs névrotiques concernant le corps propre et son aisance dans ses mouvements et ses fonctionnements, longtemps non maîtrisables par lui.

En faire honte à l'enfant est une atteinte à sa dignité d'être humain, mais plus encore une blessure chronique infligée à sa confiance en lui et au respect de son propre corps. L'éducation doit lui enseigner à prendre soin de son corps et à l'aimer, en lui donnant les soins de propreté dont il a besoin, aux rythmes qui sont les siens, sans jamais les contrecarrer. Je pense ici à certaines crèches dans lesquelles, croyant être très tolérant avec les enfants, on ne commence l'éducation à la propreté qu'à partir de l'âge de la marche. C'est encore bien trop tôt! Et pour ce faire, les puéricultrices obligent les enfants à aller sur le pot de chambre toutes les heures. Or, j'ai connu plusieurs enfants dont les rythmes excrétoires étaient réglés naturellement sans qu'on ait jamais rien fait pour les imposer, toutes les heures et demie, toutes les heures trois quart, ou toutes les deux heures. Ces enfants, déjà propres en famille, devenaient sales lorsqu'ils étaient mis à la crèche, du fait d'être dérythmés et, pour faire plaisir à la puéricultrice, gardaient toujours de quoi faire pipi toutes les heures. Le résultat était une éducation à l'incontinence, et les mères inquiètes me disaient qu'à partir du moment où elles les avaient mis à la crèche, ces enfants étaient perpétuellement mouillés pendant le week-end; et de plus, déréglés, surtout les garçons, pour la défécation qui, avant la mise à la crèche, était régulière.

Quant à l'importance de cette éducation avant trois ans, elle concerne aussi l'orée de l'éducation sexuelle des petits. C'est par la parole vraie — explicative des différences sexuelles, qu'ils observent entre leur corps et celui des autres de leur âge —, qu'elle doit être faite. Cela commence donc à l'époque de la motricité par des questions sur la façon d'uriner qu'ils observent chez ceux de l'autre sexe, et sur la réassurance de leur intégrité corporelle génitale, conforme à celle des enfants de leur sexe qui deviendront des femmes, si ce sont des filles, des hommes si ce sont des garçons : comme mère et père.

N'en déplaise aux supporters farfelus de l'indifférenciation sexuelle sous prétexte de la défense — justifiée — des droits civiques égaux entre hommes et femmes, et d'une paie égale à travail égal, la différenciation sexuée et le style émotionnel des désirs et de leur sublimation dans l'activité sociale et politique est la base du savoir et du respect des caractéristiques sexuées de chacun.

Ce respect et ce savoir sont à délivrer aux enfants très tôt, dès leurs premières observations inquiètes du corps des autres, ainsi que le savoir de leur destin futur, dans l'accomplissement de leur vie lorsqu'ils seront adultes et qu'ils voudront devenir pères et mères comme le sont leurs parents.

C'est à cette occasion, d'ailleurs, que tout enfant doit être averti de l'interdit de porter atteinte au corps d'autrui, alors que l'enfant habitué à être l'objet des adultes, des médecins, des infirmières, les croit capables d'attenter à l'intégrité de son corps pour leur seul plaisir ou pour peu qu'ils soient fâchés contre lui. C'est la croyance qu'ont les petits garçons, selon laquelle on aurait coupé le pénis aux filles parce qu'elles n'avaient pas été sages ! Cette intégrité préservée et cette assurance qui doit leur être donnée qu'aucune atteinte ne sera jamais portée à leur corps, sinon pour l'aider à se mieux porter, s'accompagne aussi du respect de toute atteinte par violence au corps d'autrui.

Nous savons combien les enfants sont sensibles à la vue des animaux de boucherie exposés, des animaux tués pour servir de nourriture. C'est une affaire d'éducation que d'expliquer ce conditionnement des humains, qui les oblige d'une part à tuer les animaux, à détruire les végétaux pour leur alimentation, mais en même temps à ne jamais faire souffrir inutilement même un animal.

Quant au respect du bien d'autrui, des objets préférentiels d'autrui, l'éducation l'inculque aux enfants lorsque les parents respectent eux-mêmes ce qui appartient à l'enfant, au lieu de continuer à considérer ses jouets comme leurs choses, qu'ils peuvent confisquer ou jeter à leur guise, lorsqu'ils les trouvent abîmés ou démolis. Or, nous savons combien les enfants aiment leurs poupées, leurs animaux en peluche, leurs joujoux — même abîmés et brisés. Les enfants dont on ne respecte pas le bien ne respectent pas non plus le bien d'autrui.

C'est, comme on le voit, bien avant trois ans qu'un petit garçon ou une petite fille deviennent des êtres conscients d'eux-mêmes, de leur patronyme, de leur appartenance à une famille, conscients aussi des règles qui régissent les relations entre humains quant au respect du corps d'autrui et de son propre corps, au respect des biens d'autrui et à la préservation de son propre bien.

C'est toute cette première éducation qui prépare l'enfant à entrer à l'école maternelle et j'en connais beaucoup qui, ayant atteint ce niveau de développement, ont cependant conservé pour le plaisir un biberon du matin ou du soir, et des petites habitudes comme celle de sucer leur pouce ou d'avoir un objet fétiche avec lequel ils s'endorment. J'en connais aussi qui maîtrisent encore assez mal le langage verbal, mais qui sont, par le jeu et la communication mimique gestuelle, tout à fait capables de se faire comprendre et qui, surtout, comprennent le langage de tous et se sentent en sécurité avec des enfants de leur âge. Ceux-là sont capables d'entrer à l'école maternelle et d'acquérir rapidement le parler de la langue maternelle.

C'est entre trois et cinq ans, c'est-à-dire à partir de l'entrée en maternelle, que les notions concernant le respect d'autrui et de ses biens propres, de son travail, doivent être reprises par le personnel enseignant. Mais il n'a de sens, ce langage initiatique à la vie sociale, que si les parents en ont donné les notions par l'exemple et par la parole. C'est là que je vois l'intérêt de ces lieux de loisirs et d'accueil des tout-petits dans les villes. C'est là qu'ils pourraient apprendre toutes ces choses en présence de leur mère qui, elle aussi, les entendrait dire par les personnes préposées à l'accueil.

Mais, me dira-t-on, malgré l'existence de ces lieux, il y aura encore des enfants élevés à l'ancienne — c'est-à-dire élevés à l'éducation sphinctérienne précoce, et inhibés en entrant à l'école. Que faire alors? Seront-ils toute leur vie des retardés? Non — si l'école maternelle devient, pour ceux qui n'ont pas encore atteint le niveau de maturité suffisant, une école vraiment *maternelle.*

Car ce que nous appelons l'école maternelle, et qui fait d'ailleurs l'honneur de l'Éducation nationale française, est en fait une école « paternelle ». La maîtresse y joue le rôle paternant. C'est le groupe des enfants qui est porteur maternant de chacun comme un membre partiel du groupe des enfants, groupe qui est le corps maternant à l'école maternelle! La personne de la maîtresse correspond au père et le groupe à la mère. C'est dommage, parce que les enfants qui, malgré leur retard, viennent à l'école maternelle, sont généralement ancrés dans ce retard pendant très longtemps, justement à cause de ce groupe porteur dans lequel ils n'arrivent pas à prendre leur autonomie. Ils suivent le troupeau sans initiative personnelle. Ce sont ceux-là qui deviendront des retardés intellectuels pour ce qu'on appelle la « grande école », à moins que sur ce retard psychomoteur et verbal, ils ne se mettent à développer artificiellement un style d'habitudes obsessionnelles, n'aimant que l'école et les activités dirigées, fuyant le plaisir des jeux et du corps.

En effet, ceux que la scolarité absorbe au détriment des plaisirs de la parole et du jeu physique sont plus tard des obsessionnels. Comment remédier à ces conséquences du premier retard d'avant trois ans, quand on arrive à l'école ?

Je crois que ce serait par une année intermédiaire entre la crèche ou la famille et l'école dite « maternelle ». Les enfants des deux sexes y seraient acceptés, même s'ils salissent leur culotte (il y aurait pour cela des changes toujours prêts), ils seraient enseignés à l'autonomie pour se laver, pour se vêtir, pour se nourrir, et ils seraient initiés à des jeux de corps. Ils apporteraient de nombreux objets de la maison, afin que l'école leur soit familière. Mais il serait souhaitable que dans cette première année de médiation entre la famille et la société, une personne familière à l'enfant puisse rester dans les locaux de l'école aussi souvent et aussi longtemps qu'elle le voudrait, pour habituer l'enfant à la fréquentation de la société. C'est au cours de cette première année que cet appoint d'éducation que la famille n'a pas su donner serait alors verbalisé par les personnes de l'accueil. Cette première année pré-maternelle permettrait aux enfants d'atteindre leur totale autonomie, l'aisance et le quant-à-soi dans les jeux avec les autres aussi bien que seuls, ils seraient donc prêts à entrer en vraie maternelle.

Le rôle de l'école, actuellement dite « maternelle », est d'enseigner la maîtrise discriminatoire de l'agir ludique des désirs que l'on peut métaphoriser par des gestes, des paroles, des dessins, des mimiques théâtrales et des jeux verbaux par l'intermédiaire des marionnettes. C'est aussi à l'école maternelle que les enfants des villes auraient à être familiarisés avec la nature, en sortant beaucoup du cadre architectural de l'école pour fréquenter la ville, découvrir le langage et le vocabulaire de tout ce que l'on peut voir sur les marchés, dans les vitrines des magasins, dans les chantiers de travaux publics que les enfants aiment tellement observer, la circulation dans les rues et ses réglementations, la prudence nécessaire pour y déambuler sans danger. Tout cela n'est pas fait par la plupart des mères citadines qui traînent leurs enfants en poussette ou à la main, sans rien leur expliquer, ou encore ne les transportent qu'en voiture.

Ce serait le rôle des éducateurs des maternelles de faire cette ouverture au monde de la société. Cela ne peut se faire que sous l'égide de la loi humaine dans son ensemble, comparée à celle qui régit la vie des autres créatures vivantes, végétaux et animaux non domestiques, qui obéissent à des instincts immuables et que l'on pourrait faire observer aux enfants par des déplacements en car, dans les fermes et les basses-cours des environs de la ville. Il faudrait aussi faire observer aux enfants la différence entre les lois qui régissent les sociétés organisées d'animaux et les sociétés d'humains. Cette différence principale est que, dans les sociétés d'animaux, les individus sont soumis à la sélection naturelle, ce qui est contraire à la société des humains, lesquels conservent en vie les moins favorisés et s'occupent même d'eux électivement, de manière à leur permettre d'arriver au meilleur de leurs possibilités pour s'intégrer, plus lentement peut-être, mais de plein droit, comme sujets, à l'activité du groupe ethnique.

Nous savons que les enfants sont imitateurs les uns des autres. Nous savons que le gosier humain est tellement extraordinairement doué que les enfants peuvent imiter le bruit de tout ce qu'ils entendent. Combien d'enfants ai-je connus, qui s'identifiaient à des machines, à des voitures, à des avions; certains d'entre eux ne savaient pas la différence entre les machines et les vivants, animaux ou humains! L'éducation de l'être humain est personnelle et sociale tout à la fois, et l'école devrait commencer par soutenir chez l'enfant l'acquisition parfaite, en chacun, de son autonomie pour tout ce qui est de son corps, de sa conservation. Et cela non pas par l'imitation que les enfants font les uns des autres, mais par leur entraide, les plus débrouillés aidant ceux qui ne savent pas et leur montrant comment agir. Les adultes veilleraient seulement à ce que les enfants ne se fixent pas entre eux dans une dépendance réciproque renouvelée, répétant leur dépendance vis-à-vis de leur mère, dont les plus débrouillés joueraient le rôle.

Agir tout seul en ce qui concerne, pour chacun, son corps propre, c'est nécessité, c'est envie saine et naturelle qu'en soi-même chaque enfant possède, et que seule une mauvaise éducation maternelle, une infirmité naturelle ou un retard de développement neurologique ont empêché.

C'est à l'école, donc, qu'est dévolu ce complément ou ce

redressement d'une carence éducative familiale, d'où la nécessité à la petite école de salles d'eau, de lavabos, de douches, enfin d'enseigner aux enfants de se laver seuls, s'habiller seuls, de se coiffer seuls. D'où la nécessité d'une ou plusieurs femmes de service jusqu'au cours élémentaire de deuxième année (huit ans), afin de veiller à l'entretien des lieux par les enfants eux-mêmes et leur inculquer que cette même propreté, qu'ils ont à observer sur leur corps et à respecter dans les lieux d'hygiène à l'école, ils doivent aussi l'appliquer à la maison. Combien d'enfants souffrent à l'école de sentir mauvais, de n'être jamais propres, d'avoir des poux dans la tête, et en ont des reproches de la part de leurs camarades ou des maîtresses. Ces vexations et humiliations sont inadmissibles. Ils devraient être soutenus et éduqués par l'école à savoir subvenir à eux-mêmes (et non y entendre blâmer la négligence de leur mère).

Que faudrait-il donc de différent à l'école maternelle et à l'école primaire ? Il faudrait des culottes et des tabliers de rechange, pour faire face aux accidents de parcours qui surviennent à l'école et éviter les gronderies à la maison. Tout ceci est la base d'une instruction et d'une éducation langagière individuelle et sociale qui veut donner à tous les mêmes chances — comme il est dit dans les textes. C'est aussi l'éducation à l'entraide.

Quant aux tâches nécessaires à l'ensemble du groupe, c'est à une équipe de deux puis de trois enfants associés, que la responsabilité devrait être confiée par roulement, afin de développer entre eux l'entraide et la co-responsabilité de ces tâches nécessaires à la bonne marche de la classe.

Tous sont promus à savoir devenir seuls responsables, lorsque ce savoir est parfaitement compris en groupe. Il n'y aurait plus de ces : « C'est pas moi, c'est lui... ou elle... » chaque fois que quelque chose est arrivé ; la maîtresse pourrait leur dire : « Vous étiez à deux, ou à trois à vous entraider, je constate seulement que la tâche n'a pas été remplie, je vais donc vous montrer à nouveau à tous les trois, en vous expliquant ce que vous auriez dû faire. »

L'école jusqu'à huit ans devrait être une ruche d'enfants intéressés à des tâches variées, organisés par petits groupes centrés autour d'une occupation de leur choix. Et vers chaque groupe, tour à tour, l'éducateur, guide et enseignant, viendrait répondre aux questions, soutenir l'intérêt observateur, aider les enfants à s'entraider dans leurs réponses, leurs suggestions, leurs réussites, leurs expressions imaginaires et poétiques. L'éveil des discriminations sensorielles de plus en plus fines des formes, des couleurs, des sons, qui est en fait l'éveil des sens, visuel, tactile, auditif, et de l'adresse manipulatrice et industrieuse, devrait être le seul souci des enseignants, accompagné du respect des initiatives et des goûts des enfants pour telle ou telle activité, ainsi que l'instruction à ne jamais s'imiter les uns les autres, mais toujours s'entraider et s'intéresser aux différences qui se manifestent entre eux, sans jamais se moquer les uns des autres.

C'est le rôle de l'enseignant de faire comprendre à chaque enfant, très jeune, que personne n'est semblable à quelqu'un d'autre et que tous sont nécessaires à l'ensemble du groupe. C'est la coopération entre les humains qui est l'éducation, et non pas le rejet des moins aptes ou des moins actifs, ce que nous voyons être malheureusement dans cette éducation animale qui continue de régner chez les petits, s'ils ne sont pas guidés à se découvrir différents les uns des autres dans leurs aptitudes et à coopérer, en se respectant les uns les autres, à l'ensemble de l'harmonie du groupe.

Quant au langage verbal, à l'acquisition du vocabulaire qui, de nos jours, manque à tant d'enfants des villes, c'est par des explications d'images, des jeux de marionnettes manipulées par les enfants, qu'ils peuvent communiquer leurs sentiments, les plus débrouillés en paroles servant d'exemples à ceux qui ne manient pas encore la langue française, qu'elle soit leur langue maternelle ou qu'elle ne le soit pas.

Au réfectoire, le personnel préposé serait choisi parmi des personnes qui aiment les enfants et savent les encadrer. Les enfants seraient par roulement, en équipes, chargés d'aider aux cuisines et au service de la table. Ils apprendraient ainsi le vocabulaire et le savoir des manipulations pratiques de tout ce qui concerne l'alimentation, la préparation des plats, leur ordonnance, l'agrément qui doit présider à la nourriture en groupe chez les humains. Ensuite, la vaisselle et le rangement des ustensiles seraient faits avec adresse et soin. Tout ce dont beaucoup d'enfants sont incapables parce que leur mère trop pressée ne se laisse jamais aider, ou ne les guide pas.

Mais, dira-t-on, où est l'essentiel de l'école, c'est-à-dire l'apprentissage de la lecture, de l'écriture, de la concentration mentale, de la mémoire? Eh bien, pour la concentration mentale et la mémoire, tout ce que je viens de dire y contribuerait beaucoup plus que d'être assis, chacun à sa table, à faire de menues besognes qui n'ont aucun intérêt social, ni pour l'enfant ni pour le groupe.

Les enfants tentés et intéressés par les lectures qui leur sont faites par les adultes — d'histoires à leur niveau, par la paraphrase en groupe et par le mime de ces histoires, et aussi par la mémorisation qu'on a pu développer auditivement de petits textes (les fables, les comptines) — seront intéressés, le jour venu, par la lecture, l'écriture et l'apprentissage du calcul. Cet apprentissage devrait être réservé uniquement aux enfants qui le désirent, et non à tous ceux au-dessus de la tête de qui cet enseignement passe, pour le plus grand dommage de ceux que cela intéresse et qui, allant beaucoup plus vite que les autres, s'ennuient à l'école à rabâcher toujours la même chose et prennent l'habitude de n'écouter que la moitié de ce qui se dit en classe.

Il me semble qu'il faudrait réserver une petite salle à ces apprentissages strictement scolaires. Là, un ou deux maîtres — l'un pour l'écriture et la lecture, l'autre pour le calcul — prendraient les enfants par petits groupes de cinq ou six, de même niveau, et pendant dix minutes au maximum à chaque fois. Il y aurait une table ronde car bien des enfants deviennent dyslexiques uniquement parce que la maîtresse montre au tableau les signes des lettres et des chiffres et, lorsqu'elle se retourne, dans l'inconscient de l'enfant se retournent aussi les signes qu'elle a tracés au tableau. Cela n'arrive jamais aux enfants à qui on enseigne à écrire avec la main de la maîtresse posée sur la leur, qui leur indique ainsi la façon de s'y prendre pour écrire correctement tous les signes. Le travail autour d'une table ronde évite aussi la spatialisation de ces signes sur le papier, chaque enfant étant maître des tracés qu'il fait, et non pas réduit à l'imitation de son voisin.

Les modèles d'écritures seraient donnés à chaque enfant personnellement, et non pas au tableau où certains, à cause de reflets de lumière ou d'une mauvaise vue, ne voient pas bien et s'affolent de ne pouvoir réussir les lettres qui sont montrées au tableau. Il m'est arrivé d'aider une maîtresse dont cinquante pour cent des enfants, au bout de quinze jours d'apprentissage, étaient devenus dyslexiques! C'était une maîtresse habituée à l'enseignement, à qui cela n'était encore jamais arrivé à ce point. Elle avait bien eu tous les ans quelques enfants qui renversaient les lettres, mais jamais cinquante pour cent. Comme elle ne pouvait pas changer l'ordonnance de sa classe, je lui dis de mettre les modèles au tableau, comme elle le faisait déjà, mais au lieu de se retourner, de reculer du tableau jusqu'au fond de la classe, puis passant derrière le dos de chacun des enfants, de leur refaire, leur main dans la sienne, les signes qu'elle avait tracés au tableau, en avançant du fond de la classe vers le tableau noir. C'est ce qu'elle fit. Et elle m'annonça, trois semaines après, quand je la revis, qu'il ne restait plus que deux ou trois enfants dyslexiques dans le groupe des trente-cinq enfants qu'elle avait à sa charge.

Pour les derniers récalcitrants, je lui conseillais le système de la petite table ronde, en les prenant à part, et deux mois après elle n'avait plus d'enfants dyslexiques dans sa classe. Il me semble que cette expérience est concluante. Mais malheureusement ce n'est pas toujours comme cela qu'on agit, et la dyslexie continue d'être une plaie qui gênera certains enfants tout le long de leur scolarité.

On sait que les aptitudes à l'apprentissage sont soumises, selon les enfants, à des rythmes très différents. Ce serait donc une aberration de provoquer les enfants lents à gêner les enfants à rythme rapide d'apprentissage, et de laisser traîner des enfants qui apprennent rapidement, dans une scolarisation pure qui ne développe pas leurs autres qualités — motrice, d'intelligence manuelle, auditive, visuelle et industrieuse. Ce qu'ils pourraient parfaitement faire si la scolarité pure se passait en dehors de la classe, dans l'ensemble du groupe. Je crois vraiment que le mode de scolarisation que je préconise, et qui pourrait durer jusqu'à huit ans, serait la meilleure prophylaxie des retards scolaires et des troubles d'adaptation sociale, affective et mentale des enfants.

Il est encore une autre éducation qui n'est pas faite, et qui concerne à la fois l'éducation sexuelle et l'éducation sociale. C'est l'instruction du vocabulaire concernant les relations génétiques. Dans les villes, si vous interrogez le tout-venant des enfants, jusqu'à dix-douze ans même, vous serez très étonnés de vous apercevoir qu'ils ne savent pas ce que signifient les mots de mère de naissance, mère nourrice ou mère adoptive, les mots de père de naissance, légal ou adoptif[154], les mots de grand-mère paternelle ou maternelle, d'oncle et tante — maternels ou paternels —, de cousins et de cousines de la lignée maternelle ou de la lignée paternelle.

Dans les villes, cela n'est pas enseigné dans les familles, du fait de l'absence de ces parents autour de la cellule familiale réduite que représentent la mère et son compagnon, qui parfois n'est même pas le père de naissance de l'enfant. Or, ceci devrait être enseigné à l'école dès l'âge de la maternelle, pour que les enfants comprennent ce qu'ils sont, eux, par rapport à leurs familiers et par rapport à leur entourage. Combien de voisins et de voisines sont appelés « grand-mère » ou « tonton et tata », alors que les frères et sœurs de la mère sont ignorés ?

L'initiation au vocabulaire de la langue est aussi, sans en avoir l'air, une initiation à la sexualité, car c'est à cette occasion que les enfants pourraient être initiés à la loi de la prohibition de l'inceste entre frères et sœurs et entre parents et enfants ; sans compter la loi de la prohibition des relations sexuelles entre adultes et enfants — lois que les enfants ignorent totalement et qui les rendent si vulnérables aux agissements de pervers.

Beaucoup d'enfants pensent aussi que leurs parents sont en droit de les rejeter à n'importe quel âge, parce qu'ils leur disent souvent : « Je t'abandonnerai, je te mettrai à l'Assistance publique... » Ils ne connaissent pas les devoirs des parents à l'égard de leurs enfants et imaginent, devant quelques sévices corporels, que leurs parents ont droit de vie ou de mort, non seulement physique, mais symbolique sur eux, en les privant de toute leur famille, si bon leur semble[155].

Ceci n'arrive jamais chez les enfants de la campagne et des petites villes, où tout le monde se connaît. Si ce n'est avec leurs parents, au moins avec les parents latéraux, les grands-parents, les voisins, ils trouvent toujours un recours et une explication qui dédramatise la situation créée par les colères des parents impulsifs, caractériels ou mauvais éducateurs.

Quant aux enfants soumis à la séduction d'aînés ou de parents sous l'emprise de désirs névrotiques ou de la boisson, ils ne savent pas qu'il est de leur devoir et de leur droit, de leur honneur aussi et de celui de ces adultes, que de se dérober à ces exigences abusives. Si l'école leur avait enseigné à défendre cet honneur comme étant aussi celui de leur famille, en leur enseignant la loi, beaucoup d'entre eux sauraient se dérober et se refuser à se laisser humilier ou piéger dans des actes pervers, par crainte, par faiblesse ou par ignorance de la loi. Personne ne leur a jamais dit qu'ils doivent aider les parents à garder leur dignité humaine en les respectant. Jamais la loi de la prohibition de l'inceste n'a été enseignée à l'école. Et dans les familles, lorsqu'elle est enseignée, elle ne l'est jamais que dans le sens enfants-parents, comme si les parents, eux, ne devaient pas se soumettre à la même loi vis-à-vis de leurs enfants.

Dans les villes, c'est malheureusement la loi du plus fort qui semble être la loi de la vie sociale. On parle dans les journaux de ces sévices dont sont victimes les enfants — parfois jusqu'à la mort —, et du silence des voisins qui, pourtant, auraient pu depuis longtemps avertir la police sur ce qui se passait : tout le monde a peur. Et on n'a jamais pensé à ce qui, dans les villes, est encore plus répandu : la déshumanisation de la vie en famille par la réalisation de l'inceste hétérosexuel entre frères et sœurs, ou entre père et fille, inceste hétérosexuel aussi dramatique pour la suite de la vie des enfants que l'inceste homosexuel entre sœurs, entre frères ou même entre fils et père. C'est le drame de la vie dans les petits logements rétrécis où beaucoup d'enfants couchent les uns avec les autres, souvent avec la complicité tacite des parents.

L'effet sur l'intelligence des enfants est le blocage, et sur leur affectivité — la perversion. Je ne parle pas des privautés de fils presque pubères avec leur mère, avec la complicité du père; sans aboutir à l'inceste réalisé entre fils et mère, qui n'existe pas non plus dans les sociétés de singes hominiens, cela aboutit à la perversion des jeunes gens, à l'homosexualité ou à la délinquance juvénile, à l'irrespect de soi-même et des autres, au déshonneur inculqué au jour le jour depuis la petite enfance. Il leur est impossible ensuite, à ces jeunes gens, de s'adapter aux lois de la société auxquelles ils n'ont jamais été initiés dans leur famille, pas plus qu'à l'école. C'est justement ce manque d'éducation première qui fait le drame et la détresse de la vie des enfants en ville.

Avant de quitter le domaine de l'éducation sexuelle, qui devrait aussi être faite à l'école, il faut mentionner la nécessité dans laquelle sont les enfants d'être instruits de l'interdit des privautés sexuelles à leur égard que tant d'adultes (et pas seulement des éducateurs) se permettent vis-à-vis d'eux, tout en leur interdisant d'en parler, ce qui prouve bien que ces adultes connaissent la loi et l'interdit de la séduction des mineurs. Mais les enfants, eux, qui ne la connaissent pas, croient au contraire que ce serait eux qui seraient victimes de la loi, s'ils en parlaient. Ils deviennent ainsi les complices muets de ces adultes pervers, avec des conséquences traumatiques dont certains ne se remettront jamais.

Avertis à temps de cette loi, il n'y aurait plus de ces enfants imaginatifs et fabulateurs, qui font tant de ravages en accusant des éducateurs ou d'autres adultes de privautés sexuelles à leur égard. En effet, mis au courant de la loi par l'école, de ce qui est leur devoir dans une semblable conjoncture, leurs allégations prouveraient par elles-mêmes soit leur propre complicité, soit leur fabulation; et ce ne serait pas là le moindre bienfait pour tant d'adultes accusés faussement par des enfants et qui, innocents, sont traînés devant les tribunaux par des parents crédules, convaincus de l'innocence de leurs enfants, alors que ceux-ci confondent leurs fantasmes sexuels et la réalité, ou bien tout simplement s'amusent à se jouer des adultes, par malignité à peine perverse, puisque non avertis de la loi qui régit les actes et non les fantasmes. La perversion est très fréquente chez les enfants qui ne connaissent pas cette différence.

J'ai connu une femme qui, lorsqu'elle avait onze ans, avait été ainsi la cause de l'emprisonnement d'un de ses maîtres — qu'elle adorait dans son cœur —, et dont elle avait inventé des actes pervers à son égard. Deux ans après, il y eut un non-lieu, mais des réactions en chaîne survenues dans la famille de cet homme sont restées pour elle des traces indélébiles de sa faute d'enfant qui, dans son esprit d'alors, n'avait été qu'une action « pour rire » et pour faire savoir à cet homme qu'elle l'aimait. Elle ne s'était pas du tout rendu compte de la valeur du faux témoignage qu'elle avait fait et, devant la réaction des adultes de l'entourage, affolée, elle n'avait pas pu dire la vérité. Toute sa vie de femme en a été marquée et ratée par cette culpabilité. Il est bien certain que si elle avait été instruite par ses parents de ce qu'était la sexualité et les lois la concernant, jamais elle n'aurait ainsi joué la vie d'un homme.

J'ai connu, par contre, de nombreux enfants conduits au psychanalyste pour des changements brusques de capacité intellectuelle, qui avaient été soumis par leurs parents à l'obligation de séjours répétés (qui leur répugnaient) auprès de vieux parents séniles ou d'amis pervers. Les parents n'avaient pas compris les raisons du refus de leurs enfants, qui ne voulaient que se dérober à l'enfer de ces séjours qui détruisaient leur équilibre ; c'est dans le refus auto-défensif sain de ces enfants qu'ils avaient cru voir la preuve de leurs troubles. Les enfants n'avaient pas de mots pour parler à leurs parents de ce qui se passait là où ils les envoyaient, et les parents redoutaient une brouille familiale et ses conséquences pour l'héritage (ou les avantages sociaux de leurs amitiés). Ils traitaient leur enfant d'ingrat : « Ton grand-père, ou ta grand-mère, ton oncle, ta tante... t'aime tant ! Tu nous fais de la peine ! etc. »

Les enfants n'ont pas de vocabulaire pour parler de la sexualité, si ce vocabulaire ne leur a pas été enseigné en même temps que leur est dite la loi qui régit cette sexualité chez les adultes et chez les enfants. Et si, quoi qu'ils signifient de leur mieux pour défendre leur pudeur et leur liberté, cela leur est reproché comme caprices inadmissibles face à ce que les parents veulent prendre pour signes de tendresse ou taquineries innocentes d'adultes affectueux, alors, ils entrent dans la névrose, par refoulement de leurs saines réactions de défense contre le pouvoir discrétionnaire des adultes sur leur personne.

Ceci n'arriverait plus si l'école soutenait précisément ces réactions de défense qui existent spontanément chez tout enfant humain, sujet qui se défend d'être objet du pouvoir et du plaisir d'autrui bien avant l'éveil des pulsions génitales, de trois à cinq ans, où le danger de l'inceste est ressenti au corps de tout enfant. Le dire de sa prohibition le rassure dans la continuité des précédentes prohibitions, cannibalisme, meurtre, vol, rapt, viol. Ce savoir lui confère aussi le sens de sa responsabilité complice.

En temps de crise sociale, de guerre, de révolution, au cours desquelles les lois qui interdisent le meurtre, le rapt et le vol sont bafouées ou renversées, et ses contrevenants parfois honorés comme des héros (toute l'histoire enseignée à l'école en témoigne), la loi humaine de la prohibition de l'inceste perdure comme loi intangible, dans les consciences humaines les plus primitives. Et cependant, l'école n'en parle jamais.

Dans les grandes villes, c'est la loi du plus fort à la maison qui, par ses cris, par ses menaces, par des violences mêmes (s'il s'agit d'un dément ou d'un pervers), est imposée aux enfants comme la seule loi qui les initie à la vie sociale. Loi à laquelle ils doivent se soumettre ou mourir, car personne ne vient à leur secours par des paroles vraies et sensées. L'école est muette sur les droits et les devoirs des parents et des adultes à l'égard des enfants, sur les droits et les devoirs des enfants à l'égard de leurs parents.

Au lieu de parler de pudeur, de chasteté, de respect mutuel et d'expliciter la loi de la prohibition de l'inceste, on répand sur eux le vocabulaire-mélasse de l'amour, de la reconnaissance et de l'obéissance, du plaisir à faire et de la honte qu'ils devraient avoir à ne pas faire plaisir à leurs parents. Mots creux, ambigus, qui ne sont que pitoyable escroquerie pour beaucoup d'enfants. Au nom de la société et de ses lois, on bafoue la loi la plus sacrée du respect de leur dignité humaine outragée en famille et parfois même à l'école, qui devrait pourtant être le lieu de soutien et d'ouverture d'esprit des enfants.

On dira peut-être que l'école n'est pas faite pour éduquer mais pour instruire, que l'éducation doit être faite en famille et qu'elle ne concerne pas les maîtres. C'est faux, car l'histoire qu'on enseigne aux enfants est, qu'on le veuille ou non, éducatrice et politique à la fois, alors qu'elle se joue de la morale intime de beaucoup, par les exactions qu'elle relate. Les sciences naturelles instruisent de l'ordre des choses de la nature qui, dérangée, provoque des catastrophes. L'instruction civique instruit mal, mais elle tente de le faire, sur l'ordre de la société en vigueur et de ses institutions administratives. Alors, pourquoi l'ordre de la morale, inscrite dans la vie des sens, l'ordre de vie symbolique des mœurs, ne devrait-il pas être enseigné et discuté aussi avec les enfants à l'école ? Je veux dire, enseigné explicitement, autant que par l'exemple du respect des enseignants et des éducateurs pour la personne des enfants et pour celle de leurs parents, lorsqu'ils en parlent. Mais non sans leur donner les moyens de conserver leur propre dignité vis-à-vis de certains parents carencés, et parfois excusables de l'être, étant donné les difficultés auxquelles ils ont affaire de tous côtés[156].

Les adultes qui, par métier, ont la charge de s'occuper d'enfants, sont techniquement fort bien préparés à leurs tâches, mais combien peu sont moralement prêts et capables d'aider ces enfants, et combien d'entre eux oublient qu'ils sont à leur service, et payés pour cela !

Quant aux enfants, ils ignorent que ces adultes n'ont pas tous les droits sur eux ! Ils sont, à longueur de journée — et, lorsqu'ils sont en pension, à longueur d'année —, confiés et dans bien des cas livrés, sans défense, aux humiliations, aux séductions ou aux sévices. Non éduqués à leur autonomie avant que d'être instruits dans les premières années à la vie scolaire, ils prennent l'habitude de se soumettre à n'importe quel arbitraire ou bon plaisir de ces adultes, simplement parce qu'ils sont des enfants. Se soumettre — au mépris de leur propre dignité humaine — ou être rejetés avec le stigmate d'indiscipline ou d'incapacité. Car c'est le désordre caractériel, affectif ou intellectuel, ou encore psychosomatique, qui traduit le refoulement de leur affectivité, de leur intelligence, de leur psychomotricité, conséquence chez les enfants des villes de l'arbitraire inhumanisant des adultes dont ils sont la proie. L'école représente la société ; quand la famille n'est pas lieu de paroles réconfortantes, l'école est un enfer.

Et dans leur famille, ils retrouvent la même incompréhension lorsque les parents reçoivent de l'école l'avis que leur enfant y est indésirable. Les parents angoissés culpabilisent leurs enfants, sans chercher plus avant les causes du désarroi de ceux-ci. En effet, que faire en ville d'un enfant qui refuse d'aller à l'école — ou qui en est exclu ? Les parents ont leur travail, qui exige des horaires précis, ils ne savent que faire d'un enfant dans ces conditions, et d'autant plus s'il y en a plusieurs qui rencontrent les mêmes difficultés...

Que de souffrances chez les enfants des villes qui tous, pourtant, à dix-huit ans, devenus majeurs — à part quelques infirmes physiques ou mentaux, définitivement ségrégués —, seront des adultes de plein droit, non éduqués et non préparés à assumer leur rôle de géniteurs et d'éducateurs, et souvent pas même de citoyens coopérants.

Si j'ai parlé si longuement du rôle de la société et de ses

institutions vis-à-vis des enfants, depuis la petite enfance jusqu'à l'âge de huit-neuf ans, c'est que c'est justement pour eux que les dangers sont les plus grands dans l'avenir si, dans les villes, on laisse les choses aller au train où elles vont, sans transformer notre manière d'agir et le laisser-faire actuel.

Il ne suffit pas d'aider pécuniairement les femmes et d'ouvrir des crèches plus nombreuses. Les découvertes modernes de la psychologie dynamique, qu'a pu approfondir la psychanalyse, montrent que c'est en effet au cours des six à sept premières années que s'organise psychosomatiquement, pour la vie tout entière, une personnalité humaine. Si à cinq ans, construit par le langage et l'éducation, l'enfant est devenu parfaitement autonome et responsable de lui-même, pour son entretien, son hygiène, sa conduite, il sera bien dans sa peau et confiant en lui au milieu de sa classe d'âge. Si, entre cinq et huit ans, il est initié à l'entraide avec les autres, à la connaissance des lois morales fondamentales, de ses devoirs et de ses droits, en même temps qu'il est respecté dans les étapes successives de son développement, il devient à la fois tolérant envers les autres et toléré par eux. Il est alors capable d'exprimer son inventivité, son originalité en de nombreuses activités réussies, utilitaires ou ludiques, et de communiquer ses émois, ses désirs, par un langage personnellement élaboré, non seulement verbal mais mimique, gestuel, voire artistique et industrieux, sans recourir au seul corps à corps de soumission ou d'agressivité.

Encouragé à se développer de la façon que j'ai dite par l'école — à défaut de sa famille ou complémentairement à ce que dit et fait la famille — il sait, à huit ans, discerner l'imaginaire, toujours vivace en lui, de la réalité régie tant par la nature des choses que par les lois de la société, quelles que soient les caractéristiques naturelles de son être au monde. Il peut trouver dans l'école traditionnelle actuelle et dans les nombreuses organisations de loisirs et de vacances dont peuvent profiter maintenant les enfants des villes, ce qui est nécessaire à un enfant de huit-neuf ans. La coopération à laquelle il aura été initié depuis sa fréquentation des autres enfants et des adultes, à la crèche et à l'école, l'aura préparé à désirer se promotionner au milieu des autres, avec ceux vis-à-vis desquels il éprouve des affinités, de l'amitié et une communauté d'intérêts ludiques et culturels, en même temps qu'un sentiment vrai de co-responsabilité effective.

Pour un enfant, fille ou garçon, la période de huit à neuf ans jusqu'à la puberté est la période des grandes acquisitions culturelles et artistiques, à condition que tout de la morale individuelle et sociale ait été clairement explicité et acquis pratiquement, pendant les années qui précèdent. C'est là une période de repos physiologique pour les pulsions sexuelles, que nous appelons période de latence[157], qui prend place si le vocabulaire concernant les sens et la loi s'y référant a été explicite.

L'enfant attend et prépare l'accès à sa puberté dans une curiosité avide de tout ce qui l'entoure. Tout l'intéresse, pour peu que son intérêt soit soutenu par des méthodes pédagogiques vivantes, qui stimulent son ambition de se valoriser dans la réussite des disciplines qui lui sont proposées : scolaires, industrieuses et artistiques. En admettant qu'il y ait encore, du fait d'incidents perturbateurs familiaux ou d'accidents de santé, certains enfants qui présentent des difficultés psychiques, affectives ou intellectuelles en certains domaines, beaucoup de moyens thérapeutiques sont maintenant en place pour aider ces cas particuliers de carence momentanée et occasionnelle. Mais aussi nombreux que soient les thérapeutes, ils sont impuissants à faire face à la carence de développement due aux névroses infantiles auxquelles nous assistons dans l'enfance citadine d'aujourd'hui.

Le point particulier, sur lequel il serait bon d'insister encore au-delà de huit ans en milieu scolaire est, comme dans les classes des plus jeunes, la coopération pour la gestion et l'ordre des tâches nécessaires à la classe, avec le soutien de l'auto-discipline et des échanges libres hebdomadaires (conseils de classe). Ce sont des colloques ouverts où chacun peut exprimer ses idées concernant la bonne marche et l'esprit d'entraide entre les enfants, le maître étant présent et surtout écoutant les enfants, leur permettant d'être attentifs à ce que dit chacun d'entre eux, et les incitant à discuter les suggestions que tel ou tel apporte. Ce serait, à mon avis, le seul changement important à adjoindre à l'éducation traditionnelle actuelle des classes d'après huit-neuf ans.

Avec la puberté, à l'occasion de ces colloques qui devraient exister tout le long de la vie scolaire, seraient abordées les questions nouvelles que pose pour les jeunes leur transformation et les ouvertures nouvelles qu'elle propose. Discussions de lectures, de programmes télévisés ou de radio pourraient servir de thèmes à ces colloques, afin de préserver la pudeur qui, à cet âge, interdit à nombre d'entre eux de s'exprimer en personne sur des problèmes sentimentaux, familiaux ou sociaux qui se posent à leur réflexion, et dont ils souffrent.

L'insertion progressive dans la vie sociale, après treize-quatorze ans, est encore très difficile pour les jeunes adolescents des villes, et principalement pour ceux qui ont, depuis l'enfance, la phobie de l'école et s'y ennuient parce qu'ils n'y trouvent pas d'échos à leurs préoccupations sexuelles ou sociales, parce que déjà avant huit ans, aucun de ces sujets n'avait pu être abordé et traité. Livrés comme ils le sont à la mixité et, il faut le dire, à un corps enseignant de plus en plus féminisé, ils ne savent pas parler ouvertement des problèmes de la vie affective personnelle, de la vie familiale, et des tourments de leur sexualité nouvelle.

L'adolescence est l'âge où les jeunes doivent se dégager de l'angoisse parentale, mais c'est celui aussi où ils ont le plus besoin de parler de tout ce qui freine leur désir d'affirmation, de tout ce qui les provoque. Leur coopération civique est souhaitable, parallèlement à leurs efforts de promotion scolaire, de préparation à la vie d'adultes et surtout à la vie d'adultes responsables de leur sexualité. Il y a encore beaucoup de solutions à trouver, qui sont à l'étude dans certains milieux scolaires, dans certains quartiers, dans certains centres de jeunesse, dans certaines communes.

En fournissant aux jeunes le moyen de prendre eux-mêmes l'initiative et l'organisation d'activités de loisirs — culturelles, sportives, artistiques —, on pourrait aider nombre d'entre eux à éviter les tentations de la délinquance juvénile et de la drogue, refuges d'adolescents mal-aimés, désœuvrés, qui fuient dans la violence ou le rêve leur impuissance réelle à jouer un rôle dans une société dont, toute leur enfance, ils n'ont subi que l'incompréhension ou le mépris.

D'autres sont plus qualifiés que moi pour parler de ces problèmes d'adolescence tels qu'ils se présentent actuellement, conséquences de l'éducation et de l'instruction manquées, de l'insertion sociale impossible. Non seulement de ceux-là mais de ceux qui, même nantis de courage et de diplômes, se heurtent au chômage.

Mon propos était d'éveiller le lecteur aux détresses des enfants des villes et à leurs difficultés à trouver la joie de vivre, qui est santé mentale, psychosociale et affective, alors que sur le plan des besoins du corps, très rares sont ceux qui manquent du nécessaire. Devant les effets croissants de ce malaise citadin (le retard du développement mental, affectif et psychomoteur des enfants), devant les névroses et psychoses précoces, on installe bureaucratiquement des équipements psychiatriques, psychologiques, pédagogiques de plus en plus nombreux et coûteux. Le résultat en est parfois intéressant, lorsque les gens qui y sont rencontrés sont compatissants à une souffrance qu'ils autorisent à exprimer. Mais ces organismes sont le plus souvent ressentis comme des polices parallèles, au service de l'hypocrisie des parents et des enseignants.

Nombre de comportements, désagréables pour les parents et les adultes éducateurs, seraient à respecter et à ne pas considérer comme des symptômes de maladie, car ils ne sont que des réactions de défense d'enfants sains contre les obligations auxquelles ils sont inutilement ou perversement soumis, au mépris de leurs désirs sains pour leur âge, et de leur liberté à respecter. Toute aide à un enfant, tout comme à un adulte d'ailleurs, ne peut être apportée que s'il en éprouve vraiment, lui-même, le désir. Celui qui veut aider doit se mettre au service de l'enfant pour l'aider à connaître son vrai désir en s'exprimant et en confrontant son agir éventuel à la morale naturelle, à défaut d'être conforme aux impératifs névrotiques ou pervers de son entourage[158].

On peut alors le soutenir à supporter les épreuves momentanées qui sont les siennes, à lui donner le courage pour retrouver et préserver sa dignité humaine, son autonomie et son authentique personnalité naissante, et à lutter pour exprimer sa vérité sans se laisser piéger par faiblesse, par conformisme, pitié ou dépendance d'amour puéril vis-à-vis d'adultes — fussent-ils ceux-là mêmes qui lui rendent service en tant que thérapeutes ou pédagogues. Car il vaut mieux pour un jeune rester inadapté aux volontés d'autrui et aux impératifs non conformes à sa nature et à son désir authentique, auxquels on veut le plier par contrainte ou séduction, que de devenir un robot soumis, sans joie, sans espérance, et sans la liberté d'affronter les risques de son désir.

Depuis quarante ans, moi-même adulte faisant partie de ces institutions, je suis effrayée de voir le réseau de surveillance et de normalisation arbitraire qui se développe sournoisement, en aggravant l'angoisse et la culpabilité des parents, en même temps que le statut d'objet des enfants : observation, dépistage, thérapeutique chimique ou psychologique, rééducation imposée sans liberté de s'y dérober, et surtout sans aide au couple des parents ou aux éducateurs et enseignants pour leur faire comprendre la nature particulière de chaque enfant et les difficultés, réactionnelles à leur caractère et à leur tension nerveuse, auxquelles ils soumettent l'enfant.

Je suis frappée de voir que l'on ne fait rien pour éviter à temps les souffrances inutiles, l'état traumatique chronique dans lequel vivent les petits et les jeunes, les traumatismes psychologiques institutionnels auxquels ils sont arbitrairement soumis, l'abêtissement carcéral de l'élevage et de l'enseignement primaire, si rarement compensé par l'amour vrai, paternel et maternel, remplacé qu'il est par la possessivité et l'autoritarisme, également érotiques et insécurisants, parce que destructeurs de l'autonomie chez les enfants, en même temps qu'exemple déplorable.

Ne vaudrait-il pas mieux éviter le gâchis avant l'âge de la vie scolaire ? Car ce n'est pas vrai qu'il naisse un enfant handicapé mental et psycho-social toutes les vingt minutes, comme on le dit. Mais ce qui est vrai, surtout dans les grandes villes, c'est qu'il naît toutes les vingt minutes un être qui, entre zéro et six ans, par trop de souffrances solitaires, ou trop d'interdits à sa liberté psychomotrice, ou trop d'indifférence à sa personne, ou trop d'accaparement parental de son corps comme objet de plaisir des adultes, a manqué de la tendresse, de la sécurité et de l'amour qui rendent libre. C'est ainsi que se développe, à bas bruit pendant les premiers mois et les premières années, un enfant qui, à partir de trois ans, ou entre trois et huit ans, s'avère inapte à une conduite autonome concernant les besoins de son propre corps, inapte à vivre dans sa classe d'âge et à y avoir des échanges joyeux, et qu'on déclare retardé de langage ou de développement psychomoteur, de développement mental et affectif, ou encore inadapté et handicapé social.

Cela aurait pu être évité, au lieu d'être reconnu trop tard, et surtout provoqué par le mode d'élevage qu'il a subi, alors que, dès sa conception, ce n'est que la surveillance de sa santé physique qui est institutionnellement organisée par la société. On néglige totalement la santé symbolique de l'être de langage, de désir, de connaissance, de communication interpsychique qu'est l'enfant, être fait pour la joie et l'amour.

Mon propos est non seulement d'éveiller le lecteur aux détresses et aux difficultés des enfants des villes, mais d'en étudier les origines et de suggérer les grandes lignes des aménagements qu'il me semble urgent et indispensable d'apporter à l'éducation de l'enfance citadine, pour qu'à partir de huit ans, tous les enfants aient les mêmes chances et les mêmes moyens d'accéder aux motivations de l'instruction et aux possibilités qui sont offertes à tous — en principe — pour leur culture personnelle. Mais pour cela il faut d'abord leur permettre, et ce entre zéro et huit ans, d'accéder à l'autonomie, dans la sécurité et la confiance en eux-mêmes et en les autres, puis d'accéder au sens social et à la morale des actes, qui ne s'acquiert que de la distinction entre l'imaginaire du désir et la réalité des choses et des lois auxquels tous, adultes comme enfants, sont également soumis. Après seulement vient l'acquisition de la lecture et de l'écriture jusqu'à maîtrise totale du graphisme et du lire intelligemment et le calcul d'abord mental.

Ce sont de vastes moyens de prophylaxie psycho-sociale que je préconise et, qu'à mon avis, il est indispensable de mettre dès à présent en place dans la période de désarroi et de déshumanisation que subissent de façon croissante les enfants des grandes cités.

Ces aménagements humanisants devraient être en premier lieu, pour les femmes, ceux de la maternité et de la grossesse ; puis ceux des hôpitaux d'enfants avec la possibilité d'une présence des parents à toute heure et surtout au moment des soins pénibles, au réveil des opérations des enfants. C'est aussi l'aide éducative aux familles, ces lieux d'accueil et de jeux ouverts aux tout-petits accompagnés dont j'ai parlé[159]. Ces aides éducatives sont à apporter tant en coopération avec les familles que par des institutions latérales à la famille, destinées aux enfants seulement :

crèches de plus en plus nombreuses attenantes au lieu de travail des parents, pré-maternelles et maternelles, écoles primaires qui devraient être maisons des enfants, ouvertes du matin au soir aux élèves, tous les jours, et dans une pleine liberté d'horaires, selon les convenances des parents et des enfants.

Ces maisons d'enfants, qui devraient se substituer au système scolaire actuel jusqu'à huit ou neuf ans, ne devraient pas être réservées à l'enseignement et au jeu, mais au développement général de l'individu et concerner tout le savoir de la vie pratique nécessaire à l'autonomie d'une conduite prudentielle, à l'autonomie de l'entretien et de l'hygiène du corps, à l'autonomie du comportement en famille et en société, et cela bien avant la programmation des études dites scolaires, c'est-à-dire l'apprentissage de la lecture, de l'écriture et du calcul. Sans ce développement général de l'individu dans son groupe social, tout enseignement n'est que cérébralisation et dépendance verbale et mentale, s'il n'y a pas d'expérience acquise, connaissance expérimentée de soi-même, de la réalité des choses et des autres.

Certains prétendent que rien ne peut se faire sans un bouleversement politique total. Je ne sais. Mais je sais que si la façon de laisser aller les relations mère-père-enfant, soignants et adultes préposés à la puériculture, à l'éducation et à l'enseignement des enfants reste ce qu'elle est, continuant de maintenir l'idée de normes abstraites pour l'élevage dérythmant, le sevrage brusque, la propreté sphinctérienne précoce, l'interchangeabilité des nourrices, l'absentéisme des maîtres sans remplacement — tout cela pour la commodité des adultes —, en l'absence de paroles vraies adressées à la personne de l'enfant, et sans respect de son corps, de son cœur, de son intelligence, le tout pour en faire un objet soumis au bon plaisir des adultes, et non un sujet de langage, eh bien aucun bouleversement des institutions politiques et du système socio-économique ne changera rien à la détresse des enfants des villes.

C'est une révolution[160] des mœurs dans l'élevage et le respect de la liberté des petits et des jeunes, au contact des adultes de la famille et de la société, qui modifiera l'avenir et le destin personnel des humains. Si actuellement les enfants des classes économiquement aisées paraissent plus avantagés lorsqu'ils ont atteint l'âge de huit-douze ans ou l'adolescence — ce qui est encore à voir —, ce n'est que parce que les moyens pécuniaires de leurs parents autorisent une éducation spécialisée plus attentive, et des moyens d'éducation latérale à celle de l'enseignement public qui permettent de colmater les névroses précoces et les troubles de la personnalité. Ce qui ne veut pas dire que les enfants des classes aisées soient davantage élevés par leurs parents dans la perspective de leur autonomie ; ni avec plus d'amour et de compréhension !

L'éveil du cœur et de l'esprit des enfants à la confiance en eux-mêmes, sans culpabilisation de leurs infériorités naturelles, s'enracine dans un amour attentif et respectueux de leur rythme de développement et de fonctionnement naturel jusqu'à l'âge de la maturation de leur système nerveux, c'est-à-dire jusqu'à vingt-huit ou trente mois. Leur autonomie ne s'acquiert que par la délivrance du langage concernant toutes les questions qu'ils posent, et la liberté de comportement laissée à leurs initiatives motrices, dans le respect et la patience des préposés à leur tutelle.

Ce sont les paroles vraies dites par les adultes, concernant leur agir et leur faire, des paroles vraies dites à l'occasion des souffrances, des difficultés, des questions sur la vie, la mort, les lois, le sexe, qui font accéder les enfants à la distinction entre l'imaginaire et la réalité, et à la sécurité sinon en famille, au moins en société, aussi bien que tout seuls.

C'est cette modification des mœurs éducatives qui peut être la révolution libératrice des enfants et la meilleure des prophylaxies des troubles actuels de l'inadaptation d'un si grand nombre d'entre eux. Sommes-nous prêts à agir vis-à-vis des enfants de façon à ce que — arrivés à trois ans — ils puissent tous, quelle que soit la particularité de leurs géniteurs, parce que la société les aura aidés, advenir à leur complète autonomie dans le milieu social des enfants de leur âge ? La vie impose des souffrances au corps, tous les désirs ne peuvent être agis ni satisfaits, mais tous devraient pouvoir être exprimés, car aucun désir n'est coupable, ni dangereux à imaginer et à exprimer — du moins ne devrait-il pas l'être. C'est son impossible réalité qui seule devrait être enseignée.

C'est ainsi que la vie imaginaire des enfants pourrait être

laissée libre de s'exprimer par le jeu, tandis que la réalité des lois qui interdisent le meurtre, les sévices corporels, le vandalisme, la nuisance au corps et à la liberté d'expression d'autrui leur serait inculquée par l'exemple du comportement des adultes à leur égard, aussi respectueux vis-à-vis d'eux en langage et en actes qu'ils leur demandent de l'être à l'égard des adultes et de leur maître.

Sommes-nous prêts à enseigner aux enfants le sens de leur sexualité, de l'interdit de la réalisation de l'inceste, et à nous interdire à leur égard les privautés sensuelles — violences et caresses voluptueuses qui, pour leur vie imaginaire, en est longtemps l'équivalent érotique — que s'autorisent sur leur corps les adultes ? Et non seulement leurs parents, mais tous les adultes dès qu'ils ont un pouvoir médical, thérapeutique ou éducatif sur les enfants !

Sommes-nous prêts à considérer les enfants comme nos égaux en intelligence, sans les culpabiliser ni les bafouer à l'occasion de leurs ignorances ou de leurs impuissances, à chaque fois qu'ils se dérobent à notre vouloir autoritaire, à l'occasion des demandes qu'ils nous font, et qu'il est impossible de satisfaire ?

Sommes-nous prêts à cette transformation dans la manière de considérer les enfants ?

Alors, si nous le sommes, avec ou sans révolution politique et socio-économique, oui, la vie des humains des cités sera complètement changée en quelques années, parce que la jeunesse y croîtra d'une façon différente et, dès sept ans, neuf ans au plus tard, tous seront constitués en citoyens individualisés et socialement responsables.

Ne resteraient à aider par des moyens thérapeutiques physiques, psychologiques ou pédagogiques, que des enfants marqués dans leur corps par des épreuves organiques ou affectives, par la perte des êtres chers décédés, ou les enfants carencés socialement. Il y aura toujours des individus marqués par des épreuves précoces, mais il n'y aura plus cette quantité effroyable d'enfants arrivant inadaptés caractériellement et intellectuellement inaptes à l'acquisition des connaissances nécessaires à l'insertion dans la vie sociale. Il n'y aura plus, à la puberté, tant d'adolescents qui ignorent ou refusent les lois de la vie sociale, quel que soit le système politique et socio-économique. C'est la diversité des êtres humains, la différence entre eux, leur tolérance réciproque, l'entraide et la communication ainsi que la création langagière de chacun des individus d'un groupe ou d'une ethnie, qui fait la richesse de ce groupe. C'est surtout le sentiment de la responsabilité de chacun concernant son agir, qui est le garant de la vitalité d'une société, et non pas ce que nous voyons actuellement et qui est la conséquence du style d'élevage et d'éducation de tous les enfants.

Il y a perte du sentiment d'entraide au niveau des individus, alors que ce sentiment d'entraide est spécifiquement humain dès le plus jeune âge, parce qu'il est inclus dans l'accession au langage. Il y a un refus de coopération dans les groupes, un manque de sens social et civique de chacun, quelles que soient ses options politiques — et cela à tous les niveaux. Il y a un évitement systématique des responsabilités à assumer par chaque individu, quelles que soient ses difficultés ou ses épreuves. Au lieu d'admettre sa part de responsabilité, chacun réagit en coupable, en brimé ou en frustré, parce qu'il l'a été tout au long de son enfance. Chacun devenu adulte rejette sur les autres, et seulement sur les autres, la raison de sa souffrance.

Ce statut de puérilité, qui relève d'une pensée magique conservée, datant de l'immaturité de l'enfance, est maintenant le mode de pensée de la plupart des adultes. On attend un bon législateur, un bon patron, un bon leader, à tous les niveaux de la société, comme enfant on attendait tout de ses papa-maman ! Et cela, justement parce qu'on est resté, par défaut d'éducation, dans les rêves de la petite enfance, n'ayant pas eu la possibilité de se développer en liberté, de se heurter à son propre désir et à ses propres difficultés à le réaliser, soutenu dans cette épreuve par les paroles des adultes tutélaires, à persévérer dans ce désir jusqu'à acquérir soi-même les moyens d'accession et de maîtrise personnelle pour en assurer la réalisation. Ces adultes ayant abusé de leur aide matérielle ou de leur autorité aliénante, on conserve toute la vie un sentiment fatal d'impuissance — plus commode que l'effort personnel —, mais qui s'accompagne aussi, fatalement, d'une sourde révolte chaque fois qu'on est malheureux, ou de dépression qui fait recourir au bonbon-médicament, à moins que ce ne soit à la drogue et à l'alcool, fuite dans l'imaginaire.

Si un individu parmi d'autres s'avère capable de prendre des responsabilités et en a le goût par nature, on lui voue un culte personnel dépourvu de critique, et on se livre à la dépendance. Il semblerait lèse-majesté et même manque de sens social — confondu qu'il est avec l'instinct des moutons de Panurge —, de se dérober au prestige qu'il veut imposer. Refuser d'obéir aveuglément à ses directives, ou seulement se permettre de les critiquer, semblerait asocial au groupe bêlant que regarde d'un mauvais œil tout sujet pensant, tout individu libre.

C'est ainsi que nous voyons aujourd'hui les adultes, restant intégrés au groupe qu'ils ont une fois choisi, renoncer à leur propre jugement en raison d'une sécurité sans laquelle ils ne pourraient vivre, comme lorsque enfants, ils subissaient fatalement, du fait de la dépendance liée à l'impuissance de l'immaturité physique, une mère tutélaire abusive dont la dépendance à elle était, comme celle de l'écolier à l'école vis-à-vis de ses maîtres, une relative sécurité payée de son aliénation individuelle.

La liberté de pensée et de décision de ses actes personnels n'est-elle pas ce qui caractérise la valeur morale de tout être humain ?

L'esprit d'entraide n'est-il pas ce qui caractérise la valeur humaine de tout homme et de toute femme et le sens de la vie en commun, dans n'importe quelle société ?

La libre acceptation des intérêts du groupe choisi par chacun est bien une qualité essentielle, mais non sans que chacun puisse en discuter avec lui-même. L'intérêt collectif ne permet pas la réalisation totale des désirs individuels, mais n'est plus un être humain digne de ce nom celui qui ne se connaît plus de désirs individuels à force de s'être aliéné, soit aux désirs du plus fort, soit à ceux du plus grand nombre, par crainte de ségrégation ou de mésestime. La valeur d'une société repose sur la maturité personnelle de chacun de ses membres, sur l'originalité conservée, la différence reconnue entre les êtres humains, et la dignité humaine de chacun et de chacune, quel que soit son âge et ses comportements « aberrants » par rapport aux autres, non seulement assurée par des lois écrites, mais effectivement respectée dans les mœurs en vigueur et les coutumes.

C'est cela une démocratie. Mais — on n'y avait pas encore pensé — c'est dès l'enfance et dès sa conception qu'un être humain a droit au respect et à l'amour de sa personne. Cela dépend de l'accueil qui lui est fait à sa naissance, des modalités sécurisantes de l'élevage et de l'éducation première, dans la liberté et le respect de sa joie de vivre et d'aimer, respect qui lui est donné par le langage et le comportement des adultes à son égard, bien avant l'âge de l'instruction, non par obligation imposée, mais en conformité avec ses goûts et ses choix personnels[161].

Bien que chaque enfant subisse fatalement, à cause de son immaturité physiologique, l'influence du climat émotionnel de ses proches, l'éducation et le rôle des adultes est de le dégager de cette influence inévitable un temps. Cela ne peut se faire qu'en développant son originalité, sa confiance en lui-même, dans les infériorités dues à son immaturité, et en le dégageant au plus tôt de son statut d'objet, de soumission à autrui en miroir et en dépendance. Cela ne peut se faire qu'en suscitant ses initiatives de sujet différent de tous les autres.

Qu'un enfant valorise son triomphe sur autrui dans les rivalités, c'est inévitable. Mais il appartient aux adultes de ne jamais le comparer qu'à lui-même, de ne jamais le valoriser relativement aux autres — mais par rapport à ses progrès sur lui-même, et dans l'accès à l'expression de ses désirs imaginaires et à son expérimentation personnelle du possible et de l'impossible de leur réalisation, sans jamais le décourager d'espérer y parvenir un jour, en persévérant dans sa quête et en conquérant les moyens licites ouverts à tous.

Si une ethnie s'honore de donner, par la collectivité, les moyens de conserver une dignité humaine à tous les handicapés physiques, jeunes et vieux, la sécurité et la possibilité de vivre et de rester inséré à la communauté sociale, elle ne peut survivre si elle se déshonore en ne donnant pas aussi, dès le plus jeune âge, à tous ses enfants, les moyens de se développer.

La collectivité doit, maintenant que les connaissances de la psychologie dynamique de l'inconscient le permettent, préserver les enfants des dangers, inconscients pour les parents, que font courir à leur développement symbolique et langagier leur condition de dépendance totale et prolongée envers ceux qui en sont, par nature ou par métier, responsables.

Les adultes peuvent, par ignorance, indifférence ou angoisse, prolonger cet état et freiner l'accès des enfants à l'autonomie, condition de l'insertion sociale des individus en tant que sujets de leur propre désir, artisans de leur destin sexuel individuel et de leur créativité sociale dans la pleine responsabilité de leur comportement. L'avenir de la collectivité dépend de cette préoccupation et des réalisations qu'elle a le devoir de promouvoir.

École maternelle : combien d'enfants à la fois[162] *?*

Il y aurait beaucoup à dire sur cette question. Il faut savoir que le rôle des maîtresses de maternelle, tel qu'il est souhaitable et pour lequel elles ont reçu une formation, ne peut pas suffire à la majorité des enfants qui sont, à présent, acceptés dans les maternelles à l'âge de trois-six ans, et encore moins à ceux qui ont entre deux et trois ans. Or, de plus en plus, les parents demandent que leurs enfants soient accueillis à l'école dès l'âge de deux ans. Le besoin de société chez l'enfant est très précoce ; aussi, que les enfants soient accueillis en société dès l'âge de deux ans n'est pas une mauvaise chose. Cependant, ceci n'est pas possible dans le cadre qui est, jusqu'à présent, celui de la maternelle.

Un enfant qui n'est pas encore complètement autonome de son corps pour ses besoins, pour se vêtir, pour s'orienter, et qui ne connaît pas, déjà depuis un bon moment, les relations faciles avec les autres de son âge, sans la présence de ses parents, n'est pas capable de profiter de l'enseignement tel que peut le donner une maîtresse de maternelle, dûment formée, mais chargée de vingt à trente enfants. Pour qu'un enfant, quel que soit son âge, arrive à ce niveau de maturité dit de trois ans, le rôle majeur est à accomplir par des femmes qu'on appelait autrefois « femmes de service » et qui, lorsqu'elles sont « maternelles » de nature et maternantes d'accueil et de comportement sensoriel et langagier, permettent à l'enfant l'acquisition du savoir de son corps pour lui-même. C'est ce corps aimé par lui, dont il maîtrise non seulement l'agir mais possède tout le vocabulaire s'y référant, qu'il doit apprendre à prendre en charge lui-même.

Il a besoin d'être enseigné individuellement à connaître son corps, ses sensations, ses fonctions, son sexe, et à prendre soin de lui avec le respect dû à un être humain qu'il est au même titre que les autres garçons ou les autres filles. Il doit, individuellement, maternellement, être guidé à s'occuper de sa propreté, de son aisance, de ses vêtements, de sa coiffure ; donc prendre son bain ou sa douche, laver ses mains, entretenir ses ongles. Le miroir est important et constitutif de son être pour autrui. Il doit être suscité à avoir confiance en sa personne, fier d'être garçon ou d'être fille, indépendamment des caractéristiques qui peuvent être celles de son corps, des différences qu'il remarque avec les autres, des petits défauts congénitaux éventuels qui peuvent être les siens et dont ses parents ont peut-être déjà parlé à la maison. Il doit aussi apprendre à n'être plus dépendant de sa mère, ou d'une grande sœur ou d'un grand frère, ni dépendant d'un autre « groupe porteur » formé d'autres enfants[163]. Un enfant qui n'a pas atteint ce niveau d'autonomie et de quant-à-soi, niveau qui signe la maturité d'un enfant de réellement trois ans au point de vue psychomoteur et social, se fusionne grégairement au groupe de sa classe, apparemment intégré et participant, mais sans s'individuer. Il sera comme un mouton dans un troupeau qu'il suit ou qu'il parasite, sans s'y sentir individuellement libre. Et il ne « suit » pas au sens de s'intéresser et de comprendre ce qui se fait en classe. Dans ces deux éventualités, la plupart du temps, l'école maternelle le fait stagner, même parfois régresser en tant qu'être humain, au lieu de contribuer à la construction de sa personne. Ces deux éventualités, le grégarisme du mouton ou le parasitisme sans participation personnelle, sont hélas actuellement vues comme une bonne adaptation à l'école maternelle. En effet, l'enfant ne s'y déplaît pas ; il ne gêne pas non plus les autres. Mais il n'y apprendra pas à devenir lui-même.

Il existe aussi une troisième éventualité. Celle des plus sensibles : dans ce cas, ce sera la défense par renfermement sur soi face au groupe ; sur soi, c'est-à-dire sur un soi impersonnel, dans sa relation imaginaire à sa mère archaïque. Cet enfant présente alors, ou plutôt développe, du fait de l'école, un retard de langage et de psychomotricité. Ce retard n'est qu'une expression de son être qui se défend en ce qu'il a de vivant, d'une façon humainement sensée, pour préserver les potentialités de son intégrité psychosomatique antérieure à l'entrée à l'école, et que l'école ne prend pas en charge, telles quelles, pour les faire évoluer. Que fait-il alors ? Il se défend un temps passivement, mais bientôt activement. Son patrimoine humain symbolique, son mode de communication verbal et comportemental s'arrête à l'âge où il entre à l'école, et il arrête aussi son évolution affective et intellectuelle. On peut alors observer un mode passif ou un mode actif. Si le mode passif domine, on le dit retardé ; en effet, il en a l'apparence et il le devient quant aux exigences de la société, puisqu'il reste en panne. Si le mode actif domine, on le dit instable et caractériel, et il le devient, car le miroir de la société, c'est-à-dire les projections dont il est l'objet, les mots désobligeants qu'il entend le concernant, sont structurants surtout jusqu'à l'âge de cinq ans, pour la personnalité humaine.

Or, ces enfants, les premiers dont j'ai parlé, que l'on dit « adaptés » parce qu'ils aiment l'école et qu'ils sont passés de l'état d'objet de leur père, ou mère, ou famille, ou crèche, ou gardienne, à celui d'objet du groupe de leur âge à l'école, et qu'ils sont admiratifs de la maîtresse — l'adulte pasteur du troupeau — et soumis à elle, ces enfants ne se construisent plus en tant que garçons ou filles sujets de leurs jugements, de leurs désirs, ni de leurs mouvements, pas même libres de leurs besoins naturels. Pour ce qui est de leur comportement, ils se conforment aux dires des autres les concernant. Ces dires des camarades et de la maîtresse leur tiennent lieu de vérité absolue. Ce rôle qui consiste à se conformer à un mode d'adaptation apparente leur convient. C'est comme un miroir, cette vérité d'être objet partiel suiveur du groupe ou parasite, un miroir auquel ils s'accommodent pour y rester conformes, c'est une sécurité à ne pas dédaigner.

Quant aux seconds, les divers inadaptés, passifs ou actifs, ce sont eux les humains potentiels encore, et sûrement les plus riches ; et pourtant, ils sont rejetés par les autres, parce que le sujet potentiel en eux dérange le bon ordre du troupeau. L'enfant n'est pas capable de s'auto-materner, c'est-à-dire de prendre soin de son corps (parfois incontinent), de l'aimer et de le défendre. Il n'a pas de vocabulaire ni de moyens discriminatoires pour l'aise, le plaisir ou le déplaisir qu'il éprouve, ou pour les dommages, les humiliations que la fréquentation des autres et leur agressivité peuvent lui faire ressentir. Aussi bien tout seul qu'avec des autres, il n'est pas construit, ne l'a pas été faute d'accueil à son corps et à sa personne, au niveau même de communication où il se trouvait à son entrée à l'école, et restera un être sans structure de base. Ces inadaptés ont besoin, en entrant dans un groupe social, que soit assurée la liaison avec les parents ou, s'ils sont trop occupés par leur travail, avec sa gardienne de jour ou ses précédentes maternantes de crèche.

Bref, l'école doit, les premiers jours, établir une communication verbale devant l'enfant avec la personne tutélaire, jusque-là responsable de l'enfant et qui le connaît le mieux. C'est là le rôle, à l'école maternelle, non de la maîtresse mais d'une femme qui, en s'occupant individuellement du corps de l'enfant, l'assiste pour son entretien, l'aide au cours des repas, l'intéresse à savoir ce qu'il mange, en même temps qu'elle lui enseigne à manger seul; autrement dit, une personne attentionnée à ses besoins, s'il ne sait pas encore se débrouiller tout seul, une personne qui soit vraiment la complice du petit, complice de ses plaisirs et de ses peines, qui sache dédramatiser les relations avec les autres enfants, souvent violentes, qui sache expliquer les choses de la vie avec des mots clairs, bref une femme qui lui fasse connaître et aimer l'école, qui lui enseigne la façon de s'y conduire, qui lui rende familier tout ce qui est nouveau, inconnu, étrange, dans cet espace nouveau; quelqu'un qui lui parle de ses camarades, en les nommant par leurs noms et en lui faisant comprendre leurs caractéristiques diverses, qui l'introduise au groupe sans le laisser s'y fondre. C'est à cette femme maternelle, qui établit avec l'enfant une relation personnelle et sécurisante, qu'il revient à chaque fois qu'un incident l'y pousse. C'est d'elle qu'il reçoit les mots qui formeront son vocabulaire pour exprimer ses désirs, c'est d'elle qu'il apprendra comment participer au groupe tout en restant indépendant, comment apprécier l'importance pour lui du groupe et le rôle qu'il peut y jouer.

Quant à la « maîtresse » de maternelle, elle joue plutôt un rôle « paternant » tant pour le groupe que pour chaque enfant individuellement[164]. C'est elle qui est chargée de l'apprentissage des activités de communication, des manipulations ludiques et industrieuses, c'est elle qui enseigne aux enfants les lois de la vie collective. Cette maîtresse (ou ce maître) de maternelle ne peut jouer effectivement son rôle que si les enfants sont attentifs à elle. Elle ne peut travailler efficacement qu'avec des enfants en groupe de cinq à sept à la fois, au maximum, afin de veiller à l'activité de chacun, pour que jamais aucun de ces enfants ne soit incité à en imiter un autre, ni à s'imiter lui-même, en répétant ce qu'il a réussi une fois pour la maîtresse.

Il peut donc y avoir, sans dommage pour chacun, dans une classe maternelle, trente ou trente-cinq enfants, s'il y a au moins deux autres personnes d'accueil associées à la maîtresse, chacune ayant à charge une dizaine d'enfants en première maternelle, et une quinzaine en grande maternelle. Leurs rôles seraient hautement éducatifs, dans le style de ce qu'on appelle la garderie, qui est quelque chose d'extrêmement important du point de vue psycho-social humanisant. Ces éducatrices s'occuperaient de ceux qui ne sont pas dans les groupes de cinq à sept enfants, dont la maîtresse s'occuperait électivement, les uns après les autres. La maîtresse aurait donc à prendre en charge chaque groupe pendant une demi-heure seulement. Le reste du temps, ce sont les personnes d'accueil qui seraient chargées des occupations des enfants pendant que la maîtresse s'occuperait, les uns après les autres, des autres groupes.

Le rôle de la maîtresse de classe est ainsi celui pour lequel elle a été formée en vérité — des activités d'éveil au langage, à la concentration, à l'observation attentive, aux justes mots concernant toutes les perceptions sensorielles et leurs expressions autour d'un objet ou d'un intérêt médiateur dont on parle collectivement et correctement. Leçons de manipulation, de vocabulaire, d'expression corporelle, éventuellement avec la musique, bref enseignement véritable. Une demi-heure à la fois d'attention soutenue de quelques enfants autour de cette maîtresse, c'est le maximum qu'un enfant puisse supporter. Quatre ou cinq demi-heures ainsi employées pour les quatre ou cinq groupes d'enfants d'une classe de vingt à trente enfants, autour de la maîtresse, seraient ce qui profiterait le plus aux enfants, je veux dire à tous et à chacun. Ces groupes auraient leur place dans une partie de la classe[165], autour d'une table ronde; la maîtresse, debout, pouvant ainsi passer derrière chaque enfant, montrant à chacun la technologie manuelle avec ses propres mains, aidant et dirigeant les gestes des enfants, sans qu'ils puissent regarder, comme c'est souvent le cas, son visage, initiant ainsi chaque enfant à la manipulation adéquate des instruments de travail, par l'observation du geste et l'audition de la voix. Un enfant entend beaucoup mieux une personne qu'il ne regarde pas; l'éducation manuelle et corporelle doit être dissociée de l'imitation des autres, ce qu'ils ont tendance à faire. Agir chacun à sa façon est mieux. Puis, les enfants de cet âge ne pouvant pas rester sans dommage assis (ou dans la même posture physique) plus de cinq à six minutes, ils pourraient se lever et autour d'elle, assise, observer un objet, étudier des images, écouter ses explications, apprendre des poésies, écouter une histoire, y réagir, faire s'exprimer des marionnettes pour la formation au langage, développer ainsi leur expression verbale, sans qu'ils soient obligés à l'immobilité, qui est totalement étrangère à la dynamique de leur esprit. Pour être attentif et présent, un enfant de moins de sept à huit ans a besoin de bouger à son gré, de bruiter, de parler, éventuellement tout seul, mais c'est signe d'attention.

Ceci implique que les éducatrices, celles que j'appelle les personnes d'accueil, qui remplaceraient celles qu'on appelait autrefois les « femmes de service », fassent véritablement équipe avec la maîtresse de la classe maternelle, sans aucun sentiment d'infériorité concernant leur rôle, aucune attitude de supériorité des maîtresses par rapport à elles, car il s'agit de rôles entièrement différents mais aussi importants les uns que les autres pour ces petits citoyens en herbe, rôles qui se complètent, pour l'élevage et l'éducation des enfants, et qui exigent des dons et une formation différents, mais autant d'intelligence et de sens de responsabilité. Il s'agit d'une équipe où celles qui s'occupent du corps, des jeux, des activités de détente, du comportement de chacun au milieu des autres, sans directivité mais avec tolérance et compréhension pour les petites difficultés de chacun, devraient être conscientes de l'importance irremplaçable de leur fonction. Les personnes éducatrices seraient choisies pour leur intelligence musculaire et manuelle, leur voix modulée, leurs mouvements maternels, pas brusques, un fond de caractère enjoué. Bref, il faut qu'elles aiment les enfants et qu'elles soient aimées par eux, sachent les occuper et les consoler, qu'elles soient en bons termes avec les pères et les mères qui amènent les enfants et viennent les chercher à la fin de la journée. Qu'elles soient proches des enfants, connaissant le nom de chacun, qu'elles les présentent les uns aux autres, jouent avec eux, sachant raconter des histoires, chanter des chansons ; qu'elles soient, pour chacun d'entre eux, réconfort et recours dans les moments de fatigue, de besoin, de détresse ou de conflit avec d'autres enfants, sans jamais les blâmer lorsqu'ils s'entre-agressent ou échouent dans leurs initiatives. Car c'est toujours par des échecs surmontés et par des conflits que les enfants entrent en contact les uns avec les autres, d'une façon qui, après quelques déboires, sera profitable à leur amitié quelques semaines après, si personne ne les blâme. Et puis, le jour où un des enfants est absent, ne faut-il pas aussitôt que l'on aille aux nouvelles et que la classe entière s'intéresse au camarade absent ? Il n'y a pas de meilleure manière d'enseigner la solidarité et l'importance de chacun pour le groupe.

En Suisse, pour les enfants absents de l'école, maternelle ou primaire, un homme — dans les campagnes un garde-champêtre, en ville un retraité —, genre grand-père alerte, passe tous les matins prendre la liste des absents[166]. Il va aux nouvelles dans la matinée, au domicile de l'enfant. Si l'enfant est resté chez lui par paresse ou parce qu'il y a eu un incident familial qui a empêché la mère de conduire l'enfant à l'école, alors c'est lui qui s'en charge. Dans les villages suisses, j'ai rencontré le monsieur qui tenait ce rôle, se promenant gaiement, les enfants sautillant autour de lui, parlant et riant avec eux. C'est en demandant qui étaient ces enfants-là que j'ai eu l'explication. En même temps, avec malice, le psychologue que j'avais questionné me dit : « Beaucoup d'enfants qui ont des maîtresses un peu sévères ou, à la maison, des parents un peu indifférents, restent exprès à la maison, parce qu'ils aiment le garde-champêtre ; ils trouvent cela bien plus amusant, car celui-ci bavarde avec eux, leur raconte des histoires en allant à l'école. Il y en a qui font exprès pour se faire chercher par lui. » « Et l'école ne les blâme pas ? », demandai-je. « Mais non, on a tous été enfant ! » Si, au contraire, l'enfant est souffrant, le préposé vient à l'école pour donner de ses nouvelles. Toute la classe est alors mise au courant par la maîtresse de la raison de l'absence de leur camarade. On pense à lui, on ne l'oublie pas, et quand il rentre, il est très bien accueilli, parce que jour après jour toute la classe a suivi sa guérison et sa convalescence ; et si, à l'école, ses camarades avaient fait des gâteaux, quelqu'un lui a même porté sa part.

Quant à nous, en France, nous sommes loin d'avoir compris le rôle que devrait avoir la société pour les enfants. Et ce n'est pas en avançant l'âge où l'on reçoit les enfants à la maternelle, comme on l'a préconisé récemment, que l'on va aider nos petits à ne pas devenir des retardés de langage et de psychomotricité. Il faut repenser complètement l'éducation du premier âge jusqu'à trois ans, et, pour certains, ce système de groupe à temps partiel dans une classe avec la maîtresse et le reste du temps avec un éducateur ou une éducatrice serait valable jusque dans les premières classes primaires. L'apprentissage de la lecture, par exemple, et de l'écriture, ne devrait pas se faire autrement que par des groupes de cinq à six enfants, autour d'une table ronde et par séquences de quinze à vingt minutes d'attention et de travail pour chaque groupe. Que de choses l'enfant a à apprendre, en dehors de la lecture et de l'écriture, encore jusqu'à huit ans ! Et c'est impossible que chacun puisse parler, être écouté par tous les autres, pour échanger des idées, découvrir et valoriser les différences entre eux, différences qui font la valeur d'un groupe, apprendre à formuler avec précision sa pensée, et surtout ne pas imiter son voisin, cela est impossible quand une maîtresse est seule avec trente à trente-cinq enfants à la fois. Ce travail éducatif est impossible quand les personnes dites « de service », s'il y en a, même si elles sont tolérantes et naturellement maternelles, n'ont reçu aucune formation psychologique et sociale. Or, la prévention des désadaptations ou des inadaptations des enfants à cinq-six ans, à l'entrée en classe primaire, provient de cette première éducation non faite, éducation au vocabulaire concernant leur corps, éducation à l'entretien, à la maîtrise et au respect de ce corps — à savoir comment l'aimer en toutes ses parties, le laver, l'habiller. Entre enfants, savoir s'entraider les uns les autres et, ensemble, rire, sauter, danser, vivre. Tout cela est affaire de personnes, d'éducateurs ou éducatrices préposés à la classe, alors que la maîtresse est là pour enseigner l'observation, la stabilité, le bon parler, par une méthode qui ferait sentir aux enfants l'accord entre l'école, leur dignité personnelle et leur famille. Ceci implique que la maîtresse de la maternelle doive faire la liaison, établir le relais entre l'éducation reçue à la crèche ou à l'école et celle qui est dispensée dans la famille. C'est là bien sûr un idéal et je souhaite que, par des efforts concertés, l'on y arrive un jour.

Il ne s'agit pas de changer la formation des institutrices de maternelle, qui est très bonne ; il s'agit de leur adjoindre un corps d'éducateurs et d'éducatrices aimant les enfants, aussi bien formés que les maîtresses, mais dans un autre but, pour l'éducation corporelle et caractérielle première, alors que les maîtresses s'occupent surtout de l'initiation sensori-motrice méthodique, l'expression et l'habileté manuelle dirigée, l'expression corporelle, vocale, musicale, tout cela avant l'instruction à la lecture et à l'écriture. Cette instruction à la lecture et à l'écriture, ainsi qu'au calcul, voire aux maths modernes, n'a pas de sens s'ils sont inculqués à un enfant retardé social et affectif. C'est le cas d'un enfant qui n'est pas, dans son groupe scolaire, joueur, espiègle, curieux, attentif, inventif, industrieux, à la fois autonome et sociable. Alors, toutes les « rééducations » orthophoniques ou psychomotrices, actuellement si coûteuses, ne seraient plus nécessaires si les enfants étaient, à temps, éduqués comme je viens de le tracer en grandes lignes, cela dès l'âge de deux ans, à l'école, c'est-à-dire en société d'enfants de leurs âges, au contact d'adultes auxiliaires et relais des mères et des pères, médiateurs pour chaque enfant, ainsi personnalisé, entre sa famille et la société que représente l'école. De la sorte, ils auront la chance de se constituer comme individus reliés chacun à son histoire personnelle, à la connaissance claire de ses parents, de sa valeur enracinée dans sa différence par rapport à tous les autres, et dans sa dignité de sujet citoyen garçon ou fille. Tout groupe humain prenant sa richesse dans la communication, l'entraide et la solidarité visant à un but commun : l'épanouissement de chacun dans le respect de ses différences.

La Maison Verte[167]
Un lieu de rencontre et de loisirs pour les tout-petits avec leurs parents

Conférence au Congrès de l'ANPASE,
Bordeaux, avril 1980

Pour une vie sociale dès la naissance, pour les parents parfois très isolés devant les difficultés quotidiennes qu'ils rencontrent avec leurs enfants.

Ni une crèche, ni une halte-garderie, ni un centre de soins, mais une maison où mères et pères, grands-parents, nourrices, promeneuses sont accueillis... et où leurs petits y rencontrent des amis.

Les femmes enceintes et leur compagnon sont aussi les bienvenus.

La Maison Verte accueille tous les jours de 14 h à 19 h, le samedi de 15 h à 18 h (sauf le dimanche) 13, rue Meilhac, Paris 15e.

Après une année de fonctionnement de ce lieu de vie et d'accueil social (pour enfants jusqu'à trois ans, non séparés de leurs pères et mères), l'espoir que nous avons basé sur notre hypothèse de départ est non seulement confirmé, mais renforcé au-delà de nos prévisions. La réalisation de ce lieu répond à une nécessité pour la population citadine d'aujourd'hui. Le succès qu'elle remporte en est la preuve, alors que, vu l'exiguïté des lieux et notre incertitude de pouvoir continuer cette expérience, nous n'avions fait aucune publicité le concernant. Les usagers n'en ont eu connaissance que de bouche à oreille, aux consultations de PMI (protection maternelle et infantile) entre mères, ou par les gens du quartier qui, en passant, regardaient jouer des enfants dans une boutique dont la vitrine arbore des ballons et quelques affichettes, invitant leurs lecteurs à en savoir plus et à recevoir les mamans et leurs petits pour jouer et se détendre.

Les mères, pères et enfants, amenés à se rencontrer ici, sont aidés à se comprendre entre eux et à coopérer au contact des autres. Ceci peut éviter que l'angoisse des parents — d'où qu'elle vienne, lorsqu'ils sont isolés —, perfuse littéralement leur bébé et leurs enfants plus grands et provoque des effets de dysfonctionnement en réponse.

Si ces effets ne sont pas compris par les parents comme un langage d'intelligence inter-relationnelle, ils provoquent à leur tour l'angoisse des parents, cette fois attribuée à l'inquiétude concernant la santé de leur enfant. Des réactions et des inter-réactions en chaîne entre mère, père et leurs enfants inaugurent ainsi, interminablement, des relations perturbées. Celles-ci, tant qu'elles ne mettent pas en danger la vie de l'enfant, sont cependant l'occasion de soins intempestifs calmants (habitude préconisée de la drogue somnifère), régimes, réponse au corps ou, chez les plus grands, gronderies, sévices correcteurs, alors qu'il s'agit de langage à décoder et à verbaliser au jour le jour.

Une angoisse, étrangère à tout enfant qui vient de naître (mais non pas à son existence nouvelle), vient de la mutation subite — physiologique et affective — que produit la maternité ou la paternité chez les adultes. Leurs nouvelles responsabilités, les limitations de leur liberté qu'implique l'existence de cet enfant-là, avec ses particularités somatiques et son sexe, tout cela ne se passe jamais seulement dans la réalité, mais aussi dans la rencontre de la réalité avec les projets antérieurs, avec les fantasmes des parents d'avant la naissance de l'enfant. Un enfant qui n'est jamais conforme à ce qu'ils avaient imaginé, une vie qui ne sera jamais non plus conforme au programme qu'ils avaient décidé d'observer.

La place que prend ce nouveau (ou cette nouvelle) venu(e) dans un couple remanie toujours la relation des conjoints, la modifie, la tourmente parfois jusqu'à la briser quand l'un des deux ressent comme frustrante à son égard la nouvelle façon d'être à lui, ou encore, la relation — qu'il trouve critiquable — de son conjoint avec le nouveau-né.

Il en est de même dans la relation des enfants aînés

d'une famille à leurs parents, lors du travail d'acceptation de cette épreuve toujours émouvante, surprenante, dérangeante, du bébé nouveau venu. Il s'agit toujours de troubles légers ou graves de l'identité de chacun qui, à des degrés divers, frappent les membres de la famille la plus harmonieuse qui soit, du fait de l'adaptation de chacun à cette nouvelle situation — l'arrivée d'un bébé —, et à l'invention d'un climat d'accueil où chacun des jeunes et des moins jeunes puisse poursuivre son développement, enrichi d'une expérience nouvelle. Et je ne parle même pas de la mutation, parfois brutale, du comportement de jeunes adultes parents face à leurs géniteurs, les grands-parents des deux lignées : mutation en citoyen totalement responsable, devenu pleinement conscient de son rôle parental, mutation qui, si elle ne peut se faire parce que la société ne les y aide pas, induit une régression de ces nouveaux et jeunes parents, qui seront déprimés ou frustrés par les difficultés morales qu'ils chercheront à pallier par des conduites de dépendance consolatrice à leurs propres parents. Ces conduites sont toujours nuisibles au nouveau-né et à l'entente qui doit se renouveler dans ce couple, à partir du moment où il partage la responsabilité d'une descendance.

En effet, en ville il faut pallier la solitude épuisante des mères et pères, surtout des jeunes lors de l'arrivée de leur premier enfant ; mais aussi, dans le cas des couples qui ont plusieurs petits à élever, face à leurs nouvelles responsabilités, dépasser leur ignorance ou leur inquiète impuissance devant les imprévus et dans la plupart des cas, face à leur inexpérience totale des petits.

Dans notre monde civilisé, l'accouchement et les modalités de la naissance, de la mise en route de cette relation nouvelle du bébé à ses parents, s'accompagnent presque toujours dans les maternités (en ville) de la séparation de corps entre la mère et son compagnon, de l'esseulement brutal de celui-ci à la maison, de la séparation hors de portée de la voix, du regard, du toucher, de la communication entre la mère et son nourrisson, pendant plusieurs jours. Quelle détresse subite pour le nouveau-né qui vient d'être séparé du climat sécurisant de la vie fœtale, alors qu'il avait baigné dans le rythme du corps de sa mère, dans le son de sa voix et de celle de son père pendant neuf mois ! Pendant les derniers mois, jours, il était réceptif à l'univers sonore des voix de ses parents, de leur rythme de vie, de celui de leur entourage humain. Sous prétexte du repos de la parturiente, brusquement il est totalement séparé d'elle, mis dans un lit fixe, parfois plongé dans le climat étranger et braillant de la pouponnière de l'hôpital. Les infirmières, chargées de soins, subissent le roulement des trois huit : comment s'y reconnaîtrait-il ? Cela dure quelques jours où la mère, si elle ne nourrit pas au sein, est quasiment sans contact avec son bébé ; ils sont étrangers l'un à l'autre. Quant au père, si son travail, l'éloignement de la maternité, le besoin qu'ont de lui les autres enfants, lui permettent de rendre visite à sa femme, c'est à la sauvette, sans qu'on ait le temps de parler. Encore moins a-t-il le temps de faire véritablement connaissance avec le nouveau-né (son fils ou sa fille), objet du personnel hospitalier. Si l'enfant et la mère se portent bien, tous le félicitent ; mais, en réalité, c'est lui le plus frustré.

Ces conditions déshumanisantes non seulement pour les parents, mais surtout pour le nouveau-né, ainsi que les conséquences angoissantes pour les plus sensibles d'entre eux, rendent traumatique le retour de la mère et du bébé au foyer. L'insolite et nouvelle modification des perceptions sensorielles de son environnement n'a pas été médiatisée par l'inter-relation de tendresse des paroles paternelles et maternelles et de ce nichage dans les bras de la mère, nichage accompagné de son odeur, de sa voix, de son climat personnalisé et sécurisant. Il n'y a pas eu d'inter-adaptation de la mère à son nourrisson. Que dire, quand le hiatus temporel et spatial, de la naissance au retour à la maison, dure des semaines de désert inter-relationnel et d'absence de co-naissance entre la mère, le père et leur enfant qui, pour des raisons de santé ou de prématurité, est gardé en couveuse ou en surveillance à la pouponnière de l'hôpital !

Il semble que la parole explicatrice de toutes ces épreuves, dite à l'enfant par les parents ou par une autre personne en présence de ses parents, peut être un moyen salvateur après coup des effets nocifs (à court ou à long terme) de ces ruptures, en rétablissant le pont de communication entre ces êtres, étroitement liés les uns aux autres avant ces événements. Cette hypothèse est confirmée par ce que nous avons pu observer au cours de ces quelques mois à la Maison Verte.

Il existe des micro-névroses quasi expérimentales,

déclenchées chez un bébé par l'angoisse de ses parents, au cours de ces épreuves de séparation prolongée, subies dans les maternités hospitalières, où l'on ignore la nécessité de la relation symbolique immédiate et intense — celle du langage —, dès les premiers jours de la vie. Cette relation précoce interhumaine — corporelle, affective et verbale —, est fondatrice de la personnalité de l'individu humain qui est un « parlêtre[168] » (J. Lacan) dès la conception.

Ce que nous retrouvons, dans notre pratique de psychanalystes, à l'origine de graves conflits relationnels déclarés ou visibles, nécessitant, à l'âge scolaire ou plus tard, traitement psychothérapique et rééducation du langage ou de la psychomotricité, est souvent une micro-névrose précoce (expérimentale), et qui a été imposée à l'enfant dès les premiers jours et les premières semaines de sa vie. Le plus souvent, ces troubles tardifs sont dus non pas à une maladie, à un accident organique chez l'enfant ou la mère, mais à l'absence de communication symbolique précoce et aux effets, restés non résolus par la parole, de l'émergence de la souffrance face à ces événements, survenus précocement dans leur vie.

Cette émergence de souffrance réactionnelle et langagière d'un bébé, ce sont tout simplement les cris, signes d'angoisse des tout-petits qu'étreint le manque de sécurité lorsqu'ils sont, artificiellement, séparés de leur mère, avant que d'avoir, par elle, trouvé une nouvelle sécurité existentielle, suite à la perte de la sécurité fœtale. Les enfants encore physiquement sains mais déjà en difficulté relationnelle (émotionnelle) vis-à-vis de leurs parents, faisant des caprices à longueur de journée, ou bien présentant des difficultés fonctionnelles, O.R.L. ou digestives, ou bien encore gros bébés passifs à léger retard psychomoteur, ces enfants — quoique certains insomniaques ou, en tout cas, difficiles à élever —, n'inquiètent pas le pédiatre. Ils sont cependant « sous régime », obligeant la mère à des précautions particulières de toutes sortes.

Nous nous sommes rendu compte, en parlant avec leurs mères et en les voyant vivre collés à elles, qu'il s'agissait sans doute, chez ces enfants, d'un langage du corps qui traduisait des difficultés précoces qu'on n'avait pas encore décodées. En effet, ces enfants sont intolérants et phobiques à la société, phobiques également au passage des animaux, des chiens et des chats, alors qu'ils n'avaient jamais rien eu à subir, ni de la société ni des chiens et des chats, en tout cas autant que leurs mères s'en souvenaient. Nous avons compris ainsi qu'il suffisait de permettre à la mère de nous raconter l'histoire précoce de cet enfant et de la lui traduire dans des mots clairs, pleins de compassion pour ce qu'il avait souffert étant bébé, pour que l'enfant trouve ou retrouve un ordre physiologique et une paix émotionnelle totale, tant avec sa mère qu'avec le reste de la société.

C'est tout simplement en agissant ainsi, au milieu des autres personnes, avec ceux qui sont chargés de l'accueil, que les arrachements précoces auxquels les enfants avaient été soumis leur étaient parlés. Cela a également montré aux parents, qui assistaient à leur développement et leur transformation rapides, que la parole juste pouvait aider les enfants à ventiler l'angoisse suscitée par un passé qui avait laissé des traces. Nous avons vu aussi combien la parole pouvait soulager l'angoisse suscitée par les compagnons de jeu de l'âge de l'enfant, avec qui ses relations s'étaient *a priori* organisées selon le modèle de la victime passive habituelle des autres (celui qui se laisse mordre et brutaliser), soit, au contraire, selon le modèle de l'agresseur des autres; le résultat, dans les deux cas, était le même — leur rejet des jardins publics et des collectivités d'enfants.

Tout était trop compliqué, avec ces enfants-là. Leurs comportements auto-défensifs, dus à des fantasmes archaïques, autant que les comportements inconscients provocateurs du victimat masochique, pouvaient se parler dans cette ambiance sociale accueillante à tous, de compagnonnage sécurisé par la présence de leur mère. Pour ces femmes, le sens des réactions de victimat ou de violence agressive de leur enfant n'était plus culpabilisé ni culpabilisant, à partir du moment où, en parlant, elles en comprenaient son sens protecteur pour leur enfant, d'une identité mise en danger depuis longtemps, bien avant qu'il ne soit individué au milieu des autres enfants par la vie sociale. Ce que l'enfant n'avait pas pu exprimer de ce qu'il avait souffert se manifestait par un langage comportemental, aussi longtemps qu'une compréhension de ce danger fantasmé par l'enfant n'était pas explicité en paroles, en présence de sa mère ou de son père, garants de son être au monde et détenteurs aussi du savoir des événements passés de son histoire, jusqu'alors non dits en sa présence.

La prévention de sa violence est là, dans cet accueil social précoce, qui ne sépare pas l'enfant de ceux dont la sécurité de son identité dépend. Pour sa mère, qui fait la découverte de sa différence d'avec les autres femmes-mères (différence de race, de sexe, d'âge, d'aspect), de sa différence vis-à-vis de son enfant, des relations mère-enfant qu'elle peut observer chez les autres, tout cela est nouveau. Ceci est également dérangeant par rapport à l'idée absolue que tout enfant se fait de la vérité du comportement et de l'exemplarité de la relation que sa mère et son père entretiennent avec lui. Devant ses airs stupéfaits ou ses réactions d'envie ou de jalousie à l'observation d'une autre mère avec son enfant, devant son regard qui compare sa mère à l'autre ou qui observe avec intérêt ou étonnement le comportement d'un autre enfant avec sa mère, c'est alors que, devant cette question muette que traduit son expression, nous pouvons lui parler, à lui et à sa mère, de ce qu'il est en train d'observer : les différences, l'être, l'avoir, le dire et le faire autrement.

L'invitation au langage compréhensible, à la camaraderie avec des enfants différents de lui, à l'entraide, au règlement de vie du groupe d'enfants d'âge voisin du sien, pratiquant des activités qu'il peut maîtriser lui-même (alors qu'il voudrait avoir, et n'arrive pas à maîtriser, des activités d'enfants plus grands), soumet chaque enfant à des expériences d'apprentissage relationnel qui le mènent parfois à des réactions de désespoir devant son impuissance. Mais sa mère est là qui, aidée par des personnes d'accueil, peut le réconforter, non pas dans la régression vers le nid maternel, mais avec des paroles dépourvues de blâme, lui expliquant la raison de sa différence d'avec les autres et lui permettant ainsi d'acquérir l'expérience positive d'un échec technologique ou d'une mauvaise appréciation de la réalité. Peu à peu, amitié, coopération et jeux avec les autres naissent entre enfants de même âge et de même force. Ceci a un effet promotionnel rapide sur l'autonomie en société de ces petits, sur leur insertion dans la vie avec d'autres. Leur mère peut ainsi, au jour le jour, se dégager de l'esclavage par lequel la plupart des mères (et surtout celles qui ne travaillent pas) se laissent piéger, proies de l'exclusif souci de leurs enfants, pour le plus grand danger éducatif de ceux-ci.

Ainsi la vie de ces femmes était arrêtée, envahie, bloquée

par des soucis de maternage protecteur; elles voyaient s'étouffer leurs possibilités de citoyennes et d'épouses, leurs potentialités d'adultes parmi les femmes de leur âge. L'insertion des enfants dans la vie communautaire leur permet à eux de trouver, dans ce lieu de vie, un espace de développement moteur et ludique, d'autonomie de conduite, sans un compagnonnage identificatoire exclusif en famille : celui de la mère ou du père, de leurs frères et sœurs, bébés et aînés, compagnonnages autant aliénants les uns que les autres, par la distorsion imposée inconsciemment au désir et aux intérêts de leur âge. Ce désir « approprié », ils le découvrent cependant en toute sécurité dans la vie avec les autres enfants. Après un certain temps, leurs mères nous disent : « À la maison, maintenant, il sait s'occuper tout seul et ne gêne pas constamment les autres. »

Extraordinaire vie relationnelle que ce lieu actuel, cette « boutique », peu à peu dénommée « La Maison Verte », nous permet d'observer : dans ce lieu exigu, jouent environ trente enfants (d'un mois à trois ans), sans qu'il y ait un seul bruit gênant, se lient d'amitié vingt mères et pères, sans compter les deux personnes dites « d'accueil » et la discrète personne « psychanalyste »[169]. Le rôle de celle-ci — son rôle social — n'est pas celui de psychanalyste, tel que par ailleurs elle en fait métier. C'est celui, je dirais d'« éponge d'angoisse » et de compétence dédramatisante des situations tendues, interparentales et enfantines, à l'occasion des incidents du jour, tels qu'ils se présentent.

Notre hypothèse était que l'on devait pouvoir éviter, au cours des premiers mois de la vie, des souffrances inutiles venues des tensions, des angoisses inter-relationnelles de l'enfant « infans » (c'est-à-dire qui ne parle pas encore) avec ses parents. Ces angoisses, nous le pensions, venaient du fait des non-dits, des malentendus, du jeu des intersubjectivités enracinées dans l'histoire de chacun.

L'être humain est en effet double : d'une part, un être de communication, émetteur-récepteur sensoriel de messages à décoder; d'autre part, il est animé sans discontinuer, depuis sa naissance, par la fonction symbolique spécifique à l'homme. Cela fait que ce qu'il perçoit de l'intérieur — les besoins de son organisme fonctionnel qui cherchent l'apaisement et le désir de son psychisme, en quête de communication et d'échange avec les autres — et le perçu venant du monde extérieur, appréhendé par lui en appel ou en réponse à son désir, ces deux sources de perceptions, venues de lui-même et venues des autres, se tissent comme la trame et la chaîne d'une étoffe qui fait son vêtement symbolique quotidien : entrecroisement de messages, où l'agréable et le désagréable se mêlent, pour son affectivité et son intelligence, à son organisme en croissance rapide et à son psychisme en tant que message langagier en cours d'élaboration.

Malheureusement, l'entourage adulte ne comprend pas que chez l'enfant, des fonctionnements sains ou perturbés, des comportements expressifs, mimiques, moteurs ou des cris, sont des substituts de paroles, des appels, des demandes, des réponses aussi à des paroles entendues, à des comportements d'autrui, pour lui porteurs d'un sens qu'il leur donne. L'enfant n'est pas encore capable de survivre sans soins physiques à son corps de besoins ; or, les relations avec les personnes tutélaires aboutissant à la satisfaction de ses besoins ne sont qu'une minime part de ces échanges humains nécessaires et variés. Parents et médecins ne sont d'ordinaire attentifs qu'à leur agir à l'égard de ses besoins physiques — nourriture, change, repos —, tandis que, lors de ses perceptions qui sont le fait d'échanges subtils — olfaction, audition, vision, toucher, rythme —, l'enfant est informé de leurs variations par des satisfactions ou des insatisfactions neuropsychiques qu'il impute tout naturellement à autrui (sa mère et son entourage). Plus que les échanges substantiels, ceux-ci, au-delà de la satiété ou de la faim et soif quant aux besoins du corps, ont un rôle pour le désir qui est qu'avec tétées et langeage, le parler à sa personne ou le non-parler de sa mère alimentent ou affament son désir de communication interpsychique. Sans paroles justes et véridiques sur tout ce qui se passe, et dont il est partie prenante ou témoin, sans paroles adressées à sa personne et à son esprit réceptif, il se perçoit lui-même entièrement objet — chose, végétal, animal — soumis à des sensations connues ou insolites, mais non un sujet humain.

Ses besoins seuls satisfaits font de lui un spécimen anonyme de l'espèce parlante, dont il se sent membre, mais non reconnu tel. Car on parle de lui, devant lui ou pas, mais pas à sa personne. Ce sont des relations de désir qui font, au jour le jour, la spécificité de tel enfant, à condition qu'il soit respecté à l'égal des adultes : c'est-à-dire un à qui l'on parle, un qui n'est jamais semblable à un autre, qui est toujours différent de ce qu'on attend de lui, à qui sa liberté est constamment délivrée — libre d'être, de dire, de se mouvoir, de s'exprimer, un qui est respecté et toléré même quand on ne le comprend pas.

La continuité de son existence informe de la répétition rythmée des satisfactions de ses besoins — propreté, digestion, sommeil — qu'exprime l'état de santé physique de chacun des enfants et leurs besoins de mouvement. Tous les malaises fonctionnels qui lui arrivent expriment des dérythmages ou des inadéquations de réponse, entre le monde extérieur, tutélaire, et ses besoins.

À côté de cette continuité, suffisante et nécessaire à la satisfaction de ses besoins lorsqu'un enfant survit, c'est la discontinuité et la non-répétition de réponses semblables à ses désirs qui parfois, par contiguïté existentielle à ses besoins, en prennent le style, mais justement auxquels les parents n'ont pas à répondre de façon stéréotypée : c'est cela qui initie l'enfant à l'existence d'autrui, qu'il peut ainsi distinguer dans l'espace de sa continuité. Autrui lui est signifié par sa mère et ses familiers, dans le temps et dans l'espace proches, par le fait que ceux-ci sont vraiment des êtres de désir et non des objets à sa convenance, par leur alternative présence ou absence. La mémoire, très précoce chez le nourrisson, lui permet de retrouver un ressenti connu de son être, lorsqu'il retrouve une perception de l'autre connu. Quand je dis l'autre, je veux dire sa mère et les « autres », les familiers, dont la présence est pour elle l'occasion de langage, de plaisir ou de déplaisir.

L'habitus de qui médiatise la provende répétitive de ses besoins, est sécurité pour un enfant. Les comportements expressifs neuropsychiques de sa mère, dans leur éventail de variations, créent pour son enfant le climat et l'espace de sa sécurité pour ses désirs, dans la mesure où ses besoins physiques n'en sont pas perturbés en qualité de plaisir, en quantité fonctionnelle ou en rythmes appropriés.

Les paroles « vraies » adressées à un nourrisson ou à un enfant — pour lui signifier que sa santé, sa mimique, son comportement, traduisent ou incitent à supposer ce qu'il en est de sa sensibilité inquiète ou pacifiée, de ses émois éveillés par une perception insolite —, établissent (ou rétablissent) par ces dires le lien humain vivant et nuancé de sa connaissance, au jour le jour, de lui-même et du monde qui l'entoure. Il perçoit tout de suite qu'on cherche à le comprendre et à l'aider à se comprendre.

En cherchant à créer ce lieu de sociabilité précoce, nous tous — je veux dire moi-même, avec l'équipe de psychanalystes et des personnes d'accueil et d'éducateurs qui ont soutenu ce projet d'un lieu ouvert aux petits et à leurs parents, pour le loisir et la détente [170] —, nous pensions éviter les graves perturbations secondaires que nous voyions lors des consultations diverses; notamment les divers symptômes de « mal-vivance » et de mauvais développement chronique relationnel, pour lesquels, quand les troubles éclosent et s'aggravent du fait de la vie obligatoire en société (à l'école), les parents conduisent leurs enfants diversement perturbés chez le psychanalyste.

Nous pensions que ces perturbations étaient faites de langage. Voilà l'idée que nous avions. Nous pensions que pour pallier ces troubles avant qu'ils ne s'aggravent, il nous fallait un lieu où les parents viendraient avec leur enfant, sans rien avoir à mettre en avant comme symptôme. Dans ce lieu, il fallait un personnel qualifié, chaque jour différent, dont le rôle serait de créer un climat favorable à la communication, au développement spontané de l'être humain qui, par nature, est sociable.

En l'absence d'un tel lieu, les parents ne faisaient fréquenter à leurs enfants, avant l'âge scolaire, que les enfants de leurs amis, de leurs voisins ou de leurs collatéraux, et cela les jours de congé, pendant les vacances, avec bien des conflits à la clef, car les amitiés et les fréquentations imposées provoquent souvent des troubles réactionnels imprévus chez les enfants; car ce sont là des fréquentations obligatoires, indépendamment des affinités particulières de chaque enfant. Que de brouilles et de tensions dans les familles, qui nous ont été relatées par les parents, lorsque leur enfant n'était pas au contact de ses « amis obligatoires », ou de ses cousins! Et tout cela au grand dam des grands-parents, dont les affinités préférentielles pour certains de leurs petits-enfants provoquaient des réactions en chaîne vis-à-vis des parents ou même des vexations.

C'est une expérience concluante que celle de ce nouveau lieu d'accueil et de vie sociale. Il nous apparaît maintenant que c'est là la meilleure des prophylaxies des névroses infantiles et de la violence adaptatrice, subie ou agie, des jeunes enfants à la société. Ceci vient de ce que, dans les villes surtout, les enfants en crèche, en garderie, à l'école maternelle, ne font connaissance et expérience relationnelle avec les autres enfants et les adultes qu'au prix de la séparation de leur milieu familial, séparation sans médiation la plupart du temps, et pour des séquences de temps prolongées abusivement pendant des heures ou pendant toute une journée, dès le début.

Cette impossibilité de partager avec ceux qui font la continuité de leur sécurité — leurs géniteurs, témoins de leur histoire première — les événements qui constituent leurs premières expériences d'individuation en société, fait que, dépourvus de moyens pour s'exprimer, les enfants se construisent une double façon d'être. En société, où ils paraissent s'adapter vaille que vaille, après des difficultés toujours manifestes, ils restent sans autonomie et sans sens critique face à ce qui se passe à l'extérieur de la famille; à la maison, en famille, leur comportement reste archaïque, exigeant ou dépendant, sans autonomie, et sans non plus laisser à leur mère la tranquillité nécessaire à son activité. Ils deviennent ainsi des enfants « collants », qui ne savent pas s'occuper et sont toujours alertés par la moindre relation de leur mère avec quelqu'un d'autre, ou du danger d'être séparé d'elle.

Au contraire, l'adaptation progressive à l'autonomie s'acquiert en société par la fréquentation des enfants de son âge et des autres adultes, dans le cadre de la sécurité du lien affectif et sensori-moteur à celle ou à celui en qui leur vie a pris sens d'existence. Là, dans ce lieu d'accueil et de loisirs, les enfants ne sont plus objets de leurs adultes tutélaires nourriciers, ou de leurs parents, ni des objets pour les adultes qu'ils rencontrent dans ce lieu. Les pères et les mères sont appelés Maman ou Papa d'Untel ou d'Unetelle (le prénom de l'enfant ou les prénoms de la même fratrie) ou encore la grand-mère ou la gardienne d'Untel ou d'Unetelle. Ils ne sont pas davantage les objets anonymes des adultes d'accueil, qui auraient des droits sur eux, comme le croient tous les enfants. Ces adultes d'accueil changent, selon les jours. Ils parlent avec leurs parents, mais ils parlent tout autant avec eux, les enfants. Mais ils les réfèrent toujours à leur mère présente et aux autres enfants du groupe, sans jamais leur imposer ni leur proposer aucune activité, sans jamais leur imposer une discipline à laquelle eux-mêmes ne sont soumis. Les enfants se sentent respectés en tant que personnes, autant que les autres enfants et les autres adultes.

Dans cet espace de vie et pendant ce temps passé là, avec leurs parents, les enfants acquièrent un quant-à-soi d'individus personnalisés, soumis aux mêmes règles de vie que les adultes et les autres enfants présents. Par désir de jouer et de communiquer avec les autres, après un temps plus ou moins long où ils restent serrés dans les jupes de maman, ils acquièrent l'apprentissage de leur propre liberté, et aussi de celle des autres. Rapidement, ils se libèrent du mimétisme et du grégarisme que l'on voit chez tous les enfants au jardin public ou dans les maternelles et dans les garderies. Ils se libèrent aussi de la dépendance imitatrice des autres, par laquelle ils commencent à se sentir motivés, ou de la jalousie qui est, au début, un stimulant inévitable de leur intérêt pour quelque chose dont ils voient qu'un autre est vivement intéressé.

En faisant l'expérience de l'entraide, de la coopération, de la rivalité, de l'amitié, de la complicité réjouissante avec ceux pour qui ils se découvrent des affinités, ils découvrent la tolérance pour la liberté des autres; tandis que leurs parents lient aussi des relations personnelles avec d'autres enfants sans que les leurs en prennent ombrage, puisqu'eux-mêmes en font tout autant avec les mères des autres enfants, ou avec les personnes d'accueil, sans que pour cela leurs propres mères le leur reprochent ou les mettent en garde, comme elles le feraient dans la vie courante, dans la rue et dans les jardins publics, où elles sont alertées dès qu'elles voient un adulte s'approcher de leur enfant ou leur enfant entrer en contact étroit avec un autre adulte.

Quant aux adultes — les mères, les gardiennes, les grands-mères, les pères — en fréquentant d'autres personnes de statut socio-économique, d'éducation, de culture, de race ou d'intérêts différents, ils s'enrichissent de ces rencontres, de leurs échanges qui, au début, prennent l'éducation de leur enfant et les particularités de chacun comme centre de leur conversation. Ils sortent peu à peu de leur isolement, souvent éprouvant quand il s'agit de femmes au foyer, de femmes célibataires, de gardiennes d'enfants.

Les femmes et les hommes qui travaillent et dont les enfants sont, du matin au soir, confiés à une gardienne ou à une crèche, lorsqu'ils viennent en ce local avec leur enfant, une partie de leur jour de congé, ou le soir après leur travail, y retrouvent un contact vivant de mère et de père avec leur enfant, et assistent heureux à sa joie de retrouver des petits amis et à faire participer à leurs jeux leurs père et mère. Quant à ces derniers, ils sont là, disponibles, contrairement à ce qu'il en est à la maison, où il y a toujours tant à faire, ou bien en plein air et en promenade le dimanche, où il faut sans cesse interdire tout ce qui peut être dangereux.

Afin que les parents ne se croient pas obligés de mettre en avant un symptôme de leur enfant, un désordre pour lequel ils viendraient demander conseil, nous avons bien spécifié que ce n'était pas là un lieu de consultation — ce que l'on pourrait croire puisqu'il y a des psychanalystes —, ni de rééducation — ce que l'on pourrait croire puisqu'il y a des éducateurs —, mais qu'il s'agissait d'un lieu de loisirs entre enfants et parents, pour le plaisir de jouer et de se détendre, grâce à la présence auxiliaire d'un personnel qualifié, mais qui est en place seulement pour faire profiter les autres de son expérience. Chaque jour de la semaine, ce personnel change, afin que les parents et les enfants seuls se sentent chez eux, les clients permanents de la boutique, et que nul parmi le personnel qualifié ne puisse imposer son style et influencer, par sa façon d'être et de voir les choses, les parents souvent (trop souvent, au début surtout) demandeurs de conseils.

Il nous semble maintenant — et les parents qui ont fréquenté et fréquentent encore ce lieu le pensent aussi —, que c'est là une expérience à continuer. Les bébés venus à la Maison Verte pendant le congé de maternité de leur mère, et qui ont été prévenus en parole de leur entrée en crèche parce que leur mère avait à reprendre son travail, n'ont pas développé le syndrome dit d'adaptation à la crèche, symptôme courant chez ceux qui n'ont jamais encore fréquenté d'autres bébés et connu d'autres adultes, chez ceux qui n'ont jamais été dans d'autres bras que ceux de leur mère, ni alimentés et changés par d'autres personnes que celle-ci. Lorsqu'ils reviennent dans ce lieu, le jour de congé de leur mère, l'expérience de la crèche est exprimée en paroles qui leur sont adressées directement, ainsi que leur est exprimée la retrouvaille joyeuse des personnes d'accueil ou de leur petit ami, la retrouvaille du climat connu là, les deux premiers mois de leur vie. Visiblement, le passage à notre « boutique » a aidé ces enfants à supporter la séparation de leur mère et l'a aidée, elle, à se faire à l'absence de son enfant. Les directrices de crèches en témoignent, à leur grande surprise. Et ceci n'est pas en contradiction avec l'acceptation à la crèche de la mère, les premiers jours d'adaptation de son bébé, nouvelle méthode que certaines directrices de crèche ont inaugurée ; c'en est un adjuvant positif.

De même pour les enfants de mères au foyer, c'est là une préparation à la garderie à temps partiel, nécessaire à laisser du temps libre à la mère. L'expérience montre que les enfants ne s'y sentent plus perdus, anxieux du retour de leur mère ; ils savent qu'elle ne les abandonnera pas et, les jours suivants, ils ne sont pas inquiets de retourner à la garderie où ils rencontrent des petits amis, comme ils en rencontrent, en présence de leur mère, chez nous.

Nous avons rencontré aussi des enfants qui avaient fait une expérience catastrophique de la garderie, à laquelle la mère n'osait plus les conduire, effarée par les effets d'angoisse caractérielle ou psychosomatique que les heures de garderie forcée avaient produits sur son enfant. La venue, dans notre lieu, d'autres enfants avec leur mère a été une véritable cure de leur phobie de la société. Certains ont d'abord refusé d'y entrer : ils sont restés plusieurs fois, longtemps, devant la porte, la tête dans les jupes de leur mère, celle-ci gênée, anxieuse du comportement de son enfant. L'un d'entre nous, sur le pas de la porte, parlait avec la mère, justifiait le comportement de l'enfant et faisait comprendre à la mère, suite à son récit des réactions de son enfant à la garderie, ce qu'il ou elle avait souffert au cours de ces expériences sociales auxquelles il n'avait en rien été préparé. Après une période de dépendance totale vis-à-vis de sa seule mère, l'enfant avait pu prendre ses mises en garderie sans aucune explication comme un rejet de la part de sa mère, un besoin de se débarrasser de lui, qui l'encombrait. D'après ce que la mère racontait (et son enfant était tout oreilles), c'était là un essai pour elle-même de se séparer de l'enfant pour tenter de retrouver une vie sociale abandonnée depuis la naissance de son enfant.

Au bout de quelques séances passées ainsi devant la porte, où rien n'était tenté pour séduire l'enfant, ni le forcer, c'était lui-même qui, en confiance, entrait et prenait connaissance, toujours sans quitter sa mère qu'il tirait derrière lui, mais en regardant avidement tout ce qui se déroulait là. Un beau jour, il lâche la jupe de sa mère et va jouer, non sans retourner, souvent inquiet, vers sa mère, bien qu'il soit tout à fait rassuré par nos propos qu'elle ne le quittera pas. De tels enfants auraient eu, quelques mois après, une expérience catastrophique de l'école, et leur mère aussi, sans aucun bienfait d'adaptation à la vie sociale.

Il y a aussi les enfants des gardiennes, leurs propres enfants, toujours frustrés de voir les autres leur « prendre » leur mère, leurs jouets, et obligés de céder à ces intrus tout ce qui leur est cher. À la Maison Verte tout est pour tous, mais chaque maman reste bien celle de son enfant, même si tous les adultes sont disponibles à tous les enfants qui viennent vers eux. L'enfant de la gardienne entend dire les raisons de la présence chez lui de ses compagnons de journée ou de nuit; il entend la raison pour laquelle ses frères et sœurs de vie ont été confiés en nourrice à sa mère; il entend parler aussi des parents de ses compagnons de vie; pour cet enfant-là, c'est aussi très agréable d'entendre parler de son père et de sa mère qui travaillent et qui ne peuvent pas le garder. L'enfant de la nourrice apprend aussi la différence qu'il y a entre être gardé par sa propre mère, ou seulement par une femme maternante que les autres appellent aussi, comme lui, maman. Il apprend que sa mère exerce un métier, métier qui lui permet de gagner de l'argent. Cet argent est payé par les parents de ces enfants et il permet à sa mère de rester à son foyer, au lieu d'aller travailler toute la journée, comme les parents de ses « frères et sœurs » nourriciers. L'identité de chaque enfant est ainsi explicitée, en paroles, au cours de ces conversations à bâtons rompus. Cette identité, lorsqu'elle n'est pas dite à l'enfant, perturbe tellement sa vision du monde que certains y réagissent avec des symptômes de total repliement sur eux-mêmes.

Et puis, il y a les enfants déjà en âge de fréquenter l'école maternelle, aux environs de trois ans, mais qui y sont refusés, les uns pour incontinence sphinctérienne, les autres pour retard de langage, pour instabilité, bref pour des signes d'immaturité pour leur âge. Tous n'ont pas besoin de psychothérapie individuelle, ni de rééducation, mais ils ont tous besoin d'une transition entre leur vie isolée, avec une mère surprotectrice, indifférente ou dépressive, et l'école, de laquelle cette mère attendait la transformation miraculeuse de son enfant encoconné dans un comportement de bébé prolongé. La fréquentation de la Maison Verte en a sorti plus d'un de sa stagnation — en même temps que la mère, au contact des autres femmes et hommes dans ce lieu, se mettait à apprendre à être éducatrice, et pas seulement nourrice gavante et surprotectrice de son enfant.

Grâce à leur venue dans ce lieu, non seulement leur enfant, mais elles-mêmes se réaniment, reprennent conscience du secours que pourrait leur apporter, à elles-mêmes, une psychothérapie. Alors le conseil de la directrice de l'école maternelle, qui avait refusé avec raison l'entrée de leur enfant — conseil qui consistait à recommander une thérapie pour l'enfant, mais qu'elles n'avaient pas été capables de suivre —, à leur étonnement, ce conseil devient caduc, car l'enfant, jour après jour, au milieu des autres, se transforme. En revanche, ce sont elles-mêmes qui, en parlant avec d'autres, réalisent la détresse d'une vie déjà mal engagée et envisagent, timidement d'abord, de faire l'effort d'une psychothérapie. Les psychanalystes présents, à qui elles parlent, et les personnes d'accueil soutiennent ce travail préparatoire. Il faut néanmoins respecter une règle : leur donner toujours l'adresse d'un psychothérapeute ou d'une psychanalyste en dispensaire ou en ville, et ne jamais autoriser à ce que ce soit l'un des psychanalystes à qui elles parlent là qui les prenne en charge. D'ailleurs, la raison leur en est clairement donnée : elles ne pourraient plus venir avec leur enfant, dans le lieu où elles pourraient rencontrer ce psychanalyste.

Que de couples sont en difficulté, soi-disant désunis depuis la venue de l'enfant ! Que de différends provoqués par des conflits entre les parents ou entre les familles à propos de cet enfant ! Et puis, il y a des divorces, la mère ou le père revenu vivre chez ses propres parents et qui, du fait de leurs ex-beaux-parents, ne peuvent plus voir leur enfant ou se rencontrer. Alors que là, en ce terrain neutre que nous avons créé, ils se revoient et parlent ensemble. Cette situation difficile peut être expliquée à l'enfant qui souffre toujours de ces tensions, surtout quand il entend ses grands-parents, chez qui il vit, dire du mal de son père ou de sa mère. Quelle joie constructive pour lui de revoir ensemble papa et maman ou pour d'autres, dans ce même lieu, de venir avec leur mère certains jours et avec leur père le jour du droit de visite de celui-ci. Le fait de voir ses parents dans le même lieu et de rencontrer, avec l'un et l'autre, les mêmes personnes et les mêmes enfants, facilite la retrouvaille de son identité.

Voilà le témoignage que je peux donner de dix-huit mois de travail dans ce lieu de loisir et de détente pour les petits en présence de leurs parents. À mon sens, cette expérience doit continuer et elle doit même inciter d'autres équipes à se former, afin que dans d'autres quartiers et d'autres villes, des lieux semblables se fondent[171]. Mais attention, cela ne peut se faire que si l'équipe est vraiment motivée ! Rien n'est possible si une organisation, genre « pouvoir public », en impose la création à des gens qui ne seraient pas motivés comme nous l'avons été.

Hommes et femmes

Femmes, tome II, Plon, 1967

La psychanalyse a mis en lumière d'une façon irréfutable que, tout comme en biologie où pas une des cellules du corps d'une femme n'est semblable à une cellule du corps d'un homme, pas un des états émotionnels, des actes et des pensées d'une femme n'est neutre. Toute sa psychologie et tout son comportement se sont édifiés au féminin, selon des pulsions vivantes sexuées. Freud a défendu fort longtemps l'existence d'une bisexualité chez les humains, mais il faut préciser que dès l'enfance, apparaît une dominance sexuelle masculine ou féminine.

S'il existe des femmes fortes et des hommes faibles, leurs structures sont néanmoins une structure de femme ou d'homme, complémentaire de l'autre sur le plan psychologique. Chaque sexe recherche toujours l'autre pour ses pulsions et son mode de création, également complémentaires. Les exceptions en la matière dénotent toujours un trouble dû à des événements importants survenus dans l'enfance, et dont l'effet s'est renforcé au cours de la jeunesse. La « libido » est en puissance égale chez l'homme et chez la femme, mais elle se manifeste différemment : l'appel à l'autre, le style, le sens des responsabilités, la puissance créatrice sont le fruit d'un lien, imaginaire ou réel, entre deux êtres, dont l'un anime l'autre, le rend actif puis fécond, au propre ou au figuré. Nous n'existons jamais seuls, même si nous croyons l'être. Quand on étudie la vie inconsciente des êtres humains, on découvre que leurs œuvres témoignent toujours de liens réels avec d'autres êtres, pour eux déterminants. Tout homme est l'enfant de deux procréateurs. Toute œuvre est née d'un inconscient humain qu'ont fécondé des rencontres créatrices. Les êtres humains se rencontrent soit en personne, soit à travers leurs œuvres; ces œuvres, qui sont le patrimoine des groupes ethniques, constituent la vie culturelle des sociétés.

Beaucoup de travaux ont été consacrés au développement des filles. On crut d'abord que la déconvenue de s'apercevoir sans organes sexuels apparents était un choc dont toute la sensibilité féminine était marquée, et dont elle se remettait rarement. Le développement des filles aurait été un processus de « négation » et de défense contre cette réalité, ressentie comme une défaveur de la nature[172].

La psychanalyse est une science jeune. Ceux qu'on observe ou qu'on écoute font partie d'un même climat d'éducation, d'un même climat social. En cette deuxième partie du siècle, l'étude des femmes a fait des progrès, et aujourd'hui il nous apparaît tout autre chose. Bien sûr, à l'âge de la valorisation de la forme du corps, garçons et filles se demandent, devant la disparité de leur sexe, lequel est le plus beau. Celui des garçons a plus de prestige; et puis, les émois que les filles ressentent à leur sexe, elles ne les signifient pas, au contraire des garçons. Donc, à trois ans, clivage : belle forme du mâle-enfant, moins belle forme de la femelle-enfant. Mais une autre découverte attend le garçon et la fille : la mère a des seins, le père n'en a pas. La mère semble faire seule les bébés, les nourrir et en être le seul possesseur. La déconvenue des garçons devant cette découverte vaut celle des filles devant la précédente. La femme est supérieure en fonctionnement, sa poitrine est trop émouvante, son pouvoir sur le foyer et les enfants trop visible. Bref, à la lumière de la psychanalyse d'aujourd'hui, il apparaît que les enfants vivent tous — garçons comme filles — l'épreuve de leur petite taille, de leur jeune âge, et surtout l'épreuve sans espoir de cette appartenance à un seul sexe, avec ses limitations de valeur et de pouvoir[173].

Dès lors, la petite enfance est pour chacun occupée de problèmes de valeur et d'identification, de références à des modèles à envier ou à rejeter. Plus tard, c'est-à-dire de cinq à sept ans, si chacun a bien accepté la fierté de son sexe (ce qui est le cas général), les enfants entrent dans la phase décisive de leur édification personnelle. Ils vivent dans la relation triangulaire actuelle : ce qu'on a appelé le « complexe d'Œdipe ». C'est à travers ses émois prégnants qu'ils affrontent les rapports sociaux. À ce moment, l'influence de la société est telle que séparer cette investigation générale des lois et des mœurs ambiantes serait en fausser l'étude[174].

La psychanalyse ne connaît que des cas particuliers, et les psychanalystes se montrent imprudents si, de l'étude de cas particuliers, ils concluent à des lois générales surtout pour ces individus, adaptables à toute situation, que sont ceux de l'espèce humaine. Il y a autant d'attitudes que de cultures. Disons donc que nous parlerons du développement des filles vers la fécondité de leur corps et de leur personne, dans nos divers cadres socio-culturels. Freud, en découvrant le caractère sexuel de la « libido » humaine bien avant l'apparition de la nubilité, a été un scandale pour son époque; et les franges de ce scandale ne nous épargnent pas. Notre civilisation judéo-chrétienne a envisagé la psychologie comme une science de la « Raison », entièrement centrée sur la conscience. Les forces passionnelles, autrefois dépendantes des dieux, étaient considérées comme muettes, magiquement créatrices ou destructrices, et « cosmiques ». Le langage, lorsqu'il abordait les problèmes de l'âme, tentait toujours de la dégager des attaches charnelles. L'homme se considérait comme un esprit en transit, accessoirement incarné, se souvenant de l'éternité, un être supposé désintéressé, autrement dit désérotisé.

Il n'est que de lire les vies des saints modèles dont on donne les noms aux enfants, pour découvrir que « ces fous de Dieu » méprisaient les lois de la vie du corps, celle de la société, souvent celle de la physique et de la chimie, de l'espace et du temps. L'entrée des passions charnelles dans une légende monstrueuse et celle des passions surnaturelles dans une légende glorieuse pouvaient alors faire penser que les êtres, par leur raison, devaient séparer en deux leur monde affectif. Arbre de vie, « arbre du bien et du mal », telle est l'espèce vivante humaine.

Les espèces animales, elles aussi, sont mues par des attitudes irrépressibles. Celles que l'homme appelle « domestiques » partagent sa vie, son travail, ses peines, et lui sont attachées. Bien souvent, elles aussi développent leurs névroses, surtout quand une atteinte est portée à leur fécondité (il est vrai que la domestication même impose cette atteinte). Je ne veux pas comparer les attitudes qu'on observe dans l'espèce animale à celles qu'on observe dans l'espèce humaine; ce serait tomber dans l'anthropomorphisme. Mais il est bon, pour étudier les sociétés humaines, de ne pas négliger les sociétés d'animaux. Elles aussi sont au service de la pérennité de l'espèce. Elles aussi semblent, à travers leurs mœurs, se plier à des lois, lois beaucoup plus fixes pour l'observateur que celles des humains, qui sont aussi variées que leurs langages.

Dans les mœurs humaines, partout domine la notion du bien et du mal, laquelle entraîne le sentiment de culpabilité, lié à celui de responsabilité. Ces notions font de l'être humain une créature adaptable, dont la mémoire et l'imagination fixent les conduites : le petit enfant, qui vit dans la dépendance, renonce aux conduites de plaisir qui entraînent l'angoisse ou l'agression de sa mère et du groupe, c'est-à-dire finalement son insécurité et une souffrance immédiate. Ces conduites deviennent « le mal ». À celles qui entraînent leur plaisir ou leur joie, il donne une valeur de « bien ». Hors de ces limites, commence la déraison. Et c'est ainsi que se fait chair la langue maternelle, au point que les phonèmes qui lui sont étrangers deviennent imprononçables; et les comportements étrangers à son petit groupe social, impossibles à adopter.

L'être humain, avant la découverte freudienne, attribuait aux démons, aux forces cosmiques, puis à celles du sang ou de l'hérédité, la responsabilité des actes destructeurs de l'individu, soit dans sa propre chair, soit dans sa stérilité physiologique ou morale. La déraison vient de l'extérieur. Mais nous savons maintenant qu'elle vient aussi de l'intérieur. Déraisonnables étaient ceux qui, surmontant la crainte pour leur propre vie, optaient pour des conduites dangereuses, mais utiles au groupe. Ces actes-là, coupables au niveau des mœurs privées (le meurtre, par exemple, ou le risque de sa vie), relevaient de nécessités supérieures (comme la guerre). Les « grandes » personnes, assumant des responsabilités impossibles à assumer pour les enfants, les grands hommes ou les grandes femmes de l'histoire ont été des transgresseurs des mœurs communes.

Héros ou saints, ils devenaient abstraits, décharnalisés, idéalisés.

La psychanalyse a éclairé le processus des échanges qui se nouent depuis le premier jour de la vie d'un être humain. L'individu se construit en participant passivement, puis activement, aux manifestations de la vie de son entourage, jusqu'à ce qu'il devienne citoyen et citoyenne, comme on dit depuis 1789, c'est-à-dire jusqu'à ce qu'il accède à son tour au sens de sa responsabilité dans le groupe. Le groupe dans lequel il se développe est préformé à sa naissance. Ce groupe le forme et l'informe par les conduites, les mœurs, le langage, y compris le langage non écrit, de ceux qui sont morts. Pris en charge, qu'il le veuille ou non, il aménage, soutient, oriente ou désoriente la maison familiale. S'il ne peut y vivre, il s'en va vivre autre part, où son exemple sert de modèle ou de repoussoir, selon qu'il porte ou non, aux yeux d'autrui, l'apparence de la réussite. Il construit son histoire.

Ainsi s'ouvre à chaque individu l'horizon de la loi, celle qui limite les ravages séducteurs de la liberté et de l'expansion sans frein. De même que l'être humain s'abrite dans des maisons aux issues mesurées, de même par les lois il organise des échanges de communication entre son groupe et les autres, pour mieux survivre.

Circonscrire les conduites des femmes, c'est d'abord témoigner de l'évolution des lois du mariage, du changement de leur comportement par rapport aux individus masculins de leur société. L'histoire des relations entre hommes et femmes décrit les fenêtres par lesquelles la lumière de leur destin éclairait les jeunes garçons et les jeunes filles, grandissant à l'abri des foyers avant d'être nubiles, sous la protection des murs étroits de leur maison paternelle. Au cours de cette histoire, des éclairs fulgurants, amenés par des convulsions et des guerres, détruisaient ces maisons, ébranlaient la sécurité du groupe, menaçaient la descendance. Devant de nouvelles conditions ethniques et économiques, la conflagration des idées succédait à celle des armes; les mœurs incarnées continuaient cependant de gérer l'inconscient de ces brebis libérées sans avoir conquis leur libération. De nouveaux législateurs, applaudis pour leur force dominatrice, prenaient en main les structures ébranlées et réaménageaient les structures détruites.

Naître, croître, engendrer, mourir sont les fonctions que l'humanité partage avec toutes les autres créatures. Pour que toutes ces fonctions soient humaines, les humains doivent les sertir dans des mots, ces mots dans des phrases, ces phrases dans un sens, qui serve autant la sécurité des individus que celle de leur descendance. Il leur faut assurer, au-delà de la mort individuelle, l'immortalité de l'espèce.

Il y a toujours eu des lois sur cette terre, et quel qu'en soit le lieu, pour régir le rôle respectif des hommes et des femmes, leurs charges, leurs droits, leurs devoirs et les interdits dont ils étaient marqués de par leur âge et leur sexe. De décennie en décennie, des pulsions modifiaient les interdictions subies par la majorité. Certains individus, marqués par les événements émotionnels de leur histoire personnelle, les transgressaient à leurs risques; d'abord condamnés par la société, puis soutenus par des éléments jeunes de plus en plus nombreux, si leur conduite honorait et sécurisait les membres du groupe les plus lucides, ils traçaient des modes nouveaux de conduite sociale. Mais les mutations sont lentes : les parents et les éducateurs défunts, leur façon d'agir, le souci des lois qu'ils respectaient leur survivent. Sans cette survie inconsciente de leurs lois caduques, l'humanité serait sans cimetières, sans fondations, sans villes, sans trésors. Ce sont les rites funéraires, les inscriptions tombales qui soutiennent les références de nos civilisations, tandis que la terre retournée — emblavée une année comme ceci, une année comme cela — soutient une chair vivante : celle de l'espèce humaine, non celle des personnes.

Les mœurs, sévères ou relâchées, assurent la procréation : les unes la freinent, les autres la débrident. Les lois écrites instaurent des « bâtards » et des « légaux ». Ainsi en est-il des lois d'interdits au mariage qui, dans les sociétés humaines, délimitent les conditions de juste procréation et le mode d'intégration sociale des individus. Ces lois régissent, pour les vivants des deux sexes, le possible et l'impossible. Comme les deux jambes de l'humanité en marche, hommes et femmes, liés dans un même style de sécurité et de confiance réciproque par l'union conjugale, enseignent à leur descendance le moyen de survivre en sécurité. Leur bien mutuel intègre de plein droit leurs enfants dans l'ordre et le groupe social. Un étroit rapport réunit les mœurs aux lois écrites d'un temps : les lois écrites servent de tuteur à la conscience responsable ; les mœurs, qui ne sont que les mouvements des corps et des cœurs, s'y enroulent.

Les lois durables, les lois vivantes ne sont pas gravées dans la pierre, mais dans les cœurs, par une blessure d'amour, dès le seuil de la vie. Cet amour blessant est celui qui unit l'enfant à son dieu parental, sous son double aspect : père et mère. Les autres lois, même si elles sont inscrites au fronton des temples, sont peu à peu transgressées par ce temple vivant qu'est l'homme sous ses deux aspects, masculin et féminin. Nous vivons actuellement une période de multiples transgressions. Les vérités s'interrogent : les mœurs prolifèrent de façon de plus en plus aberrante par rapport à la norme d'il y a trente ans. Les lois transgressées luttent dans des palais, dits de « justice », où des paroles de plainte se croisent avec des paroles de sentence. Dans ces palais, on rencontre pêle-mêle des mal-vivants inconscients, des ignorants, des malades, des vivants avides et pervertis. Mais aux périodes graves on y rencontre aussi des vivants porteurs d'une éthique en gestation. Fort nombreux, ils représentent la rectitude humaine offensée, que les lois moribondes et leurs sentencieux fonctionnaires ne peuvent plus contenir. Les lois tombent alors en désuétude : les mœurs l'emportent. La vie déborde la parole, qui s'assourdit d'avoir perdu ce qu'elle contenait de vérité.

Alors, un législateur plus ou moins inspiré décide de nouvelles lois, qui signent la caducité des anciennes. Saluées par des cris d'espoir, elles suivront le sort des précédentes quelques décennies plus tard, car toutes les lois meurent quand elles paralysent les mœurs. « Les lois » passent, une « loi » demeure : celle de l'inconscient, qui est toujours présente. C'est elle qui en définitive régit les mœurs.

Les humains ne perçoivent leur existence individuelle que par les entraves, les blessures et les mutilations qu'ils ressentent, en leur corps et leur cœur. Ils « se fabriquent » par des émois contrés, quand celui qui les contre est aimé, respecté, désiré. C'est cette expérience, cet affrontement qui, au jour le jour, détermine leur histoire personnelle.

Il en est de même pour une société, aux prises avec des réalités matérielles et économiques, des sentiments conscients et des réalités matérielles symboliques nées du désir insatisfait de chacun des membres sexués de cette société. Expérience et désir sont en conflit permanent, en conflit vital, en conflit inévitable, en conflit intrinsèque.

La psychanalyse a découvert les pulsions inconscientes dites « de vie » — passives et actives — qui poussent les individus à la conservation de leur vie propre, et les pulsions inconscientes dites « de mort », qui incitent l'individu à dépasser ses propres limites, et à désirer un autre que lui-même dans la rencontre sexuelle qui, celle-ci, conduit à la procréation. Elles le tentent aussi à renoncer au désir et, en s'en démettant, à goûter le repos réparateur du corps[175].

Les pulsions inconscientes de vie justifient pour chaque individu la clameur d'appel à la liberté, aux pouvoirs nouveaux, à la conquête de la nature. Les pulsions de vie, passives et actives, font se jeter les groupes humains les uns contre les autres. Les passifs comme les actifs s'entre-blessent, s'entre-mutilent et beaucoup sont ainsi menés à leur destruction. Les pulsions inconscientes de mort font s'attirer les humains, sexe à sexe, dans les étreintes qui les libèrent de leurs limites individuelles, où la rencontre de leur semence lance, dans l'aventure qu'est la vie, d'autres humains également avides de survie et promus eux aussi à engendrer. Aussi les pulsions inconscientes de mort mènent-elles l'homme, sous son double aspect, mâle et femelle, vers la procréation d'enfants, dont la survie lui est plus chère que sa propre chair promise à la mort proche et inéluctable.

Dans l'histoire de l'humanité, à travers les lois du mariage, on s'aperçoit que le partage des pulsions de vie entre les hommes et les femmes fut inégal. À certaines époques, les femmes étaient chargées d'assurer la part conservatrice de l'espèce, c'est-à-dire des pulsions *passives* de vie. Les hommes, au contraire, étaient chargés légalement des pulsions *actives*, afin d'agrandir l'aire d'influence du groupe. Rien n'est là contradictoire. L'important est que ce partage ait été soutenu par des lois et exemplarisé dans les mœurs. Le partage était conforme à la physiologie génitale des femmes. Parce que leur corps doit porter neuf mois chaque enfant dans son sein, être sa provende en nourriture, en soins et en paroles humanisantes, elles ont été longtemps marquées du sceau de « servantes des mâles », dont elles assuraient la sécurité. Lorsqu'elles étaient les fécondes compagnes d'un homme combatif et protecteur, elles ont accepté ce rôle — et les lois qui les y maintenaient — comme elles auraient accepté un sceptre royal.

La vie humaine était courte, sa saine conservation difficile; l'art que la femme avait à déployer la valorisait. Elle se savait difficilement remplaçable pour l'époux, et indiscutable dans le cœur des hommes et des femmes nés d'elle, et par elle initiés aux rudes épreuves de la vie qui, une fois surmontées, sont sources de plus grandes joies et symboles de victoires sur la mort.

L'ambiance créée par les femmes élabore la valeur de la vie, de l'amour et de la mort, aux cours des indélébiles expériences des toutes premières années. C'est encore de la force réelle de la mère que le père a choisie — quels que soient ses droits civiques individuels apparents — que dépend la santé affective des enfants. Si, pendant si longtemps, dans notre civilisation de couples chrétiens détribalisés qui a conquis le monde, les lois écrites semblaient dénier la liberté aux individus femmes, et donner des droits civiques seulement à l'homme, c'est parce que le pouvoir réel de la femme, tous les jours, au foyer, était inconsciemment reconnu trop fort. C'est sans doute la raison du fait que, de tous temps, dans les sociétés humaines, l'autorité a été l'apanage des hommes et cela même dans les sociétés matriarcales.

L'homme et la femme sont à l'humanité ce que la main droite et la main gauche sont aux corps industrieux. Si la forme du corps féminin est flux de puissance par ses doubles mamelles nourrissantes, ses bras aussi adroits aux champs qu'à la guerre, ses jambes aussi fortes et agiles que celles des hommes, elle est par sa forme génitale passivement ouverte à l'avenir du temps qu'elle scande en ses entrailles. Sa forme dans son état de nature est irrécusable : fécondée même contre son gré, elle enfante. L'homme seulement, s'il est passé maître de ses instincts, peut refuser de donner la vie. Corps phallique aux muscles apparents, non soumis aux cycles du temps, sexe érectile et maîtrisable aux semences fécondes, l'homme est symbole d'espace dominé. Savoir et pouvoir dire non est le signe de celui qui, de droit, est le maître. Mais de tout temps, il n'y a maître que si le serviteur lui reconnaît droit et pouvoir. Homme et femme alternent leurs rôles. Voilà pourquoi c'est un abus de langage que de comparer le couple conjugal du passé au couple maître-esclave où l'esclave serait la femme, malgré certaines réalités aberrantes dont le souvenir est encore vivant.

Toutes les lois qui ont fait des femmes les esclaves de l'homme ont une explication profonde : ainsi celles du Code Napoléon, qui sont entrées en vigueur à une époque où les hommes risquaient constamment leur vie dans la guerre. Le bouleversement salutaire et vivifiant des mœurs, dû à la Révolution, l'abolition officielle des droits exclusifs de l'Église et des pouvoirs d'une certaine classe conservatrice épuisée étaient à peine digérés. Si, brusquement, les individus femmes avaient été aussi libres que les individus hommes (libres de leurs biens, de leur corps, de leur travail et de leur résidence avec leurs petits, alors que leurs obligations civiques et militaires étaient nulles), la société française serait tombée dans l'anarchie ; non pas à la première génération, mais en quelques décennies. L'amour libre et le travail libre, l'absence d'une dépendance à l'homme reconnue aux femmes, sans transition, c'en eût été fait de leur existence. Les caprices de l'industrie naissante eussent désaxé les jeunes femmes et les jeunes filles célibataires, non soumises à la dépendance d'un homme et désormais libérées de leur famille. Un chaos inconscient aurait sans doute été plus nuisible à leur descendance qu'une trop sévère mutilation de leur liberté, au nom d'un ordre porté par la parole du mâle. La loi a castré les femmes. Mais la répression exalte les pulsions et stimule leur vigueur.

Les découvertes psychanalytiques ont éclairé le rôle structurant du couple parental, son rôle inconscient aux moments clefs du développement de l'enfant. Reste en lui le nœud cicatriciel, réussi ou non, que représente la liquidation plus ou moins réussie du complexe d'Œdipe, la libération de sa « libido » après le deuil de son premier désir pour le parent de sexe complémentaire. Cette castration donnée aux fils et aux filles, par les pères et la loi du groupe qui la soutient, est une épreuve encourue, on le sait, par tout enfant, quelle que soit sa race, quel que soit le niveau et le style de civilisation[176].

Entre sept et neuf ans se vit, doit se vivre cette épreuve ; elle ne peut être évitée par le garçon. Elle peut être niée plus facilement par la fille, dans une soumission masochique. Les sources créatrices féminines sont enfouies dans la cavité abdominale. De plus, les éducateurs tolèrent la « soumission » des filles et leur « passivité ». C'est pourquoi l'inceste de père à fille est relativement fréquent, même dans nos sociétés, pour le plus grand dommage de la fille dont la personne est généralement annihilée. Sans aller jusque-là, l'état de soumission des filles aux parents, bien après l'âge nubile, souvent accompagnée d'échec culturel et social, est courant. Il témoigne de leur dépendance à une histoire sexuelle parfaitement inconsciente. Petites filles prolongées, ignorantes de leur rôle social hors la famille, redoutant leur mère, aimant passionnément ou haïssant en secret leur père, les femmes ont souvent perdu une part de leur force de vie pour n'avoir su briser le premier lien de dépendance totale indiscuté à leurs parents.

L'interdit de l'inceste de mère à fils, chez les humains, est l'interdit majeur. Transgressé, il désintègre le fils et le groupe familial tout entier. Outre cet interdit majeur, toutes les organisations sociales édictent des prescriptions qui limitent le libre choix du conjoint dans le mariage. Ces lois sont, aux yeux du psychanalyste, des balises de prudence établies sur la route des désirs adultes, lorsque la procréation est en jeu. La procréation est une fonction démographique. Or, elle ne met au monde qu'une ébauche d'être humain incapable, pendant sept à neuf ans, de subsister sans dépendre d'un adulte nourricier. Depuis la découverte de l'inconscient, on sait qu'un enfant est un être tout de besoins, tout de désirs, et qu'il doit être acheminé vers la conquête de sa virilité ou de sa féminité par le renoncement aux désirs nuisibles à lui-même, au groupe et à la survie de l'espèce.

Les lois du mariage sont destinées à protéger la descendance et son éducation. Dans notre société, bien peu des prescriptions primitives du mariage sont demeurées. Le couple géniteur s'est détaché du groupe familial des deux lignées. Les rapports des enfants et de leurs parents y sont plus facilement dramatiques. La culpabilité et l'insécurité qu'ils engendrent attentent à la santé mentale, mais permettent peut-être une plus grande ouverture à la culture, car l'angoisse fait fuir vers les compensations culturelles.

Ainsi, au cours de la première enfance, le désir de comprendre le parler maternel aiguillonne spontanément l'assimilation du langage; la peur de déplaire à l'adulte aide à établir de bons échanges digestifs somatiques. Mais l'angoisse peut aussi perturber les conduites motrices, entraîner des « refoulements », c'est-à-dire des conduites de prudence maladive. Chez une femme, le désir ardent d'enfanter, de protéger et d'aimer « un enfant qui soit à elle », quel qu'en soit le géniteur, peut rester entaché du désir magique, inconscient, enfoui en deçà du souvenir, de porter un enfant réel, fruit d'un fantasme archaïque de porter en elle un enfant imaginaire de sa mère ou — fantasme moins archaïque — de son père. Cette survivance pervertit le désir adulte; la jeune femme reçoit alors, d'une étreinte frigide avec un mâle imposé, ou de hasard, ou choisi pour ses qualités protectrices et nourricières, l'enfant posthume d'un lien imaginaire encore vivace : celui de la fillette qu'elle a été, liée à sa mère avant trois ans, et à son père avant cinq ans. Le lien d'amour de cette mère à son enfant n'est pas humanisant : c'est elle-même, dédoublée, qu'elle reconnaît dans cet enfant; c'est un bébé fétiche; elle est une petite fille-mère, et son enfant est sa possession. Dans le triangle que devait être son couple, manque l'angle du père. Et l'enfant est promis à l'angoisse, dès le départ, une angoisse qui résulte de la perturbation des échanges symboliques, affectifs ou vitaux. Ces enfants amènent dans le groupe social des troubles, et une morbidité dite « mentale ». Il faut, pour rétablir leur équilibre, soigner aussi leur milieu familial. Ces cas sont un appauvrissement social pour le groupe, au lieu d'être un enrichissement[177].

L'enfant sain, au contraire, a pu établir ses premières relations avec une mère véritablement adulte sur le plan émotionnel et sexuel. Il a appris facilement à se passer de sa mère pour les soins du corps, s'est adapté au langage et aux échanges avec les enfants de son groupe d'âge. De trois à cinq ans, il a établi des relations avec un père adulte, reconnu maître et modèle des hommes, et a développé une conduite adaptée aux règles actuelles de son groupe ethnique. Après avoir pris une juste conscience de son corps, il se détourne de l'auto-érotisme pour chercher des partenaires de sexe complémentaire, hors de sa famille initiale. Il reconnaît par là la valeur de son propre sexe pour un autre et, après la nubilité, sa valeur pour la fécondité. Il prouve ainsi qu'il a dépassé l'attrait pour ses géniteurs et sa dépendance à leur égard : il est adulte.

Un comportement mal socialisé, de timide passif ou de violent revendicateur, signe une névrose, c'est-à-dire une perturbation initiale ; elle ouvre souvent un avenir homosexuel et stérile, ou valorisé sur le plan culturel, et seulement par compensation. Le sujet, dès ses sept ans ainsi névrosé, peut se « materner » lui-même, c'est-à-dire prendre son corps en charge ; mais il est incapable de se « paterner », c'est-à-dire se diriger selon la loi sociale. Il ne peut s'insérer à la fécondité du groupe ; il reste braqué sur lui-même. Il ne se reconnaît pas fils ou fille d'un père valable. Il grandit et devient adulte, avec son enclave de virilité ou de féminité désaxée. Si un acte sexuel dû à une expérience de hasard le fait engendrer, et que le groupe lui impose le mariage, sa puissance maternelle ou paternelle sur son enfant sera infantile et désastreuse. C'est ainsi que, par la seule absence de maturation, des générations successives sont contaminées de mère en fille, de père en fils, et répandent des névroses dans des groupes sociaux tout entiers[178].

Les influences collatérales de l'entourage familial et social, l'usage, les lois, sont alors de très grande importance. Elles peuvent soutenir ou non la structure sociale et caractérielle de l'enfant. Les autorisations et les interdictions de mariage avec divers oncles, tantes ou cousins, par certaines sociétés, pourraient être étudiées dans une perspective analytique. Les prescriptions[179] y apparaîtraient alors, non seulement comme des mesures de prudence, mais comme des moyens de renforcer la solidité du triangle primitif père-mère-enfant, en soulignant l'interdit, en le multipliant puisqu'on y associe dans les deux lignées d'autres individus parents du sexe complémentaire, éventuellement parents des substituts adoptifs. La place privilégiée de l'oncle utérin, par exemple, permet à un garçon de qui la mère peut être infantile, de s'identifier à elle comme un frère, « en homme », c'est-à-dire de développer, par imitation de cet oncle, des rapports chastes avec elle, et de s'identifier à une image virile secourable, et non « castratrice » comme celle du père.

Dans la société européenne, les interdits au mariage se sont bornés, ou presque, à l'inceste : géniteurs et engendrés, frères et sœurs. Même les mariages dits « consanguins », entre cousins, sont autorisés par la loi. Les restrictions ont visé beaucoup moins les rapprochements sexuels que l'autonomie des femmes. L'âge de la majorité confère aux filles non mariées des droits que leur qualité d'épouse et de mère leur retire. Leur fonction procréatrice, au lieu de leur conférer le statut légal d'adulte, a donc été considéré comme établissant un lien de dépendance minorisante à leur époux ; ces lois semblaient soutenir une aliénation sociale des femmes. Et cependant, nul n'ignorait que la valeur sociale d'un homme reposait sur la qualité de la compagne qu'il savait choisir ; que la valeur des enfants reposait sur le mode d'éducation qu'ils recevaient de leur mère et de l'ambiance qu'elle créait au foyer. En fait, l'équilibre du foyer étant fondé sur la femme, les hommes, perdus sans elles, voulaient les fixer par la loi, les retenir par la menace que la loi faisait peser sur celles qui avaient opté pour le mariage, d'être sans appui, sans droit et sans enfants si elles quittaient le foyer.

Si des assemblées masculines de députés ont voté les lois de protection des femmes enceintes, c'est parce que l'insécurité de leur descendance découlait des fatigues de la mère travailleuse. Si les droits civiques, le divorce et l'égalité d'instruction ont aussi été votées par eux, c'est qu'ils étaient poussés par les nécessités pécuniaires, et leurs incidences sur le pouvoir d'achat et l'éducation des enfants. C'est aussi parce que, au cours des guerres meurtrières de la première moitié du XXe siècle, la qualité réelle des mères, des épouses, des sœurs, des filles, s'était fait reconnaître à tous les niveaux de la société. C'est aussi parce que, dans de trop nombreux cas, ces hommes voyaient des femmes de valeur devenir, du fait de la loi, inefficaces pour les enfants, ou martyres dans des mariages malheureux ; ou parce qu'en cas de veuvage, ils les voyaient incapables d'assurer la sécurité et l'ordre familial dans un mode de vie citadine, où ni terre ni logement n'étaient assurés. Les hommes se sont en fait inquiétés de leur descendance compromise par l'effet de lois qui ne reconnaissaient pas la valeur sociale des femmes égale à celle des hommes.

Pourquoi cette longue suprématie du sexe masculin, tant dans la vie civile que dans la vie conjugale ? La psychanalyse permet-elle de le comprendre ? Peut-être.

Si l'on observe bien, on s'aperçoit que le seul sexe sûr d'être l'auteur de sa descendance est le sexe féminin[180]. Même si elle ne lui donne pas son nom, la mère sait qu'elle est la mère, et son enfant la connaît : il lui reconnaît sur sa conscience et sa personne des droits et des pouvoirs de maître. La femme, dès qu'elle est enceinte, découvre le sens de sa responsabilité vis-à-vis de son petit à naître. Le père, lui, ne possède sa descendance que par le dire de la mère. Quel que soit son rôle géniteur (ou adoptif), l'enfant ne le reconnaît pour son maître, aimé et respecté, que si la mère le garde en estime et l'accepte. Cette fragilité du père aux yeux de l'enfant impose à l'homme de créer un lien social indélébile, d'affirmer sa force et son droit sur la personne de son épouse, mère de ses enfants, et sur leurs personnes à eux.

Le psychanalyste sait qu'il est plus difficile pour l'enfant de porter le nom de son géniteur s'il lui est étranger de cœur, que de porter celui du compagnon estimé de sa mère, actuellement couplé avec elle. Le père légal, chez nous, est le géniteur déclaré ; mais le père réel est celui qui s'inscrit pour l'enfant, dans ce qu'en termes psychanalytiques on nomme le « triangle œdipien ». Au cours de ses cinq à sept premières années, le père sain est le rival triomphateur qui interdit l'accès de son désir à la mère, s'il est un garçon. Pour la fille, le père sain, c'est celui qui défend la loi, l'ordre à la maison, qui donne sa présence préférentielle à la mère, et à elle seule ses privautés sexuelles.

Adulte sexué en activité, il ne se laisse pas impressionner par sa fille, énamourée de lui bien avant d'être pubère. Son désir est polarisé par les charmes de la mère, femme adulte triomphatrice de droit et de fait, celle à laquelle la fille désire s'identifier, et grandit de ce désir jamais satisfait. Frustration cruelle pour l'individu, mais heureuse pour l'espèce. Telle est la découverte majeure de la psychanalyse concernant la structure de la personne dans ses fondations, au cours de l'enfance.

L'enfant n'est pas mûr pour une procréation physique, mais il est déjà vigoureux et capable de procréation « symbolique ». La sexualité de l'homme et de la femme entre dans l'ordre de la civilisation par l'épreuve que les psychanalystes ont nommée la « castration œdipienne », c'est-à-dire le renoncement total de l'enfant à son attachement génital au parent de sexe complémentaire. Ceux qui n'ont pas reçu cette « castration », dans leur corps et leur cœur, par l'autorité paternelle, restent toute leur vie dans un état d'échec sentimental. Il y a aujourd'hui de trop nombreuses situations de couples séparés, de parents redevenus célibataires d'occasion, d'enfants ballottés ou thésaurisés, revendiqués passionnellement selon leur sexe par l'un des géniteurs, ou par les deux. Ceux-ci reportent sur l'enfant des désirs génitaux et prégénitaux refoulés et un besoin de tendresse qu'ils n'ont plus le loisir, entre adultes, de se donner l'un à l'autre. Et ils ne le savent même pas. Enfant nounours, enfant poupée, enfant compagnon, objet d'amour substitutif d'amour perdu, réparateur de la vie ratée.

Dans toutes ces situations, la descendance est en danger : soit que l'enfant vive sans contrainte suffisante ses désirs pour ses parents; soit que, privés de la présence parentale, les enfants vivent consciemment ou inconsciemment l'inceste entre frères et sœurs, sans que personne ne prononce les interdits salvateurs. Dans notre société, qui n'est plus tribale, ces jeunes humains des villes sont aux prises avec leurs seuls désirs non parlés ni ordonnés et leurs conflits intérieurs d'impuissance passive ou agressive. Les prescriptions ancestrales, les interdits sexuels en famille ne sont plus assumés. Ils vivent dangereusement dans la promiscuité des petits logements et l'insécurité d'un foyer « tout confort », isolés de la nature dont les leçons et l'expérience leur manquent. Privés de fêtes sociales, privés de famille collatérale, ignorant leurs liens de parenté, sans animaux, sans végétaux autres que ceux qu'on mange, les « civilisés » de nos villes et de nos écoles sont pour beaucoup de nouveaux sauvages[181]. Chauffés et vêtus, alphabétisés et pervertis..., la culture les entoure, mais elle ne peut plus atteindre leurs forces vives; ces forces sont détruites. Le désir s'assouvit, sans joie, aux plus faciles et érotiques plaisirs.

Ce ne sont pas les droits égaux dévolus aux hommes et aux femmes qui écarteront le danger de régression culturelle qui guette nos enfants. L'être humain est un être de langage et de justification selon la loi. C'est la trinité homme-femme-enfant, régie selon des lois d'appartenance de devoirs et de droits, de respect réciproque, qui assure l'ordre des mœurs. Le sexe est l'organe de la procréation et pas seulement celui du plaisir.

Que la personne de leur mère soit l'égale de leur père face aux lois civiques, qu'elle ait autant de liberté que lui au travail et au commerce, c'est une égalité que les enfants reconnaissent. Mais elle ne suffit pas. L'égalité dévolue aux personnes civiques ne saurait jamais compenser leur immaturité émotionnelle.

Quand un couple est séparé, les lois facilitent l'éducation

des enfants par un seul des géniteurs. La liberté des femmes et leur conquête des mêmes droits et pouvoirs que les hommes ne déculpabilise pas les pères d'abandonner leur rôle d'époux et d'éducateurs, de responsables du foyer. Elle ne déculpabilise pas les mères d'accaparer leur progéniture pour leur seule satisfaction. Certes, elles peuvent, du fruit de leur travail et sans contrôle des hommes, entretenir légalement et diriger, sous leur seule autorité de fait, leur fille ou leur garçon. Mais elles les vouent ainsi : soit à une homosexualité génitale, stérile, soit à une stérilité culturelle. La base triangulaire, ordonnée par la présence du père, qui permet seule aux enfants et aux adolescents de construire leur structure sexuelle et sociale, est sapée, ébranlée.

À la lumière de la psychanalyse et de ses découvertes actuelles, nous savons que notre société vit des heures graves. La planification des naissances inscrite dans l'ordre du progrès scientifique et dans le droit pour les femmes de dire « non » ou « oui » à leur condition procréatrice, est un événement en psychologie. Ce qu'une femme ou un homme désire avec sa conscience claire, lorsqu'elle est laissée à elle seule, est rarement dans l'ordre de la nature. L'individu est livré à ses désirs inconscients de vie et de mort, qui sont contradictoires. Pour faire face consciemment à la responsabilité de procréer, il faut un énorme effort de formation personnelle et civique. Cet effort doit venir des femmes elles-mêmes, et je souhaite qu'elles s'y attachent. Une éducation nouvelle doit s'élaborer pour qu'elles prennent conscience de leurs forces instinctuelles, de leur place sociale, de leur rôle d'entraide, de création et de soutien de ces liens culturels : maternité-paternité.

La planification des naissances nous contraint de retrouver les grands symboles et d'y faire face, si nous ne voulons pas que notre civilisation s'écroule dans une vie de sécurité petite-bourgeoise, rétrécie, égoïste, où chacun rêve d'être un parasite parfait. Nous contenter de nos puissances « avortées » nous conduirait à une morbidité croissante, à des névroses et à des débilités mentales qui multiplieraient les irresponsables.

Puissent les femmes être libérées par la science autant que les hommes! Puissent-elles maîtriser le travail et les servitudes des travaux ménagers, mais puissent-elles atteindre surtout à la maîtrise de leur « nature », qui est symbole de nourriture, de sécurité, d'organisation pacifique, de la passation du savoir et des pouvoirs humains à tous ceux qui, par leur condition transitoire d'impuissance, attendent assistance et médiation vis-à-vis de la société.

Puissent-elles éviter le fétichisme de leur propre personne et celui des « quelques seuls » enfants souhaités par elles. Puissent-elles refuser un statut de « bonheur planifié », accepté par un compagnon qui ne serait qu'un associé de confort partagé. Qu'elles n'aillent surtout pas jusqu'à émasculer le mâle, du fait que son fonctionnement biologique génital n'engagera plus forcément l'avenir. Puisse-t-il, lui-même, ne pas sombrer dans le fétichisme de sa personne masculine, dans celui des exhibitions érotiques faciles, lorsque les couples ne sont plus contraints à la dignité et au courage de géniteurs responsables, pour assumer les suites de leur désir « inconscient ». Où serait la joie des descendants, quelle serait leur confiance en leurs propres droits à la vie, si elle n'a dépendu que du « besoin » de maternité et de paternité de leurs procréateurs, et que leur naissance aura été conforme au « plan » budgétaire familial, communal ou national?

Qu'il soit permis au psychanalyste, au seuil des temps nouveaux qui s'ouvrent pour les femmes civilisées, non pas de conclure, mais de poser les questions. N'y a-t-il pas un danger à appliquer les règles de la seule raison, élaborées sur l'expérience individuelle, à des processus vitaux dont les effets engagent une époque à venir?

Si le psychanalyste se réjouit que les découvertes actuelles de la science puissent assurer l'infécondité à des relations sexuelles, c'est qu'il espère ainsi que la préparation des jeunes au mariage se fera dans une connaissance réelle des avenues charnelles du désir, et que l'attraction mutuelle des sexes pourra s'expérimenter sans risque, quand la fécondité n'est pas encore socialement assumable par l'un ou l'autre des partenaires. Cela permettra peut-être de dégager les filles d'une surprotection familiale; cela permettra aux hommes et aux femmes de se connaître sans angoisse. Mais... le danger d'être stérile pour les jeunes femmes, n'est-il pas plus craint que celui d'être mère? Le risque est un facteur excitant de la vie. Il n'est pas sûr que le lien d'amour entre deux amants puisse rester vivace, si ce goût de « se risquer » disparaît de l'acte procréateur, toujours un peu déraisonnable.

Peut-on sans danger fermer la porte à l'hôte inattendu, au commensal imprévu — l'enfant —, non pas utile, ni consciemment désiré, mais accepté généreusement comme le symbole du lieu et du lien mystérieux de l'amour humain vivant[182] ?

La vitalité de l'espèce humaine gît dans le lien moral et affectif des hommes et des femmes, s'ils s'entraînent à l'envi par une éthique d'amour, s'ils transcendent ensemble les lois de leur dépendance charnelle, et si cependant ils s'y enracinent dans le respect mutuel de leurs intelligences complémentaires. L'avenir humain se situe au-delà des discordes actuelles entre groupes sociaux et entre styles de civilisation. Les individus sexués — homme, femme —, devenus conscients de leur commune solidarité dans l'épreuve de la vie mortelle, détiennent ensemble la clef de leur destinée inconnue...

SIXIÈME PARTIE

L'enfance dans l'histoire

Une conversation avec Philippe Ariès

Macroscopie, France-Culture,
septembre-octobre 1977

Ce dialogue a été entamé en 1973. Philippe Ariès venait de publier L'Enfant et la vie familiale sous l'Ancien Régime *(Seuil). Peu versé en psychanalyse, comme il le disait lui-même, il a souhaité rencontrer un psychanalyste d'enfants. Je commençais à être connue par le grand public grâce au* Cas Dominique *(Seuil). Le dialogue eut lieu sur France-Culture. Ce fut le point de départ de cette digression à deux voix*[183].

PHILIPPE ARIÈS : *Je dois avouer que c'est la première fois que j'ai l'occasion de dialoguer longuement avec un psychanalyste. Je voudrais donc, en guise de préambule, me situer vis-à-vis de la psychanalyse, car je suis un historien qui s'intéresse aux cas psychologiques : les attitudes des hommes devant la vie, devant la mort, devant l'enfance, la famille, les parents, etc. Cependant, je dois avouer aussi que j'ai toujours éprouvé, jusqu'à une date relativement récente, une certaine distance, pour ne pas dire méfiance, vis-à-vis de la psychanalyse. Ceci, je puis l'expliquer par des raisons assez banales, comme par exemple par le fait que l'on a eu affaire dernièrement à une très rapide et mauvaise vulgarisation du vocabulaire de la psychanalyse, face à laquelle on ne peut pas ne pas éprouver souvent un certain agacement.*

Mais il doit y avoir une autre raison également, plus profonde. En tant qu'historien, je me demande dans quelle mesure nous pouvons projeter dans le passé, afin de mieux l'éclairer, des catégories, fussent-elles scientifiques, définies par Freud et par ses successeurs, et qui sont nées d'une observation de la société occidentale de la fin du XIXe siècle et du début du XXe siècle.

Pour rendre mes doutes et mes interrogations plus sensibles, je voudrais formuler une question historiquement plus concrète. Les sociétés pré-industrielles, mettons jusqu'au milieu du XVIIIe siècle, sont des sociétés « dures », où l'on n'était pas tendre l'un avec l'autre et où l'on n'avait pas la sensibilité à fleur de peau. Le climat social y était très dur, on y souffrait et on y mourait tôt. On peut dire sans risque d'idéologisation, qu'il y avait une réelle inégalité devant la mort. Un type donc de société que nous ne devons nullement considérer avec une quelconque nostalgie. Plus encore, l'enfant, qui nous intéresse vous et moi, l'enfant était, lui, le plus mal aimé de cette société; il mourait encore plus facilement et plus vite que les adultes. Plus encore, on l'aidait souvent à mourir, l'infanticide étant plus ou moins consciemment toléré. Dans certaines régions, à la fin du Moyen Age, on n'était pas très loin de vendre les petites filles comme on vendait des esclaves. Bref, c'était une société qui n'a jamais aimé les enfants[184] *!*

Alors, c'est justement cela qui me pose un problème, lorsque je considère la société d'aujourd'hui à travers, par exemple, vos livres (Le Cas Dominique) *ou les livres des autres psychanalystes. À savoir que je retrouve dans la littérature psychanalytique un trajet bien réglé que vous faites parcourir à chaque enfant, avec des étapes — le stade oral, le stade anal, etc. Un lecteur un peu naïf, comme moi, a le sentiment et parfois même la conviction qu'un enfant, pour arriver à l'âge adulte dans un bon état psychologique, ayant à traverser allégrement toutes ces étapes et tous ces cycles, eh bien, il a beaucoup de mal à y arriver! On peut même dire qu'il y a beaucoup de chances qu'il n'y arrive jamais, et il me semble d'ailleurs que c'est ce qui se passe le plus souvent. Et tout ceci crée si vous voulez notre difficulté, le drame de la situation contemporaine : autrement dit, le fait que la socialisation d'un enfant, son passage à l'état adulte, fait perpétuellement question.*

Bon, maintenant, mon interrogation, je puis la formuler ainsi : comment se fait-il que dans les sociétés pré-industrielles, qui étaient si dures, où l'enfant avait si peu de place dans le cœur des humains, où le sentiment était si rare, comment se fait-il que tous ces problèmes que l'enfant pose aujourd'hui et qu'étudient en détail le psychologue, le pédiatre ou le médecin, comment se fait-il que ces problèmes ne se posaient pas ?

FRANÇOISE DOLTO : Je pense tout simplement que cela se passait ainsi parce qu'il y avait une sorte de « sélection naturelle », comme vous l'avez si bien dit sans utiliser précisément cette expression. Il se pose actuellement des problèmes considérables parce que tous les enfants survivent, et survivent surtout des enfants très sensibles, qui, autrefois, mouraient tout simplement. Alors, l'existence de ces enfants très sensibles nous permet aujourd'hui de reconnaître et d'apprécier, dans leur développement, la présence et la réminiscence d'époques et de stades antérieurs, que la psychanalyse découvre en eux et qui s'exprime par des dessins, ou se verbalise, ou ressort dans des comportements. Mais ceci a toujours existé, et l'enfant l'a certainement toujours exprimé lorsqu'il pouvait parler avant l'âge de trois ans. Car ce que Freud a appelé le complexe d'Œdipe, cela correspond à une époque de la vie de l'enfant, entre trois et cinq ans. Aujourd'hui, cet âge est retardé pour certains enfants qu'on appelle inadaptés, qui font l'intégration symbolique de leur sensibilité dans la société beaucoup plus tard. Pourquoi ? Tout simplement parce qu'ils ont été trop couvés, ils ont été arrêtés par le fait d'avoir vécu comme des comateux symboliques. La plupart du temps, ceci se produit parce que les enfants sont l'objet de projections de leurs parents ; c'est-à-dire que l'enfant est empêché de suivre son évolution normale, surtout pour ce qui est de sa relation au langage. Le développement de son corps propre est achevé neurologiquement à deux ans. Alors, son développement musculaire et son adresse peuvent permettre une verbalisation et une autonomie par rapport à ses besoins et désirs ; tout ceci est complètement achevé à l'âge de cinq-six ans. Mais avec les parents d'aujourd'hui, on retrouve des enfants qui à l'âge de huit ans par exemple, ne savent même pas lacer leurs chaussures. Il faut dire qu'autrefois il n'y avait peut-être pas des chaussures aussi compliquées qu'aujourd'hui... Mais enfin, le principal facteur c'est que les parents sont, de nos jours, tellement anxieux eux-mêmes, il y a tellement de livres qui s'interposent entre eux et leurs enfants, qu'ils ne peuvent plus donner la chance à leur enfant de devenir autonome à l'âge où d'habitude il l'était autrefois. Auparavant, il était plus libre, il allait et venait à sa guise, il rendait visite aux voisins, etc. D'ailleurs, on peut le lire dans vos livres, dans les ouvrages d'histoire. Les couples avaient des enfants presque tous les ans. Et puis la mère mourait si facilement, c'était donc une belle-mère, ou une autre femme qui prenait soin de l'enfant; ils étaient ainsi associés à d'autres enfants, ceux des parents nourriciers.

Ceci n'empêche, à mon sens, que les enfants se structuraient de la même manière qu'aujourd'hui. On peut le voir par exemple dans le cas de Louis XIII, dans la façon dont il est devenu névrosé... Il était élevé tout à fait comme un enfant de bourgeois d'aujourd'hui, de bourgeois aisé, bien sûr... C'était le petit prince, une sorte de soleil pour son entourage. Il y avait même Héroard, le médecin du roi, qui notait tout ce que ce garçon disait, et qui était fort intelligent d'ailleurs. Et on s'aperçoit qu'il a dit des choses très intéressantes sur l'éveil de la sexualité à l'époque de la petite enfance, sur la curiosité vis-à-vis de la sexualité des adultes. Et puis, tous ces jeux à propos de la sensibilité génitale[185].

P.A. : *Mais aujourd'hui, tout cela est interdit.*

F.D. : Mais non, ce n'est pas interdit! C'est interdit peut-être dans la ville de Paris, dans certains milieux comme on dit, mais pas chez les poulbots, ou à la campagne. Ce n'est pas interdit non plus dans une maternelle, où il y a cinquante enfants et où les plus délurés se rassemblent tous dans un coin et se racontent toutes leurs histoires. Seulement on ne l'entend pas, car les enfants se méfient des adultes.

P.A. : *Alors c'est permis, d'après ce que vous dites, là où justement la moralisation de la famille ne se fait pas sentir.*

F.D. : Oui, c'est-à-dire qu'il y a une auto-défense de l'enfant. Dès qu'il voit que tout ce qu'il raconte, qui est pour lui la découverte du monde accompagné d'un intense plaisir, dès qu'il voit que cela intéresse papa et maman, immédiatement, j'oserais dire, il s'escargote : « Attention, danger ! » Il y a chez l'enfant une certaine attitude : « ce n'est pas une affaire d'adulte », ou bien : « Ah, on s'étonne de ce que j'ai dit, cela prouve que j'ai gaffé. » On pourrait dire qu'il pense comme cela. Je crois que l'enfant préserve sa sensibilité avec beaucoup de prudence. Rien n'est plus terrible pour lui que d'entendre tous ces mots d'enfants répétés par des adultes, comme il arrive si souvent de nos jours. À l'époque de Louis XIII, Héroard les écrivait, c'était différent. Mais il faut voir ce qui s'est passé avec Louis XIII, à l'âge de six ans. Brusquement, interdit de tout. Parce qu'il est devenu un homme.

P.A. : *Oui ! Brusquement, plongé dans la société des adultes, il ne lui était plus permis de s'amuser avec ses organes génitaux, comme avant.*

F.D. : Et les autres ne jouaient plus avec lui non plus. Une transformation totale effectuée en trois semaines. En trois semaines il a fallu s'aligner sur le comportement des adultes interdicteurs. En plus, il était le petit prince, donc il fallait qu'il donne l'exemple.

P.A. : *Il faut dire que ceci se plaçait en plein mouvement de développement des idées missionnaires de la Contre-Réforme. Ce qui fait que cette liberté qu'avaient eue les adultes avec le petit Louis XIII avant qu'il ait l'âge de six ans, ce ne sera plus possible vingt-cinq ans plus tard...*

F.D. : Ce qui est admirable, je crois, c'est que cette liberté donnait des adultes en bonne santé. Non seulement on jouait avec l'enfant, mais on verbalisait, ce n'était pas du tout dans le style « animal ». Il y avait un vocabulaire très précis, qui accompagnait toujours ces jeux : le sexe de la fille avait un nom, le père lui en parlait, et ce n'était pas un nom à l'usage protégé de l'enfant, c'était le nom qui circulait dans le langage des adultes aussi.

P.A. : *C'est juste, il n'y avait pas d'interdit dans le vocabulaire. Il n'y avait pas de mots tabous !*

F.D. : Ce qui actuellement crée des troubles chez les enfants, c'est qu'ils se développent sans vocabulaire pour certaines choses, ou avec un vocabulaire trafiqué à leur usage, assez « nunuche ».

P.A. : *En fait, ce que vous dites revient à ceci : à une certaine époque, qui est disons le milieu du XVIIe siècle, l'enfant vivait jusqu'à six-sept ans dans une très grande liberté de tout ordre avec les adultes. Et si nous nous situons, mettons vingt-cinq ou trente ans en amont, alors les interdits que l'on peut constater pour l'enfant de sept ans, devaient être infiniment moins lourds quoique, sans doute, quelque chose changeait autour de l'âge de six-sept ans : on n'avait pas les mêmes jeux et les mêmes attouchements avec lui après. Je veux dire que, dans la première moitié du XVIIe siècle, il y a eu un début de moralisation, qui n'a pas atteint les premiers âges de la vie, mais qui se faisait fortement sentir une fois dépassé l'âge de six-sept ans.*

F.D. : Justement, je crois que c'est cela qui est intéressant. Lorsque, avant l'âge de six ans, l'être humain a eu la possibilité de développer librement la sensibilité de son corps, en bénéficiant en plus d'un vocabulaire approprié, en ayant reçu l'initiation aux plaisirs qu'il n'est pas capable, lui, d'éprouver comme adulte, mais que l'adulte ne blâme pas chez lui lorsqu'il est encore petit; tout ceci construit l'enfant par rapport à son corps, en pleine sécurité. Nous voyons ces gens du passé parler de leur corps avec simplicité; nous les voyons sans pudeur vis-à-vis de leurs besoins, sans honte face à leur nudité. La pudeur par rapport à la nudité commence à se faire sentir après la Révolution, il me semble...

P.A. : *Ah! non, non, déjà bien avant. Vous vouliez dire qu'on leur a imposé cette pudeur au cours du XIXe siècle? Je crois que cela a commencé un peu avant...*

F.D. : Ce qui m'impressionne en lisant les ouvrages d'histoire, c'est le fait qu'ils ne semblaient pas névrosés. Ils étaient très individualisés, chacun à sa façon, tout en faisant montre d'apparences qui étaient parfois des apparences de classe, mais qui n'empêchaient jamais un certain franc-parler...

P.A. : *Est-ce que vous n'avez pas l'impression qu'il s'est passé aussi autre chose, parallèlement à cette entrave à la liberté dont vous parliez. C'est que les enfants d'aujourd'hui se développent dans un cadre extrêmement étroit, qui est celui de leur famille, d'une famille d'ailleurs très restreinte, depuis le début du* XIX*e siècle. Et si le père ou la mère ne peuvent pas jouer leurs rôles dans ce cycle psychologiquement normal, il y a un très grave problème et ce peut être traumatisant. Alors que dans le temps dont nous parlions, vers le* XVI*e siècle, cela n'avait aucune espèce d'importance que le père ou la mère n'eussent pas tenu leurs rôles parce qu'il y avait toujours un substitut à droite ou à gauche ; il y avait toujours quelqu'un pour les remplacer, l'enfant et la famille étaient immergés dans un milieu beaucoup plus tendre, beaucoup plus chaud et duquel la famille ne se distinguait pas d'une manière aussi rigoureuse qu'aujourd'hui. Je me demande alors si nous ne touchons pas là quelque chose de capital pour l'explication de notre problème. Est-ce que cet isolement de la famille et des enfants par rapport au reste de la société n'explique pas nombre de difficultés psychologiques, de troubles, même très graves, qui ont d'ailleurs provoqué même la naissance, on peut le dire, de la réflexion psychanalytique. Car la psychanalyse est venue s'occuper des troubles que l'on ne retrouve pas dans les sociétés pré-industrielles.*

F.D. : Il y a sans doute quelque chose de vrai dans ce que vous dites. Avant, les enfants qui étaient atteints symboliquement trop fort mouraient fréquemment : alors que maintenant, moi, je vois quotidiennement des enfants qui seraient morts dans d'autres siècles. Ils ont été sauvés par la médecine et, ensuite, les mères s'occupent d'eux ou sinon les services hospitaliers. De nos jours, un enfant qui est arrêté, mettons entre trois et cinq ans, ou entre deux et quatre ans, par une maladie grave de son organisme, il se trouve que cet enfant fait une régression symbolique à une période antérieure de sa vie. Le fait en plus d'être séparé soudainement de la seule personne qu'il a dans son entourage, celle qui l'a élevé, pour lui cela devient dramatique. Lorsqu'il était entouré de dix ou douze personnes, le fait de se séparer d'une d'entre elles n'avait aucune importance : il était déjà habitué à voir des délégués, des substituts, et un substitut de plus ou de moins, cela ne fait pas une grande différence. Mais de nos jours, quand il s'agit d'une mère avec un enfant unique et qui, tout à coup, le « livre » à un groupe trop grand, où il n'y a aucune médiation entre la mère et le groupe, alors l'enfant subit sans doute un choc très fort. Le plus doués, les plus vivants, les plus développés et habiles musculairement démarrent tout simplement en se faisant porter par le groupe, comme ils se faisaient auparavant porter par leurs mamans, et ils réussissent à devenir des enfants très vivants ! Et les autres ? Car nous savons qu'il y a quarante-cinq pour cent des enfants qui arrivent à la maternelle sans être capables de parler à autrui, de manger, de se laver, de se moucher seuls, sans savoir leur nom et leur adresse, ni cheminer sans hésitation entre leur maison et leur école !

J'ai l'impression qu'autrefois c'était comme cela, l'enfant était entouré par toutes les personnes du grand groupe qui formait la famille et leurs amis. Plus encore, il y avait les animaux domestiques. Et ces animaux, pour l'enfant, sont comme des anges gardiens ! Un compagnon et un autre à qui l'on parle, quand les membres de la famille sont absents.

L'enfant reste un être de langage. C'est ce que la psychanalyse a découvert, et c'est très important. L'être humain est plongé dans le langage, et ceci dès le début : si l'on parle souvent à un tout petit enfant, si on lui communique verbalement ce qui se passe, on lui décrit ce qui l'entoure, alors les soubassements, la « cave » de sa structure devient très solide, ses voûtes tiennent bien ; le reste, ce qui est conscient, n'a pas beaucoup d'importance. La base de son être est construite avant que l'enfant n'atteigne sa pleine stature organique et sa vie en société, avant qu'il sache dire son nom, le nom de ses parents, l'endroit d'où il vient, tous les éléments à partir desquels il prend contact avec le monde environnant. Cette base est constituée par le vocabulaire de la langue maternelle qui lui a été parlée, et qu'il a entendu les adultes se parler entre eux tout en l'intégrant de fait, sa présence auprès d'eux allant de soi. Si cette base de sécurité, faite de langage engrammé en sa mémoire et tissé à son corps au cours de son premier développement, si cette base de sécurité lui manque, il ne pourra jamais entrer en véritable contact avec le monde ; il sera perpétuellement en danger, il sera morcelable...

P.A. : *Oui, mon impression est aussi que cet enfant d'aujourd'hui est beaucoup plus fragile que dans les sociétés pré-industrielles qui étaient pourtant bien plus dures pour lui. Cela peut probablement s'expliquer par le fait que la société où vivaient ces enfants, aux* XVIe, XVIIe, XVIIIe *et, dans les classes populaires, jusqu'au* XXe *siècle, cette société était, elle, très dense. D'un côté, comme vous l'avez dit, elle fournissait à l'enfant des quantités de substituts du père et de la mère; d'un autre côté, elle jetait l'enfant tout de suite dans la vie, sans multiplier les quarantaines.*

Alors qu'aujourd'hui, à la suite d'une évolution que l'on peut remarquer tout au long du XIXe *siècle et qui s'est étendue à présent à toutes les classes sociales, il n'y a plus que le boulot et le dodo, si je peux dire. La famille « réduite » devient la seule structure sociale permettant les contacts humains et sociaux, affectifs... La famille a acquis le monopole de l'affectivité. Auparavant, avant l'industrialisation, avant le développement des techniques, il y avait tout un monde de voisins et de parents, de serviteurs, de clients, que sais-je encore? et tout cela vivait presque ensemble, dans une sorte de promiscuité, et d'ailleurs, dans un état d'entraide. Cela n'excluait pas la haine aussi, mais une espèce de haine qui ressemblait également à l'amour. Autrement dit, c'était une vie côte à côte, très serrée, un tissu extrêmement serré. Tout au long du* XXe *siècle, on voit cette densité se relâcher; il ne reste que deux pôles dans la vie : la famille, d'un côté, et le métier ou la profession, de l'autre. Entre les deux, rien! Ces deux pôles qui étaient à un moment réunis se sont séparés dans l'espace. Quant à la famille, elle est dominée par la mère, par la femme; le père, lui, est absent la plupart du temps. Et, au fond, depuis le* XIXe *siècle, le véritable couple ce n'est pas le mari et la femme mais la femme et l'enfant!*

F.D. : Il y a aussi les fourches caudines de l'entrée à l'école à tel âge, ainsi que toute la honte qui rebondit sur la famille lorsque l'enfant est refusé à l'école. La famille se sent continuellement agressée de l'extérieur, elle devient phobique, tout le monde devient phobique, se protège, a peur de l'immixtion du voisin chez soi. En plus, les adultes, les parents sont tellement frustrés dans leur vie, par tant de choses, qu'il faut que ce soient les enfants qui leur donnent une compensation aux satisfactions manquantes de leur vie.

P.A. : *Mais c'est justement parce que cette famille nouvelle, qui avait commencé à se former au XIXe siècle, a été entièrement construite sur l'enfant. Le but des parents est que leurs enfants parviennent aux fonctions ou aux rôles qu'ils auraient aimé avoir et qu'ils n'ont jamais eus. Autrement dit, tout est organisé autour de la « promotion » de l'enfant, et d'un enfant pour ainsi dire « réduit », lui aussi, à satisfaire les ambitions que ses parents n'ont pas pu réaliser. Quelle culpabilité si, déçus par eux-mêmes, ils le sont par leurs enfants !*

F.D. : Effectivement, de nos jours l'enfant est le porteur de l'imaginaire des parents et, comme il y a de moins en moins d'enfants dans les familles, chaque enfant porte le poids de tous les espoirs qu'il déçoit. Ceci est très dur à supporter, la lourde charge des espoirs déçus de ses parents. Qui plus est, cela fait un cercle vicieux, cela crée un malaise : prolongation de l'infantilisme chez l'enfant et du comportement infantile des mères vis-à-vis de leurs enfants. Les parents sont ainsi piégés dans leur maternité ou leur paternité. Je crois que, entre autres raisons, c'est pour cela également que l'on a voulu reculer de plus en plus, chez les enfants, la compréhension de la sexualité, bien qu'ils fussent parfois spectateurs de l'accomplissement de l'acte ; on a essayé de leur faire croire toutes sortes de balivernes sur la naissance des enfants. Très rares sont ceux qui savent qu'un enfant normal, un enfant sain, à l'âge de trois ans, connaît tout sur la génitude ; et il l'oublie à quatre ans. À trois ans, il le dit, le sait, peut le mimer — mais il n'a pas le vocabulaire adéquat si on ne le lui donne pas —, et à quatre il l'a oublié ! Ces connaissances qu'il avait eues, il les a refoulées. Ceci serait sans importance si les parents ne continuaient pas à tenter de lui inculquer des connaissances fausses sur la place laissée vacante par le refoulement...

P.A. : *La sexualité est devenue un interdit...*

F.D. : Malheureusement pas même un interdit, un tabou. Parce que c'était le seul domaine que pouvaient se garder les adultes qui, par ailleurs, n'avaient plus rien...

P.A. : *Vous croyez ? Pourquoi cette défense des parents vis-à-vis de leurs enfants, par le tabou de la sexualité ? Autrefois cela était ignoré et maintenant, l'interdit a réapparu tout à coup?*

F.D. : Je pense que c'est le fait de la famille réduite. D'autre part, la notion du danger de l'inceste est là, présente, chez tous les êtres humains, puisque en effet, si, par absence de dit et d'interdit, agir l'inceste frôle l'imaginaire de l'enfant au-delà de six ans, il devient complètement bêta, ou pire, il se bloque le « comprenoir », insertion sociale et langage régressent.

Alors, dans la famille réduite, quand l'enfant vit parmi des êtres très proches, il faut surtout lui défendre de comprendre le désir et le plaisir des rapports de corps à corps génitaux, tandis que si l'enfant vit avec des parents éloignés, des voisins, des substituts, ce n'est pas du tout la même chose; si c'est une nourrice ou son mari, ou des voisins, cela n'a aucune importance, ce n'est pas son père ou sa mère...

P.A. : *Ce qui me frappe c'est que, dans vos analyses, vous décrivez explicitement une situation qui est propre à nos sociétés techniciennes, où la famille est réduite, essentiellement grâce à la contraception...*

F.D. : La névrose existe, autant que nous puissions le savoir, depuis à peu près 1860...

P.A. : *Et la contraception aussi!*

F.D. : Oui, mais la contraception clandestine a existé depuis toujours...

P.A. : *Mais elle était déjà extrêmement efficace; nous étions arrivés en Occident et, particulièrement en France, à une famille d'enfant unique ou presque. La chute de la fécondité est tout à fait formidable à la fin du* XIX*e* *siècle. On n'a pas attendu les plannings familiaux pour savoir comment s'y prendre, nos ancêtres le savaient déjà, et fort bien! Seulement, comme vous dites, ils n'en parlaient pas, ils ne le disaient pas, c'était une chose honteuse, clandestine, dont on ne parlait jamais. Et si cela ratait, on n'en faisait pas toute une histoire, tandis qu'aujourd'hui... Il y a une très grande différence entre la contraception contemporaine, enfin, celle* *des vingt dernières années, et la contraception du* XIXe *siècle. Mais elle existait. Et, à mon avis, elle est un des effets de cette concentration de l'attention, de l'affectivité, de la sensibilité sur l'enfant; on ne pouvait pas en avoir une quantité, étant donné qu'on l'investissait de toute la sensibilité et de tous les sentiments du monde, n'est-ce pas?*

L'histoire marque d'une certaine relativité nos observations. Nous nous apercevons ainsi que les différentes situations ne se ressemblent pas du tout. Ainsi, ce que vous venez de décrire n'est pas du tout, à mon sens, lié à la nature même de la femme, de l'homme ou de l'enfant, mais une situation liée entièrement à une certaine période de l'histoire! Une période qui dure depuis plus d'un siècle, il est vrai.

Ce qui me frappe, c'est que la psychanalyse fait son apparition en même temps que ces troubles, dont nous parlions. Il y a des sciences et des techniques qui ne peuvent pas naître à n'importe quelle période historique.

F.D. : Oui, certainement.

P.A. : *Je ne vois, par exemple, pas du tout la psychanalyse naître aux* XIVe, XVe *ou* XVIe *siècles, tout simplement parce que les problèmes qu'elle est censée résoudre ne se posaient pas.*

F.D. : Oui, sans doute. Cependant, ce que la psychanalyse a découvert, en tant que science du développement de l'inconscient de l'être humain, est universel : tous les êtres humains se construisent de la même façon, du fait qu'ils ont le même corps, mais sont différents selon les rencontres qu'ils font. Mais ce que Freud décrit, à savoir le développement des pulsions, les potentialités du développement du refoulement, de déplacement sur d'autres objets que ceux de la satisfaction directe, tout ceci a toujours existé. On peut dire, par exemple, en forçant un peu, que ce que notait Héroard était, en quelque sorte, le « journal psychanalytique d'un petit garçon ».

P.A. : *Je crois, pour ma part, que la psychanalyse est née dans les conditions de la société moderne, parce que les problèmes que cette société pose sont devenus douloureux. Mais, provoquée par l'existence de ces problèmes, elle a découvert toute une structure profonde de l'homme, qui est, elle, de tous les temps. Néanmoins je me demande toujours si l'on peut appliquer tout de même ces catégories appartenant à une science née de l'observation des individus de la société industrielle, aux époques plus éloignées de l'histoire, sans leur imposer une certaine transformation.*

F.D. : Je ne crois pas que cela ait beaucoup d'intérêt d'utiliser la psychanalyse pour le passé de l'humanité, puisque, dans ce cas, nous n'avons pas à notre disposition des documents vivants, et le psychanalyste ne peut travailler que dans un échange de temps concret, il ne peut pas travailler sur des documents; ou alors, ce serait un travail partiel et uniquement indicatif.

De nos jours, une grande partie des parents ne vivent pas leur vie sexuelle sur le registre de la véritable jouissance, ils sont eux-mêmes coincés de tous les côtés. Alors ils se servent de leurs enfants pour continuer à jouir autour du secret de la manière dont les enfants parlent de la sexualité : les adultes devenus les voyeurs des enfants. Peut-être il y a là un certain tort de la psychanalyse. Les adultes tentent de vivre à travers la sexualité de leurs enfants et des histoires qu'ils racontent. On entend les mamans raconter émerveillées les histoires de leurs gosses, mais qu'est-ce qu'elles ont à dire elles-mêmes sur leurs propres histoires ?

De la sorte, l'enfant devient l'objet de révélations de choses que les adultes, pour leur part, semblent avoir oubliées. Comme s'ils ne savaient plus qu'ils ont, eux aussi, des attitudes sexuelles bien déterminées les uns vis-à-vis des autres. Ils donnent l'impression d'en être blasés et se rabattent sur la fraîcheur des impressions sexuelles de l'enfant. Et on finit par pousser l'enfant à déballer toutes ses histoires au profit et bénéfice de ses parents. Et cela, sans penser une seconde que c'est là une opération qui puisse être choquante, traumatisante pour l'enfant. On peut dire qu'il y a un refoulement généralisé à notre époque, et alors on se sert des enfants, qui n'ont pas encore refoulé, comme d'une source vive, qui alimente le désert des adultes.

P.A. : *Je crois que cela s'explique un peu par le fait que dans notre histoire occidentale, il y a eu depuis toujours une coexistence entre deux types de culture : une culture de transmission orale, non scolarisée et non scolarisable, culture pour laquelle ce milieu social très dense, dont nous parlions, était très important. Et puis, il y avait, à côté de cette culture orale que l'on pourrait appeler culture sauvage, une culture savante, rationnelle, culture d'hommes d'Église, d'hommes de robe, qui a eu comme idée fixe et inamovible la moralisation, le domptage de cette autre société, sauvage, au milieu de laquelle elle vivait.*

F.D. : Sans doute, et c'est pour la même raison que l'on a abouti à une possibilité d'intelligence scolarisable; parce que s'il n'y a pas de refoulement, il ne peut pas y avoir utilisation de l'intelligence à autre chose, utilisation basée précisément sur le refoulement de la pulsion génitale et de la curiosité la concernant, qui sera transférée ailleurs. Et c'est peut-être tout de même grâce à ce refoulement que la science s'est développée.

P.A. : *Ce que je voudrais expliquer, c'est de quelle façon on en est venu à cette répression de la sexualité, et même plus encore, de toute sorte de spontanéité et de fête. Pendant très longtemps, peut-être des millénaires, les sociétés occidentales ont vécu parallèlement ces deux cultures qui coexistaient. Je crois que c'est cela qui fait l'originalité de l'Occident, c'est cela qui le distingue des sociétés froides des ethnologues, qui sont des sociétés sauvages sans rien d'autre. Dans les sociétés occidentales, depuis que l'on a inventé l'écriture, il y a eu coexistence de ces deux types de société. Or, depuis le* XIXe *siècle, depuis l'extraordinaire poussée des techniques et du progrès de la technologie, la culture sauvage des sociétés occidentales a pour ainsi dire disparu, en étant complètement absorbée par la culture savante, la réalisation technicienne, qui a instauré en même temps le progrès scientifique et un ordre moral et moralisant qui a détruit complètement ces cultures sauvages.*

F.D. : Le tournant se situe alors autour du XVIIe siècle, avec Molière et les femmes savantes?

P.A. : *Non, le tournant est très vieux. Par exemple, vous autres psychanalystes, vous parlez beaucoup de certains faits qui intéressent votre science, par exemple la masturbation chez les enfants, n'est-ce pas? Mais l'on trouve des études et des analyses relativement fines de ce phénomène déjà chez*

Gerson, au XV*ᵉ siècle! Lui, il était contre, mais il y a chez lui, en tant qu'homme de culture, une certaine tendresse pour l'enfant. Dans la règle de saint Benoît, les enfants sont généralement traités avec beaucoup de tendresse, sentiment tout à fait étrange et inhabituel pour l'époque. Mais en même temps, il y avait un désir très ancien de régimenter, de dompter l'enfance et, finalement, ce sera cette seconde attitude qui imposera l'école non pas comme un endroit de développement du sentiment, mais comme lieu de dressage des petits enfants. On les dressait, les petits garçons d'abord, les filles un peu plus tard, on les moralisait; on les y enfermait comme on enfermait les fous et les prostituées. Ainsi, dès le début, les écoles se sont constituées comme des entreprises de dressage organisées par la société. Lorsque cette entreprise a commencé à pouvoir jouir de ces efforts, à ce moment-là, tout a commencé à aller mieux: on mourait moins, on était mieux soigné, on disposait de certains systèmes d'assurances sociales capitalistes qui permettaient de mieux vivre, plus en sécurité. Et alors, qu'est-ce qui se passa, avec cet état de mieux-être? On vit justement naître tous ces troubles, à cause probablement de la répression que suppose l'entreprise de dressage. Ce qui s'ensuit, c'est le cortège de maladies des familles, des ménages, des enfants, etc.*

F.D. : Sans doute, il y a la répression mais aussi la naissance d'un état physique engendré par l'isolation de la cellule familiale. Il se crée une sorte de chauvinisme de cette petite cellule, la famille, chauvinisme se manifestant par la peur que les autres viennent voir ce qui se passe chez vous. Quant à l'enfant, il est tour à tour l'ennemi immédiat, s'il apporte du tort à la famille ou la honte de ses insuccès, ou l'étendard glorieux, s'il apporte des honneurs, de bonnes notes, des succès, des exploits.

Les parents sont travaillés par un désir de tout modeler. Ils ont peur que leur enfant leur échappe et, en même temps, ils ne savent pas trouver les vrais moyens pour le comprendre et le contenir. Et surtout, ils ne veulent pas que leur enfant grandisse. Dès qu'ils le voient grandir, ils essaient de le bloquer, ils le renferment, ils veulent connaître ses copains, ainsi que les parents de ceux-ci, leurs adresses, le métier du père, et ceci et cela, alors que tout cela n'a aucune importance.

C'est vraiment le monde à l'envers. Car l'enfant attend,

lui, que ce soit son père qui lui apporte des honneurs, il voudrait pouvoir être fier de sa mère, par exemple. De tout temps, on le voit dans les livres d'histoires, dans la vie sociale, l'enfant était fier, se vantait des exploits de ses parents. De nos jours, c'est le contraire, il faut que ce soit l'enfant qui porte tout le poids des insatisfactions et des impuissances de ses parents. Il ne faut pas accabler les parents non plus, car ces impuissances ne sont pas dues à eux seuls, mais surtout à cette coercition de plus en plus grande, qui pèse sur les adultes depuis qu'ils étaient enfants, depuis l'âge où ils ont appris à lire. Car il y a un âge où un être humain veut communiquer à distance. De nos jours, ce processus est accéléré : il faut presque savoir lire avant même de maîtriser vraiment l'expression orale! Ajoutez, à cette coercition générale, quelque chose de très important pour l'enfant, une des coercitions les plus douloureuses qui lui soient imposées : celle de manger quand il n'a pas faim où d'être obligé de faire ses besoins à contre rythme, à un âge où chaque mammifère doit avoir une vie bien rythmée. Si l'on attend l'âge où l'enfant commence à être rythmé et maîtrise ses rythmes, et qu'à ce moment-là, on lui apprend la civilité — aller à tel ou tel endroit comme le font les adultes —, ce sera tout à fait parfait : l'enfant ne connaîtra aucune répression profonde de sa génitalité à venir. Avant, l'enfant portait des cottes jusqu'à terre, et le sol était en terre battue. Il y avait toujours quelqu'un pour ramasser si l'enfant avait souillé; en outre, il n'était presque jamais seul, mais en compagnie d'autres enfants, dans leur chambre à eux. Et toute cette vie de besoins de l'enfant n'apportait ni peine ni plaisir aux parents; c'était tout simplement une partie de la vie de l'enfant[186]. Il ne faut pas introduire une culpabilité du corps...

P.A. : *Alors, justement, en vous lisant, je me suis aperçu que vous en parlez souvent, de la culpabilité du corps, que vous accordez une grande importance à l'incontinence des urines, par exemple...*

F.D. : Effectivement, la culpabilisation du fonctionnement du corps de l'enfant...

P.A. : *J'ai été frappé que, de ces incontinences, la littérature ancienne ne parle guère. Soit que l'on n'y faisait pas atten-*

tion, soit que cela existait moins, en tout cas, on n'en parlait pas. On commence à en parler à la fin du XVIII*e siècle : dans les traités d'éducation de l'époque, on explique déjà qu'il faut empêcher les enfants de faire pipi... Cela montre que, dès cette époque, l'époque des lumières...*

F.D. : Mais c'était heureusement une toute petite élite qui était ainsi amochée...

P.A. : *Oui, au départ, mais cela s'est répandu très vite, vous savez, dans toute la bourgeoisie. Je pense que c'est finalement l'école qui l'a répandu dans toute la société, en uniformisant la morale. L'école a été l'instrument de diffusion de cette répression. Et cela me semble amusant, le fait que nous en sommes venus à mettre en accusation l'école, au nom presque d'un retour à l'état sauvage!*

F.D. : C'est amusant, en effet, mais assez bien fondé, je crois. Car l'école, au lieu de s'occuper de donner aux enfants un vocabulaire, les moyens de s'exprimer et de communiquer, l'école est devenue l'endroit où l'on ne communique pas avec son voisin. Car si l'on sait quelque chose, il ne faut pas le dire au voisin, ni au maître. Alors que l'école devrait être comme une ruche de paroles échangées entre les petits, ou entre eux et les adultes qui s'occupent d'eux; on devrait ne corriger que leur syntaxe mais non leur désir manifesté en paroles, le maître étant chargé de leur apprendre des mots nouveaux, des expressions plus riches, etc.

Telle qu'elle est organisée, l'école empêche cette communication, cette spontanéité de parole; il faut être sage, rester assis, et ainsi de suite. Tout cela fait que l'on ne donne pas aux enfants du vocabulaire, ou quand on le donne c'est pour réduire la vie sauvage de l'enfant, pour la médiatiser, l'amincir jusqu'à la couche permise. Alors, c'est ainsi que l'expression symbolique n'est pas donnée aux enfants. Quant aux maternelles, tout le monde s'occupe surtout de l'aspect corporel, de l'hygiène physique[187].

P.A. : *Vous venez de soulever là un problème de première importance, l'appauvrissement du vocabulaire. À mon sens, ce n'est pas seulement le vocabulaire de l'enfant qui s'amenuise, c'est le vocabulaire de l'homme quelconque qui se trouve extraordinairement appauvri. Regardez la différence entre l'homme quelconque d'aujourd'hui et un homme quelconque de, mettons, il y a un siècle. L'ouvrier agricole d'aujourd'hui, disent les linguistes, utilise un vocabulaire de base d'un nombre de mots que je n'ai pas en mémoire, mais qui est extrêmement réduit. Alors que l'ouvrier agricole d'il y a un siècle, qui parlait un patois de langue d'oïl ou de langue d'oc, avait un vocabulaire énorme; chaque opération était signifiée par un mot distinct. J'ai lu quelque part qu'en langue d'oc, pour désigner un chaudron, il y avait dix termes désignant différents types d'objets, à une anse, à deux anses, etc. Il y a donc aujourd'hui un extraordinaire appauvrissement du langage dans la mesure où le langage de transmission orale a été remplacé par une langue savante d'origine scientifique, gréco-latine.*

F.D. : Avant, les enfants qui arrivaient à l'école avaient le maniement complet du langage, avaient été longuement en contact avec des adultes, connaissaient plein d'histoires du folklore, avaient participé à des fêtes; ou sinon, avaient eu une éducation à l'église, à travers les chansons religieuses et tout le folklore chrétien qui est d'une grande richesse, porteur de pulsions inconscientes énormes. Tout cela s'est appauvri, a disparu petit à petit.

P.A. : *Vous voulez dire, si je vous comprends bien, que dans le temps, l'enfant ou le petit était en contact avec ces adultes. Aujourd'hui, dans la famille ou à l'école, il est plutôt isolé, ce qui lui enlève ses moyens de communication et contribue à l'appauvrissement de ses moyens d'expression. Il s'agit d'un isolement précoce et assez long; il va rester en dépendance économique vis-à-vis de sa famille jusqu'à la vingtaine ou plus, pendant toute la durée de ses études supérieures. Alors que dans les siècles passés, à vingt ans, on était déjà parlementaire.*

F.D. : À seize ans, La Pérouse commandait une frégate! À neuf-dix ans on pouvait s'engager dans l'armée. Il n'y a pas si longtemps, à douze ans, après le certificat d'études, on gagnait déjà en partie sa vie.

P.A. : *En effet, on n'était pas jeune homme, cela n'existait pas. On était enfant jusqu'à ce qu'on puisse se débrouiller tout seul. Une première période, celle de l'enfance, était vécue en dépendance totale des femmes de la maisonnée, des nourrices, et puis, après, on devenait un petit homme tout de suite. Chacun prenait ses initiatives. Mais, de nos jours, l'école est venue s'interposer entre le départ des jupes de la mère et l'entrée dans la société.*

F.D. : Et cette école est devenue de plus en plus longue, se compliquant avec les problèmes de la réussite, de l'admission, etc. Et puis, il y a les devoirs. Vous savez ce que c'est que de participer à un congrès : on écoute toute la journée durant quelqu'un; imaginez qu'après cela vous rentrez chez vous et vous êtes obligé de faire encore trois ou quatre heures de travaux à la maison. On peut dire qu'avec les devoirs, les enfants sont en congrès toute la journée et tous les jours de la semaine.

P.A. : *Et les parents aussi!*

F.D. : Oui, car les parents sont obligés eux aussi, le soir, de reprendre et revoir les devoirs de leurs enfants, au lieu de leur raconter des choses nouvelles et intéressantes, de parler, de rire, de jouer, de danser. Au Moyen Âge, on ne vivait pas comme cela. Et puis, il n'y avait pas la lumière électrique mais la pénombre, ce qui obligeait les gens à parler pour communiquer.

Il est évident que l'on ne peut pas tirer la conclusion qu'il faille retourner en arrière. Ce qui est de notre devoir néanmoins, c'est de comprendre le problème de la jeune génération qui formera l'humanité de demain. Pensez à un jeune garçon ou à une jeune fille qui se promène en Vélosolex et qui peut être arrêté n'importe où pour un contrôle d'identité. Les jeunes se sentent vraiment dans une société ennemie, où les adultes les épient, les contrôlent, les moralisent. Il nous faudrait écouter les enfants, les écouter parler entre eux. Ceci nous donnerait sans doute pas mal d'idées sur ce qu'il y a à faire.

Actuellement, les enfants sont en contact avec des adultes ignares qui ne peuvent pas offrir à l'enfant la richesse de vocabulaire qui était offerte par les adultes dans le temps. Un enfant a besoin qu'on lui donne le nom de tout ce qui l'entoure, le nom de ses vêtements, des parties de son corps, de la pièce où il passe sa journée à l'école. Dans aucun programme de maternelle on ne commence l'« éducation » en donnant à l'enfant les noms des objets et des êtres qui l'entourent. Or, l'intelligence vient par le nom donné à tout ce qui peut être perçu, ce qui fait la différence d'avec un autre objet avoisinant. C'est par l'étude des différences et de la signification du vocabulaire, par l'apprentissage des verbes aussi qui définissent le fonctionnement des objets les uns par rapports aux autres, que l'intelligence naturelle du petit enfant peut être cultivée. Le drame de l'école actuelle c'est que les enfants, sauf ceux dont la famille leur donne ce vocabulaire (et ces familles deviennent de plus en plus rares), ces enfants seront privés, paupérisés du point de vue symbolique et relationnel, ce qui bloque le développement et le transfert de leur libido, de leurs désirs. De nos jours, il faut attendre un âge assez avancé pour apprendre à l'enfant tel ou tel autre vocabulaire technique, très spécialisé, d'un métier précis, qui sera le sien. Et c'est quasiment tout.

Remerciements

Cette page de remerciements est celle qui figurait dans les éditions antérieures. Dans la présente édition, Gérard Guillerault a apporté un complément d'informations quant à l'origine et aux dates de publication des textes cités. Ces commentaires sont composés en caractère plus petit (*N.d.É.*)

Certains textes qui paraissent dans ce livre ont été auparavant publiés dans des versions différentes, que j'ai développées ici. Je remercie les éditeurs et les publications qui nous ont permis de reprendre les thèmes de ces premières moutures.

Famille

Aujourd'hui, en famille... : préface au livre du Dr Pierre David, *Psychanalyse et famille*, Armand Colin, Paris, 1976.

La mère et l'enfant : Introduction à l'étude de Havelock Ellis, « La mère et l'enfant », dans H. Ellis, *Etudes de psychologie sexuelle,* édition critique établie sous la direction du professeur Hesnard, ancien président de la Société française de psychanalyse, traduit par A. Van Gennep, tome III : *Le symbolisme érotique, le mécanisme de détumescence*, édité par Les grandes études de sexologie, Le livre précieux, Paris, 1964.

Dépendance de l'enfant vis-à-vis de ses parents : article paru dans *Etudes carmélitaines*, « Structures et liberté », Desclée de Brouwer, Paris, 1958.

Ce numéro correspondait à la célébration du XXVe anniversaire de cette revue fondée par le père Bruno. On y trouve des communications importantes de Jean Lhermitte et René Laforgue.

Acquisition de l'autonomie : article paru dans *Études carmélitaines,* « Limites de l'humain », Desclée de Brouwer, Paris, 1953.

Tout laisse penser que ce texte a été conçu en rapport avec le Congrès de psychologie religieuse qui s'était tenu à Avon en 1952; ces congrès d'Avon avaient lieu régulièrement, à l'initiative des *Études carmélitaines* et de leur directeur, le père Bruno.

La santé « collective » : texte rédigé à partir de notes éparses, en partie publiées comme observations dans *Le Coq-Héron* (n° 68, 1978), revue réalisée par un groupe de travail du centre Etienne-Marcel.

Comme l'indique Françoise Dolto elle-même, ce texte rassemble des éléments parus dans *Le Coq-Héron*, n° 68. Ceci vaut du moins pour « Résolution de l'Œdipe » (intitulé dans *Le Coq Héron* : « résolution œdipienne et latence ») et « Amygdales et appendice ». Y sont donc adjoints ici, d'une part, les quelques paragraphes d'introduction, d'autre part ce qui est intitulé « La fausse débilité » (peut-être à rapprocher d'une autre notation sur la débilité in *L'image inconsciente du corps*, Seuil, 1984, p. 42).

Sentiments

L'expression des sentiments : article paru sous la forme d'entretien dans *Parents et maîtres,* n° 95, novembre 1976, « L'école et le cœur », édité par le Centre d'études pédagogiques. Propos recueillis par François Ader, directeur de la publication.

Cet entretien a eu lieu en mai 1976. Il avait pour intitulé complet : « C'est par la parole, par la création que l'être humain arrive à dépasser son sentiment d'impuissance. » Ce sont les mots qui sont repris ici en ouverture du texte, avant que Françoise Dolto en explique elle-même la génèse, quelques lignes plus loin.

Le cœur, expression symbolique de la vie affective : article paru dans *Études carmélitaines,* « Le cœur », Desclée de Brouwer, Paris, 1950.

Dans cette nouvelle contribution de Françoise Dolto aux *Études carmélitaines*, elle y répond à l'interpellation du père Bruno. On trouve une autre allusion aux résonances qu'elle accorde ainsi à la désignation du « cœur » dans *Tout est langage*, Gallimard, 1995, p. 72.

Le diable chez l'enfant : article paru dans *Études carmélitaines,* « Satan », Desclée de Brouwer, Paris, 1948.

Ce numéro des *Études carmélitaines* constituait un volume tout à fait considérable — de plus de six cents pages — consacré à Satan.

Il est piquant de constater que pour ce texte — qui part d'une analyse de dessins d'enfants — les dessins en question, que nous rétablissons ici, avaient disparu dans les éditions de *La difficulté de vivre* ayant suivi la toute première édition (c'est-à-dire y compris dans le Livre de Poche). On ne sait si c'est un coup du diable lui-même ou un effet de ce qui était la défiance de Françoise Dolto à publier des dessins analysés (pour éviter les systématisations hâtives de ses interprétations). Et de fait, c'est ici l'une des rares occurrences d'examens de dessins d'enfants par Françoise Dolto (à l'exception du *Cas Dominique*, Seuil, 1971).

Continence et développement de la personnalité : article paru dans *Études carmélitaines*, « Mystique et continence », Desclée de Brouwer, Paris, 1952.

Tout laisse penser que ce texte a été rédigé à l'occasion du VIIe congrès international de psychologie religieuse qui avait eu lieu en septembre 1950, à l'initiative des *Études carmélitaines.* Inutile de préciser qu'il ne s'agit pas ici de la continence sphinctérienne — dont Françoise Dolto a traité si souvent par ailleurs —, mais de la continence au sens de : « état d'une personne qui s'abstient de tout plaisir charnel » (Robert).

Psychanalyse

Les droits de l'enfant : préface au livre de Maud Mannoni, *Le premier rendez-vous avec le psychanalyste*, Denoël/Gonthier, Paris, 1965.

Difficulté d'une cure : article paru dans *Le Coq-Héron* n° 68, 1978, revue réalisée par un groupe de travail du centre Etienne-Marcel.

Difficulté d'une cure de psychothérapie analytique dans le cadre de l'établissement scolaire où vit l'enfant est le titre complet du texte qui parut d'abord par fragments dans les numéros 48-49, 56, 58 du *Coq-Héron*, (successivement en septembre et octobre 1974 et 1976), avant d'être publié *in extenso* dans le n° 68 (1978). Dans cette version, le texte s'ouvrait sur un premier sous-titre que nous rétablissons ici.

Société

L'école « digestive » : préface au livre d'Aïda Vasquez et Fernand Oury, *Vers une pédagogie institutionnelle*, François Maspero, 1967.

L'enfant dans la ville : article publié dans *Le Coq-Héron*, n° 68, 1978. Revue réalisée par un groupe de travail du centre Etienne-Marcel.

Ce texte est typique de la façon dont Françoise Dolto n'a cessé de retravailler ses écrits pour en produire du coup différentes variantes successives. C'est le cas de celui-ci dont le premier état daté d'avril 1977 est un article qui parut — avec des sous-titres, disparus ensuite — dans le numéro 64 de la *Nef*, mai-juin 1977, consacré à « L'homme et sa ville ». Ce texte fut ensuite republié en 1978 dans le numéro 68 du *Coq-Héron*. Et, pour sa parution dans *La difficulté de vivre* (1re édition en 1981), le texte a été sensiblement retouché, réécrit, et sans doute par Françoise Dolto elle-même. Encore qu'on puisse s'étonner de la voir dans le dernier paragraphe évoquer les « gosses », terme tout à fait inhabituel sous sa plume (et dans sa bouche). À moins que ce fut justement une façon de faire écho aux mauvais traitements que la ville inflige à tous égards aux enfants, en les déconsidérant !

Hommes et femmes : article publié dans le volume collectif *Femmes*, tome II, sous la direction de Marcelle Auclair et Ménie Grégoire, Plon, 1967.

Ce texte se situe dans la lignée du travail que Françoise Dolto a consacré à la féminité, domaine essentiel de sa recherche. Voir à ce propos *La Sexualité féminine*, édition corrigée et augmentée à paraître prochainement chez Gallimard.

APPENDICES

Notes

1. Selon l'expression, forgée par Freud lui-même, qui est le titre de son article de 1910 « Über "Wilde" Psychanalyse » (Sur la psychanalyse "sauvage") », paru dans *La technique psychanalytique*, PUF, 1953, chap. IV.

2. Ce texte ne figurait pas dans la première édition du recueil *La difficulté de vivre*, paru chez Interéditions en 1981 (où le livre portait en soustitre : « Le psychanalyste et la prévention des névroses »). Il est un ajout de l'édition ultérieure, Vertiges Carrère, datée de 1986, dans laquelle la présentation qui était faite de ce texte, dans une brève note en bas de page, était erronée.

Cet écrit — dont le titre original complet était : « Heures et jours qui suivent l'accouchement, période sensible pour la dépendance de la mère aux dires des soignants » — est la transcription d'un exposé de F. Dolto, suivi de discussion, qui eut lieu dans le cadre de deux journées de rencontres organisées à la maternité de l'hôpital Saint-Vincent-de-Paul à Paris, les 17 et 18 juin 1977 (F. Dolto intervint le 18). Ces journées eurent lieu sur le thème : « Naître... et ensuite ? », à l'initiative du Dr Étienne Herbinet, alors chef de clinique à la maternité, de Marie-Madeleine Chatel, psychologue-psychanalyste dans cette même maternité, et en association directe avec l'équipe qui venait de fonder le GRENN (Groupe de Recherches et d'Études du Nouveau-Né), dont Bernard This, Danielle Rapoport et Catherine Dolto.

L'exposé de F. Dolto fut d'abord publié — comme les autres interventions et discussions de ces journées — dans le premier numéro de la revue du GRENN, *Les cahiers du nouveau-né*. La première édition de ce numéro (1/2) — « Naître... et ensuite ? » — parut en 1978 chez Stock. Réédité plusieurs fois depuis, il permet de prendre connaissance de l'ensemble de ces journées de travail. Le débat qui y eut lieu est à replacer dans le contexte de l'époque — de discussion et de réflexion sur les conditions de la naissance, les modalités de l'accouchement, etc. — notamment après la parution des travaux de Frédéric Leboyer (*Pour une naissance sans violence*, Seuil, 1974). *Les cahiers du nouveau-né* ont continué à paraître depuis, jusqu'au n° 8. F. Dolto y a collaboré régulièrement, en particulier dans les n°s 3 et 7. Le GRENN poursuit ses activités; la présidente actuelle (1995) en est Danielle Rapoport.

Entre la version initiale de ce texte — transcrit pour *Les cahiers du nouveau-né* par É. Herbinet — et la version éditée ensuite (y compris en Livre de Poche, 1988), il y a quelques menues retouches et quelques notes additives, sans doute dues à F. Dolto elle-même. Nous n'avons eu à apporter aucune modification, si ce n'est de coquille, de ponctuation ou de typographie. Nous avons choisi cependant d'écourter la discussion là où elle finit par donner lieu à des échanges où se dilue le propos de F. Dolto.

En ce qui concerne les participants qui interviennent nommément dans le débat ayant suivi l'exposé, nous nous contentons de reprendre les indications qui figurent dans le n° 1/2 des *Cahiers du nouveau-né* (*op. cit.*, pp. 359-363), désignant chacun avec ses attributions et fonctions de l'époque (et quoi qu'il en soit du chemin de travail accompli depuis par les uns et les autres...). Donc, par ordre alphabétique :

Pr Jean Bienaymé, chirurgien, Saint-Vincent de Paul.
Marie-Claire Busnel, chercheur INRA, Jouy-en-Josas.
Marie-Madeleine Chatel, psychanalyste, Saint-Vincent-de-Paul.
Dr Catherine Dolto, médecin, Paris.
Dr Gérard Hardouin, gynécologue, Port-Royal.
Dr Étienne Herbinet, chef de clinique, Saint-Vincent-de-Paul.
Dr Étienne Jalenques, psychiatre, Sainte-Anne (Paris).
Pr Roger Le Lirzin, gynécologue, Angers.
Dr Michel Odent, chef du service Maternité, Pithiviers.
Danielle Rapoport, psychologue, hôpital Trousseau.
Denise Teyssandier, sage-femme.
Dr Bernard This, psychanalyste, centre Étienne-Marcel.
Dr Michel Tournaire, chef de clinique, Saint-Vincent-de-Paul.

On doit encore noter que les divers intervenants et participants souhaitèrent donner une suite à ces journées de juin 1977. Elle eut lieu — toujours à Saint-Vincent-de-Paul — le 15 octobre de la même année. Son contenu est également transcrit dans le même numéro 1/2 des *Cahiers du nouveau-né*, *op. cit.*, pp. 267-356. Dans la discussion qui s'ensuivit, on trouve plusieurs interventions de F. Dolto, qui aborde notamment la question du conflit possible entre féminité et maternance, et revient sur sa conception des pulsions de mort (distinctes des pulsions de meurtre).

3. F. Dolto a toujours souligné l'importance de ce qu'elle devait en matière de psychanalyse d'enfants à Sophie Morgenstern (1875-1940), qui lui a notamment enseigné les principes de la pratique du dessin avec les enfants. Cf., par exemple, *Quelques pas sur le chemin de Françoise Dolto* (ouvrage collectif), Seuil, 1988, l'entretien avec Élisabeth Roudinesco, pp. 11-12.

C'est dans le service de psychiatrie infantile de l'hôpital Vaugirard, dirigé par le Dr Georges Heuyer, que travaillait S. Morgenstern. Et c'est là que F. Dolto l'a rencontrée lors du stage d'études de médecine qu'elle y effectuait comme externe (1936). Cf. Jean-François de Sauverzac, *Françoise Dolto. Itinéraire d'une psychanalyste*, Aubier, 1993, en particulier le chapitre IV, où il est fait notamment référence à un article de J. Losserand : « La psychanalyse d'enfants — Le début en France, S. Morgenstern et G. Heuyer », *Le Coq-Héron*, n° 119, 1991.

4. Rappelons que René Laforgue (1894-1962) est de ceux qui ont contribué à introduire la psychanalyse en France. Il fut le psychanalyste de F. Dolto (entre 1934 et 1937). Cf. F. Dolto (en collaboration avec Alain et Colette Manier), *Autoportrait d'une psychanalyste*, Seuil, 1989, pp. 115-123.

Sans doute F. Dolto n'a-t-elle pas repris directement cette notion introduite par Laforgue de « névrose familiale ». On peut toutefois en trouver un prolongement indirect dans sa propre conception majeure de ce qui rattache la symptomatologie d'un enfant à la problématique parentale, et dans sa façon, sur le plan technique, d'associer du coup les parents au traitement de l'enfant. Cf. *Quelques pas sur le chemin de Françoise Dolto*, *op. cit.*, p. 21, et J.-F. de Sauverzac, *Itinéraire d'une psychanalyste, op. cit.*, chap. III, pp. 92 et 104 sq.

5. Le cas en question était évoqué dans l'exposé intitulé : « Le père, le bain... le bambin », que B. This fit la veille de cette journée, soit le 17 juin 1977. Le texte de cet exposé se trouve dans les *Cahiers du nouveau-né*, n° 1/2, *op. cit.*, pp. 145-168 (voir en particulier p. 152 sq).

6. Les guillemets et la note de Françoise Dolto sont un ajout par rapport à la version initiale. La note semble introduire le distinguo entre le poids conscient des paroles dites et un effet d'ordre inconscient (de ce qui n'a pas été dit).

7. F. Dolto soutint sa thèse (« Psychanalyse et pédiatrie ») le 11 juillet 1939. Cette thèse, publiée d'abord plusieurs fois à compte d'auteur avant de paraître finalement au Seuil en 1971, avait bénéficié d'une préface d'Édouard Pichon (1890-1940). Sur l'influence de celui-ci dans la formation de F. Dolto, cf. J.-F. de Sauverzac, *Itinéraire d'une psychanalyste, op. cit.*, pp. 135-151. J.-F. de Sauverzac mentionne que c'est dans le service du Dr Pichon à Bretonneau, durant l'année 1938, que Françoise (alors) Marette consigna les observations qui forment le matériau clinique de sa thèse.

8. F. Dolto revient sur cette idée à propos du bégaiement, par exemple dans *Inconscient et destins*, Seuil, 1988, p. 122 et pp. 237 sqq. Le chap. V de ce même livre aborde encore cette question du bégaiement. Cf. aussi F. Dolto, *Image inconsciente du corps*, Seuil, 1984, p. 253 sq.

9. Toute cette thématique qui rapproche l'inconscient d'une « bande magnétique » est fréquemment reprise par F. Dolto. Elle y revient d'ailleurs plus loin ici même dans son intervention à propos d'un autre cas (voir p. 60 sq.). Quant au présent cas clinique — de schizophrène phobique des pointes —, il est à nouveau traité par F. Dolto dans *Séminaire de psychanalyse d'enfants*, t. II, Seuil, 1985, chap. XI, « De la forclusion » (pp. 167-173).

10. Ce travail avec les enfants abandonnés de l'Assistance publique (aujourd'hui ASE, Aide Sociale à l'Enfance) a été une part essentielle de la clinique de F. Dolto, une part qu'elle a exercée notamment à l'hôpital Trousseau et au centre Étienne-Marcel, et maintenu jusqu'à la fin de sa vie sous la forme d'une consultation rue Cujas (à Paris) qui était ouverte à des collègues analystes (et dont Caroline Eliacheff, et Juan-David Nasio ont rendu compte).

Les « berceuses » dont parle ci-après F. Dolto désignent les personnes accompagnatrices de l'enfant, les maternantes de l'établissement (en particulier de la pouponnière d'Antony). Parmi d'autres allusions à ce travail psychothérapeutique effectué avec ces « enfants abandonnés », on peut se référer à : *Séminaire de psychanalyse d'enfants*, t. II, *op. cit.*, pp. 98-100, et à *Tout est langage*, Gallimard, 1995, pp. 84 sqq. et 117. Cf. également, paru dans l'ouvrage collectif de Françoise Dolto, Danielle Rapopoet et Bernard This *Enfants en souffrance*, Stock, 1981, le compte rendu de la table ronde autour de F. Dolto lors du congrès de l'ANPASE (Association Nationale des Personnels de l'ASE) en avril 1980 à Bordeaux, sur le thème : « Les enfants de moins de six ans et l'ASE : objets de soins et de mesures, ou personnes en devenir ? ».

11. On ne peut que relever l'occurrence ici de ce terme d'*image du corps* dont on sait l'importance conceptuelle dans l'ensemble de la théorisation de F. Dolto. Voir bien sûr, entre autres références, *L'image inconsciente du corps*, *op. cit.*

12. F. Dolto introduit là quelque chose de sa conception spécifique en ce qui concerne la notion freudienne des pulsions de mort. Elle y revient encore dans la journée d'octobre 1977 (évoquée ici en note 2). Cf. *Les cahiers du nouveau-né*, *op. cit.*, pp. 323 sqq. Par ailleurs, F. Dolto a consacré tout un séminaire à cette question théorique, séminaire encore inédit. On trouve cependant des indications essentielles sur ce thème dans *Séminaire de psychanalyse d'enfants*, t. I, 1982, par exemple dans le chap. XIII.

13. La note est un ajout par rapport à la transcription initiale. Moyennant une légère incorrection de langue, F. Dolto y joue sur le « complet » de l'enfant et le « complaire » des parents.

14. Narcolepsie : accès brusque de sommeil.

15. Il est à noter que F. Dolto s'est toujours refusée à mêler aux éléments du protocole technique de sa pratique analytique avec les enfants quoi que ce soit qui puisse être assimilé à un jeu ou à du jouer (quitte, bien sûr, à analyser ce que l'enfant pouvait faire surgir de cet ordre).

16. C'est de 1976 à 1978 que F. Dolto a participé quotidiennement à une émission de radio, où elle répondait aux lettres qu'avaient envoyées préalablement les auditeurs, pour faire part de leurs difficultés rencontrées ave les enfants dans l'éducation, etc. Le compte rendu de ces émissions est paru avec le même titre : *Lorsque l'enfant paraît*, t. I, II, III, Seuil, 1977, 1978, 1979.

17. F. Dolto aborde ailleurs l'insomnie en tant que symptôme. Cf. *Séminaire de psychanalyse d'enfants*, t. I, *op. cit.*, p. 173. Sur le thème plus général des troubles du sommeil, cf. *Les étapes majeures de l'enfance*, Gallimard, 1994, pp. 97-113. Un cas d'enfant insomniaque est présenté dans *Inconscient et destins*, Seuil, 1988, pp. 142-153.

18. Cette recommandation à devoir parler de la mort à l'enfant se trouve souvent exprimée par F. Dolto. Cf., par exemple, *Tout est langage*, *op. cit.*, en particulier pp. 55 sqq.

19. F. Dolto évoque ce même cas clinique dans *Tout est langage*, *op. cit.*, p. 114. Au-delà, ce thème du « phallisme » accompagne toute sa conception des modalités libidinales du désir chez l'humain. Et ce n'est pas qu'un paradoxe si cette notion est particulièrement développée dans *La sexualité féminine*, édition corrigée et augmentée à paraître prochainement chez Gallimard, où l'on trouve rappelé et explicité que « la libido est phallique » (chap. IV). Cette unicité du phallisme n'en est pas moins à raccorder avec des polarités que F. Dolto accentue tout particulièrement : activité/passivité, centrifuge/centripète, ou, comme ici, émission/réception.

20. Ici résumée à des fins de discrétion, cette histoire est évoquée plus longuement — ainsi d'ailleurs que celle du « coma italien » — dans *Séminaire de psychanalyse d'enfants*, t. I, 1982, *op. cit.*, chap. IX, pp. 115 sqq.

21. F. Dolto s'est elle-même intéressée dès le début aux travaux du Dr Tomatis, là où cela rencontrait ses propres intuitions cliniques, notamment sur l'audition prénatale et ses effets inconscients. Elle fait cependant part ailleurs de ses réserves ; cf. *La cause des enfants*, Laffont, 1985, p. 252.

22. F. Dolto signale à plusieurs reprises à titre d'exemple cet épisode... mémorable. Ainsi cf. *La cause des enfants*, *op. cit.*, p. 375 sq., où elle revient sur les effets de l'audition et de la communication en évoquant son expérience avec ses deux enfants aînés.

23. Les propositions de Frédéric Leboyer en ce qui concerne l'accouchement étaient alors en pleine actualité et constituent même l'un des

points vifs de ce qui se trouvait en discussion pendant ces journées de juin et octobre 1977.

Le travail de F. Leboyer, *Pour une naissance sans violence*, était paru au Seuil en 1974. On y trouve aussi de nombreuses allusions dans les *Cahiers du nouveau-né*, n° 1/2, *op. cit.*, cf., notamment, les textes de É. Herbinet (p. 93) et D. Rapoport (p. 121), et à nouveau pp. 311-322.

24. Il a déjà été fait allusion plus haut à la question de l'insomnie (cf. note 17). Il est par ailleurs intéressant de remarquer que F. Dolto reformule ici son propos autrement que dans la transcription initiale, où cette présente phrase était (*Cahiers du nouveau-né*, n° 1/2, *op. cit.*, p. 231) : « Mort du sujet du désir qui s'absentéise et qui, de ce fait, laisse le corps vivre végétativement ce qu'il a à vivre, sans qu'il y ait la surveillance du sujet du désir. »

25. Cf. note 12 pour un renvoi à un autre développement sur cette distinction. Et également *L'image inconsciente du corps*, *op. cit.*, pp. 34 et 52 n.1.

26. Cette importance éventuellement décisive des premières paroles dites par les personnes présentes à la naissance de l'enfant était bien dans l'intention du titre de l'exposé de F. Dolto (cf. note 2). Elle y revient encore, et d'ailleurs avec un sous-titre voisin, dans *Tout est langage*, *op. cit.*, où c'est à nouveau un propos de sage-femme qui est évoqué (p. 23 sq.).

27. Les travaux de J. Feijoo étaient évoqués également lors de ces journées par B. This dans son exposé : cf. *Cahiers du nouveau-né*, n° 1/2, *op. cit.*, p. 162. Jacques Mehler cité plus haut a fait connaître depuis ses travaux de psychologie expérimentale, notamment dans *Naître humain* (co-auteur E. Dupoux), Odile Jacob, 1990.

28. F. Dolto a raconté plusieurs fois cette histoire de sa collègue amie, qui illustre ce thème de la « bande magnétique » évoqué déjà plus haut (cf. note 9). Voir *Séminaire de psychanalyse d'enfants*, t. II, *op. cit.*, pp. 175-179, où le cas est repris en termes de forclusion et, comme ici, d'image du corps.

29. Une note de la transcription première indique que ceci est une allusion à la discussion qui suivit l'exposé de B. This (« Le père, le bain... le bambin ») ayant eu lieu la veille.

30. Thèse assurément essentielle de F. Dolto sur ce qui serait présent du sujet dès la conception, dans le désir même de s'incarner. Citons, entre autres multiples formulations possibles de cette idée, « cet être humain, l'enfant, il est lui-même à l'origine de sa propre vie : c'est son désir qui l'a fait s'incarner (...) ». (*L'image inconsciente du corps*, *op. cit.*, p. 175).

31. Ceci, comme il est dit, est encore une allusion à la discussion de la veille, suite à un exposé de Michel Odent sur le réflexe de fouissement. Cf. *Cahiers du nouveau-né*, n° 1/2, *op. cit.*, pp. 169-185, en particulier p. 183. M. Odent répondra plus tard à la question qui est formulée ici par M. Tournaire, *Cahiers du nouveau-né*, n° 1/2, p. 353.

32. Cette différenciation entre le « corps du mammifère » et le sujet du désir est ce qui se reformule par ailleurs comme distinction entre, respectivement, le schéma corporel et l'image (inconsciente) du corps. Cf. *L'image inconsciente du corps*, *op. cit.*, chap. I : « Le schéma corporel n'est pas l'image du corps », pp. 17-34.

33. L'appréciation du ton est celle du rédacteur de la transcription originale. Elle correspond, effectivement, au durcissement de la discussion!...

34. F. Dolto s'est souvent référée à cette expérience. Elle y fait encore allusion par exemple dans *Solitude*, Gallimard, 1994, pp. 16 sq.

35. Comme la transcription originale le relevait explicitement, la discussion, déjà passablement « animée » en ce point, tourne ensuite à plus de confusion encore, au point que le propos de F. Dolto s'en trouve dilué. C'est ce qui nous fait choisir d'interrompre ici le texte de ce débat dont l'intégralité figure, nous l'avons dit, dans *Les cahiers du nouveau-né*, n° 1/2, *op. cit.*

36. Le titre est un ajout, ce texte ayant constitué la préface (sans titre) au livre de Pierre David, *Psychanalyse et famille*, Armand Colin, 1976.

37. Allusion, notamment, au livre qui fit sensation à l'époque, dès sa parution, *L'Anti-Œdipe*, de F. Guattari et G. Deleuze, Éd. de Minuit, 1972, et qui dénonçait dans la psychanalyse une entreprise d'« œdipianisation ». La socio-analyse renvoie, avec ce terme, aux travaux de Gérard Mendel.

38. Au cœur de ces quelques pages où F. Dolto énonce de façon condensée quelques-unes de ses thèses essentielles — sur la fonction symbolique, le sujet présent dès la conception, etc. —, il n'est pas surprenant de trouver signifiée en bonne place la notion majeure d'image du corps, posée ici dans sa relation de principe au schéma corporel. Cf. déjà note 32.

39. C'est en particulier ce que F. Dolto elle-même considérait avoir apporté à Freud : avoir approfondi les données initiales, avoir exploré davantage les éléments de la vie libidinale infantile, bien en deçà de l'Œdipe. D'où, par exemple, le sens de ses remarques par rapport au « petit Hans ». Cf. *Quelques pas sur le chemin de F. Dolto*, *op. cit.*, p. 14.

40. Ainsi se trouve caractérisée cette catégorie du « subtil » que F. Dolto oppose habituellement au « substantiel » (comme le désir se différencie du besoin). Cf., par exemple, *Au jeu du désir*, Seuil, 1981, p. 64, note 1.

41. En même temps que l'apparition du terme important de symbolisation, on notera ici cette idée d'une mutation du désir en amour, thème exprimé ailleurs, par exemple dans *Au jeu du désir*, *op. cit.*, chap. IX (p. 294).

42. On observe ici comment la notion d'image ne joue pas d'abord pour F. Dolto dans la référence au miroir; à moins de considérer que ce sont d'abord les proches « tutélaires » qui en tiennent lieu.

43. Nous rétablissons ici le texte original (de la préface), là où dans l'édition ultérieure (Livre de Poche), on trouvait, curieusement : « une preuve infirmatrice de symbole ». Peut-être avait-on voulu éviter l'emploi de cet adjectif « symboligène », propre à F. Dolto, et qui réapparaît encore un peu plus loin. C'est en fait un néologisme significatif forgé par F. Dolto pour soutenir sa propre conception concernant la notion de castration, pour autant que l'opération de castration doit permettre une symbolisation (des pulsions, ainsi qu'il est dit plus loin dans le texte). D'où le terme de « castration symboligène » qui est explicité dans *L'image inconsciente du corps, op. cit.*, pp. 78-90.

44. F. Dolto est maintes fois revenue sur cette problématique de la réaction des aînés à la naissance d'un puîné. Elle en a produit une étude essentielle : « La dynamique des pulsions et les réactions dites de jalousie à la naissance d'un puîné », texte repris dans *Au jeu du désir*, *op. cit.*, pp. 96-132. Quant aux problèmes particuliers relatifs à l'enfant unique, cf. *Les chemins de l'éducation*, Gallimard, 1994, pp. 77-86.

45. On trouve aux Archives F. Dolto (rue Cujas à Paris) des exemplaires de ce livre — *La difficulté de vivre*, 1re édition — qui sont annotés de la main de F. Dolto. Certaines de ces annotations semblent avoir été reprises et intégrées dans les éditions ultérieures. Mais pas toutes. Ainsi, au terme de ce paragraphe — où, notons-le, elle énonce ses conceptions sur la psychose ou l'entrée dans l'autisme — F. Dolto inscrivait (après « d'isolement ») « ou de séparation ».

46. Autre exemple des annotations de F. Dolto signalées à la note précédente. Elle avait inscrit ici : « Chez le tout-petit, il s'agit, avant le langage verbal et gestuel, du langage des rythmes, du porter dans les bras, des modalités du toucher, de l'odeur, de la vue du visage et des mimiques de l'adulte, de l'audition de ses pas, de ses modulations vocales, tout ce qui spécifie un être humain différent de tous les autres. »

47. Subrepticement, c'est donc le terme de *castration* (déjà évoqué en note) qui est apparu ici. Terme assurément central dans la conceptualisation de F. Dolto. Elle y consacre notamment tout le deuxième chapitre de *L'image inconsciente du corps*, intitulé « Les images du corps et leur destin : les castrations ».

48. Revenant alors directement au livre de P. David — dont c'était la préface —, le texte originel se concluait donc un peu différemment dans sa version initiale, datée d'avril 1976.

49. Les « Remerciements » qui rendent compte de la provenance des différents textes collectés ici (cf. p. 453) font référence, en ce qui concerne celui-ci, à deux livres dont on ne retrouve pas trace dans les archives de F. Dolto. Cela rend même difficile de dater son écrit, qui constituait une introduction rajoutée à une étude de Havelock Ellis (dont elle-même aurait repris le titre). F. Dolto avait également rédigé une note « liminaire » relative à l'appendice clinique adjoint par H. Ellis à son propre texte.

Selon l'*Encyclopædia Universalis*, Henry Havelock Ellis (1859-1938) peut être considéré comme le fondateur de l'ethnologie sexuelle et de la sexologie. Il est l'auteur des *Saintudies in the Psychology of Sex*. Quant à son influence sur Freud, on peut consulter l'ouvrage de Frank J. Sulloway : *Freud, biologiste de l'esprit*, Fayard, 1987 (chap. VIII, « Freud et les sexologues »).

50. C'est une idée que F. Dolto a avancée très tôt sur le terrain de ses positions sociales. Et c'est d'ailleurs de nature à laisser penser que ce texte est de rédaction ancienne (peut-être de 1941, si l'on en croit une indication retrouvée aux Archives). Toujours est-il qu'à l'époque, cette proposition en faveur du temps partiel avait rencontré l'hostilité des formations syndicales. On retrouve pourtant bien là l'inspiration sociale de F. Dolto en matière de famille qui la conduira ultérieurement à la réalisation de la Maison Verte (cf. dans ce même volume, pp. 393-410).

51. Le Dr André Berge fut l'un des fondateurs du centre Claude-Bernard où F. Dolto avait sa consultation dans les années 50. Cf. J.-F. de Sauverzac, *Itinéraire d'une psychanalyste*, *op. cit.*, p. 207, et *Quelques pas sur le chemin de F. Dolto, op. cit.*, p. 30. Un recueil des écrits d'A. Berge a paru en 1995, chez Desclée de Brouwer.

Il faut souligner au passage l'importance de ce thème de la dyade qui constitue le cadre essentiel du travail clinique et théorique de F. Dolto, ainsi qu'en témoignent dans ses écrits les très nombreux développements sur cette relation précoce mère-enfant.

52. Le terme d'hospitalisme correspond à la symptomatologie constatée alors chez les tout-petits hospitalisés ou placés en institution soignante, et manquant de contacts relationnels. Cette carence fut étudiée notamment par Spitz (cf. *De la naissance à la parole*, PUF, 1968). Outre sa propre expérience, F. Dolto y avait été rendue sensible par les travaux de Jenny Aubry. Cf. *L'image inconsciente du corps*, *op. cit.*, p. 111.

53. Dans le chap. X d'*Au jeu du désir*, *op. cit.*, p. 329, F. Dolto explicite cette distinction (initialement due à Édouard Pichon) entre l'*aimance* qui est « attachement sans désir sexuel pour l'être aimé » et l'*amour*, conservant le sens d'« attraction pour un être sexuellement désiré ».

54. Il convient de souligner l'importance du thème de la *rencontre*, particulièrement bien mis en évidence dans tout ce passage. Que ce soit là une notion majeure chez F. Dolto, on en trouve une confirmation dans un texte qui figure comme appendice au *Cas Dominique* : « La rencontre, la communion interhumaine et le transfert dans la psychanalyse des psychotiques », *Le cas Dominique*, Seuil, 1971, pp. 191-223.

55. Ce cas, sur lequel F. Dolto revient plus loin (p. 122), est encore évoqué dans *Solitude, op. cit.* (Gallimard, 1994), pp. 266-269 et 334-336.

56. Jean-Chrysostome — devenu chanteur sous le nom de Carlos — est le fils aîné de la famille Dolto. Il est né le 20 février 1943.

57. On trouve ici une indication sur ce qui était un aspect occasionnel de la technique de F. Dolto, au moins à l'époque. Elle avait été initiée à la technique du rêve éveillé directement par Desoille.

58. Le *Bon Pasteur* est une association regroupant différentes institutions d'accueil et de placement pour enfants et adolescents en difficulté.

59. Peut-être faut-il voir dans cette « transcription » une allusion cryptée à l'image inconsciente du corps.

60. Tout le processus majeur décrit dans ces pages — qui n'est rien moins que la mise en place du langage — doit être rapproché de ce qui a été formulé précédemment en termes de rencontre. Cf. note 54 et le texte de référence qui s'y trouve signalé.

61. La formule, reprise dans les Évangiles de Matthieu (IV, 4) et Luc (IV, 4), figure déjà dans le Deutéronome (VIII, 3) sous la forme : « L'homme ne vit pas seulement de pain, mais (...) l'homme vit de tout ce qui sort de la bouche de Dieu. »

62. Ce « caprice » de Jean Dolto enfant s'est trouvé souvent évoqué, dans ce qui en fait la valeur d'enseignement pour une éducation respectueuse du sujet. Il y est fait ainsi allusion dans un article qui recoupe d'ailleurs les présents développements, là où il s'agit avant tout d'éviter la culpabilisation de l'enfant : « Les sensations d'aise ou de malaise, origine des sentiments de culpabilité », repris dans *Au jeu du désir*, *op. cit.*, pp. 18-59 (cf., en particulier, pp. 31 sqq.). Quant au jeu langagier évoqué ci-dessus dans cette même page, il doit concerner cette fois le frère cadet de Jean, Grégoire Dolto.

63. Il s'agit donc ici de l'*angoisse de castration* au sens freudien du terme, c'est-à-dire telle que Freud d'abord l'a mise en évidence chez l'enfant. Rappelons que c'est de là que F. Dolto elle-même est partie puisque c'est bien là la thématique centrale de sa thèse. Cf., par exemple, *Psychanalyse et pédiatrie*, Seuil, 1971, en particulier le chap. III, « Lutte contre l'angoisse de castration », pp. 82 sqq. Cette même question est en outre largement reprise et développée dans *La sexualité féminine*, *op. cit.*

64. F. Dolto revient sur la portée du jeu de poupées chez la fille dans *La sexualité féminine* au chapitre I : « Développement de la libido ». Elle y fait incidemment allusion dans un entretien avec J.-B. Pontalis repris dans *Les chemins de l'éducation*, *op. cit.*, pp. 45-57 (cf. p. 48 sq.). De plus, on ne saurait oublier que la poupée a constitué le support d'une de ses inventions cliniques majeures, la « poupée-fleur ». Elle en explicite les tenants et les aboutissants dans « Cure psychanalytique à l'aide de la poupée-fleur », *Au jeu du désir*, *op. cit.*, pp. 133-193.

65. Ce thème de « l'image du père » était déjà abordé dans le texte précédent par le cas de Paul (cf. p. 109). On en trouve une autre illustration clinique possible dans *L'image inconsciente du corps*, *op. cit.*, cas de Tony, pp. 362-371.

66. À propos de cette notion d'Idéal du Moi, on trouve une indication sur la façon dont F. Dolto le différencie du Moi Idéal dans *L'image inconsciente*

du corps, op. cit., p. 29 note 1. Cf. également dans le présent volume note 115.

67. Allusion au fameux roman de Raymond Queneau, *Zazie dans le métro*, Gallimard, 1959.

68. Sous sa forme initiale parue dans *Le Coq-Héron*, nº 68, cette section du texte se présentait en fait sous la forme d'un entretien entre F. Dolto et « une psychologue », entretien ayant eu lieu, comme c'est précisé ensuite, dans le cadre du séminaire de dessins d'enfants que F. Dolto a conduit tout au long de son activité d'analyste. Le contenu de ce séminaire est encore aujourd'hui inédit.

69. Ici une correction (non reprise) de F. Dolto; plutôt que « refaire complètement » : « permettre le renouvellement » (de la personnalité).

70. Comme ci-dessus, F. Dolto ajoute ici en marge de son exemplaire : « de soutien affectif » (c'est-à-dire « besoin de soutien affectif »).

71. On trouvait de même plus haut le mot : « anergisante ». Pour « anergie », le dictionnaire indique : disparition de l'allergie. F. Dolto y donne manifestement un autre sens, celui d'un défaut d'énergie.

72. Complément ajouté ici par F. Dolto (dans la marge) : « Certains symptômes psychosomatiques datant d'une opération d'amygdales au cours de la grande enfance, comme une voix nasonnée ou une voix mal posée (mue du larynx non assumée inconsciemment à l'adolescence) disparaissent ainsi à l'âge adulte au cours de psychanalyse, pas du tout entreprise pour ces symptômes. »

73. Tout ce qui est développé d'essentiel dans ces pages, et notamment tout ce qui concerne ici la discrimination précoce du corporel et de l'inter-psychique, rejoint ce qui en est repris ailleurs comme dialectique désir-besoin. Cf., par exemple, *Au jeu du désir, op. cit.*, chap. IX (ainsi, p. 271).

74. Ne laissons pas passer ce terme de *croisement*, riche de signification chez F. Dolto, comme étant notamment ce par quoi du physiologique, du corporel, se « croise » à de l'affectif moyennant le langage qui en permet la connexion. De là que ce terme de croisement puisse se métaphoriser : « Comme la trame et la chaîne d'un tissu » (*L'image inconsciente du corps, op. cit.*, p. 262). À cet égard, le terme d'*émoi* mérite lui aussi une mention spéciale pour son importance dans le lexique de F. Dolto, ainsi que cela apparaît ici même, et dans les paragraphes suivants.

75. On retrouve implicitement dans ce passage tout le thème de la rencontre, tel qu'il a été précédemment évoqué. Cf. notes 54 et 60.

76. Inutile de souligner davantage la critique du système scolaire qui apparaît ici, car c'est un des thèmes récurrents de F. Dolto dans ce recueil (où on la voit prendre postion sur le terrain du social). Elle revient à cette critique de l'école plus loin dans ce même texte et encore ultérieurement (cf. : « L'école "digestive" », p. 311). Ce thème reçoit une extension tout aussi considérable dans *La cause des enfants, op. cit.*, où F. Dolto formule en outre des propositions concrètes de transformations radicales concernant la place et la fonction de l'école dans la cité.

77. L'importance symbolique du « cœur » apparaîtra mieux encore à la lecture du texte qui suit celui-ci. Il en ressort que le « cœur à cœur » est comme la mutation symbolique du « corps à corps ».

78. C'est là l'un des néologismes forgés par F. Dolto pour rendre compte de la façon dont le monde de l'enfant se trouve apaisé, sécurisé, par la sorte d'empreinte, d'inscription qu'y appose la présence maternelle, et qui constitue une marque de reconnaissance pacifiante pour l'enfant dans son rapport au monde (même si la mère n'est plus là). Il y a là comme un marquage symbolique. Cf. *Solitude, op. cit.*, p. 19.

79. F. Dolto proposait de corriger ici (dans la marge) : « que l'on change ses couches ».

80. On retrouve ici, en raccourci, les principes mêmes de ce que l'on peut dire être la théorie de F. Dolto concernant une voie d'installation possible de la psychose infantile, sur ce qui est du moins sa compréhension de l'entrée dans l'autisme. Cf. également *Tout est langage*, *op. cit.*, p. 180 et *L'image inconsciente du corps, op. cit.* pp. 42 sq et 276.

81. Un tel cas de « mère-casserole » est évoqué en annexe à *Solitude, op. cit.*, pp. 427-429.

82. De là sans doute — à propos d'éveil de l'esprit — l'intérêt que F. Dolto a pu manifester pour les méthodes de rééducation d'Antoinette Muel, dont elle préfaça le livre *L'éveil de l'esprit*, Aubier, 1972.

83. Curieusement, ce qui en est dit ici rapproche le « cœur » ainsi caractérisé de ce qui définit par ailleurs l'image inconsciente du corps...

84. En somme, c'est le désir du sujet qui peut lui revenir sous une forme « monstrueuse » (ou diabolique) lorsque la voie d'expression s'en est trouvée autrement empêchée. C'est dans des termes voisins que F. Dolto rend compte de la représentation phobique ; cf. par exemple *L'image inconsciente du corps*, *op. cit.*, p. 216 sq.

85. F. Dolto a maintes fois dénoncé les dangers de cette collusion possible entre les parents et Dieu, dans la conduite éducative notamment. Cf., par exemple, *Solitude*, *op. cit.*, p. 388, et « Dangers de l'éducation religieuse », *Les chemins de l'éducation*, *op. cit.*, pp. 297-326. Elle y revient d'ailleurs ici même plus loin (p. 219).

86. La problématique évoquée dans tout ce passage, qui soumet l'enfant à la nécessité de devoir faire avec les polarités bon-mauvais, agréable-désagréable, bien-mal, est explicitée dans un autre texte d'ailleurs contemporain — déjà cité ici note 62 — repris dans *Au jeu du désir*, *op. cit.*, chap. III. Tout ceci confirme l'importance capitale de la question éthique (comme éthique du désir) dans l'œuvre de F. Dolto.

87. Cf., sur ce thème de la culpabilité, l'article évoqué à la note précédente.

88. Pour d'autres développements sur la façon dont F. Dolto a élaboré cette notion, freudienne dans son ressort, voir *La sexualité féminine, op cit.* Dans le chapitre sur le développement de la libido, F. Dolto y distingue deux types cliniques de « complexe de virilité », dont l'un est purement fantasmé.

89. Sur un mode analogue en effet à la légende de saint Georges, Marthe passe pour être celle qui vainquit la « Tarasque » — l'affreux dragon fluvial que décrit *La légende dorée* — à l'aide d'une croix et d'eau bénite.

90. Il y a donc là en jeu ce que l'on pourrait appeler un spirituel laïque... (quoi qu'il en soit du transcendant). Sur le spirituel, en tant que « le religieux et le spirituel ne se confondent pas », cf. *La foi au risque de la psychanalyse*, Points Seuil, 1983, p. 44 sq.

91. F. Dolto a souvent déploré que les psychanalystes se soient écartés de ce qu'il est convenu d'appeler la « règle d'abstinence » promue par Freud (cf. *Vocabulaire de la psychanalyse*, J. Laplanche et J.-B. Pontalis, PUF, 1967, p. 3). Elle voyait dans l'observance de cette règle ce qui aurait contribué à éviter l'allongement dans le temps des cures analytiques.

92. En ce qui concerne les différents stades libidinaux, cf. la note de F. Dolto dans le texte précédent, pp. 189-190. Pour ce qui a trait plus précisément à la fillette, il convient de se référer aux ouvrages sur la féminité (cf. note 88).

93. Ce cas de Nicole est repris dans le texte qui concerne l'usage clinique de la « poupée-fleur » dans *Au jeu du désir*, *op. cit.*, pp. 149-158.

94. Ce « mieux mal » est aussi un exemple de ce type de parole d'enfant

à l'inventivité de laquelle F. Dolto était toujours très attentive et qu'elle-même réutilisait ensuite dans ses propres interventions pour communiquer avec d'autres enfants. Cf., ainsi, *Les étapes majeures de l'enfance*, « L'agressivité chez le jeune enfant », *op. cit.*, p. 181sq.

95. Il convient de remarquer la façon dont F. Dolto n'aura cessé dans et par son œuvre — et y compris ici, à propos du domaine religieux — de traquer la culpabilité, de dénoncer les ravages de la culpabilisation névrotique. C'est le sens, ici même, de sa conclusion. Elle y revient à nouveau directement dans le texte qui suit. Sur le même thème, on peut encore se référer à *Au jeu du désir*, *op. cit.*, chap. III. Et en ce qui concerne la continence dévoyée, ou l'abstinence dite ici « néfaste », F. Dolto en donne encore une sorte d'illustration à propos du personnage de saint Antoine dans *Solitude*, *op. cit.*, p. 280.

96. Ce texte est encore un produit de la collaboration de F. Dolto aux *Études carmélitaines*. Il semble se rattacher plus précisément au congrès d'Avon (cf. le commentaire sur le texte « Acquisition de l'autonomie » dans les « Remerciements », p. 454) qui s'était tenu en septembre 1948.

97. Sur son exemplaire, F. Dolto ajoute ici la phrase : « Il ne veut pas communier. » Et elle corrige le dernier mot dans la phrase qui suit : *« Les adultes sont incompréhensifs »*, correction que nous reprenons ici.

98. L'âge indiqué était différent dans les éditions antérieures, où l'on trouve six ans, corrigé, dans la marge, en trois ans par F. Dolto... Les deux exemples qui suivent sont sans doute une évocation de ses propres enfants.

99. On trouve ici dans les éditions antérieures — au lieu de : « interdit religieux » — : « défense proprement religieuse » et, en marge, F. Dolto avait corrigé « défense » en « faute ». Difficile de savoir comment s'est opéré le choix final...

100. Par rapport aux documents qui figurent dans les archives de F. Dolto à propos de ce texte, on constate que le récit de ce cas est ici considérablement réduit. Dans l'une des versions plus développée qu'elle a laissée de cet exposé, F. Dolto concluait cette sorte d'incitation à la juste insoumission (que constitue ici son propos) par les termes suivants : « Rien n'est plus difficile que de lutter contre le sentiment faux de culpabilité quand c'est un père ou une mère qui vous l'ont inculqué ; et plus encore quand, au nom de la spiritualité, on sape, au nom de leur devoir vis-à-vis de leurs parents, le ressort de leur désir de dignité humaine. Et pourtant, n'a-t-on pas pour aider ces enfants la parole de Jésus : "Tu quitteras ton père et ta mère pour me suivre" ? "Me suivre", c'est-à-dire ce que tu sens que tu as à faire pour devenir toi-même et non plus un imitateur ni un soumis aux injonctions parentales. » Notons que F. Dolto revient sur le cas de cet adolescent, à propos du bégaiement, dans *Inconscient et destins*, *op. cit.*, chap. V, pp. 115-122.

101. En 1910, le pape Pie X avait ramené l'âge possible pour la communion à environ sept ans. F. Dolto examine cette disposition dans *La cause des enfants*, *op. cit.*, 1re partie, chap. II, pp. 31-35 (cf. aussi en annexe p. 464 le « Décret de la Congrégation »).

102. Répétons que F. Dolto avait manifestement en vue au départ de donner à son propos sur « la fausse culpabilité » encore plus d'ampleur. Dans les versions extensives conservées en archive, on la voit ainsi en tirer prétexte à de fermes recommandations adressées aux « chefs spirituels de l'Église », les mettant en garde contre les risques et les dangers de la culpabilisation.

103. Ce texte constituait la préface au livre de Maud Mannoni, *Le premier rendez-vous avec le psychanalyste*, Denoël/Gonthier, 1965. Il est

retranscrit sous forme légèrement modifiée : en sont gommés, en particulier, tous les passages qui en manifestaient cet aspect de préface. L'introduction également est différente ; et le titre est un ajout — qui ne s'explique guère, d'ailleurs, que par les ultimes pages du texte.

104. Cas évoqué ailleurs, par exemple dans *L'image inconsciente du corps*, *op. cit.*, p. 246 sq.

105. F. Dolto résume ici en un raccourci saisissant ce qui correspond à tout un pan considérable de la clinique, là où il s'agit, selon ses formulations, de rétablir ce qui a pu se trouver détourné, perverti, gauchi, de l'autonomie désirante d'un sujet. Des cas concrets en ont été exposés précédemment, par exemple dans le texte « Acquisition de l'autonomie » ; cf. ci-dessus pp. 123-124, 125-126.

106. Cette dernière phrase énonce ce qui aura été à la base même du travail clinique de F. Dolto avec les enfants dits abandonnés, travail auquel il a déjà été fait allusion précédemment (cf. note 10). Cf. aussi *Séminaire de psychanalyse d'enfants*, t. II , *op. cit.*, pp. 98-100.

107. Rappelons qu'on définit l'imago comme « prototype inconscient de personnages qui oriente électivement la façon dont le sujet appréhende autrui » (*Vocabulaire de la psychanalyse*, *op. cit.*, p. 196). À l'occasion, F. Dolto utilisait également ce terme d'imago dans son sens entomologique, pour désigner la forme anticipatoire achevée de l'être, figure de son destin.

108. Image fluviale que F. Dolto utilisait d'ailleurs directement auprès des enfants pour leur expliciter le sens même de l'interdit de l'inceste.

109. Pour la façon dont ce terme fut promu par René Laforgue, psychanalyste de F. Dolto, cf. note 4.

110. « Les pères ont mangé du raisin vert et les dents des fils sont émoussées. » Ézéchiel, XVIII, 2 (traduction de la « Pléiade »).

111. Il est à noter que dans le livre de M. Mannoni où ce texte est d'abord paru comme préface (cf. note 103), une note de la directrice de collection à cet endroit s'évertuait à venir tempérer la vigueur dénonciatrice du propos de F. Dolto ! C'est cependant une tonalité présente en plus d'un passage de ce recueil que cette critique féroce du système scolaire (cf. note 76).

112. Comme on sait, cette question des droits de l'enfant, qui était encore balbutiante quand F. Dolto écrivait ces lignes, a sensiblement progressé depuis, du moins au niveau des textes, des bonnes intentions et des déclarations officielles. F. Dolto revient sur ce thème dans *La cause des enfants*, *op. cit.* où figure en annexe le texte de la Déclaration des droits de l'enfant (p. 458).

113. Dans une correction additive en marge, F. Dolto précisait :« leur propre vérité ».

114. Le titre fut un ajout pour la publication du livre. Ce texte se trouve dans les archives de F. Dolto, mais avec l'intitulé qui figure ici en sous-titre, et sans que cela permette de préciser davantage l'éventuel premier lieu de parution de cet écrit.

115. Le Moi Idéal est une des grandes notions que F. Dolto reprend à Freud, à partir de l'ambiguïté de traduction possible de l'allemand Ich-ideal. Cf. *Tout est langage*, *op. cit.*, p. 32 (et note 16).

116. On retrouve donc la castration symboligène déjà évoquée et explicitée dans *L'image inconsciente du corps*, *op. cit.*, pp. 78-90.

117. F. Dolto proposait, en marge, de corriger : « lui-même *suscité à* rester bébé ».

118. F. Dolto mentionne donc le texte suivant celui-ci, où elle reviendra sur cette question du « paiement symbolique », tel qu'elle l'a promu dans

le protocole analytique avec les enfants. Elle a eu l'occasion de préciser là-dessus sa conception dans divers autres écrits. Cf., par exemple, *Séminaire de psychanalyse d'enfants*, t. II, *op. cit.*, pp. 107-124, et *Tout est langage*, *op. cit.*, p. 75. Quelques pages plus loin, F. Dolto explicite également dans une note comment le paiement peut être aménagé en ce qui concerne les adolescents.

119. Le terme d'« acting out » — que l'on ne saurait assimiler tout à fait au « passage à l'acte » — est une traduction elle-même approximative de ce que Freud définit en allemand comme « *agieren* ». Cf., là-dessus, les remarques terminologiques de J. Laplanche et J.-B. Pontalis dans *Vocabulaire de psychanalyse*, *op. cit.*, pp. 6-8.

120. Cette question du paiement a déjà été abordée, rappelons-le, dans l'article précédent. Cf., en particulier, p. 262.

121. Dans la version initiale (du *Coq-Héron*, n° 68), le sous-titre complet était « L'enfant désire une psychothérapie en connaissance de cause et accepte le contrat ».

122. F. Dolto a toujours accordé beaucoup de valeur à ce qu'on appelle le « transfert négatif », et souligné l'importance du fait que ce transfert là puisse s'exprimer. C'est même dans ce contexte que se fonde au départ le principe constitutif du paiement (symbolique). Il y est d'ailleurs fait allusion directement à la page suivante.

123. Le sous-titre initial était « Les parents et les éducateurs ». Mais peut-être a-t-il été supprimé ensuite car il est plus spécialement question des éducateurs dans la section suivante du texte.

124. Cf. note 115.

125. F. Dolto a travaillé à l'hôpital Trousseau de 1940 à 1978. C'est là notamment qu'elle a mis en place ce mode inédit de transmission et d'enseignement pour la formation des analystes, en rendant ouverte sa consultation psychanalytique auprès des enfants. Il est rendu compte de cette expérience singulière — dont tant d'analystes ont bénéficié — dans les *Lettres de l'école freudienne*, n° 25, vol. 2.

126. « Dyade » est le terme que F. Dolto utilise essentiellement pour désigner le lien précoce mère-enfant ; cf., par exemple, ici p. 100 (note 51). Que ce même terme puisse valoir pour la relation thérapeutique n'en est que plus significatif, à condition de l'entendre comme ce qui constitue la portée symbolique, « symboligène », de ladite dyade.

127. Au-delà des indications proprement techniques, on notera que les développements, en particulier de ces deux sections, permettent d'apprécier la façon dont F. Dolto se situe implicitement dans le débat historique entre les positions typées d'Anna Freud et de Mélanie Klein. Sans qu'elle ait pris à cet égard une position officielle dûment circonstanciée, F. Dolto exprime ainsi sa propre conception en jouant de l'opposition imaginaire/réalité. Elle y revient encore plus loin dans ce texte.

128. Cf. les notes 10, 106. Sur cet aspect de son expérience qu'elle ne manque jamais de souligner, on peut encore consulter les entretiens de F. Dolto avec Nazir Hamad, *Destins d'enfants*, Gallimard, 1995.

129. Sur la DDASS (Direction départementale de l'Action Sanitaire et Sociale), cf. *Destins d'enfants*, *op. cit.*, p. 83 (et note 36).

130. On notera au passage comment le *narcissisme*, loin d'être seulement piège imaginaire moïque, est susceptible de prendre davantage chez F. Dolto une valeur positive structurante, eu égard à la détermination identitaire du sujet.

131. On retrouve ici la mise en évidence d'une relation entre corps propre et image du corps, ce que F. Dolto thématise par ailleurs dans les termes de la dualité schéma corporel-image du corps. Cf. note 38.

132. La phrase initiale, dans la version du *Coq-Héron*, rend le propos plus intelligible. Nous en rétablissons la fin : « ... la dynamique des pulsions qui étaient depuis l'époque archaïque hors du circuit ». F. Dolto avait d'ailleurs ajouté en marge : « restées hors du circuit... ».

133. Notons l'allusion au moins orthographique au concept lacanien de « grand Autre », désignatif du lieu de la parole.

134. Les questions développées dans ce qui suit sont également évoquées dans la préface que F. Dolto écrivit pour le livre de Lucien Kokh, *De l'un-stitution*, Masson, 1979. Dans cette préface, elle fait d'ailleurs référence au présent texte.

135. Nous rétablissons ces deux derniers segments de phrase à partir de la version initiale du *Coq-Héron*. Ils manquent dans les versions publiées ensuite, par omission semble-t-il.

136. Ici encore, nous citons la version initiale qui précisait : « sur son analyste *substitut de mère* ».

137. Dans la version initiale, suivait un sous-titre qui a été supprimé (ou omis ?) : « Psychothérapies et psychothérapie psychanalytique ».

138. Le sous-titre de la version initiale précisait bien : « Projet thérapeutique *psychanalytique* ».

139. Ici encore, un léger écart entre les éditions publiées et la version initiale, dont nous préférons reproduire la dernière phrase, à titre indicatif : « Il a à comprendre le rôle qui leur appartient selon la loi et son rôle à lui selon la loi dans son ensemble, et cela par rapport aux impératifs réels de cette loi, qui n'est faite ni par eux ni par lui, ni par le psychanalyste, mais qui est la loi à laquelle tout le monde est soumis. »

140. C'est le type de propositions que F. Dolto n'a cessé de soutenir par rapport au fonctionnement scolaire en vigueur. Cf., notamment, *La cause des enfants*, *op. cit.*, IIIe partie, chap. II. Cela a conduit F. Dolto à apporter plus directement son concours à des expériences pédagogiques novatrices, telles l'Ecole de la Neuville. Cf., à ce sujet, Fabienne d'Ortoli, Michel Amram, *L'école avec Françoise Dolto*, Hatier, 1990, avec une préface de F. Dolto.

141. Dans la version initiale, suivait un sous-titre : « Conclusion ».

142. Ce texte constituait la préface — parue sans ce titre qui est donc ici un ajout — au livre de Aïda Vasquez et Fernand Oury, *Vers une pédagogie institutionnelle*, Maspéro, 1967. Cet ouvrage visait à démarquer dans le champ de la pédagogie ce qui s'était alors élaboré par ailleurs au titre de la « psychothérapie institutionnelle ». En tant qu'il s'agissait d'inventer des pratiques pédagogiques nouvelles, ceci ne pouvait que rencontrer l'intérêt et le soutien effectif de F. Dolto.

143. Allusion à l'un des cas concrets évoqués dans le livre de A. Vasquez et F. Oury.

144. On retrouve bien ici dans la note de F. Dolto la façon dont se précise l'usage qu'elle a pu faire du terme de *castration*, pour autant que cette notion vaut, nous l'avons déjà évoqué, par sa portée symbolisatrice, sa valeur « symboligène » (cf. note 116).

145. F. Dolto évoque encore ce point dans *Tout est langage*, *op. cit.*, p. 118 sq., en signalant la façon originale dont la Suisse traite l'absence à l'école des enfants. Elle y revient d'ailleurs à nouveau ici, plus loin (cf. p. 389).

146. C'est dire en somme que même le fait de respirer n'est pas réductible à du besoin brut mais se nimbe de l'ambiance d'accueil dans lequel le « respir » est reçu — et devient ainsi mode d'expression d'un être humain au monde.

147. Ces développements ayant trait à l'accueil à la naissance sont à

rapprocher de ce qui se trouve explicité ici dans le texte de la première partie (pp. 17-76), repris des *Cahiers du nouveau-né*, n° 1/2, *op. cit.*

148. Dans une autre correction proposée par F. Dolto on lit : « [...] lorsqu'ils n'ont pas été régulièrement mêlés, en présence de leur mère et père en société, aux enfants de leur âge. » Peu importe que ce soit une autre formule qui ait été retenue. L'idée est la même et exprime l'un des principes de ce qui sera mis en œuvre peu après dans la Maison Verte, sur le mode de ces « lieux d'accueil » qui sont d'ailleurs évoqués ici deux paragraphes plus loin. Il faut dire que la création de la Maison Verte (à laquelle est consacré un texte ci-après) date de janvier 1979. Elle est donc quasiment contemporaine du présent texte, lequel permet de comprendre ce qui fondait le projet Maison Verte pour F. Dolto.

149. Ailleurs dans le texte, F. Dolto a corrigé en préférant dire « lieux d'accueil », sans doute pour éviter toute confusion avec des « centres », au sens de centres de soin. Puisque c'est bien ce qui, entre autres, spécifie l'idée de la Maison Verte, dont tous ces développements exposent le principe.

150. Comme le reformule ailleurs F. Dolto à propos de l'enfant ainsi attentif auquel arrive un tel « accident » excrémentiel, c'est qu'il ne peut pas être « au four et au moulin » !

151. Dans le texte paru dans *Le Coq-Héron*, F. Dolto préférait écrire : « C'est dans le *génie* de la sexualité virile »...

152. Ceci correspond à ce qui accompagne la mise en place fonctionnelle de l'organe dit *veru montanum*. F. Dolto y revient souvent en y accordant une importance significative dans le développement de la sexuation chez le petit garçon.

153. L'épisode de la rencontre avec ce vieux praticien est évoqué en d'autres endroits, notamment dans *Tout est langage*, *op. cit.*, pp. 38 sqq.

154. A cet endroit, F. Dolto avait ajouté en note : « Certains enfants de mères célibataires, dont ils portent le patronyme, sont dans l'ignorance, inculquée par leur mère, qu'ils ont eu un père géniteur. Du fait de leur patronyme, ils peuvent se croire enfant de l'oncle ou du grand-père maternels ! »

155. Manque ici la phrase suivante qui figure dans la version du *Coq-Héron* : « Ceci est dit à tant d'entre eux, un jour de colère du père ou de la mère. »

156. Correction proposée en annotation par F. Dolto pour cette fin de paragraphe : « ... Certains parents carencés, et toujours excusables de l'être. L'école est là pour pallier ces carences. »

157. F. Dolto reprend donc pleinement cette notion freudienne. Cf., par exemple, *Au jeu du désir*, *op. cit.*, p. 311 ; *L'image inconsciente du corps*, *op. cit.*, p. 206.

158. F. Dolto, dont nous intégrons ici quelques corrections rajoutées, poursuivait ainsi par la phrase : « La morale naturelle est toujours saine contrairement à certains impératifs sociaux. »

159. Allusion au principe de ce qui deviendra la Maison Verte. Cf. note 149.

160. La version du *Coq-Héron* ne parle que d'évolution (et non de révolution)...

161. A titre indicatif, nous reproduisons ici la fin de ce paragraphe telle qu'elle figurait dans la version *Coq-Héron* (après : « à son égard ») : « bien avant l'âge de l'instruction au savoir auquel chacun doit être en droit d'accéder, non par obligation imposée, mais en conformité avec ses goûts et ses choix personnels, ce qui n'est pas à confondre avec la dépendance à ceux de ses parents, ni à ceux de ses éducateurs et enseignants ».

162. En l'état actuel des choses, il n'a pas été possible de retrouver la provenance ou le motif de ce texte, F. Dolto n'ayant laissé à cet égard aucune indication. On pourra s'étonner du caractère restrictif du titre, quand le contenu du texte lui-même aborde, à propos de l'école maternelle, bien d'autres questions, ne serait-ce que l'âge opportun d'entrée en maternelle.

163. Cette notion de groupe porteur s'est déjà trouvée explicitée dans le texte précédent : cf. p. 356.

164. Dans son analyse des enjeux de l'école pour les petits — école maternelle, donc —, F. Dolto n'a cessé d'insister sur cette distinction entre la fonction maternante des « femmes de service » (aujourd'hui : assistantes maternelles) et ce qui incombe à l'enseignante, laquelle fait fonction paternante. C'est une distinction qui suppose, dans son sens même, à la fois division des tâches et collaboration accordée. Cette analyse était déjà engagée dans le texte précédent, cf. pp. 356 sqq.

165. F. Dolto proposait d'ajouter en note : « ou une petite pièce latérale à la classe ». Sur le pourquoi une table ronde, cf. encore ici même, p. 361.

166. Cette façon helvétique de procéder a déjà été évoquée précédemment : cf. note 145.

167. Ce texte fut produit lors du congrès de l'ANPASE à Bordeaux en avril 1980. C'est à ce titre qu'il parut dans *Enfants en souffrance*, *op. cit.*, (cf. note 10). Il est donc historiquement daté, comme c'est indiqué d'ailleurs dès la première ligne. Le « chapeau » reprend ainsi la première plaquette de présentation, à ceci près que l'adresse inaugurale (en janvier 1979) était différente. L'intitulé complet de cette intervention de 1980 était « La Boutique Verte — Histoire d'un lieu de rencontres et d'échanges entre adultes et enfants ». Comme dans la plupart des textes repris ici, F. Dolto a apporté quelques retouches plus ou moins importantes à la version initiale.

168. Néologisme forgé par Lacan pour désigner l'assujettissement essentiel de l'être humain au langage, ce qui est l'axe majeur de tout son enseignement, depuis le discours princeps de « Fonction et champ de la parole et du langage » (*Ecrits*, Seuil, 1966, p. 237) jusqu'à, par exemple, le séminaire *Encore*, Seuil, 1975.

169. Il était en effet prévu dès le début, dans le principe de fonctionnement qui fut mis en œuvre à la Maison Verte, que sur les accueillants présents, il y ait toujours un(e) psychanalyste et une personne non analyste (bien qu'ayant elle-même été analysée le cas échéant).

170. Occasion d'évoquer, parmi les fondateurs, la mémoire de Colette Langignon dont l'engagement et la détermination eurent une importance décisive dans l'aboutissement du projet, eu égard notamment aux résistances des instances officielles.

171. Le vœu que F. Dolto émettait alors (en 1980) de voir se multiplier les « Maisons Vertes » a été depuis abondamment réalisé.

172. S'indique ici la façon dont le travail de F. Dolto en matière de féminité se singularise, y compris en se démarquant de certains des énoncés de Freud. On s'en aperçoit dans les lignes qui suivent, et cette originalité se retrouve dans les textes sur la sexualité féminine.

173. Epreuve qui se trouve désignée par ailleurs comme étant celle de la castration dite primaire. Cf. *L'image inconsciente du corps*, *op. cit.*, pp. 164-185.

174. Notons, formulée ici de façon explicite, cette intrication du psychique (singulier) et du social (collectif) qui est au cœur de la pensée de F. Dolto, ainsi que l'on peut largement s'en aviser tout au long du présent recueil.

175. On retrouve ainsi l'opposition freudienne des pulsions de vie et des pulsions de mort (cf. déjà note 12). En même temps, cela permet d'apprécier la façon toute particulière dont F. Dolto reprend ici ce thème des pulsions de mort : en en faisant à la fois ce qui est « repos du désir » et cependant cette part procréatrice du désir tendu vers l'étreinte sexuelle. En fait, toute cette thématique des pulsions de mort chez F. Dolto demanderait une reprise d'ensemble, à quoi devrait d'ailleurs contribuer la parution ultérieure du séminaire entier qu'elle-même y a consacré.

176. Affirmation qui dans sa netteté, notons-le, s'oppose à ce qui a constitué par ailleurs tout un débat dans la réflexion analytique quant à l'universalité (ou pas) du complexe d'Œdipe.

177. Sur tous ces avatars de la position féminine au regard de la maternité ou de ce que F. Dolto appelle encore la « maternance », cf. *Les cahiers du nouveau-né*, n° 1/2, *op. cit.* (discussion du 15 octobre 1977) ; et également « La génèse du sentiment maternel », *Au jeu du désir*, *op. cit.* pp. 245-267.

178. F. Dolto a souvent présenté un tableau semblable sur les effets funestes des enfantements... mal venus. Ainsi dans *Solitude*, *op. cit.*, en particulier « Un désir d'enfant » (pp. 235-244). Il est intéressant de relever une fois de plus à ce propos comment son analyse fait apparaître l'incidence collective de la névrose au niveau du corps social tout entier.

179. Et/ou : « proscriptions » (?)

180. Constat séculaire, repris et analysé comme tel par Freud, notamment dans *Totem et tabou.*

181. Sur cette « sauvagerie » urbaine moderne, cf. l'article précédent : « L'enfant dans la ville », p. 327.

182. Allusion à la question de l'avortement, sur laquelle F. Dolto a pris position par ailleurs, notamment dans une étude parue en annexe à *La sexualité féminine, op. cit.*.

183. On trouve d'heureux compléments aux considérations historiques concernant l'enfant dans *La cause des enfants*, *op. cit.*, 1re partie.

184. Ce point de vue a été quelque peu contesté depuis le travail de Philippe Ariès. On en trouve une illustration, à l'occasion d'une exposition ayant eu lieu à la Bibliothèque nationale en 1994-1995, dans le catalogue de Pierre Riché et Danièle Alexandre-Bidon : *L'enfance au Moyen Age*, Seuil-Bibliothèque nationale de France, 1994.

185. On trouve des extraits de ce *Journal* d'Héroard, sur l'enfance et la jeunesse de Louis XIII, analysés et commentés dans *La Nouvelle revue de psychanalyse*, n° 19, « L'enfant », Gallimard, 1979.

186. Pour une autre évocation de cette vie rustique passée, cf. ici, p. 352 et *Tout est langage*, *op. cit.*, p. 39 sqq. (et note 18).

187. Tout ce propos critique à l'égard de l'école est, comme on a pu voir, largement développé dans certains des textes précédents, tels, par exemple, « L'école digestive », p. 311.

Index thématique

ABANDON :
enfants abandonnés : 30-33, 289-292
abandonnisme et névrose : 37-38
ADOLESCENCE : 140, 220, 267, 280-281
ADOPTION : 13, 27-30
AFFECT (cf. émoi) : 158
AMOUR : 82, 99-100, 106, 207, 222, 226, 350, 373, 379
— et haine : 21
ANGOISSE : 10, 11, 29, 32, 127, 146, 153, 157, 174, 185, 190, 228, 229, 230, 232, 258, 262, 306, 400, 407, 421
— de castration : 134, 144, 148, 206-207, 237
— inconsciente : 260
— œdipienne : 258
ARCHAÏQUE : 17, 88, 89, 297, 404
pulsions — : 263, 297, 299, 303
AUTISME, AUTISTE : 17, 33, 75, 85, 101, 110, 165

BESOINS : 14, 83, 100-102, 166, 185
— et désir : 80-81, 158, 165, 400, 421
BIEN/MAL : 171, 179, 185-186, 190, 204, 414

CASTRATION : 92, 260, 263, 291, 294, 299, 304, 318, 420
complexe de — : 243
— œdipienne : 144, 293-295, 296, 425
— du psychanalyste : 286
CAUCHEMAR : 153, 191, 192, 242
CIRCUIT COURT/LONG : 88
CODE : 88, 160, 165, 226, 227
CŒUR : 171-175
audition du — : 75
cœur à cœur : 158, 162-163
COMMUNICATION : 9, 10, 11, 18, 72, 80-81, 84, 86, 87, 88, 101, 103, 158, 159, 161, 163, 166, 228, 241, 345, 356, 374, 391, 396, 401
CORPS : 13, 14, 17, 18, 32, 35, 39, 40, 53, 69, 72, 76, 91, 97, 119, 129, 147, 158, 164, 167, 192, 226, 229, 236, 241, 293, 341-342, 353, 354-355, 358, 373, 384, 390-391
— et continence : 82, 88, 128, 205-206, 350-354
corps à corps : 82, 88, 90, 97, 103, 159, 160, 226, 293, 296, 342, 348
CRÉATION, CRÉATIVITÉ : 157, 195-196, 228, 239, 252, 297
CROISEMENT : 160, 165
CULPABILITÉ : 24, 39, 128, 141, 171, 174, 190, 205, 206, 207, 209-222, 232, 242, 246-247, 259,

265, 291, 335, 336, 352, 414, 421
— et responsabilité : 145, 246-247, 292, 378-379, 414

Débilité : 145-146
Délinquance : 233, 263
Dépression : 55, 109, 263
Désir : 9, 11, 14, 35, 36, 55, 66, 79-83, 84, 99, 100, 101, 103, 143, 157, 226, 239, 271, 284, 292, 304, 340, 350, 372, 376, 418, 427
— et besoins : 158
— de l'enfant : 36, 273-274
— et inceste : 241-243, 299
— inconscient : 299, 428
interdit du — : 19
— et réalité : 157
Dessin :107, 113, 123, 146, 147, 274, 287, 435
— du diable : 177-182
Deuil : 107, 124, 126
Dieu : 186, 201, 210, 211, 212, 213, 214, 219-221
Différence des sexes : 133-135
Droits : 299
— et devoirs : 92, 363
Dyade : 100, 343
— dans l'analyse : 285, 288, 301
Dyslexie, dyscalculie : 312, 313, 361-362

École :
critique de l'— : 166-170, 247-255, 315, 319-321, 323-326
— maternelle : 90, 356-359, 383-391
— primaire : 91-92, 359-362
Émoi(s) : 8, 81, 119, 158, 160-161, 162-164, 167, 171, 184, 185, 202, 234, 241, 301, 305, 321, 402, 417
Éthique : 66, 145, 417

Fantasme : 38, 49, 53, 65, 87, 89, 91, 144, 145, 147, 203, 204, 233, 235, 264, 271, 272, 280, 283, 286, 300, 302, 305, 315, 318, 320, 322, 398, 422
— et réalité : 264

Génital : 81, 189, 192, 196, 197, 234, 241, 260, 263, 296
pré — : 197

Homosexuel(le), homosexualité : 41, 204-205, 237, 242, 263, 304, 364

Idéal : 141, 173, 179, 187, 201, 202
Idéal du moi : 144
Identification : 24, 102, 106, 124-125, 127, 130, 133, 140, 141, 144, 175, 197, 204, 232, 233, 244, 258, 297, 317, 318, 350, 412
Image : 83, 84, 88, 89, 100, 235, 244, 322
— et miroir : 84
— du père : 139
Image du corps : 31, 55, 62, 63, 81, 101, 293, 318
Imaginaire : 32, 79, 83, 182, 183, 211, 235, 242, 280, 301, 339
≠ réalité : 12, 145, 287, 304, 369, 374, 376
Imagination : 235, 241, 323
Imago : 202, 237, 244, 252
Imitation : 83-84, 86, 129, 350
Inconscient : 7, 8, 9, 10, 11, 19, 20, 24, 79, 80, 81, 92, 164, 195, 212, 243, 295, 412, 417, 421, 444
— des parents : 13, 19, 258
Incorporation : 175, 212
Insomnie : 29, 35
Interdit de l'inceste : 82, 91, 144, 239, 240, 241, 363-367, 377, 421
Introjection : 63, 144

Je : 129
— et le « non » : 128-130

Langage : 12, 84-87, 102, 120, 160, 171, 226, 321, 339-340, 344, 360, 415, 440
— et corps : 13, 39
— et mère : 162-163, 342-343
— et mots : 12
Latence (Période de) : 138, 148, 263, 278, 370
Libido : 7, 31, 91, 144, 145, 182, 230, 244, 411, 413, 420
Loi : 90, 162, 241, 254-255, 305, 364-367, 416-417, 418-423, 426

« Mamaïsé » : 164
Mère : 102, 151, 160-161

— fétichique : 145-146
« maternance » : 23
— et rythmes : 161-162
MÉTAPHORE : 33, 40, 46, 162, 357
MOI : 55, 160, 201-202, 261, 281, 302, 317
≠ sujet : 55
MOI IDÉAL : 260, 277, 292, 298, 299, 301, 303
MORT : 14, 36-37, 103

NARCISSISME : 55, 143, 235, 259, 279, 281, 283, 292, 295, 303, 318
blessures narcissiques : 145, 322
narcissisation : 22-23
NÉVROSE : 17, 37-38, 147, 150, 202, 206, 233, 414, 423
— d'abandon : 37-38
— et école : 251-252
— familiale : 20, 246
— obsessionnelle : 127, 209-212, 319

ŒDIPE (complexe d') : 41, 56, 79, 81, 83, 87, 89, 90, 91, 92, 134-138, 140-141, 144, 148, 149, 152, 189, 232, 233, 258, 260, 272, 278, 292, 294, 318, 413, 420, 435
pré-œdipien : 82
résolution de l'— : 144-145, 238-246, 297

PAIEMENT SYMBOLIQUE : 262-263, 272-276, 290
PARENTS : 11, 13, 237-238, 357-362
— et psychothérapie : 263-264, 265-267, 274-275, 277-282
PAROLE : 10, 29, 32, 57, 75, 76, 99, 164, 235, 236, 398
— à la naissance : 57-58
parler à l'enfant : 29-30, 34-38, 158, 162-163, 349
— vraie : 32-33, 36, 247, 402
PÈRE : 174-175, 243-244
PERVERSION : 89, 100, 127, 146, 172, 233, 245, 262, 297, 364-368
PHALLUS, PHALLISME : 40, 41-42, 149, 174, 175
PHOBIE, PHOBIQUE : 17, 25, 29, 108, 146, 173, 211, 231, 260, 397, 407
PLAISIR (Principe de) : 81
PROJECTION : 173, 175, 180, 229, 279, 305
— des parents : 13
PSYCHANALYSE : 7-11, 17, 99, 103, 120, 121, 141, 225-227
≠ psychothérapie : 11, 243, 265
— d'enfants : 257-267, 269-271
PSYCHANALYSTE : 7, 8, 13, 157, 227-230
— et l'institution : 300-308
PSYCHOSE, PSYCHOTIQUE : 17, 31, 72, 151, 233, 372
PSYCHOSOMATIQUE : 21, 56, 90, 146, 147, 148, 149, 231, 282, 407
PSYCHOTHÉRAPIE : 11, 259, 260, 263
— et éducateur : 283-289, 302-307
PUBERTÉ : 148, 196, 263, 266, 295, 370-371, 377
PUÎNÉ : 84, 262, 296
PULSIONS : 39, 85, 87-88, 143, 144, 147, 162, 184, 197, 199, 202, 231, 234, 277, 292, 306, 418, 444
— actives et passives : 302, 418
— agressives : 205, 276
— génitales : 81, 84, 189, 263, 446
— de haine : 19
— de mort : 31-32, 54-56, 153, 297
— orales, anales, urétrales : 260, 293
— sexuelles : 144
— de vie et de mort : 90, 91, 418

RÉALITÉ : 214, 264, 287, 289, 292, 297, 299, 301, 302
≠ imaginaire : 282, 288
REFOULEMENT : 9, 12, 17, 39, 144, 148, 202, 231, 246, 303, 444, 445
RÉGRESSION : 144, 148, 150, 151, 152-153, 205, 206, 261, 322
RENCONTRE : 100, 102, 160, 226, 227
RÉPÉTITION : 9, 14, 25, 141, 169
RYTHME : 161, 348, 354, 362, 376, 448

SCÈNE PRIMITIVE : 298
SCHÉMA CORPOREL : 81
SCHIZOPHRÈNE : 25, 40

SENS, SENSORIALITÉ : 33, 163, 164-165, 227
SENSATIONS, SENTIMENTS : 157, 158, 162, 184
SEXUALITÉ, SEXE : 40, 146, 197, 354, 445
garçons ≠ filles : 87-88, 133-134, 353, 412
— entre hommes et femmes : 411-429
SOCIÉTÉ, VIE SOCIALE (contemporaine) : 11, 95-99, 307-308, 327-344, 368-369, 372-381, 425-426
SPIRITUALITÉ, SPIRITUEL : 188, 192, 196, 206, 209, 218, 219, 220
STADES : 9, 206, 302
— oral et anal : 189, 197, 200
SUBLIMATION : 82, 91, 92, 144, 180, 188, 192, 240, 263
SUBSTANTIEL/SUBTIL : 82, 83, 151, 401
SUJET : 31, 32, 36, 55, 57-58, 86, 90, 102, 121, 129, 146, 226, 228, 246, 249, 260, 263, 380, 401
— de désir : 69, 85, 89
— inconscient : 80-81
SURMOI : 144, 200, 202, 235
SYMBOLE : 117-119
SYMBOLIGÈNE : 88, 260
SYMBOLIQUE : 117, 235, 302
lien, relation, échange — : 13, 69, 99, 120, 143, 151-152, 343, 422
fonction — : 79-80, 82-83, 85, 86, 117-120, 164-165, 226, 400
SYMBOLISATION : 39, 82, 85,157, 230, 263, 297
— des pulsions : 88, 291
SYMPTÔME : 148, 228-229, 230, 242, 251, 259, 342, 372, 406

TRANSFERT : 8, 11, 18, 23, 24, 29, 141, 173, 190, 229, 238, 264, 267, 271, 272, 275, 278, 283, 288, 298, 299, 300, 301, 302, 304
TRIANGULATION : 84, 100-103, 236-238, 243, 272, 343, 413, 422, 423, 426

(IN) UTERO (fœtus, gestation) : 19, 60, 63-66, 158, 160
relation mère-enfant — : 48-50, 120-124

VÉRITÉ, VRAI : 10, 227, 229
VOIX : 159, 160
— du père : 50

ZONE ÉROGÈNE : 82, 148, 149, 189, 226, 235

Index des noms propres

Adam : 341
Ader, François : 454
Antoine, saint : 210
Ariès, Philippe : 433-452
Auclair, Marcelle : 456

Benoît, saint : 447
Berge, André : 100
Bienaymé, Jean : 48
Busnel, Marie-Claire : 34, 60, 76

César : 221
Chatel, Marie-Madeleine : 34, 46, 56, 69, 71
Christ : 192

Dolto, Catherine : 73
Dolto, Jean : 108, 109, 125, 130-131

Ellis, Havelock : 95, 98
Ève : 341

Feijoo, J : 60
Freud, Sigmund : 7, 8, 9, 55, 79, 80, 81, 82, 98, 103, 195, 196, 226, 227, 238, 411, 413, 434, 435, 444

Georges, saint : 192, 193n
Gerson, Jean de : 447
Grégoire, Ménie : 456

Hardouin, Gérard : 38, 48, 74, 75
Herbinet, Étienne : 70, 74
Heroard : 437, 444
Heuyer, Georges : 17

Jalenques, Étienne : 58, 59, 60, 71
Jésus : 212, 213, 214, 216, 217, 218, 219, 220
Joseph : 218

Lacan, Jacques : 397
Laforgue, René : 20
La Pérouse, Jean-François de : 450
Leboyer, Frédéric : 52
Le Lirzin, Roger : 50, 51, 52, 53, 54, 57, 73
Louis XIII : 436, 437

Marie : 218
Marthe, sainte : 192
Melher, Jacques : 60
Molière : 446
Morgenstern, Sophie : 17

Napoléon : 420

Odent, Michel : 67, 71
Oury, Fernand : 322

Panurge : 379
Pichon, Édouard : 21
Pie X : 222

Rapoport, Danielle : 46, 47, 56, 68, 69, 70, 72, 73

Salk, J : 75

Teyssandier, Denise : 45, 46
This, Bernard : 20, 39, 45, 54, 57, 58, 60, 64, 65, 70, 71, 72, 73
Tomatis, Alfred : 48
Tournaire, Michel : 40, 47, 67, 68, 69, 70, 71, 72, 73, 74, 75

Van Gennep, Arnold : 453
Vasquez, Aïda : 322

Index des cas et exemples cités

ADOPTION
— *Jeune « schizophrène », enfant ayant été adopté dans le secret : 25-30, 33, 38-39*
— *Femme qui ne pouvait pas mener ses gestations à terme : 41*
AMYGDALES
— *Déstabilisation d'une famille à partir d'une amygdalectomie : 146-147, 149*
— *Petite fille qui disait préférer « mourre » (mourir) : 150*

« CŒUR »
— *Cœur de cœur et non de viande (parole d'enfant) : 172*
— *Une femme neurasthénique qui exprimait son ressenti par un dessin du cœur : 173-174*
— *Enfant qui voulait atteindre le cœur de son père : 174-175*
COMA
— *Enfant hospitalisé en Italie qui parlait italien à la sortie de son coma : 42-47*
— *Coma d'une femme ayant accouché : 47-48*
CONTINENCE — ABSTINENCE
— *Refus de manger chez une enfant mutique pervertie : 197-200*
— *Troubles de l'affectivité chez une jeune novice : 200-205*
CULPABILITÉ
— *Dans un cas de névrose obsessionnelle grave chez un adulte : 209-212*
— *Chez un enfant à l'approche de la première communion : 212-213*
— *Chez une jeune fille « trompée » à 7 ans par des religieuses : 213-215*
— *Chez un garçon à propos d'un malentendu sur ce qui fait plaisir à Jésus : 215-219*
— *D'avoir fait pipi par terre : 219-220*
— *Pour un adolescent, de se sentir obligé d'honorer son père, cruel envers lui : 220-221*

DÉPENDANCE
— *Et structuration narcissique de l'enfant : Jean (Dolto) et l'acte manqué de sa mère : 108-109*
— *Le même (Jean) partageant les pensées de sa mère : 125*
— *Fils qui subit l'état dépressif de son père : 109-113*
— *Entre deux demi-sœurs dont l'une avait été reléguée : 113-116*

— *Garçon subissant les projections de sa mère (deuil d'un aîné décédé) : 125-126*
— *Par rapport à l'image du père (pendant la guerre) : 138-139*
— *Et toute-puissance prêtée aux parents : 214-215*
— *Enfant qui disait « j'ai mal à la* tête » (comme sa mère) : 231-232

Diable
— *Cas de dessins d'enfants : 177-181*
— *Chez deux femmes frigides : 191-192*

Éducation
— *De Louis XIII : 436-437*

Gestation *(et relation mère-enfant pendant la —)*
— *Expérience de F. Dolto comme mère : 48-50*
— *Enfant conçu contre le gré de la mère : 105-108, 122-123*
— *Enfant conçu après la mort d'un aîné : 123-124*

Inconscient (et mémoire — « bande magnétique »)
— *Cas du « schizophrène » : 25-30*
— *Souvenir d'une comptine indienne entendue dans la prime enfance : 60-63*

« Maternance »
— *Un allaitement inhibé : 21-24*

Opposition *(manifestée par l'enfant)*
— *Pas dire bonjour : 130*
— *Refus (de Jean Dolto) d'avancer dans la rue : 130-131*
— *Enfant qui restait figé : 132-133*

Perversion
— *« Perversion » d'une fillette ayant conduit à faire emprisonner (faussement) un adulte : 365-366*
— *Que subissent les enfants : 366*

Phobie
— *Chez deux garçons phobiques de mourir du cœur : 173*

Scolarité — Pédagogie
— *Un enfant de la ville s'étant récupéré dans une petite école de campagne : 311-312*
— *Cas (semblable) d'un enfant qui n'a pu se développer à la campagne, et d'abord sans scolarité : 312-314*
— *Enfant apportant une pomme en classe : 318*
— *Dyslexie et sens de l'écriture, dans une classe : 361-362*
— *Traitement des absences scolaires en Suisse : 389-390*

Table des matières

Préface I

Lettre au lecteur : Thérapie et prévention 7

PREMIÈRE PARTIE : *naissance*

Heures et jours qui suivent l'accouchement 17

DEUXIÈME PARTIE : *famille*

Aujourd'hui, en famille 79
La mère et l'enfant 95
Dépendance de l'enfant vis-à-vis de ses parents 105
Acquisition de l'autonomie 117
La santé « collective » 143

TROISIÈME PARTIE : *sentiments*

L'expression des sentiments 157
Le cœur, expression symbolique de la vie affective 171
Le diable chez l'enfant 177
Continence et développement de la personnalité 195
Comment on crée une fausse culpabilité 209

QUATRIÈME PARTIE : *psychanalyse*

Les droits de l'enfant 225
Comment cadrer une psychanalyse d'enfants? 257
Difficulté d'une cure 269

CINQUIÈME PARTIE : *société*

L'école « digestive » 311
L'enfant dans la ville 327
École maternelle : combien d'enfants à la fois? 383
La Maison Verte 393
Hommes et femmes 411

SIXIÈME PARTIE : *l'enfance dans l'histoire*

Une conversation avec Philippe Ariès 433
Remerciements 453

Appendices 457
Notes 459
Index thématique 476
Index des noms propres 480
Index des cas et exemples cités 482

Bibliographie Françoise Dolto

AUX ÉDITIONS GALLIMARD
dans la même collection

Articles et conférences :

1 - Les étapes majeures de l'enfance
2 - Les chemins de l'éducation
3 - Tout est langage
4 - La difficulté de vivre

Essais :

Solitude

Entretiens :

Destins d'enfants — Adoption, Familles d'accueil, Travail social

CHEZ D'AUTRES ÉDITEURS

Le cas Dominique, *Le Seuil*, coll. « Le champ freudien », 1971 ; coll. « Points Essais », 1974.
Psychanalyse et Pédiatrie, *Le Seuil*, 1971 ; coll. « Points Essais », 1976.
L'évangile au risque de la psychanalyse (en collaboration avec Gérard Séverin), tomes 1 et 2, *Delarge*, 1977, 1978 ; *Le Seuil*, coll. « Points Essais », 1980, 1982.
Lorsque l'enfant paraît, tomes 1, 2, 3, *Le Seuil*, 1977, 1978, 1979 ; tomes 1, 2, 3 reliés, *Le Seuil*, 1990.
La foi au risque de la psychanalyse (en collaboration avec Gérard Séverin), *Delarge*, 1978 ; *Le Seuil*, coll. « Points Essais », 1983.

Au jeu du désir. Essais cliniques, *Le Seuil*, 1981 ; coll. « Points Essais », 1988.
La difficulté de vivre, *Interéditions*, 1981 ; *L.G.F.*, 1988.
Séminaire de psychanalyse d'enfants, tome 1 (en collaboration avec Louis Caldaguès), *Le Seuil*, 1982 ; coll. « Points Essais », 1991.
L'image inconsciente du corps, *Le Seuil*, 1984 ; coll. « Points Essais », 1992.
La cause des enfants, *Laffont*, 1985 ; *L.G.F.*, 1986.
Séminaire de psychanalyse d'enfants, tome 2 (en collaboration avec Jean-François de Sauverzac), *Le Seuil*, 1985 ; coll. « Points Essais », 1991.
Enfances (photographies Alecio de Andrade), *Le Seuil*, 1986 ; coll. « Points Actuels », 1988.
Dialogue québécois (en collaboration avec Jean-François de Sauverzac), *Le Seuil*, 1987.
L'enfant du miroir, Françoise Dolto, Juan David Nasio, *Rivages*, 1987 ; *Payot*, 1992.
Sexualité féminine (en collaboration avec E. Simion), *Carrère*, 1987 ; *L.G.F.*, 1988.
Tout est langage, *Vertiges-Carrère*, 1987 ; *L.G.F.*, 1989.
La cause des adolescents, *Laffont*, 1988 ; *L.G.F.*, 1991.
Inconscient et Destins, Séminaire de psychanalyse d'enfants, tome 3 (en collaboration avec Jean-François de Sauverzac), *Le Seuil*, 1988 ; coll. « Points Essais », 1991.
Quand les parents se séparent (en collaboration avec Ines Angelino), *Le Seuil*, 1988.
Autoportrait d'une psychanalyste (1934-1988) (en collaboration avec Alain et Colette Manier), *Le Seuil*, 1989 ; coll. « Points Actuels », 1992.
Paroles pour adolescents ou Le complexe du homard (avec Catherine Dolto-Tolitch, en collaboration avec Colette Percheminier), *Hatier*, 1989 ; *L.G.F.*, 1992.
Solitude, *L.G.F.*, 1989.
L'échec scolaire : essais sur l'éducation, *Presses-Pocket*, 1990.
Correspondance (1913-1938) (en collaboration avec Colette Percheminier), *Hatier*, 1991.

Composition Euronumérique.
Impression Bussière Camedan Imprimeries,
à Saint-Amand (Cher), le 9 octobre 1995.
Dépôt légal : octobre 1995.
Numéro d'imprimeur : 1/2435.
ISBN 2-07-073737-3./Imprimé en France.

67089